무엇이
자본주의를
망가뜨렸나

WHAT WENT WRONG WITH CAPITALISM
Copyright © 2024, Ruchir Sharma
All rights reserved.

이 책의 한국어판 저작권은 THE WYLIE AGENCY(UK) LTD와의 독점 계약으로
한국경제신문 ㈜한경BP에 있습니다.
저작권법에 의해 한국 내에서 보호를 받는 저작물이므로 무단전재 및 복제를 금합니다.

월가 최고 투자가가 밝혀낸 자본주의의 결함과 해법

무엇이 자본주의를 망가뜨렸나

What Went Wrong with Capitalism

루치르 샤르마 지음 | 김태훈 옮김

한국경제신문

거대 정부는 결코 해답이 될 수 없다.
———
Big government is not the answer.

한국어판 서문

한국의 독자들에게

최근 수십 년 동안 특히 미국을 필두로 한 선진국들은 갈수록 더 거대한 정부를 만들어왔습니다. 그 과정에서 자본주의는 원래 의도와 달리 모든 계층을 대상으로 한 일종의 '보편적 사회주의' 체제로 변질되었습니다. 그리고 자본주의의 혜택은 결국 가장 부유한 이들에게 집중되었습니다. 여기에는 단순히 누가 이득을 보고, 누가 손해를 보느냐 이상의 문제가 걸려 있습니다.

미국의 건국자들은 국가 권력의 확장은 곧 개인 자유의 축소를 의미한다는 단순하지만 깊은 진리를 이해하고 있었습니다. 자유가 위축될수록 경제의 역동성은 함께 쇠퇴합니다. 이것이 오늘날 자본주의가 길을 잃게 된 근본적인 이유입니다.

따라서 저는 한국을 비롯해 성장 궤도에 오른 모든 나라에 "성공을 꿈꾸되, 실패에서 배워라"라는 점을 권하고 싶습니다. 겉으로 보기에 매력적인 모델들을 무비판적으로 따르지 마십시오. 그들의 성공뿐만 아니라 실패에서도 반드시 교훈을 얻어야 합니다. 거대 정부가 통제되지 않고 계속 팽창할수록 결국 자유는 점점 더 크게 훼손되며, 그 흐름을 되돌리기는 갈수록 어려워집니다.

2025년 4월
루치르 샤르마

프롤로그

내가 자본주의에 빠져든 이유

청년들은 흔히 자신이 속한 시대와 지역의 체제가 지닌 불의에 저항한다. 오늘날 미국과 많은 부유한 국가에서 그들은 심화되는 불평등, 지배적 위치를 차지한 독점 기업들, 대기업 구제 금융 등 현대 자본주의의 과도한 측면에 반발한다. 그들은 분노에 사로잡혀서 오직 더 많은 정부의 개입이나 사회주의만이 해답이라 여긴다. 그러나 그들은 자신들이 실제로 무엇을 바라는지 깨달아야 한다.

나는 1970년대 중반에 태어났다. 그때 인도는 소련의 영향을 강하게 받은 자생적 사회주의의 부담 아래에서 위기를 겪고 있었다. 정부는 모든 대규모 사업을 국유화했고, 많은 해외 기업을 내쫓았으며, 재원을 마련하기도 전에 복지 국가 건설 작업을 시작했다. 곧 물자 부족이 일상화되었다. 경제는 고통스러울 만큼 느리게 성장했다. 1인당 국민 소득은 세계 평균에 뒤처지고 있었다. 나는 어린 시절에 해외여행을 다니면서 자본주의가 해답이라 여기게 되었다.

아버지는 당시 인도에서 여러 방면으로 기회를 얻어 정부와 해군에서 경력을 쌓았다. 아버지의 파견 근무 때문에 우리 가족은 계속 이사를 다녔다. 나는 항상 새로 이사 온 아이가 되었다. 아버지는 1985년에 싱가포르로 전근했다. 싱가포르는 작고 효율적인 개발도상국이었다. 절대적인 리콴유(Lee Kuan Yew) 총리의 통치 아래 낮은 세율, 단순한 규제, 개방형 정책이 실행되고 있었다. 대다수 싱가포르인은 선거가 신중하게 치러져야 한다는 사실을 신경 쓰지 않는 듯 보였다. 경제적 자유가 너무나 잘 구축되어 평균 소득이 매년 10% 이상 증가하고 있었기 때문이다. 이는 세계 평균의 2배가 넘는 수치였다.

정체된 인도 사회를 겪은 이후 접한 싱가포르는 신선한 자유의 공기 그 자체였다. 리콴유는 성공적인 통치를 바탕으로 미국 그리고 로널드 레이건(Ronald Reagan) 대통령과 긴밀한 관계를 맺었다. 레이건은 리콴유보다 한발 더 나아가는 듯 보였다. 그는 폭넓게 개방된 민주주의 체제에서 경제적 통제를 완화하고 있었다. 혈기 넘치는 청년이었던 내가 보기에 미국에서라면 경제적·정치적 자유를 모두 누릴 수 있을 것 같았다. 서구에서 자본주의는 이미 다수의 눈에 탐욕과 불평등의 동의어처럼 인식되었다. 그러나 내게 자본주의는 개인들뿐 아니라 사랑하는 나의 조국을 위한 끝없는 가능성을 환기시켜주었다. 나는 자본주의 고전들을 탐독하게 되었다.

우리 가족이 인도로 돌아갔을 때 나는 고등학교 3학년이었다. 1990년 5월 내가 다니던 델리 R. K. 푸람 공립 학교(Delhi Public School R. K. Puram)의 담임 선생님이 내게 토론 주제를 지정해주었다. 운 좋게도 내 입장에서는 익숙한 주제였는데, 바로 사회주의와 자본주의의 상대적 장단점에 대한 토론이었다. 당시 소련 제국은 몰락의 문턱에 있었다. 많은 인도인은 1947년 독립 이후로 줄곧 집권해온 의회당(Congress Party)의 낡은 사회주의적 신념에 의문을 품고 있었다. 나는 의문을 품은 사람들의 입장에 섰다.

나는 인도처럼 정치적 자유를 너무나 자랑스러워하는 민주주의 국가가 국민들에게 경제적 자유까지 허용하지 않는 이유가 무엇인지 물었다. 국민을 믿고 투표권과 발언권을 부여했다면 사업을 시작하고, 가격을 정하고, 다른 민주주의 국가에서는 당연하게 누리는 경제적 자유도 행사할 수 있도록 해주어야 마땅했다. 사회주의 사회보다 자본주의 사회에서 더 빠르게 부가 증가하고 사회 복지가 개선되고 있었다.

이듬해인 1991년은 인도의 독립 후 역사에서 가장 어두운 해 중 하나였다. 인도는 수십 년에 걸친 과다 지출로 해외 부채를 갚지 못할 지경에 이르렀다. 의회당을 이끄는 가문의 자손인 라지브 간디(Rajiv Gandhi) 총리는 인도 경제를 개방하는 잠정적인 조치를 단행했다. 나는 근대화를 이끌 지도자로서 간디를 존경했으며, 다가오는 총선에서 그의 승리를 응원하고 있었다. 하지만 그의 삶과 인도를 위한 계획은 그 암울했던 해의 5월에 발생한 자살 폭탄 테러(이 사건으로 인해 라지브 간디와 더불어 25명이 사망했다 – 옮긴이)로 중단되고 말았다.

갓 고등학교를 졸업한 나는 주요 경제지 언론사에 입사해 세계 시장에 대한 칼럼을 썼다. 당시에는 누구도 다루지 않으려던 분야였다. 간디가 암살된 지 두 달 후, 언론사에 다니는 덕분에 만모한 싱(Manmohan Singh) 재무부 장관의 첫 의회 연설을 볼 수 있었다. 그 연설에는 당시의 모든 슬픔과 희망이 담겨 있었다. 그는 간디의 사망이라는 비극을 기리며 "아침에 일어나면 외로움이라는 낯선 감정에 압도됩니다"라고 말했다.[1] 뒤이어 그는 일련의 중대 개혁을 통해 간디의 경제적 의제를 추진하겠다고 약속했다.

그때 나는 그의 연설을 듣고 너무나 들떴다. 그래서 지금 되돌아보면 초반에 잠깐 시적인 표현이 나온 후, 30페이지에 걸쳐 전문 용어가 나열된다는 것에 놀라게 된다. 그 주된 내용은 '신뢰성 있는 재정 조절(fiscal adjustment, 정부가 재정 정책을 통해 경제를 조절하는 것 - 옮긴이)과 거시 경제 안정화를 추구하겠다'라는, 다시 말해 지출을 억제하겠다는 것이었다. 이것이 1990년대 초반의 기조였다. 사회주의의 매력은 희미해지고 있었고, 실용주의적 태도를 지닌 기술 관료들이 부상하고 있었다. '자유화'는 멋진 것이었다. 싱은 곧 옥스브리지(Oxbridge, 영국의 양대 명문대인 옥스퍼드와 케임브리지를 일컫는 혼성어 - 옮긴이) 및 아이비리그 출신으로 구성된 경제 정책팀과 더불어 다보스(Davos) 포럼에서 건배의 대상이 되었다. 그들은 엄격하게 예산을 수립하고, '면허 통치(licence raj)'로 알려진 규제 장벽을 낮추고, 인도를 세계에 개방한 데 대해 칭송받았다.

인도 경제는 두어 해 안에 위기를 벗어났다. 그러나 여전히 사회주의적 성향이 압도적으로 강한 구시대 정치 기득권의 압력 때문에 싱은 경제 개혁의 속도를 늦췄다. 나는 1996년에 세계적인 투자 은행 회사에 입사했다. 다시 시작된 해외여행은 내게 인도와 다른 나라들을 비교할 수 있는 새로운 시각을 열어주었다. 한국과 대만 같은 동아시아 국가들은 싱가포르처럼 국민들에게 훨씬 큰 경제적 자유를 부여했다. 그 결과 소득이 빠르게 늘어나는 동시에 빈곤율과 유아 사망률이 급격하게 줄어들었다. 한편 중국은 인도를 앞지르고 있었다. 1990년 두 나라의 평균 소득은 비슷했다. 하지만 그 이후 중국의 평균 소득은 약 40배인 1만 2,500달러 정도로 늘어난 반면, 인도의 평균 소득은 약 7배 상승한 2,400달러 정도에 그쳤다.[2]

지금도 인도가 대는 핑계는 세계 최대의 민주주의 국가인 인도가 공산주의 중국이 그랬던 것처럼 개발을 강제로 추진할 수는 없다는 것이다. 하지만 민주주의는 문제가 아니다. 많은 민주주의 국가가 인도보다 훨씬 부유하게 성장했다. 문제는 인도가 과도하게 약속하고 미흡하게 이행하는 국가적 관행에 여전히 얽매여 있다는 것이다.

심지어 의회당에 이어 집권한 우파 인도인민당(Bharatiya Janata Party)도 같은 생각에 물들어 있다. 인도인민당 소속 총리인 나렌드라 모디(Narendra Modi)는 2014년 총선에서 '최소한의 정부, 최대한의 통치'를 약속했다. 마치 인도의 레이건 같은 발언이었다. 그는 의회가 '복지주의'에 빠져 있다고 비판했으며, 빈곤층은 '지원금'이 아니라 '일자리'를 원한다고 말했다. 그러나 권력을 잡은 후에는 의회당의 복지 제도를 제한하는 게 아니라 오히려 한술 더 떠서 모든 가정에 도시가스와 전기가 들어오는 '푸카(pucca, 콘크리트)' 주택을 공급하겠다고 약속했다.

인도가 저지른 치명적인 실수에는 경제적 자유를 확대하기 위한 노력을 너무 적게 기울인 반면, 복지 국가를 건설하기 위한 노력은 너무 많이, 너무 빨리 기울인 것도 포함되었다. 물론 정부가 아시아의 다른 경쟁국들보다 비용을 많이 지출한 것은 아니었다. 그러나 훨씬 이른 개발 단계에서 공짜 사회 제도를 도입하면서 덜 현명하게 지출했다는 것은 분명한 사실이다. 그런 제도를 뒷받침할 세수를 마련할 도로와 학교를 건설하기도 전에 말이다.

고압적인 인도 정부는 서둘러 규제하고, 공인하고, 승자를 선정하면서 정확하게 우선순위를 설정했다고 과신했다. 근래 들어서 모디는 복지 지출을 억제하려고 노력했다. 그러나 중앙정부는 여전히 석연치 않은 선택들로 인해 필수 공공 서비스의 재원과 인력을 부족하게 만든다는 비판을 받고 있다. 우리 할아버지는 심장마비로 공립 병원에 실려갔다가 무자격 조무사가 심장박동 조절기를 시술하는 과정에서 돌아가셨다.

인도 정치인들은 특정 기업이나 산업에 지원금을 제공하는 것을 경제 개혁으로 포장하는 경우가 너무나 많다. 사실 이런 조치는 경쟁과 성장을 저해한다. 친기업은 친자본주의와 같은 것이 아닌데도 자꾸만 그 구분이 모호해진다.

그 결과 인도는 뛰어난 창업 문화부터 세계 수준의 인적 자본까지 수많은 강점을 지니고 있음에도 선진국이 되는 데 더 오랜 시간이 걸릴 것이다. 인도는 도달할 수 없는 사회주의적 이상, 즉 결과의 평등을 추구하느라 자본주의가 제공하는 진정한 가망성, 바로 기회의 평등을 오랫동안 스스로 거부했다.

현재 선진 자본주의 사회들은 인도에서 발전을 저해했던 길과 동일한 길로 접어들고 있다. 복지와 규제를 확대하는 속도가 빨라지고 있다. 미국 정부는 그 규모와 우리의 경제적 삶에 미치는 영향력 측면에서 유럽과 일본의 경우처럼 1930년대 이후로 꾸준히 성장했다.

1930년대에 프랭클린 루스벨트(Franklin Roosevelt)는 대공황을 극복하기 위해 뉴딜(New Deal)이라는 대규모 정부 지출 정책을 시행했다.

1980년에 레이건은 뉴딜의 영향과 정부 확대 기조를 되돌리는 일에 착수했다. 그러나 결국에는 일부 부문에서만, 일시적으로 확대 속도를 늦추는 데 그쳤다. 이후 조 바이든(Joe Biden) 대통령은 사실 일어나지도 않은 레이건 혁명을 되돌린다는 명목하에, 결코 축소된 적이 없는 정부를 확대해 자본주의의 문제를 바로잡겠다고 약속했다. 그의 참모들은 거대 정부를 만들겠다는 새로운 의지를 '신 워싱턴 컨센서스(New Washington Consensus, 원래의 워싱턴 컨센서스는 워싱턴에 자리한 주요 국제 금융 기구들이 위기에 빠진 중남미 국가들을 살릴 처방으로 제시한 긴축 재정과 규제 완화를 비롯한 10대 정책을 말한다 - 옮긴이)'라 부른다. 이는 틀린 말이 아니다.

현재 더 큰 정부에 대한 정치적·사회적 지지는 적어도 반세기 동안 그랬던 것보다 더 높다.[3] 공화당은 정부 권력을 행사하겠다는 그의 의지가 아니라 사회적 사안에 더 초점을 맞춰서 바이든에게 맞섰다. 그들도 대부분의 상황에서 사람이나 돈, 상품의 흐름을 통제하려는 의지가 있기 때문이다. 좌파 포퓰리스트들처럼 우파의 많은 포퓰리스트도 수십 년에 걸쳐 구현된 자유 시장 이데올로기가 오늘날의 경제적 병폐를 낳았다는 인식을 공유한다.

내 생각에는 점차 초당파적으로 확산되는 이 통념은 근본적으로 경제사를 잘못 이해한 데서 비롯된다. 불평등과 과도한 기업 권력을 비롯해 경제학자들이 '시장의 실패'라 탓하는 결함은 정부 지출의 과잉에서 기인하는 경우가 더 많다. 특히 금융 시장에 대한 정부의 지속적인 지원과 개입은, 자본주의가 제대로 작동하도록 놔뒀다면 개인과 기업으로의 권력 집중을 막을 수 있었던 경쟁을 좌초시켰다. 분노한 청년 세대가 자본주의의 커가는 병폐를 바로잡고자 한다면, 그 첫 단계는 문제를 올바로 진단하는 데서 시작해야 한다. 이 책은 이 병폐들의 원인과 가능한 해법을 재검토한다.

차례

CONTENTS

한국어판 서문 - 한국의 독자들에게 • 006
프롤로그 - 내가 자본주의에 빠져든 이유 • 008

서문 - **무엇이 잘못되었나** • 020
인식의 전환 • 027
작은 정부의 시대는 오래전에 끝났다 • 029
거대 정부는 어떻게 성장을 늦추는가 • 035
미국은 현재 잘못된 방식으로 '예외적'이다 • 039
바이드노믹스 • 040

1부. 거대 정부의 부상과 재부상

1장. **황금기는 없었다** • 048
창조적 파괴의 정점 • 056
잠재력을 잃은 자본주의 • 059

2장. **이제는 누구도 케인스주의자가 아니다** • 061
대공황의 잘못된 교훈 • 064
전쟁을 통해 번성하는 정부 • 067
정통 케인스주의와의 결별 • 071
재정 적자의 새벽 • 076

3장. 레이건이 이룬 진화 • 081
　재정 적자는 어떻게 성장을 늦추는가 • 090
　중앙 무대로 나아가는 중앙은행가들 • 092

4장. 이지 머니의 기원 • 095
　금리는 어떻게 제로 이하로 떨어졌는가 • 097
　영구적 위기 모드 • 100
　일본 함정의 잘못된 교훈 • 103
　2008년 이후 도입한 일본식 실험 • 106

5장. 구제 금융 문화 • 113
　기업 구제 금융이 산업 구제 금융으로 • 113
　미스터 구제 금융과 2008년 위기 • 118
　산업 구제 금융에서 글로벌 시장 구제 금융으로 • 122
　유럽의 구제 문화 • 125
　사회화된 리스크 • 129

6장. 2020년의 초현실적 논리 • 133
　심화되는 구제 금융 문화의 논리를 따른 2020년의 조치 • 134
　8월 혁명 • 142
　일시적 변화일까, 역사적 변화일까 • 143

7장. 차입과 지출을 넘어서 • 149
　미국이 갈수록 인색해졌다는 증거는 없다 • 150
　공공 투자, 공공 일자리 그리고 공기업 • 158
　규제 공장 • 163
　글로벌 규제 패권 • 170

8장. 두더지 잡기 게임 • 175
　규정 우회 경쟁 • 180
　그림자 은행에는 어두운 구석이 없다 • 182
　투박한 수단 • 191

9장. 정부가 축소되는 일이 드문 이유 · 194
　정부 확대의 법칙 · 199
　기적을 좇다 · 203
　자기 파괴적 멸망의 고리 · 208

2부. 지속적인 구제의 위험

10장. 좀비를 찾아서 · 214

11장. 과점 기업의 부상 · 227
　이익을 쟁취하지 못할 때 · 229
　무엇을 탓해야 할까 · 234
　중소기업의 몰락 · 236
　'멋진 인생'이 아니다 · 240
　독점 기업 해체자들의 귀환 · 245

12장. 망하기에는 너무 커져버린 시장 · 252
　세상을 구하는 위원회 · 254
　심해진 취약성 · 258
　줄어든 효율성 · 262

13장. 억만장자들이 가장 잘 버는 시대 · 270
　부의 불평등 · 272
　세대 간 불평등 · 278
　신도금 시대에 대한 뜻밖의 문제 제기 · 282
　이지 머니와 소득 불평등 · 285

14장. 생산성 역설에 대한 새로운 해답 · 296
　좀비 기업이 생산성에 미치는 영향 · 299
　거대하고, 강력하며, 생산성을 저해하는 독점 기업 · 302

관료 체제와 생산성 • 306
억만장자와 생산성 • 308
거대 정부라는 답 • 309
'다중 위기'의 역설 • 314

3부. 균형에 이르는 길

15장. 자본주의가 여전히 작동하는 분야 • 318
스위스: 덜 사회주의적인 유토피아 • 321
대만: 꼭 필요한 나라 • 329
베트남: 기능적 공산주의 • 334
사람을 따라가라 • 341

16장. 유일한 출구는 끝까지 견디는 것 • 344
거대 정부를 향해 나아가는 역사 • 347
반혁명은 어떻게 시작될까 • 352
21세기 자본주의 • 357

감사의 말 • 368
참고 자료 - 요약 설명 및 계산 방식 • 375
주 • 377

서문
무엇이 잘못되었나

> 저는 제 정치 인생 내내 빛나는 도시에 대해 이야기했습니다. 하지만 그 게 무엇을 말하는지 제대로 설명하지 않은 것 같군요…. 제가 머릿속으로 그리는 것은 바다보다 강한 암반 위에 우뚝 선 당당한 도시, 거센 바람에 맞서며 신의 축복을 받은 도시, 조화롭고 평화롭게 사는 온갖 사람들이 넘치는 도시, 상업과 창의성이 넘치는 자유로운 항만이 있는 도시입니다. 또한 도시에 방벽이 있어야 한다면, 거기에는 문도 있을 것입니다. 그 문은 도시에 들어오려는 의지와 마음을 가진 모든 사람에게 열려 있을 것입니다. 그것이 제가 꿈꿨고, 지금도 꿈꾸는 도시입니다.[1]
>
> -로널드 레이건, 고별 연설, 1989. 1. 11

레이건을 좋아하든 싫어하든, 혁명을 이루는 데 성공했다는 그의 선언이 틀렸다고 말할 논평가는 현재 거의 없다. 레이건은 1960년대에 정치계에 입문한 이유로 나라가 나아가는 방향이 우려스러웠기 때문이라고 말했다. 당시 규제 기관과 국세청은 시민들의 돈, 선택지, 자유를 갈수록 많이 빼앗고 있었다. 그의 목표는 어떤 의미에서는 1776년의 미국 독립 혁명을 재현하는 것이었다. 그는 그가 일으킨 혁명을 '인류사에서 정부가 나아가는 방향을 실로 되돌린 최초의 혁명'이라 일컬었다.

레이건은 대통령으로 일하면서 "막아야 할 많은 것을 막았다"라고 말했다. 정부의 역할을 되돌리려는 그의 노력은 제2차 세계대전 이후 최장기간에 걸친 경기 회복을 달성했다. 그가 연설하던 때에 이미 7년 동안 이어진 경기 회복은 창업과 혁신의 활발한 성장을 동반하고 있었다. 그는 나라를 바꾸려 노력하면서 "우리는 세상을 바꿨다"라고 선언했다. 그리고 다른 나라들이 '과거의 이데올로기'인 사회주의와 공산주의를 버리도록 북돋웠다. 그로부터 11개월 후인 1989년 11월 베를린 장벽이 무너졌다.

레이건 혁명을 돌이켜 보면 어디에서 효과를 냈고, 어떻게 잘못되었는지 알 수 있다. 미국은 지난 40년 동안 놀라운 성과를 올렸다. 이 기간 동안 중국이 세계 경제에서 차지하는 비중을 빠르게 늘리는 와중에도 미국은 25%라는 비중을 굳건히 지켰다. 중국이 늘린 비중은 전적으로 유럽과 일본의 몫을 가져간 것이었다. 또한 미국은 금융 강국으로서 그 어느 때보다 강력한 영향력을 유지하고 있다. 달러는 국제 교역에서 단연코 지배적인 통화이며, 미국의 주식 시장과 채권 시장은 나머지 국가들에 비해 그 어느 때보다도 크다. 그러나 동시에 이는 결함이 드러나기 시작하는 지점이기도 하다.

레이건의 고별 연설은 '빛나는 도시'의 이미지로 기억된다. 하지만 이 연설에는 대체로 흔들리지 않는 그의 낙관주의에 대한 주의사항 같은 구절이 있다. 그가 지나가는 말처럼 던진 이 구절은 이제는 큰 울림으로 다가온다. "후회하는 게 있는지 묻는다면, 있습니다. 재정 적자가 그중 하나입니다".

지금 통용되는 이야기와 달리 레이건은 정부가 나아가는 방향을 되돌리지 않았다. 복지 체제, 규제 체제, 안보 체제는 모두 꾸준히 유지되거나 계속 강화되었다. 또한 정부는 우리의 경제적 삶에 미치는 영향력을 더욱 키웠다. 바뀐 점도 있다. 1970년대 말에 시작되어 레이건 정권에서 가속된 이 변화는 정부가 재원을 마련하는 방식을 바꾸도록 했다. 그에 따라 정부는 돈을 빌려서 만성적인 재정 적자를 메꿨다. 40년 후 자본주의는 부채에 중독되었다. 도널드 트럼프(Donald Trump)는 자신을 '부채의 왕'이라 불러서 조롱받았다. 그러나 이는 빚을 계속 불려나가는 방식으로 시스템을 운영하는 지배자들을 단적으로 표현하는 말이다.

윈스턴 처칠(Winston Churchill)의 말을 빌리자면 자본주의는 국가의 경제적 자원을 할당하는 최악의 시스템이다. 다만 '지금까지 시도된 다른 모든 시스템을 제외한다면' 그렇다. 자본주의는 제대로 작동할 때는 사람들에게 시장에서 투표할 수 있는, 즉 새로운 아이디어와 성장하는 기업에 투자할 수 있는 자유를 부여한다. 그들의 선택은 가격을 결정한다. 가격은 어떤 아이디어와 어느 기업이 앞으로 번성할지에 대해 대중이 결정한 최선의 베팅을 반영한다. 수많은 개인의 집단 지성은 모든 거래를 긴밀하게 관찰한다. 그보다 위에서 단독으로 자본의 방향을 바꾸려는 국가는 거기에 대적할 수 없다.

자본주의는 민주주의의 경제 부문 단짝으로서 마찬가지로 장단점을 지닌다. 소국인 싱가포르라는 부분적 예외가 있기는 하지만, 부유한 선진국 중에 완전한 형태의 민주주의를 갖추지 않은 나라는 없다. 또한 현대에 들어서 중앙 집권적 전제 국가가 부유해진 경우도 없다. 중국은 결국 선진국 대열에 들어서지 못할 수도 있다. 그 이유 중 하나는 그들이 거대 정부를 되살리는 과정에 있기 때문이다.[2]

주요 선진국 정부들은 1930년대 대공황 이후 자본을 배분하는 데 있어서 더욱 적극적인 역할을 수행했다. 그 수단은 구제 및 규제 또는 지출 및 차입이었다. 그에 따른 부채 버블이 터져서 경제를 무너트릴지 모른다는 두려움은 정책 결정자들을 괴롭혔으며, 2008년 금융 위기 이후 더욱 심해졌다. 당시 우리는 대공황 이후 부채 버블이 가장 큰 피해를 입히는 광경을 목도했다. 현재 정부들은 시장 동향을 지켜보다가 문제의 조짐만 보여도 이지 머니(easy money, 저금리와 낮은 대출 기준 덕분에 쉽게 조달할 수 있는 자금 – 옮긴이)와 구제 금융으로 부양에 나선다.

정부가 (지금까지 수십 년 동안 그랬던 것처럼) 시장에서 지배적인 매수자 겸 매도자가 되면, 자본 흐름을 자연스럽게 유도하는 가격 신호가 왜곡된다. 자금은 규제 저항이 가장 적거나 정부 지원이 가장 많은 경로를 따라 흐르기 시작한다. 이런 상황에서 각 금융 위기는 더 큰 규모의 구제 금융을 불러온다. 그 결과 자본주의는 부채에 발목이 잡혀서 더욱 부진하고 부실해진다. 2000년대에 그러했고 2010년대에는 더욱더 심화되었다. 이제 선진국 정부들은 위기가 발생하지 않은 경제에도 자금을 투입하기 시작했다. 그들은 경기 회복 국면에 있었다. 속도가 실망스러울 정도로 느리기는 했지만, 그래도 회복하는 중이었다. 경제 성장 속도를 높이려는 이 실험들은 오히려 상반되는 효과를 낳았다. 자본주의 엔진에 이지 크레딧(easy credit, 쉽게 빌릴 수 있는 융자금 – 옮긴이)을 퍼부은 결과 더 많은 부채의 왕, 더 많은 금융 시장의 과잉이 생겼다.

이런 왜곡은 팬데믹을 맞아 기록적인 구제 금융이 실시되면서 극심한 수준에 이르렀다. 전 세계 정부들은 규모와 상환 능력을 따지지 않고 기업을 지원하기 위해 수조 달러를 제공했다. 투자자들은 더 이상 미래 전망이 밝은 기업들을 찾지 않았다. 그들은 무엇이든 중앙은행이 사들이는 자산 또는 재무부가 지원하는 기업의 주식을 매수했다. 이것이 세계 최대 헤지 펀드를 설립한 레이 달리오(Ray Dalio)가 2020년 7월에 발언한 "자본 시장은 자유롭지 않다"라는 말의 함의다.[3] 부유한 자본가들은 현재 '금융화된' 자본주의를 사회주의자들만큼 자주 비판한다.

2001년, 2008년, 2020년에 주기적으로 발생한 금융 위기는 이제 엄청난 규모의 자본 오배분(capital misallocation)에 따른 영구적이고 일상적인 위기를 배경으로 전개된다. 가장 두드러지는 증상은 복잡한 채무 상품(debt product, 미래의 특정 시점에 원금 및 이자를 지급해야 하는 채무 증권, 차입금, 기타 미지급금 등 – 옮긴이)이 넘쳐나는 시스템에서 번성할 수 있는 자원을 지닌 경제 부문의 대형 플레이어들이다. 이는 대다수 미국과 유럽 산업의 자금이 이전보다 적은 기업들에 집중되는 주요하면서도 간과된 이유다. 이 기업들을 만들고 이끈 개인들이 쌓은 부는 이제 수십억 달러가 아니라 수천억 달러 단위로 추정된다.

월가의 모든 주요 인사는 현대 자본주의를 '부호들을 위한 사회주의'라 부른 버니 샌더스(Bernie Sanders)의 말이 일리 있다는 걸 속으로는 알고 있다.⁴ 과점 기업과 억만장자 계급에 부가 집중되는 것은 자본주의가 비효율적인 동시에 심히 불공정하다는 사실을 나타내는 결정적인 증상이다. 나는 샌더스의 말에 동의한다. 다만 자본주의가 어떻게 잘못되었는지에 대한 나의 진단은 너무나 다르다.

샌더스가 보기에 그 원인은 레이건 같은 지도자들이 정부 기능을 축소한 데서 시작된다. 지난 40년 동안 그들이 규제를 철폐하면서 부유한 자본가들이 마음대로 날뛰었고, 복지 체제를 축소하면서 가난한 사람은 더욱 가난해졌다. 샌더스는 항상 '부호들을 위한 사회주의'에 대한 비판을 '빈곤층에 대한 가혹한 개인주의'와 같이 묶는다. 그는 축소되는 정부 기능이 문제라고 진단한다. 따라서 해결책은 더 많은 규제와 복지 지출이어야 한다. 이런 시각은 다수 미국인, 특히 청년층의 마음을 사로잡는다.

2016년 청년층의 투표는 버몬트 지역의 변방 정치인이던 샌더스가 주요 정당의 진정한 대선 후보 반열에 오른 최초의 사회주의자가 되는 데 도움을 주었다.⁵ 2020년에는 40세 미만 미국 성인 중 절반만 자본주의의 가치를 인정했다. 또한 약 3분의 1은 그 대안으로 공산주의를 실험할 의향이 있다고 밝혔으며, 약 70%는 사회주의자에게 투표할 가능성이 있거나 아주 높다고 말했다. 그리고 "정부가 문제를 해결하기 위해 더 많은 일을 해야 하는가?"라는 질문에 40세 미만 성인 중 대다수가 "그렇다"라고 답했다. 이는 여론 조사 기관인 퓨리서치센터(Pew Research Center)가 1990년대 초에 해당 질문을 던진 이래로 처음

있는 일이었다.⁶

2021년에 청년층은 자칭 사회주의자를 대통령으로 만들지 못했다. 그래도 자신을 프랭클린 루스벨트의 후예로 보는 조 바이든을 대통령으로 얻었다. 거대 정부를 추구한 원조 대통령인 루스벨트는 대공황에 맞서기 위해 뉴딜 정책을 시행했다. 바이든은 2차 뉴딜 정책을 시행할 가능성이 있었다. 이에 〈뉴욕타임스(New York Times)〉, 〈워싱턴포스트(Washington Post)〉, 〈가디언(Guardian)〉을 위시한 언론들은 '작은 정부의 시대' 또는 '신자유주의 시대'의 종말을 알렸다.⁷ 그들이 끝났다고 말한 것은 레이건과 영국의 마거릿 대처(Margaret Thatcher)가 시작한 자유 시장 개혁이었다. 〈월스트리트저널(Wall Street Journal)〉 같은 보수 언론도 '거대 정부가 돌아온다'라는 경고를 통해 자유 시장 원칙이 그동안 사라졌다는 기본 전제를 인정했다.

그러나 사실 이런 내러티브는 오해를 낳는다. 정부는 1930년대 이후 꾸준히 커졌다. 팬데믹 동안에는 제2차 세계대전 때 도달한 지출 및 부채의 최대치와 맞먹는 기록을 세웠다. 자본주의는 불공정하고 비효율적인 형태로 뒤틀렸다. 하지만 그 주된 요인은 대기업과 재벌에게 유리한 규칙이 아니었다. 자본주의를 왜곡시킨 것은 무엇보다 정부와 중앙은행들이었다. 그들은 시장이 효과적으로 투자할 수 있는 수준보다 더 많은 돈을 경제 시스템에 쏟아부었다. 그 이면에 자리한 문제는 단순히 부호들을 위한 사회주의라기보다는 모두에 대한 사회화된 위험이다. 정부는 빈곤층을 넘어 중산층과 부유층으로 사회 안전망을 넓히고 있다. 그 속도와 규모는 부채로 자본주의를 부패시켰다. 더 큰 정부는 왜곡을 더 심화시킬 뿐이다.

인식의 전환

2022년과 2023년에 자본주의 역사를 다룬 일련의 획기적인 저서들이 서점가의 베스트셀러 목록에 이름을 올렸다. 이 책들은 모두 동일한 기본적인 방식으로 레이건 혁명에 대한 이야기를 들려주었다. 미국의 역사학자인 게리 거스틀(Gary Gerstle)은 자본주의의 질서를 분류한 책에서 '뉴딜식 질서'는 1970년대 지미 카터(Jimmy Carter) 정권에서 약화되기 시작했으며, 1980년 대선(레이건 공화당 후보가 현직 대통령인 카터를 물리지고 당선된 대선 – 옮긴이)과 더불어 '신자유주의 질서'가 본격적으로 시작되었다고 말한다.⁸ 또한 역사학 교수 조너선 레비(Jonathan Levy)는 자본주의의 시대를 다룬 책에서 거대 정부와 대기업이 자본의 흐름을 통제하는 전후 '통제의 시대'가 1980년에 이르러 고삐 풀린 시장이 자본을 마구 움직여 혼돈을 초래하는 '혼돈의 시대'로 넘어갔다고 말한다.⁹ 버클리 경제학자인 브래드퍼드 들롱(Bradford DeLong)은 《20세기 경제사》에서 '사회민주주의의 영광스러운 30년'이 '신자유주의로의 전환'을 통해 무너졌으며, 이 변화는 1970년대에 시작되어 레이건 정권에서 가속화되었다고 말한다.¹⁰

들롱의 표현에 따르면 이런 '거대 내러티브들'이 지니는 함의가 있다. 거대 정부가 1950년대, 1960년대, 1970년대를 거치며 새로운 정점에 이른 후 레이건과 대처를 필두로 연이어 등장한 공격적인 친자본주의 지도자들 아래에서 급격하게 축소되었다는 것이다.

이 책들은 놀라운 깊이를 담고 있다. 전후 시대 초반부터 후반까지 이뤄진 변화를 정의하는 문화 전쟁과 기업들의 태도 변화를 심층적으로 다루기 때문이다. 이 모든 일이 실제로 일어났다. 여론은 흔히 자유 시장에 일종의 마법을 부여했으며, 규제와 재정 적자 축소를 통해 정부의 역할을 줄이는 방식에 초점을 맞췄다. '신자유주의로의 전환'은 매우 실질적으로 이뤄졌다. 다만 대부분은 인식의 전환에 그쳤다.

 신자유주의자들은 애덤 스미스(Adam Smith)와 존 스튜어트 밀(John Stuart Mill) 같은 고전적 자유주의 사상가들의 이상을 되살렸다.[11] 이 사상가들은 작은 정부와 자유 시장 자본주의를 처음으로 전파한 사도들이다. 신자유주의자들은 '자유주의자(liberal)'라는 단어의 의미가 변질되는 것에 반발했다(현재 미국에서 '리버럴'은 진보 성향을 가진 사람들을 가리킨다 – 옮긴이). 이 변질은 뉴딜 정책에서 시작해 1960년대 린든 존슨(Lyndon Johnson)의 위대한 사회(Great Society) 정책까지 이어졌다. 이에 따르면 자유주의자는 더 거대한 복지 체제를 지향하는 사람들을 가리켰다. 신자유주의자들은 1950년대부터 뉴딜 정책과 뒤이은 수많은 정책을 뒤엎으려는 계획을 세웠다. 시카고대학교 경제학자와 정치학자들을 중심으로 뭉친 그들은 레이건이 1980년에 백악관으로 들인 (세금, 지출, 규제) 감축 의제를 개발했다.

 그러나 현실적으로 신자유주의자들은 거대 정부의 추진력을 약화시키지 못했다. 적어도 레이건 정권에서는 지출 증가율이 다소 줄었다. 심지어 1990년대 클린턴 정권에서도 단기적·단발적으로 지출 증가율이 후퇴했다. 그러나 새로운 시대와 질서가 열렸다고 할 정도는 아니었다. 2000년 이후 정부는 다시 활발하게 움직였다. 지난 40년 동안 양당의 통치 아래 신자유주의적 사고가 정책을 결정한 여러 일화가 있었다. 논평가들은 이 일화들을 선택적으로 엮어냈다. 그들은 정부가 뒤로 물러서고 대기업과 재벌이 마음대로 경제를 장악한다는 설득력 있는 그림을 그려냈다.

언제든 감세, 탈규제, 국영 기업 민영화, 자유 무역 협정 또는 재정 적자 및 공공 부채를 줄여야 한다는 입장 같은 신자유주의적 의제를 하나라도 따른 모든 지도자는 그들과 같은 편으로 매도되었다. 미국의 빌 클린턴(Bill Clinton)과 버락 오바마(Barack Obama), 영국의 토니 블레어(Tony Blair), 독일의 게르하르트 슈뢰더(Gerhard Schroder), 프랑스의 에마뉘엘 마크롱(Emmanuel Macron)은 모두 레이건과 대처의 신자유주의 후예로서 동일한 맥락의 인물로 간주되었다.

하지만 논쟁이 아니라 데이터를 따라가보면 이야기가 달라진다. 정부는 자본주의 세계에 속한 모든 나라에서 꾸준히 덩치를 키웠다. 미국 좌파들이 너무나 사랑하는 북유럽 복지 국가들만 소수의 놀라운 예외일 뿐이다. 이 나라들은 많은 측면에서 대다수 사람이 생각하는 것보다 덜 사회주의적이다.

작은 정부의 시대는 오래전에 끝났다

거대 정부와 반대되는 개념인 '작은 정부'의 시대가 있었다. 그러나 미국에서는 대공황과 함께 끝났다. 요즘 사람들은 루스벨트가 대통령에 처음 당선되기 전인 1930년의 워싱턴을 전혀 알아보지 못할 것이다. 당시 정부 부처의 절반은 아직 만들어지지 않았다.[12] 이미 존재하는 부처들도 이후의 규모에 비하면 미미한 수준이었다. 전체 연방 공무원의 절반은 우체국에서 일했다.[13] 민주주의의 성채인 국회의사당은 곧 세워질 뉴딜 관료 체제의 사원들에 압도당할 것이었다. 상무부 본청이 가장 먼저 세워졌고, 뒤이어 1936년에는 당시 세계 최대 공공 건물인 농무부 건물이 세워졌다. 1913년에 도입된 소득세는 여전히 비교적 가벼웠다. 워싱턴은 주로 관세와 통행세를 통해 재원을 마련했다. 연방정부 지출은 GDP의 4% 미만으로 대단히 적었다. 그래서 대규모 재정 적자도 경기에 그다지 영향을 미치지 못했다. 재정 적자는 드물었을 뿐 아니라 빅토리아 시대 이후 형성된 사회적 분위기에 어긋났다. 그 분위기에 따르면 부채는 도덕적으로 잘못된 것이었으며, 파산은 범죄로 여겨졌다. 유럽의 수도들에 비하면 워싱턴은 작은 기업 도시 같았다.¹⁴

1930년 이후 공공 지출의 비중은 모든 대규모 자본주의 경제에서 꾸준히 증가했다. 특히 제2차 세계대전과 2020년 코로나19 팬데믹 때는 크게 급증했다. 앞으로 'LCE'로 칭할 7대 주요 자본주의 국가(Leading Capitalist Economy)에서 그 비중이 장기간 동안 줄어든 적은 한 번도 없었다. 다른 국가들에 대한 역사적 데이터가 부족한 관계로 미국, 일본, 영국 그리고 4개의 유럽연합 주요 회원국인 독일, 프랑스, 이탈리아, 스페인만 이 그룹에 포함시킬 것이다. LCE의 경우, 1930년 이후 주정부와 시정부를 포함한 정부의 지출은 GDP의 48%까지 평균 약 4배나 증가했다.¹⁵ 다만 그 폭이 매우 넓어서 미국은 4%에서 36%까지, 프랑스는 19%에서 58%까지 늘어났다.

1980년 이후 자유 시장 이데올로기가 전 세계로 퍼져나갔고 간헐적으로 정책을 좌우했다. 그러나 서방 정부들은 여전히 국민의 경제적 삶에 미치는 영향력을 넓혀가고 있었다. 미국과 유럽 모두 중도 우파 및 좌파 정당들은 산발적인 규제 완화책을 시행했다. 이는 대개 기존 규제안을 더 긴 규제안으로 개정하고 대신하는 일을 수반했다. 전반적으로 정부 규제는 크게 증가했다. 그에 따라 더 많은 규칙, 더 많은 제한적 규칙, 더 많은 규칙 제정자, 더 많은 예산을 보유한 더 많은 규칙 제정 기관이 생겨났다.

의회는 일부 세금을 낮추는 대신 다른 세금을 올렸다. 전반적으로 세수는 크게 바뀌지 않았다. 단순히 사실 관계를 지적한 '하우저의 법칙(Hauser's law)'에 따르면 수십 년 동안 세수 확보를 위한 재원은 계속 바뀌었어도 전체 세금 부담은 변하지 않았다. 주정부와 시정부를 포함한 정부의 세수가 GDP에서 차지하는 평균 비중은 LCE의 경우 20%를 약간 넘기고, 미국의 경우 20%에 약간 못 미친다. 이렇게 장기적으로 세수가 너무나 일정한데[16] 어떻게 정부의 규모가 더 커질 수 있었을까?

대규모 자본주의 국가들이 1970년대 후반부터 사실상 매해 상당한 재정 적자(GDP의 1% 이상)를 내는 중대한 변화가 있었기 때문이다.[17] 레이건 치하에서 정부 지출의 선택지는 복지에서 국방으로, 버터에서 총으로 옮겨갔다. 그리고 그에 따라 재정 적자가 불어났다. 정부들은 세금을 올려서 정부 조직을 늘리기 위한 비용을 대거나, 다른 부문에서 예산을 삭감하지 않았다. 그들은 돈을 더 많이 빌렸다. LCE의 중앙정부 부채는 1970년에 GDP의 약 21%였다가 1980년에는 약 30%로 서서히 늘어났다. 그러다가 팬데믹 직전에는 거의 120%, 팬데믹 동안에는 약 140%로 급증했다.[18]

레이건 혁명은 곧 자본주의가 세계로 확산하도록 만든 확신을 낳았다. 그것은 재정 적자와 부채는 문제가 되지 않는다는 확신이었다. 1980년 이후 공화당은 모든 문제에 대한 해법으로 감세를 제안했다.

더 많은 경제 성장을 이루면 저절로 재원이 충족된다고 주장하면서 말이다. 공공 부채가 증가해도 경제가 더 빨리 성장해서 부담을 줄여준다는 논리였다. 민주당은 학교, 보건, 제조업 지원금을 위한 지출에 대해서도 같은 논리를 펼쳤다. 그들은 사회적 지출이 미래에 대한 '투자'라고 주장했다. 그러나 실제로는 어느 쪽이 되었든 간에, 경제 성장은 결코 지출 증가 속도를 따라잡지 못했다. GDP 대비 비중으로 측정되는 공공 부채 부담은 대부분 계속 가중되었다. 다만 두 번의 주요한 예외가 있었다. 한 번은 1980년대 대처 치하의 영국에서, 다른 한 번은 1990년대 클린턴 치하의 미국에서 공공 부채가 약간 줄어들었다. 이 예외적인 사례들은 일반적인 규칙을 증명한다.

선진국들은 서서히 부채에 중독되었다. 또한 경제를 안정적으로 확장시키는 것이 자신들의 임무라고 여기게 된 정부의 지속적인 지원에 중독되었다. 대공황 때 탄생한 케인스식 구상에 따르면 정부는 불황기에는 재정 적자를 통해 일자리를 창출하고, 호황기에는 재정 흑자를 내야 했다. 그러나 실제로는 항상 재정 적자를 내는 쪽으로 바뀌었다. 민주주의 국가들은 어려운 선택을 할 능력을 잃어가고 있었다.

선출된 의원들은 흔히 인종 문제와 이민 문제 그리고 경제와 직접 관련되지 않은 다른 사회적 갈등을 둘러싼 당파성에 따라 갈라졌다.[19] 이렇게 분열된 의원들은 위기 동안에도 좀처럼 지출과 관련된 합의에 이르지 못했다. 유권자들은 정부가 경제를 지속해서 성장시키기를 기대하게 되었다. 그러나 그 임무를 수행할 책임은 기본적으로 선출직이 아닌 중앙은행장에게 전가되었다. 결국 중앙은행은 자신을 세계와 다음 대공황 사이에 선 최후의 기관으로 여기게 되었다.

이처럼 두려움에 사로잡혀 과거를 뒤돌아보는 태도는 모든 국가에 매우 해롭다. 또한 유약한 유럽이나 늙어가는 일본보다 더 젊고, 과감하고, 강인하며, '미래 지향적'인 국가로 자신을 인식하는 미국에는 특히 부적합하다. 그런데도 이번 세기에 들어서 관료들은 대개 위기에 직면했을 때 '조기에 과도할 정도로 대응하는 편이 낫다'라거나, '차라리 넉넉한 편이 낫다'라거나, '너무 과한 조치에 따른 위험보다 너무 약한 조치에 따른 위험이 훨씬 크다'라는 모토를 충실히 따랐다.[20]

이런 변화는 지난 20년 동안 미국을 마약성 진통제에 중독시키는 데 일조한 '통증 관리 방식의 혁명'과 매우 비슷하다.[21] 어느 정도든 통증을 그냥 놔두는 것은 19세기 거친 의술의 잔재로 여겨진다. 따라서 현대의 의사들은 경미한 부상을 입은 환자라도 옥시콘틴(OxyContin, 마약성 진통제 – 옮긴이)을 투여한다. 날이 갈수록 대중, 특히 주택 보유자와 주식 보유자, 채권 보유자들은 위기 때마다 더 많은 지원을 기대하게 되었다. 그들은 구제 규모를 늘리라고 정치인과 중앙은행을 더 강하게 압박했다. 그 정점은 2020년에 시행된 충격적인 규모의 정부 지원책이었다. 이런 구제는 일종의 온정주의적 우려에서 촉발되며, 치료가 질병보다 나쁠 리 없다는 갈수록 강해지는 확신 속에서 이뤄진다.

사회 안전망은 과거 기아의 위기에 빠진 빈곤층을 돕기 위해 마련되었으나 점차 금융 시장으로 확대되었다. 금융 시장의 최대 수혜자들은 전혀 굶주리지 않는다. 앞에서 언급한 LCE에서 정부 및 중앙은행의 총 지원금은 1980년대 초와 1990년의 불경기 때는 GDP의 약 1%였다. 그러던 것이 2001년에는 거의 3%, 2008년에는 12% 이상,

2020년에는 약 35%로 늘어났다.[22]

정부와 중앙은행들은 위기 때마다 경제 시스템에 더 많은 돈을 쏟아부어서 금융 시장의 규모를 부풀렸다. 진보 진영 논평가들은 레이건 이후 금융 시장이 호황을 맞이한 것은 주로 규제 완화 덕분이라고 말한다. 실제로 규제 완화는 중대한 역할을 했다. 그러나 그 역할은 투자자들을 위한 선택지를 넓히는 데 그쳤을 뿐이다. 투자자들의 자본은 주로 정부와 중앙은행으로부터 나왔고, 그들의 과도한 자신감은 공적 구제 금융에 대한 약속에 기반한 것이었다.

이지 머니는 지분(equity, 사모 시장에서 거래되며 공모 시장의 주식에 해당 - 옮긴이)과 채무(debt, 사모 시장에서 거래되며 공모 시장의 채권에 해당 - 옮긴이), 주식과 채권을 포함한 모든 금융 자산의 가격을 부풀린다. 그에 따라 금융 시장은 부채 증가 규모보다 더 많이 비대해졌다. 1970년대만 해도 금융 시장의 규모는 대규모 자본주의 국가의 경제 규모보다 평균적으로 약간 더 큰 수준이었다. 그러다가 팬데믹 직전에는 거의 4배나 더 큰 수준에 이르렀으며, 팬데믹 동안 더욱더 커졌다.[23] '모든 것이 버블'이었던 미국이 가장 극단적이었다. 2024년 기준 미국의 금융 시장 규모는 약 120조 달러로, GDP의 약 4.5배나 된다.

주식은 글로벌 금융 시장의 약 30%를 차지한다. 나머지 부분은 단순한 정부채와 회사채부터 자동차 대출, 학자금 대출, 소비자 대출, 주택 담보 대출 등 갈수록 복잡해지는 온갖 부채로 구성된다.[24] 금융 시장은 부채 중독자들이 득실대는 대도시의 뒷골목과 같다.

과거의 중앙은행들은 어려워진 경제 시스템에 자금을 투입하기 위해 단기 정부채만 사들이던 보수적인 기관이었다. 그러나 2008년과

2020년 위기 때는 급진적이고 실험적인 태도로 돌변해 매수하는 채권의 유형과 대상을 확대했다. 2020년에는 '악성 채권(sinking demon)'이라 불리는 부실 기업 정크 본드(junk bond, 신용 등급이 낮은 기업들이 발행하는 고수익 채권 - 옮긴이)를 헤지 펀드나 기타 사모 투자사들 같은 '그림자 은행(shadow bank, 은행과 유사한 금융 기능을 수행하지만, 정식 은행 규제를 받지 않는 금융 기관이나 활동 - 옮긴이)'으로부터 사들이는 지경에 이르렀다.[25]

그들은 거대한 덩치에도 불구하고 수조 달러에 이르는 자금을 효율적으로 움직일 줄 모르는 월가의 큰손들에게 이런 이지 머니를 바로 건네주었다. 팬데믹이 덮칠 무렵 여러 자본주의 국가는 독점 기업 및 과점 기업들, 이 기업들을 소유한 억만장자들, 아무런 수익을 내지 못하는 기업들, 이익이 너무 적어서 이자도 내지 못하고 새로 빚을 내서 살아가는 '좀비 기업들'에 이미 장악된 상태였다. 이 모든 신용의 피조물들은 2020년의 구제 금융을 통해 창궐했다. 많은 사람이 당시의 구제 금융이 100년 만의 위기에 맞서는 창의적인 비상 대책이라고 여겼다. 그러나 이전의 구제책에 기반한 각각의 새로운 구제책은 1세기에 걸친 구제 금융 문화를 더욱 위험한 수준까지 확장시켰다. 그에 따라 미래에 적용될 구제 요구 기준은 더욱 높아졌다.

거대 정부는 어떻게 성장을 늦추는가

2010년대에 이르자 LCE뿐 아니라 전 세계적으로 경기가 둔화되기 시작했다. 그 부분적인 요인은 정부의 통제를 벗어난 것이었다. 1960년대와 1970년대의 사회 혁명은 여성에게 자녀를 적게 낳을 수 있는 자유를 주었다. 그 결과 출산율이 떨어지기 시작했다. 이는 뒤이은 수십 년 동안 노동 인구로 편입되는 청년이 줄어든다는 것을 뜻했다. 많은 정부는 (가령 자녀를 더 낳는 가정에 보너스를 주는 방식으로) 인구 감소에 맞서려 애썼지만, 거의 효과를 보지 못했다.

단순하게 계산해보면 경제 성장은 얼마나 많은 사람이 일하는지 그리고 각 노동자가 얼마나 많은 가치를 생산하는지에 좌우된다. 노동 인구가 줄어드는 시대에 경제 성장을 촉진하려면 생산성, 즉 노동자 1인당 생산량을 늘려야 한다. 생산성이 증가하면 기업은 가격을 올리지 않고도 급여를 올려줄 수 있다. 그리고 그에 따라 인플레이션 없이 경제 성장이 이뤄진다. 이는 번영을 일으키는 마법 열쇠라 불렸으며, 실제로도 그렇다. 그러나 생산성 증가율은 인구 증가율과 마찬가지로 1980년 이후 급격하게 둔화되었다.[26] 미국의 경우 근래에 조금 상승하기는 했지만, 2010년 이래 연평균 1%를 겨우 넘기는 수준으로 이전에 비해 절반 이상 낮아졌다. 또한 영국, 일본 그리고 4대 유럽 국가는 평균 0.25%로 그보다 더 급격하게 낮아졌다.

생산성 부진은 현대 자본주의의 가장 중요한 수수께끼다. 더 커진 정부와 그 부산물, 즉 불어나는 부채와 전이되는 자본 오배분이라는 요인이 쉽게 간과되고 있다는 증거가 갈수록 쌓이고 있다. 자본주의 경제를 되살리기 위해 정부가 해야 할 가장 필수적인 일은 생산성을 높이는 것이다. 하지만 생산성을 높이려는 정부의 노력은 역효과를 낳고 있다. 유럽연합은 학자인 아누 브래드퍼드(Anu Bradford)가 말한 '법과 규제의 글로벌 제국'을 건설했는데, 이 시기에 미국보다 유럽에서 생산성이 더 급격하게 감소한 것은 우연이 아닐 가능성이 높다.[27]

본래 자본주의는 오스트리아 출신 경제학자인 조지프 슘페터(Joseph Schumpeter)가 말한 '창조적 파괴'를 통해 발전한다. 시장에서 이뤄지는 경쟁은 새로운 기업이 부상하고 안일한 기업은 망하게 만든다. 그에 따라 장기적으로 생산성이 계속 증가한다. 이 과정에서 개인과 기업을 위해 방대한 부가 창출된다. 다만 이런 양상은 저가 경쟁자들이 독점 기업의 이익을 갉아먹고 권력 집중을 막는 동안 일시적으로만 나타난다. 이처럼 주기적으로 정의가 거칠게 구현되는 방식은 경기 하락과 시장 혼란이 잦아진다는 부정적인 측면을 지닌다. 반면 긍정적인 측면은 인류가 진보한다는 것이다.

이것이 매일 자본주의가 잃고 있는 기회다. 정부의 구제책은 인위적으로 불경기의 빈도를 줄이고 강도를 낮춘다. 그래서 구시대적이고 부실한 기업들이 각 불경기 때 원래 살아남아야 했던 수준보다 더 많이 살아남는다. 그 결과 미국은 더 이상 두 번째 기회가 주어지는 나라가 아니게 되었다. 애초에 기성 기업이 망하는 일이 너무나 드물기 때문이다. 연구자들이 말하는 불경기의 '청산 효과(cleansing effect, 불경기에 부실한 기업이 퇴출 및 구조 조정되어 시장의 체질이 개선되는 현상 - 옮긴이)'가 사라지자 경기 회복이 더 오래 지속되기 시작했다.[28] 대신 경제 성장 속도는 더 느려졌다. 특히 2000년의 닷컴 버블 붕괴 이후에는 더욱 그랬다.

시장의 리듬도 더 차분하고 안정적으로 바뀌었으나 차별성이 줄어들었다. 투자자들은 경기와 관련된 호재만큼 악재도 시장에 도움이 된다고 가정하게 되었다. 정부 지원이 늘어날 것이기 때문이었다. 커지는 정부는 경쟁을 저해하고 창조적 파괴의 진행을 가로막았다. 그 과정에서 대기업은 갈수록 덩치를 키워갔다. 하방 위험이 사라진 시장은 대부호들에게 큰 도움이 되었다. 2000년 이전에는 억만장자가 매우 드물었으나, 그 이후로는 금융 시장의 상승과 더불어 2,600명 이상으로 급증했다.[29]

비대해진 시장, 약해진 경기 회복세, 더 적은 파산을 수반하는 짧아진 불경기, 부채에 찌들어 무기력해진 기업 문화 등 이 모든 것은 경제 성장만 저해하지 않는다면 사회적 여파가 덜할 것이다. 어차피 더 가혹하거나 잦은 불경기, 더 많은 파산 또는 더 무서운 주식 시장의 하락을 원하는 사람이 있을까?

거대 정부는 자본주의가 지니고 있는 경쟁의 기운을 억눌러서 생산성 증가 속도를 늦춘다. 이는 장기적으로 결국 경제 성장률을 떨어트린다. 그에 따라 파이의 크기가 줄어들고, 남은 파이는 소수의 손에 집중된다.

미래를 이끌어갈 밀레니얼 세대는 자본주의의 문제를 여실히 드러내고 그 원인을 지나치게 확신하는 잘못된 내러티브를 수용했다. 많은 미국인은 기성 언론과 마찬가지로 정부의 크기가 줄어들었다는 이야기가 사실이라고 간주하는 듯하다.[30] 그들은 이를 대기업이 경제를 지배하는 냉혹한 현실과 연결한다. 대기업 집단의 주가는 3조 달러 이상으로 급증했다. 재벌들의 재산은 2,000억 달러를 돌파했다. CEO 급여는 직원 평균 급여의 400배를 넘어섰다. 그들은 정부의 크기가 줄어드는 기간에 이런 왜곡이 발생했다면, 거대 정부가 해답일 것이라 생각한다. 하지만 정부의 크기가 줄어든 적이 없다면, 거대 정부야 말로 오답이다.

미국은 현재 잘못된 방식으로 '예외적'이다

'미국 예외주의(American exceptionalism)'는 17세기에 처음 등장한 이래로 미국의 고유한 문화를 설명하는 말이었다. 당시에는 정부가 너무 미숙하고 작아서, 견고하거나 강압적이지 않았다. 덕분에 개인의 자유가 넘쳐났다. 레이건이 말한 언덕 위의 '빛나는 도시'는 이 기원담에 대한 비유였다. 민주적 자본주의라는 미국식 스타일은 2010년대 후반까지 적어도 경제 부문의 경쟁에서는 다른 체제를 계속 앞질렀다. 그럼에도 미국 지식인들은 그 성과를 자랑하는 것은 고사하고 인식조차 하지 않았다. 어쩌면 기성 체제는 부도덕한 포퓰리스트라고 경멸하던 트럼프가 2017년에 백악관을 차지했을 때 미국이 거둔 성공을 부각하고 싶지 않았던 것인지도 모른다.

그러다가 트럼프가 대선에서 패배했고 '미국 예외주의'가 되돌아왔다. 대개 애국주의적 화법을 피하는 저술가들도 '미국적 자본주의의 힘'이나 미국이 중국을 상대로 입지를 지켜낸 '경이로움' 또는 '놀라운 경제 성적'이 구 유럽과 일본에 주는 교훈을 찬양하기 시작했다.[31] 〈이코노미스트(Economist)〉, 〈뉴욕타임스〉, 〈워싱턴포스트〉를 위시한 기성 언론이 감탄한 것은 금융 시장에 대한 미국의 지배력, 달러의 힘, 미국 대기업들이 한층 더 거대해졌다는 사실이었다.[32] 미국의 기술 대기업들은 세계 10대 기업의 대부분을 차지했다. 이런 양상이 10년 넘게 지속되었는데도 많은 투자자는 향후 10년 동안에도 그들이 정상의 자리를 지킬 것이라 생각했다.

그러나 대다수 미국인은 이런 박수와 칭찬에 동참하지 않았다. 미국은 선진국 중에서도 여전히 가장 빠른 경제 성장을 이룩했다. 그 덕을 본 바이든은 왜 자신이 너무나 인기가 없는지, 왜 유권자들은 너무나 분노하는지 이해하지 못해 당황한 것으로 알려졌다. 임기 말에 바이든의 지지율은 1970년대의 지미 카터 이후 최저 수준이었다. 미국이 '50년 전보다 나아졌다'라고 생각하는 미국인은 10명 중 2명, 경제적 미래에 대한 자신감을 표현한 미국인은 10명 중 1명에 불과했다.[33]

오해하지 말길 바란다. 미국은 특히 지난 10년 동안 다른 선진국에 비해 탁월한 성적을 올렸다. 다만 이 기간에 경쟁자들은 모두 심한 부진에 시달리고 있었다. 현대 자본주의의 약점이 대다수 사람들에게 갈수록 분명하게 드러나고 있다. 미국에서만 그런 것도 아니다. 그들은 자본주의 시스템이 불공정하고, 균형을 잃었으며, 모두의 삶을 향상시키는 능력이 갈수록 떨어져간다고 생각한다. 많은 측면에서 보면 경제 위기는 그냥 다가오고 있는 게 아니라 이미 발생했다. 결국 자본주의를 어떻게 바로잡을지에 대한 논쟁은 애초에 무엇이 잘못되었는지 분명하게 이해하는 일에서부터 시작되어야 한다.

바이드노믹스

2023년 백악관은 지정학적 묘수이자 역사적 전환점으로 '바이드노믹스(Bidenomics)'를 홍보했다. 제이크 설리번(Jake Sullivan) 국가 안보 보좌관이 설명한 바에 따르면, 그 전제는 제2차 세계대전 이후 미국이 수백만 명을 빈곤으로부터 구제하고, '신명나는 기술 혁명을 지속시킨' 세계적인 경제 질서를 구축했다는 것이다.[34] 그러나 최근 수십 년 동안 시장은 언제나 생산적이고 효율적인 방식으로 자본을 배분한다는 심하게 단순화된 믿음 때문에 이 질서가 흔들렸다. 시장에 모든 것을 맡긴 결과로 중산층이 아닌 부유층에게, 제조업이 아닌 금융업으로, 미국이 아닌 중국으로 자본이 배분되었다. 그 결과 녹색 경제를 건설하는 일은 베이징에 넘겨졌다. 따라서 이러한 문제의식에서 출발한 바이드노믹스의 첫 번째 축은 '건설을 중시하는 경제적 멘털리티'였다.

바이드노믹스는 지출과 지원금, 규제와 무역 장벽을 통해 행정부가 가장 필요하다고 생각하는 곳에 자본을 배분하는 역할을 정부에 맡겼다. 설리번은 '승자를 고르려는 의도'를 부인하면서, 대신 금융 인센티브를 통해 "민간 시장의 힘과 창의성을 살릴 것"이라고 말했다. 하지만 실제로 바이든 정권은 이미 3개의 승자를 매우 구체적으로 골랐다. 그것은 첨단 반도체와 친환경 기술 그리고 리튬, 코발트, 니켈, 흑연처럼 많은 친환경 기술에 요구되는 귀한 광물이다. 이 '현대 미국 산업 전략'은 신 워싱턴 컨센서스의 일환이었다. 거기에 따르면 비슷한 생각을 가진 서구 국가들은 기후 변화와 싸우고 중국과 경쟁하기 위해 힘을 합칠 것이었다. 설리번의 연설 제목은 '미국의 경제 리더십 회복'이었다.

바이드노믹스에 내재된 강한 국가주의는 국내에서는 지지세를 모을 수 있다. 그러나 해외에서는 본질적으로 분열을 초래할 수밖에 없다. 자본주의 국가들을 중국과, 자신들끼리 맞붙게 만들기 때문이다. 실제로 우방들은 미국의 산업 정책이 중국만큼 자신들에게 피해를 입힐 것이라고 불평했다. 결국 그들도 무역 장벽에는 무역 장벽으로, 지원금에는 지원금으로 맞불을 놓기 시작했다. 유럽연합은 '그린딜 산업 계획(Green Deal Industrial Plan)'을 출범시켰다. 거기에는 미국의 친환경 에너지 지원금에 대응하기 위한 대책들이 포함되었다. 유럽 중앙은행장뿐 아니라 한때 자유 시장을 옹호하던 마크롱 프랑스 대통령도 이 계획을 적극 홍보했다.[35] 일본은 자체적으로 1,500억 달러 규모의 친환경 기술 지원 정책을 출범시켰다.[36] 독일 관료들은 드물게 노골적인 어조로 중국과의 연계를 줄이라고 독일 기업들에 경고했다.[37]

자본주의 진영의 지도자는 정부의 규모를 키우고 더 적극적인 활동을 펼치는 방향으로 동료들을 이끌고 있었다. 바이든은 보육, 지역 전문대학, 보건, 은퇴자를 위한 연금 혜택 등 '요람에서 무덤까지 이어지는 복지 정책'을 약속하며 대선 유세를 펼쳤다.[38] 그러나 의회에서 사회 복지 의제가 좌절되자 바이든 정권은 2022년에 초점을 바꿨다. 그들은 사회 복지보다 '현대 미국 산업 전략'을 더 강조했다. 대통령 연설에서는 이 전략적 대응을 촉발한 경쟁자인 중국을 한 번도 빠짐없이 언급했다.

하지만 타이밍이 이상했다. 측근들에 따르면 바이든은 '민주적 자본주의의 효능을 증명해야 한다는 불타는 경쟁심'을 품고 있었다.[39] 그러나 정작 그는 대체로 중국이 앞서가는 대로 따라가고 있었다. 중국에서는 여전히 국가가 자본 투자의 방향을 이끌다가 갈수록 파국적인 결과를 맞이했다. 시진핑(Xi jinping)은 최고 지도자로서 2010년대에 국가 통제를 재강화했다. 그 결과 명목 달러 기준으로 연 10%를 훌쩍 넘기던 중국의 GDP 증가율은 2023년에는 5% 미만으로 낮아졌다.[40] 중국은 더 이상 향후 수십 년 안에 세계 최대 경제 대국으로서 미국을 앞지를 만큼 충분히 빠르게 성장하지 못하게 되었다. 그런데 왜 비틀거리는 경쟁자를 뒤따라가야 할까? 로버트 졸릭(Robert Zoellick) 전 미 무역대표부 대표는 바이든의 비전을 '워싱턴 주도 경제(Washington Ordered Economy)'라 부르면서 그에 따른 무역 장벽, 규칙, 지원금은 한 번 자리 잡으면 되돌리기 힘들 것이라 경고했다.[41]

바이든은 2023년 중반에 거의 8조 달러에 이르는 신규 지출 계획을 발표했다. 그 증가폭은 세계대전이나 대공황 시기를 제외하면 역대 최대 규모였다. 그중 약 2.3조 달러는 '산업 정책'의 일환으로 볼 수 있는 연구 및 인프라 투자에 소요되었다. 하지만 그 외에 코로나19 팬데믹 지원금으로 1.7조 달러, 군사비로 2조 달러, 메디케어(Medicare, 노년층 대상 의료 보장 제도-옮긴이) 지원금과 장애 급여, 학자금 대출 면제를 포함한 신규 복지 비용으로 2조 달러 이상이 소요되었다.[42]

바이든이 신규 지출 정책을 추진하는 동안 유럽 및 일본 정부는 허리띠를 더 졸라맸다. 특히 2022년에 고금리 부활로 인해 차입 비용이 늘기 시작한 후로는 더욱 그랬다.[43] 한때 미국의 지출 패턴은 선진 경제국으로서 일반적인 수준이었지만, 이제 미국은 스스로를 궁지로 몰아가는 예외적인 사례가 되었다. 자본주의 세계에서 가장 큰 재정 적자 국가가 된 미국은 자국의 경쟁 우위를 위협하는 위태로운 상황에 놓이게 되었다.

2024년 초 의회예산처(Congressional Budget Office)는 연방정부 지출이 2020년대 내내 GDP의 25% 수준을 유지하리라고 전망했다.[44] 이는 그 어느 때보다 높은 수준이었다. 이후 재정 적자는 최근 수십 년 평균의 약 2배인 거의 GDP의 6%로 기록적인 수준을 유지할 것으로 예상된다.[45] 이것이 얼마나 엄청난 변화인지는 아무리 강조해도 지나치지 않다. 팬데믹 이전만 해도 미국의 재정 적자는 선진국 평균보다 약간 많은 수준에 그쳤다. 하지만 앞으로는 약 6배나 더 많은 수준에 이를 것이다.[46] 경쟁국들은 재정 적자를 줄이는 와중에 미국은 오히려 늘리고 있기 때문이다.

재정 적자는 부채가 늘어날 것임을 의미한다.[47] 미국의 정부 부채(주정부 및 시정부 포함)는 이미 선진국 중에서는 이탈리아와 일본에 이어 세 번째로 많다. 게다가 2023년부터 2028년까지 14p나 늘어나서 GDP의 137%에 이를 것으로 예상된다.[48] 미국의 정부 부채 증가 속도는 영국보다 거의 2배, 일본보다는 5배 이상, 4대 유럽 국가 평균보다 10배나 빨랐다. 반면 덴마크와 스웨덴 같은 북유럽 국가를 포함해 규모가 작은 유럽 국가들의 GDP 대비 정부 부채 비중은 2028년까지 줄어들 것으로 보인다.

지금까지 자본주의는 유럽에서 더 많은 문제를 초래했다고 말할 수 있다. 지난 20년 동안 유럽 국가는 구제, 지원, 규제에 나서는 경향이 더 강했다. 그에 따라 생산성과 평균 소득은 미국보다 느리게 향상되었다. 하지만 이제는 상황이 바뀌고 있다. 미국에서 거대 정부가 더 빨리 커지고 있기 때문이다.

이 책의 1부에서는 지난 세기의 이야기를 다시 들려줄 것이다. 대공황 이전에는 제한된 역할만 하던 정부가 이번 세기에는 모든 일에 관여하도록 진화한 양상을 보여줄 것이다. 2부에서는 정부의 기능 확대로 지금까지 누적된 영향과 그것이 자본주의 시스템을 어떻게 왜곡했는지 설명할 것이다. 이런 기능 저하의 증상은 특히 2000년 이후 명확해졌다. 이지 머니와 부채 증가로 인해 한층 심해진 왜곡 현상에는 무엇보다 소득 및 부의 불평등 심화, 새로 빚을 얻어야만 살아갈 수 있는 좀비 기업의 확산, 혁신보다는 경쟁 억제를 통해 성공하는 '나쁜' 독점 기업 및 과점 기업의 부상이 포함된다. 2부는 세계적인 생산성 하락이라는 수수께끼를 설명하는 새로운 논리로 마무리될 것이다. 이 문제는 정부가 부채질한 부채 중독의 증상에서 많은 부분이 기인한다.

현재 상황으로는 정부가 금융 시장의 주요 플레이어 역할은 말할 것도 없고 복지 서비스 제공자나 경제 활동 규제자 역할도 거의 하지 않던 19세기로 돌아갈 수 없다. 합리적인 사람이라면 연방정부가 편지를 배달하고 전쟁을 벌이는 것 말고는 별다른 일을 하지 않던 그 시대로 돌아갈 수 있다고 생각하지 않을 것이다. 오늘날 지식인들은 정부가 더 커지고 더 적극적으로 활동할 여지가 충분하다고 가정한다. 레이건 행정부 이후로 정부가 계속 축소되었다고 보기 때문이다. 그러나 이처럼 왜곡된 역사 인식은 잘못된 해법으로 이어진다. 1980년보다 몇 배는 더 거대해진 이 새로운 기반에서 정부를 더 키우면 현재 진행 중인 자본주의의 위기가 훨씬 악화될 가능성이 크다.

What Went Wrong with Capitalism

Franklin D. Roosevelt   Richard Nixon

1부.
거대 정부의 부상과 재부상

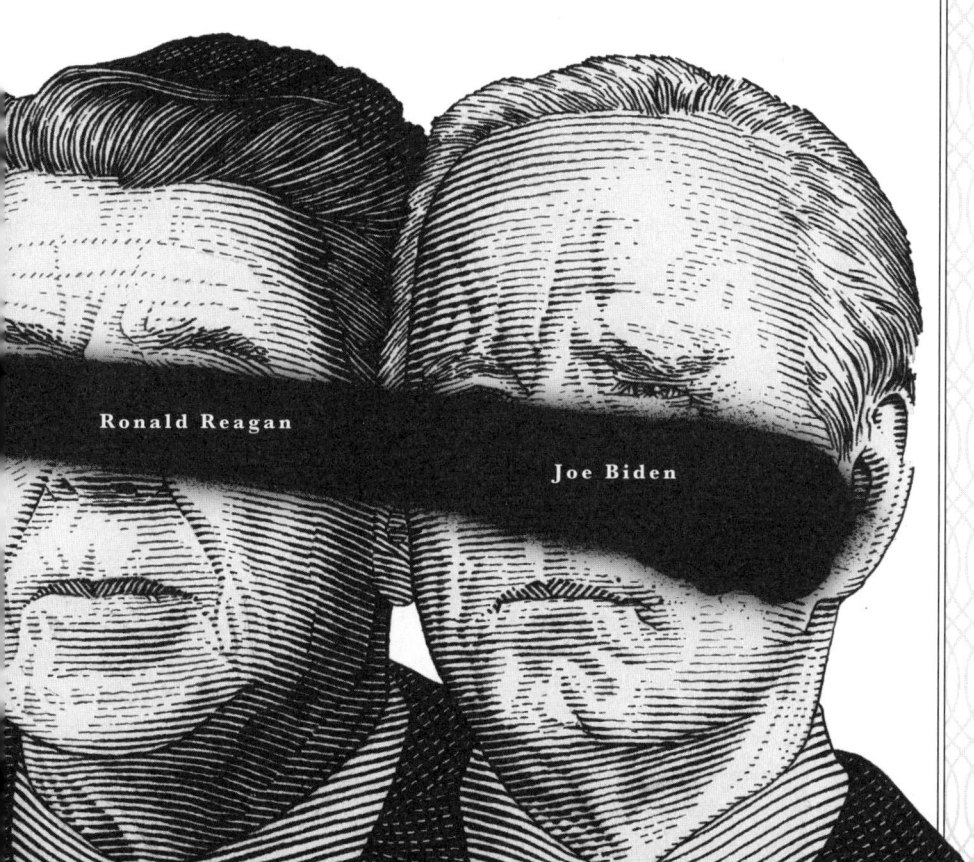

1장.

황금기는 없었다

미국인들이 아는 정부의 기원은 국부 중 한 명인 알렉산더 해밀턴(Alexander Hamilton)으로 거슬러 올라간다. 그는 신생 국가를 발전시키기 위해 강력한 정부를 원했다. 그 축인 중앙은행은 민간에 신용을 제공하는 시스템의 토대 역할을 할 것이었다. 이 시스템은 뒤이어 상업과 산업의 확산 그리고 도시 건설에 필요한 재원을 댈 것이었다.

해밀턴은 시대를 앞서간 금융 부문의 선지자였다. 그는 자립이라는 청교도적 가치관에 매몰된 회의적인 동료들을 상대로, 정부가 빚을 지는 것이 경제에 도움이 된다는 점을 설득하려 애썼다. 정부는 그에 대한 이자만 내면 되고, 원금은 사실상 민간 대출의 담보 역할을 할 것이었다. 그에 따라 장기적으로 신용 공급이 크게 늘어나고 경기가 확장되리라고 보았다. 그는 "나라의 빚은 과도하지만 않으면 큰 도움이 된다. 우리를 하나로 결속하는 강력한 접착제가 되어줄 것이다"라고 말했다. 그의 주장은 그가 죽은 지 한참이 지나서야 힘을 얻었다.[1]

미국이 신용 중심의 도시 및 산업 중심 사회로 부상하기까지 19세기 내내 이러한 변화에 저항한 세력이 있었다. 해밀턴의 정적인 토머스 제퍼슨(Thomas Jefferson)의 후예들이 그 저항 세력이었다. 제퍼슨파는 토지를 소유함으로써 독립심과 근면함 같은 도덕적 가치를 키우는 자영 농민들의 나라를 꿈꿨다. 그들이 보기에 해밀턴은 미국을 구시대적 영국처럼 만들려는 적이었다. 영국은 귀족이 지배했고, 부패한 상업 시스템에 얽매여 있었으며, 대다수 농민보다 부유한 도시 엘리트를 우선시하는 금융 시스템을 토대로 삼은 국가였다. 실제로 해밀턴이 구상한 중앙은행은 영국 중앙은행(Bank of England)을 모델로 만든 것이었다.² 영국 중앙은행은 명예직과 자기 거래(self-dealing, 특수 관계자들이 내부 거래로 이익을 취하는 것 - 옮긴이)를 통해 빅토리아 시대에 엘리트들을 부유하게 만든 정부 기관 중 하나였다.

19세기 내내 제퍼슨파 민주당 의원들은 중앙은행 설립을 막아내는 데 성공했다. 그들이 내세운 명분은 중앙은행의 권한이 근본적으로 너무 막강하다는 것이었다. 하나의 기관에 통화와 신용에 대한 통제권을 너무 많이 부여해서는 안 되었다. 은행을 둘러싼 정쟁은 미국 정치계의 핵심 사안이었다. 그럼에도 비교적 느슨한 민간 은행 네트워크를 통해 혼란스럽긴 해도 해밀턴식 시스템이 작동하기 시작했다.³ 은행 중 다수가 자체 화폐를 발행하는 방식을 통해서였다. 남북 전쟁 전까지 8,000개 정도의 은행이 생겨났다.

호황과 불황을 오가는 익숙한 패턴 주기를 통해 신용이 흘러가기 시작했다. 커져가는 낙관론 속에 신용이 불어났다. 그러다가 과다 대출의 명백한 신호가 나오면서 정점에서 버블이 터졌다. 초기에 이런 경기 순환 주기는 대개 밀이나 목화 같은 농업 부문이나 농지를 개발해야 하는 남부나 서부의 개척지에서 발생하는 경향이 있었다. 신용 과잉의 결말은 1819년과 1837년에 일어난 대규모 패닉이었다. 이런 간헐적인 위기는 고통스럽기는 했으나 경기 확장을 늦추지는 못했다. 이 기간에 남부는 영국을 제외한 다른 어떤 나라보다 더 부유해졌지만, 여전히 북부에 뒤처지고 있었다.[4]

영국에서 시작된 산업혁명은 1820년대에 대서양 너머로 전파되었다. 그 여파로 북동부 주들에서 최초로 소규모 방직 공장이 생겨났다. 이 공장들은 처음에는 수력과 여성 및 아동의 노동력으로, 나중에는 증기엔진과 유럽 이민자들의 노동력으로 가동되었다. 역사학자인 조너선 레비는 저서에 "당시 북동부는 세계에서 가장 빠르게 성장하고 가장 부유한 지역이었을 것"이라고 썼다.[5] 1840년과 1860년 사이에 이 지역의 산업 생산량은 약 5배로 늘어났다.

현대 미국 금융 시스템의 기원은 남북 전쟁 때로 거슬러 올라간다. 당시 북부는 사실상 공화당 일당 체제였다.[6] 에이브러햄 링컨(Abraham Lincoln) 대통령은 대규모 북군을 유지하기 위해 자금이 필요했다. 그는 새먼 체이스(Salmon P. Chase) 재무부 장관에게 자금 조달 임무를 맡겼다. 고압적인 인물이었던 체이스는 동시대인들 사이에서 자신을 성 삼위일체의 네 번째 구성원으로 여긴다는 평가를 받을 정도였다. 그는 사업세와 관세를 부과하는 정부의 권한을 크게 확대했고, 국채 판매 권한을 도입했다. 그가 감독하는 와중에 공공 부채가 3배로 늘었다. 또한 정부는 이전과 다른 방향으로 자본을 투입하기 시작했다. 그에 따라 군수 공장과 제빵 공장 그리고 북군을 유지하는 데 필요한 다른 모든 사업체에 대한 투자가 크게 늘었다.

체이스는 전국의 은행망을 만들었으며 뉴욕에 있는 최대 은행에 준비금을 예치하도록 만들었다. 또한 주와 시 단위에서 쓰던 수많은 화폐를 2개로 통합했다.[7] 이 2개의 화폐는 남북 전쟁 이후 금으로 보증되는 새로운 달러로 통합되었다. 금의 본질적인 희소성은 자연스럽게 달러 공급을 제한했다. 그에 따라 자본(그리고 자본을 어디에 빌려주고 투자할지 결정하는 권력)은 월가로 더욱 집중되었다.

남북 전쟁과 뒤이은 호황은 수많은 사람을 부자로 만들었다. 신문들은 존 D. 록펠러(John D. Rockefeller), 제이 굴드(Jay Gould), 앤드류 카네기(Andrew Carnegie), 코닐리어스 밴더빌트(Cornelius Vanderbilt), JP모건(J. P. Morgan) 같은 신흥 월가 재벌을 묘사하기 위해 중세 용어인 '강도 귀족(robber baron, 19세기 후반부터 20세기 초반에 독점과 과점으로 막대한 부를 축적한 미국의 대부호들을 일컫는 표현 - 옮긴이)'을 되살렸다. 은행가이자 산업가인 그들은 자본을 자신의 사업체로 유도할 수 있었다. 핵심 사업은 당대의 인기 교통망으로서 강철로 구축되고 석유와 전력으로 가동되던 철도였다. 국가 계획의 간섭을 전혀 받지 않는 이들 재벌들은 가장 중요한 뉴욕과 시카고를 포함해 모든 주요 도시 사이에 철도를 먼저 건설하려고 서로 경쟁했다.

이 철도 중 대다수는 대규모 신용 경색 사태인 1873년과 1893년의 금융 패닉 때 망해버렸다. 당시 미국에는 설령 강력한 의향이 있었다 해도 누구를 구제할 중앙은행이 여전히 존재하지 않았다. 중앙은행에 대한 지적 기반을 마련한 영국의 저널리스트 월터 배젓(Walter Bagehot)은 그 역할을 상당히 협소하게 정의했다. 그에 따르면 중앙은행은 위기 때 지급 능력을 갖춘 은행에만 엄격한 담보를 받고 긴급 금융 지원을 제공할 뿐, 다른 기업에는 아무것도 제공하지 말아야 했다. 현실적으로 중앙은행은 배젓이 제안한 것보다 더 엄격하게 굴었다. 나중에 한 경제학자가 쓴 바에 따르면 그들은 "어려운 대리 은행들(correspondents, 금융 시장에서 중개 기능을 담당하는 은행 - 옮긴이)을 돌려보내고 자신의 금 보유고만 최우선으로 보호하는" 경향이 있었다.[8]

재벌들은 생산량 증대에 돈을 쏟아부었다. 그에 발맞춰 철도망은 산업혁명의 중심지로 부상하는 북동부와 중서부 전역의 공장들을 연결하기 시작했다. 노동자들은 빠른 임금 인상의 혜택을 누렸지만, 정작 생활 수준은 하락했다. 도시 공장 지대는 대개 하수 시설과 보건 서비스가 갖춰져 있지 않았다. 공장 노동자들은 농촌 노동자들보다 더 젊은 나이에 사망했다. 산업화 진행 지역의 서쪽 끝에 자리한 시카고는 폭발적으로 성장하는 신산업의 경이와 그을음으로 덮인 공동주택의 악몽을 동시에 지니고 있었다. 강도 귀족들은 동부 해안을 따라 지금도 점점 늘어선 가짜 유럽식 성을 세웠다.[9] 같은 시기에 미국은 세계에서 가장 극심한 노사 갈등을 겪었다.

그 결과로 대중주의적 반란이 일어났다. 제퍼슨과 그의 초기 후계자들은 중앙 집권화된 정부의 권력을 두려워했다. 그러나 19세기 후반에 그의 후계자들이 두려워한 것은 민간 부문의 철도, 철강, 석유 독점 기업들이었다. 그들은 공장 노동자들의 열악한 처우에 강하게 반발했다. 시어도어 루스벨트(Theodore Roosevelt) 대통령과 우드로 윌슨(Woodrow Wilson) 대통령은 진보 운동을 이끌었다. 그 결과 1910년대에 소득세를 합법화하는 헌법 수정안 16조가 통과되었다. 또한 상업을 규제하고 노동 착취에 맞서며 독점 기업을 해체하는 새로운 기관도 설립되었다.

윌슨은 중앙은행에 반대하는 전통적인 대중주의적 입장도 버렸다. 1907년의 세계적 패닉을 포함한 당시의 금융 위기는 영국 중앙은행이 금리를 인상하면서 촉발되는 경향이 있었다. 이는 전 세계의 자금이 영국으로 몰리는 결과를 초래했다. 미국 달러가 영국으로 빠져나가면서 월가에 신용이 고갈되고 패닉이 촉발되었다. 이런 시기에 달러를 지키려면 결국 자체 중앙은행이 필요했다. 그러나 여전히 남아 있던 반대 여론 때문에 1913년까지 연방준비제도(Federal Reserve Board, Fed, 연준) 설립이 지연되었다.[10]

하지만 세계 금융의 중심지가 이동하고 있었다. 1914년에 제1차 세계대전이 터지면서 유럽 대륙은 전쟁터가 되었고, 미국은 안전하고 번영하는 피난처가 되었다. 미국에 금이 쌓여갔다. 뉴욕은 글로벌 금융 수도이자 미래에 발생할 금융 위기의 진원지로서 런던을 대체했다. 금융 위기는 머지않아 찾아올 것이었다. 하지만 이때만큼은 '창조적 파괴'의 장점이 분명하게 드러났다.

19세기 초반 이전에는 사람들에게 선조들보다 더 잘살 것이라고, 또는 5년 후에 더 잘살 것이라고 기대하는지 묻는 것은 어리석은 질문이었다. 그 답은 당연히 "아니요"였기 때문이다. 그러나 1820년 이후 산업혁명 덕분에 인류사 최초로 평균 소득이 장기간에 걸쳐 늘어나기 시작했다. 이런 변화는 영국에서 처음 일어났고, 뒤이어 북유럽의 소수 국가에서 일어났다. 또한 미국의 경우 그 속도가 가장 빨랐다. 전 세계적으로 1인당 소득 증가율은 약 10배나 급등했다.[11] 구체적으로는 이전 세기에 연 0.2% 미만이었다가 19세기 말에는 연 1.5% 정도가 되었다. 사실상 모든 증가분은 서구 자본주의의 중심지에 집중되었다.

초기 자본주의를 낭만적인 시각으로 바라보는 사람들이 간과하는 사실이 있다. 1820년 이후로 유럽과 미국에서 사람들이 빠르게 산업화가 진행되는 도시로 이주하면서 생명이 위태로운 환경에 놓이게 되었다는 사실이다. 그곳의 삶은 너무나 가혹했다. 그 증거로 사람들의 키가 줄었을 뿐 아니라 때로는 기대 수명까지 줄었다. 한 예로, 독일의 경우 19세기 초반에 평균 신장이 거의 5㎝나 줄었다.[12] 영국과 다수 유럽 국가에서도 비슷하거나 그보다 작은 폭의 평균 신장 감소 현상이 발견되었다. 다수 인류는 여전히 맬서스(Malthus)의 딜레마(인구 증가가 경제 성장보다 빠르게 진행되어 식량과 자원이 부족해지고, 결국 기근과 질병 등이 인구를 감소시키는 현상 - 옮긴이)에 갇혀 있었다. 즉 경제 성장이 충분히 빠르게 이뤄지지 않아서 인구 증가가 식량 공급과 기아로 인해 제한되었다.

그러다가 대략 1870년대 이후로 갑자기 긍정적인 변화가 일어났다. 이제는 전력을 기반으로 삼아 산업혁명이 가속화되었다. 커지는 정부에 의해 발전 양상도 한층 더 안정적으로 바뀌었다. 생계의 어려움을 덜어준 요인들은 복잡했다. 다만 한 가지 명백한 진전은 일부 주요 국가에서 정부가 보다 활발하게 움직였다는 것이다. 충분한 규모를 갖춘 이 정부들은 기본적인 공공 서비스를 제공하고, 고삐 풀린 자본주의가 지닌 최악의 측면을 규제로 다스리기 시작했다. 그 측면에는 석탄 가루 때문에 숨쉬기가 어려운 빈민가, 건강에 해로운 작업 환경에서 일해야 하는 도축장, 공장에서 이뤄지는 아동 노동 등이 포함되었다. 그렇다고 해서 정부의 규모가 성장에 방해가 될 만큼 큰 것은 아니었다. 마침내 경제 발전은 사람들이 보다 오래, 건강하게 살도록 해주었다. 1880년 이후 미국인의 평균 수명은 약 40년, 평균 신장은 약 10㎝ 늘어났다. 이 기간에 독일인의 평균 신장은 더 늘어나서 지금은 1880년대보다 약 15㎝나 더 크다.[13]

1875년부터 1915년까지 미국은 작은 정부 아래에서 연 2%에 육박하는 1인당 GDP 증가율을 기록했다.[14] 이는 다른 선진국 평균보다 상당히 높은 수치였다. 당시 독일은 복지 국가의 씨앗을 뿌리고 있었고, 유럽의 산업 개발 붐은 프랑스 북부 국경 지대로 넘어왔으나 아직 중심부로 진입하지는 못했다. 그 이유 중 하나는 국가 통제주의에 기반한 프랑스의 법률적 전통 때문이었다.[15] 이처럼 국가 통제주의가 자리 잡은 모든 국가에서는 재산권이 약하게 강제되었다. 또한 규제와 부패가 더 심했고, 파산을 피하기가 더 쉬웠으며, 경제 성장 속도가 더 느렸다.

오스트리아-헝가리 제국 황제들만큼 진보를 확고하게 가로막은 통치자는 없었다. 그들의 영토는 현대의 벨기에부터 동유럽을 가로질러 이탈리아까지 걸쳐 있었다. 그들은 공장 건설과 기계 수입 그리고 철도 개발, 특히 '혁명이 나라로 들어올 수 있다'라는 이유로 증기 철도의 건설을 막았다.[16] 미국이 증기기관차를 만든 지 반세기 넘게 지난 후에도 오스트리아는 여전히 말이 끄는 방식에 의존했다.[17] 또한 19세기 후반과 20세기 초반에 보다 개방적인 사회는 호황을 누렸지만,[18] 오스트리아-헝가리 제국의 1인당 GDP는 오히려 줄어들었다.[19] 황제들이 권력을 향유하는 동안 백성들은 소작농으로 남았다. 그들은 전 세계가 국가 주도로 번영을 누리는 모습을 곁에서 지켜봐야만 했다.

창조적 파괴의 정점

1910년대에 헨리 포드(Henry Ford)는 임금을 유례가 없는 수준인 하루 5달러로 올렸다. 그가 말한 이유 중 하나는 직원들이 조립 라인에서 나오는 모델 T를 살 수 있도록 만드는 것이었다. 포드는 디트로이트 외곽 리버 루즈(River Rouge)에 세계 최대 공장 단지를 건설했다. 약 4.8km²에 달하는 이 단지에는 90개의 건물이 있었다. 거기에는 가죽부터 시트, 앞창에 필요한 유리, 프레임에 필요한 강철까지 거의 모든 부품을 제조하는 생산 공장이 포함되었다. 1910년대에 자동차는 뉴욕 거리에서 말을 대체했다. 포드가 개척한 컨베이어 벨트 시스템은 라디오부터 회전식 탈수기까지 새로운 전자 제품을 쏟아내기 시작했다. 이 시대의 예술가들은 리버 루즈 공장 단지 같은 산업적 경이와 그것이 앞으로 실현할 가능성을 두려워하기보다 거기에 '흥분하는' 경우가 더 많았다.[20]

번영을 향한 질주는 광란의 1920년대에 최고조에 이르렀다. 그러나 그 시작은 '잊혀진 대공황'으로 불릴 만큼 극심했던 경기 하강이었다. 제1차 세계대전 동안 정부 차입은 GDP의 약 40%로 3배나 늘었다. 1918년 이후 유럽 전장에서 미군 병사들이 무더기로 돌아오면서 인플레이션이 발생했다. 연준은 이후 2년 동안 급격한 금리 인상으로 대응했다.[21] 실질 금리는 연 20%에 달해 다수의 부실 대출자들을 몰락시켰다. 500여 개 은행이 망했다. 산업 생산은 1920~1921년 사이에 25%나 감소했고, 실업률은 12%로 3배나 증가했다.[22] 물가는 연 15% 수준으로 떨어지면서 1930년대의 디플레이션을 예고했다. 재무부와 아직 설립된 지 10년이 되지 않은 연준은 이때만은 위기가 전개되도록 놔뒀다.

그 결과 경제 시스템의 약한 고리들이 빠르게 정리되었다. 불황은 1922년에 끝났다. 그래서 너무나 쉽게 '잊혀졌다'라고 평가된다. 이후 허버트 후버(Herbert Hoover) 대통령은 대공황 초기 단계에 가볍게 대응했다.[23] 이는 이 짧은 경기 하강의 경험에 영향을 받은 것이었다. 그의 전기를 쓴 찰스 래플리(Charles Rappleye)에 따르면 후버는 1920년대에 자본주의 체제가 '정부 간섭이나 규제 없이' 이룬 진전에 대해 쉼 없이 이야기했다. 수백만 채의 새로운 주택, 수백만 대의 새로운 자동차, 수백만 개의 새로운 고급 소비재 등이 그 증거였다.

1920년대의 호황은 경이로웠다.[24] GDP는 1920년대 중반까지 연평균 8%씩 증가했다. 노동자 1인당 생산량의 빠른 증가가 GDP 성장을 이끌었다. 노동자의 수명은 길어졌고, 생활 여건은 개선되기 시작했다. 미국인의 기대 수명은 6년이나 늘어났다.[25] 이는 그 어느 시기보다 많이 증가한 것이었다. 마치 인류가 단기간에 보다 튼튼하게 진화한 것 같았다. 1928년에 미리 썰어둔 식빵이 식료품점에서 처음 선보였다. 그 직후부터 미국인들은 가장 실용적인 혁신을 '미리 썰어둔 식빵 이후로 가장 좋은 것'이라 칭송하기 시작했다.

높은 생산성 향상은 소비자 물가를 억제하는 데 도움을 주었다. 물가 상승률이 낮은 가운데, 연준은 금리를 무한정 낮게 유지할 수 있다고 주장했다. 뉴욕 연준은 새롭게 느슨해진 금본위제(금의 가치를 기준으로 단위 화폐의 가치를 재는 화폐 제도-옮긴이)에 힘입어 1924년부터 '공개 시장 운영(open market operation)'이라 불리게 될 일을 하기 시작했다. 그들은 금리를 추가로 낮추려고 5억 달러어치의 국채를 사들였다. 결국 과잉의 뚜렷한 징후들이 나타나기 시작했다. 그럼에도 연준은 1927년 중반에 자산 매입을 더 늘리고 금리를 인하했다. 미국 경제는 호황을 누리면서 유럽 우방들을 앞질렀다. 그러나 결국 오늘날까지 미국 정책 결정자들을 짓누르는 신용 붕괴를 향해 나아가는 중이기도 했다.

이때까지 해밀턴식 금융 시스템은 소비보다 상업에 훨씬 많은 자금을 투입했다. 초기의 미국 개신교는 모든 빚을 죄악시했다. 다만 소비욕을 충족하기 위한 빚이 아니라 사업 자금을 대기 위한 빚은 덜 죄악시되었다. 새로운 풍요를 맞이하자 오랜 관습은 무너지기 시작했다. 소비자 대출이 사채업이라는 어두운 세계에서 나와 백화점 할부라는 밝은 세계로 들어섰다. 1926년까지 대다수 자동차와 다른 수많은 고가 소비재는 신용 구매로 판매되었다.[26]

이 모든 변화는 정부가 지금보다 훨씬 적은 자금을 경제 시스템에 쏟아붓고, 대출에 비용이 많이 들던 시기에 이뤄졌다. 1920년대의 연 4% 금리조차 2010년대의 제로 수준 또는 그 이하 금리와는 거리가 멀었다. 이 시기의 합병 물결은 대개 경제학자들이 말하는 좋은 독점기업을 만들었다. 좋은 독점 기업은 자동차부터 철강까지 여러 산업을 혁신해 생산성과 국가적 번영을 크게 증진시킨 기업을 말한다.

막 나가던 1920년대의 호황은 마지막 2년에 이르러 광기에 가까운 과열 상태에 이르렀다. 자동차 및 기타 고가 제품을 사기 위한 신규 대출로 인해 소비자 신용이 GDP의 140%로 증가했다. 이는 2000년대까지 회복하지 못할 수준이었다. 공장이 아니라 주식과 부동산으로 흘러가는 대출이 갈수록 늘어났다. 플로리다, 시카고, 뉴욕의 지역 시장에서 부동산 버블이 부풀어 올랐다. 개발업체들은 새로운 고층 건물을 기록적인 높이까지 올릴 계획을 세웠다. 제조업체들은 수익을 부동산 사업과 금융 시장으로 돌렸다. 그 결과 주식 가치가 급등했다. 주식을 보유한 미국인의 수는 16배로 불어났으며, 1920년대 말에는 전체 인구의 약 25%를 차지했다.[27]

이런 양상이 익숙하게 들린다면, 당연한 일이다. 광적인 주식 거래, 주식 거래를 위한 광적인 대출, 초보 투자자들이 파티에 참가해 주가를 비합리적인 수준으로 밀어 올리고 대부호를 더 부유하게 만드는 이 모든 과잉은 버블의 전형적인 징후다.

잠재력을 잃은 자본주의

뉴딜 이전의 자본주의에 대해 찬미자들은 그 성과에 경탄하고, 비판자들은 그 실패에 경악한다. 둘 다 타당한 주장을 제시할 수 있다. 정부가 정확하게 올바른 역할을 수행하는 자본주의의 황금기는 없었다. 국가는 언제나 그랬던 것처럼 앞으로도 항상 적절한 균형을 추구할 것이다. 그러나 제1차 세계대전 이전과 직후에 신용이 촉진한 호황은 대부분 해밀턴이 바라던 것이었다. 그는 역동적이고 생산적인 경제를 원했다. 종종 호황의 마지막 단계에서는 투기성 과잉이 발생하고 폭락으로 끝난다고 해도 말이다.

재무부와 연준이 영향력을 키우고 공짜 돈을 풀어대는 새로운 시대에 자본주의는 잠재력을 잃었다. 자본주의는 끊임없는 부양책 덕분에 예상보다 적은 불경기를 겪으면서 역동성을 잃어버렸다. 구제 금융 때문에 각각의 불경기가 지닌 청산 효과는 약화되었다. 그에 따라 나쁜 독점 기업, 사실상 파산 상태인 기업이 더 많이 살아남았다. 결국 생산성 증가율이 갈수록 실망스러운 수준에 머물게 되었다. 전반적인 성장 속도는 늦춰졌고, 대의를 향해 나아가는 자본주의 체제의 잠재력은 갈수록 약해졌다.

해밀턴은 결국에는 승리했으나, 어쩌면 그 승리가 너무 확실했는지도 모른다. 그는 강력한 중앙정부를 꿈꿨다. 그 중심에는 상당한 국가 부채의 관리자 역할을 하는 강력한 중앙은행이 있었다. 그러나 이후 중앙정부는 위기가 발생할 때마다 심지어 그조차도 놀랄 정도로 확대되었다. "나라의 빚은 과도하지만 않으면 큰 도움이 된다"라는 그의 말을 떠올려보라. 그가 그리던 신용 시스템은 계속 부풀어 오를수록 역기능을 초래했다. 그래서 국가 전체의 번영을 이룩한다는 공적 기능을 더 이상 수행할 수 없게 되었다.

2장.

이제는 누구도 케인스주의자가 아니다

우리가 기억하는 최악의 전 세계적 팬데믹은 대규모 위기가 자본주의의 진화 수준을 얼마나 깊이 좌우하는지 생생하게 보여주었다. 전쟁, 실업, 빈곤, 바이러스로 인해 불안이 극대화되는 시기에는 권력 및 권위의 집중을 두려워하던 미국의 태도가 갈수록 약화되었다. 시간이 지날수록 이 과정은 경제 시스템에서 워싱턴이 담당하는 역할을 크게 강화했다. 민주주의를 위해서는 정부가 작고 제한적이어야 한다는 제퍼슨주의의 확신은 서서히 소멸해갔다.

미국은 뉴딜과 제2차 세계대전을 거치면서 남북 전쟁 시기의 북부처럼 다시 사실상 일당 체제가 되었다. 다만 이번에는 프랭클린 루스벨트 대통령을 위시한 민주당이 나라를 이끌었다. 그는 임기 1년 차 때 대공황을 완화하기 위해 권위주의 정부를 요구하는 대중의 목소리를 피해야 한다고 비공식적으로 경고했다.[1] 그의 표현에 따르면 그것은 '나치적 사고'였다. 그런 사고가 확산되는 것을 막으려면 행정부가 경제적 고통에 반드시 대응해야 했다.

뉴딜 정책이 실행되는 동안 정부 규모가 커지기 시작했다. 그 양상에는 두 가지 측면이 있었다. 하나는 기업 합동(trust, 특정 산업 분야를 장악한 독점적 기업 연합체 – 옮긴이)을 해체하거나 도축장 및 공장의 노동 환경을 규제하는 진보적 규칙 제정자로서의 정부였다. 다른 하나는 금융 시장과 전체 경제 시스템에서 주요 플레이어(매수자 및 매도자)로서의 정부였다. 루스벨트는 정부를 구호 기관으로 바꿔놓았다.[2] 그 결과 4% 미만이던 연방정부 지출은 1930년대에 10% 이상으로 늘어났다.

1930년대는 배젓이 권장한 구제 금융에 대한 신중한 접근법이 무너진 시기였다. 새로운 법안은 연준이 '이례적이고 위급한 상황에서' 상업은행뿐 아니라 폭넓은 기업에 긴급 대출을 제공하도록 허용했다. 또한 금과 기타 유형 자산뿐 아니라 보다 허술한 담보도 허용되었다. 연준은 1930년대에는 이 권한을 소극적으로만 활용했다.[3] 연준의 대출은 약 125건에 그쳤다. 그중에는 와인을 담보로 포도원에 제공된 대출도 있었다. 또한 20세기의 나머지 기간에는 대출이 거의 없었다.

당시만 해도 구제에 대한 충동은 아직 정치인이나 중앙은행가의 사고에 자리 잡지 않은 상태였다. 어떤 은행이 망하기에는 너무 거대하다고 간주되기까지는 아직 수십 년의 시간이 필요했다. 그러다가 연준은 1930년대에 만들어진 권력을 2008년과 2020년에는 더욱 적극적으로 활용했다.[4] 그 명분은 '이례적이고 위급한 상황에서' 수백 개 은행과 기업을 구제한다는 것이었다.

대공황 때는 현재 우리가 아는 구제 금융이 없었다. 즉 연준과 재무부가 정부 권력을 총동원해 금융 시장 전체를 구제하려 들지 않았다. 대공황은 혼란을 초래했다. 하지만 그것은 놀랍도록 창조적인 혼란이었다. 매출이 급감하면서 많은 기업이 도산했다. 1910년에 약 250곳이었던 자동차 제조사는 1930년에 약 40곳으로 줄어들었다. 이처럼 업계가 초토화되는 상황에서 GM(General Motors), 포드, 크라이슬러는 패커드(Packard) 같은 소수의 독립 회사와 더불어 살아남았다. 대공황 시대의 산업 개편은 아주 잘 알려져 있다.[5] 다만 그보다 덜 알려진 사실은 생존 기업들이 처음에는 새 공장을 짓는 것이 아니라 오래된 공장을 개보수하는 데 계속 투자했다는 것이다. 자동차 제조사들은 더 빠른 컨베이어 벨트와 더 빠르게 마르는 도장 설비를 추가했다.[6] 패커드는 차량 제조에 필요한 공간을 절반으로 줄였다.[7] 자동차 제조사들은 효율성을 개선한 덕분에 대공황이 끝나갈 무렵 실질 임금을 인상할 수 있었다.

당시 미국은 이후에 다시 없을 수준의 생산성 향상을 이뤘다. 전문 용어로 총요소생산성(total factor productivity)이라 불리는 핵심 척도는 기업이 숙련 노동자와 기계를 얼마나 많이 운용하는지에 더해 노동자가 기계를 얼마나 효율적으로 활용하는지를 알려준다. 노동자 1인당 생산량이 증가하면 물가를 올리지 않고도 임금을 인상할 수 있다. 이는 경제 발전의 열쇠다.[8] 1870년까지 거슬러 올라가는 의회예산처 자료에 따르면, 미국 경제는 1930년대에 그 어느 때보다 역동적이었다. 당시 핵심 생산성은 연평균 3%씩 증가했다. 역사학자인 알렉산더 J. 필드(Alexander J. Field)는 대공황 시기를 미국 역사상 가장 격렬한 창조적 파괴가 이뤄진 기간이라 평가했다.[9] 그는 1930년대를 다룬 저

서의 제목을 《대도약(A Great Leap Forward)》이라 붙였다.[10]

대공황의 잘못된 교훈

현재 경제학계 권위자들의 기본적인 가정 중 다수는 1920년대와 1930년대의 가혹한 경험에 뿌리를 둔다. 그중 하나는 물가가 경제에 대해 알아야 할 모든 것을 말해준다는 것이다. 물가가 낮고 비교적 안정되면 경제가 균형을 이뤘고, 금리가 적절하며, 공급이 수요를 충족하는 것으로 여겨진다. 따라서 중앙은행은 다른 모든 경고 신호, 특히 금융 시장의 버블을 알리는 특정 신호를 부차적인 증상으로 무시해버릴 수 있다. 물가 안정은 경제 정책의 목표인 동시에 지침이 되었다.

그에 따라 1928년에 주가가 폭락으로 치달을 때도 경제 부문의 엘리트들은 걱정할 이유가 없다고 생각했다. 그들은 '인플레이션'을 주식 가격이나 채권 가격이 아니라 물가에만 해당하는 리스크로 이해했다. 영국 경제학자인 존 메이너드 케인스(John Maynard Keynes)는 "인플레이션이라 부를 만한 것은 하나도 보이지 않는다"라고 말했다.[11] 앤드루 멜런(Andrew Mellon) 재무부 장관은 주식 시장 붕괴가 임박했다는 사실을 몰랐다. 그는 금리가 꾸준히 낮게 유지되는데도 물가 상승률이 꾸준히 낮게 나오는 것에 환호했다. 그가 보기에 이는 정부가 '경기 순환의 변덕'을 다스렸다는 증거였다. 벤저민 스트롱(Benjamin Strong) 뉴욕 연준 총재는 물가가 안정된 상황에서는 주가를 걱정할 필요가 없다고 주장했다. 그러나 전체적으로 보면 주가 안정을 위한 조치는 경제 전반에 득보다 실이 많았다.[12]

사실 그들은 위험하다는 경고를 받았다. 프리드리히 하이에크(Friedrich Hayek)가 이끄는 오스트리아 학파 경제학자들은 1928년에 이지 머니의 부작용이 이미 나타나고 있다고 경고했다. 금융 시장에서 이뤄지는 무분별한 대출, 투기, '부실 투자'가 그 증거였다. 그러나 이런 그들의 경고는 무시당했다. 실제로 주류 경제학자들은 하이에크를 위시한 오스트리아 학파를 약자 도태에 골몰하는 다윈주의자들이라 치부했다. 그들은 방만한 신용 대출과 부실 투자가 주로 금융 재벌의 배를 불린다는 경고도 한꺼번에 무시해버렸다. 거의 1세기가 지난 지금도 경제학자들은 여전히 같은 경고를 무시하고 있다. 그동안 경제 시스템에서 금융과 금융 기업의 역할이 놀라울 정도로 커졌는데도 말이다.

대공황이 남긴 교훈은 여전히 여러 해석의 여지가 있다. 연준이 대응 과정에서 너무 우유부단해 통화 공급 완화와 긴축 사이를 오락가락했기 때문이다. 여기서 중요한 점은 관료들이 물가 하락(디플레이션)을 1930년대의 핵심적인 문제로서 어떤 대가를 치르더라도 피해야 할 증상으로 보게 되었다는 점이다. 물가 하락의 원인에 대한 견해는 다양하다. 1929년에 금리를 너무 공격적으로 올린 데다가 주가 폭락 이후에도 통화 긴축 정책을 고수한 매파(긴축적 통화 정책을 추구하는 입장-옮긴이) 중앙은행가들이 디플레이션을 촉발했을까? 아니면 호황을 광적인 절정으로 끌어올려서 불황의 씨앗을 뿌린 1927년의 비둘기파(완화적 통화 정책을 추구하는 입장-옮긴이)적 금리 인하가 디플레이션을 초래했을까? 당시 하이에크와 더불어 많은 논평가의 관점은 비둘기파적 금리 인하가 산송장 같은 기업을 너무 많이 살려뒀다는 것이었다.[13] 그 결과 불황은 이전보다 더 '파괴적'이고 장기적으로 바뀌었다. 그러나 지금의 일반적인 내러티브는 매파 중앙은행이 '주가 상승을 너무 열심히 막으려다가' 금리를 과도하게 올리는 바람에 결국 경기 하강의 폭을 넓혔다는 것이다.[14]

연준 지도자들은 대공황에 혼란스럽게 대응했다는 비판을 여전히 의식한다. 이는 현재 그들이 '차라리 과한 편이 낫다'라고 확신하는 이유를 많은 부분에서 설명해준다. 그러나 대공황 시기에는 연준이 금융 시장을 구하러 나설 만한 정치적 지지가 없었다.[15] 1929년의 주가 폭락 이후 자살률이 상승하는 상황에서도 그랬다. 최종 대부자이자 '최종 매수자'로서 연준의 역할은 아직 고안되지 않았다.[16] 팬데믹이 닥쳤을 때 여전히 중앙은행가들이 대공황 이후 대부분 사라진 디플레이션의 위협에 초점을 맞췄다는 것이 문제였다.

중앙은행들의 글로벌 은행인 국제결제은행(Bank for International Settlements, BIS)이 2015년에 분석한 바에 따르면, 1930년대 이후 물가와 경제 성장 사이의 고리는 "단발적이고 미약했다".[17] 잠시 생각해보자. 이 점은 명확하다. 물가는 수십 년 동안 낮고 안정적이었다. 하지만 이 시기는 흔히 심각하고 장기적인 경기 하강으로 이어진 금융 위기로부터 전혀 자유롭지 않았다. 갈수록 심하게 부푼 시장의 불안정성은 2008년의 파열과 함께 비로소 존재를 드러냈다.[18] 당시 미국을 위시한 선진국 4곳 중 3곳은 심각한 위기에 시달렸다.

그에 따른 대침체(Great Recession)는 전 세계적인 문제였다. 그럼에도 중앙은행들은 자산 가격이 아니라 물가를 안정시키는 것이 자신들의 주된 임무라고 계속 주장했다. 자산 가격이 금융 위기와 불경기를 모두 알리는 보다 강력한 경고 신호가 되었는데도 말이다.

정부 및 중앙은행 관료들은 2008년 그리고 팬데믹 동안에는 더욱 요란하게 자화자찬을 늘어놓았다. 자신들이 1930년대의 파산과 식량 배급 사태로 돌아가는 것을 막았다는 것이다. 트럼프 정권의 재무부 장관인 스티븐 므누신(Steven Mnuchin)은 2020년 초에 발생한 패닉을 회상하면서 연준이 재무부와 긴밀하게 협력해 눈부신 성과를 낸 것에 대해 이렇게 말했다. "그런 일은 연준 역사상 한 번도 없었습니다. 우리가 힘을 합쳐서 대응하지 않았다면 대공황이 일어났을 겁니다".[19]

당시 구제책은 거의 문제시되지 않았으며, 지금도 좋은 평가를 받는다.[20] 지난 세기 동안 사람들이 기대하는 바가 바뀌었다. 힘든 불경기를 받아들이는 것은 더 이상 정치적으로 타당하지 않다. 그러나 사실 정책 결정자들은 또 다른 대공황을 막아냈다는 믿음을 받아들임으로써, 급격한 자산 가격 상승과 부채 증가에 따른 새로운 위기를 오히려 부추겼다.

전쟁을 통해 번성하는 정부

뉴딜 정책은 제2차 세계대전 때 정점에 이르렀다. 강력한 파시스트 국가들이 존재를 위협하는 상황은 거대 정부에 대한 대부분의 반발을 잠재웠다. 연준은 재무부 지시에 따라 금리를 연 2%로 고정하는 데 동의했다. 이는 전쟁 자금을 저렴하게 조달하기 위한 조치였다. 연방정부 지출은 1940년대에 GDP의 10%를 조금 넘기는 수준에서 약 44%까지 급증했다. 연방정부 부채는 GDP의 100% 이상으로 거의 3배나 늘었다.[21] 구성원이 소득세를 내는 미국 가구의 비중은 약 5%에서 60% 정도로 늘어났다.[22] 워싱턴은 남북 전쟁 때처럼 자본을 유례없는 수준으로 유도하기 시작했다.

펜타곤은 농무부 본청을 앞지르고 세계 최대 규모의 관공서 건물이 되었다. 방위 사업 공사(Defence Plant Corporation)는 〈뉴욕타임스〉 칼럼니스트가 '전체주의적'이라고 표현한 새로운 권력을 활용해 신규 군수 공장의 3분의 1에 자금을 댔다.[23] 해군과 육군이 나머지 군수 공장 중 다수에 자금을 댔다. 전쟁 말기에 정부는 고무, 항공기, 마그네슘, 공작 기계 산업의 대주주였으며, 다른 많은 산업에서도 상당한 지분을 보유했다.[24] 전쟁 기획 부서들은 새로운 정부 지출이 물가를 끌어올리지 못하도록 임금 및 물가 통제책을 실행했다. 이 정책은 겨우 10년 전에 대법원이 비헌법적이라고 판결한 정책과 유사했다.

정부는 또한 자동차, 가구, 냉장고, 기타 가전제품 등 무기가 아닌 많은 제품의 제조를 중단시키거나 제한했다. 심지어 너무 편하고 과소비를 조장한다는 이유로 미리 썰어놓은 식빵도 금지했다가 대중의 반발에 못 이겨 곧바로 철회해야 했다. 국가가 민간 사업을 전면적으로 폐쇄하는 조치는 2020년 코로나19 팬데믹이 발생하기 전까지 약 80년 동안 다시 실행되지 않았다.

대공황은 실업에 대한 깊은 두려움을 남겼다. 그러나 제2차 세계대전은 정부가 마음만 먹으면 거의 모든 사람에게 일자리를 줄 수 있다는 새로운 기대를 낳았다. 전쟁 국면으로 접어들면서 독일과 일본처럼 일찍이 전쟁 준비를 시작한 국가들에서 실업은 더 이상 문제가 아니었다.[25] 참전 의사가 없던 미국의 경우, 두 자릿수이던 실업률은 루스벨트가 '민주주의의 거대한 무기고'를 동원하기 시작하면서 빠르게 하락했다.[26]

승전 후 완전 고용에 대한 약속이 법률과 정치 문화에 깊이 뿌리내렸다. 루스벨트는 네 가지 자유의 이름으로 전쟁을 수행했다고 선언했다. 그중에서도 '결핍으로부터의 자유'가 최우선 과제가 될 것이었다.[27] 유럽에서 돌아온 미군 병사들에게는 가족을 먹여 살릴 수 있도록 고임금 일자리가 부족하지 않게 제공될 것이었다. 미국 화가인 노먼 록웰(Norman Rockwell)은 추수감사절을 맞아 삼대가 모인 풍경을 〈결핍으로부터의 자유(Freedom from Want)〉라는 작품으로 묘사했다. 모임의 중심에 있는 할머니는 13kg 정도로 보이는 칠면조를 식탁 위에 조심스레 놓고 있다. 많은 미국인에게는 이것이 미래였다. 10년에 걸친 대공황 기간 동안 실업률은 10% 이상이었다. 그러나 1945년 이후로는 그만큼 높은 수준에 이른 기간은 15개월에 불과했다.

의회는 제대 군인 원호법을 통해 제대 군인이 일자리뿐 아니라 공공 보건과 공공 교육 그리고 기타 사회 복지 혜택을 누릴 수 있도록 보장했다.[28] 그러나 미국은 유럽만큼 빠르게 복지 제도가 확대되지 않았다. 유럽의 경우 사회주의가 더욱 깊은 뿌리를 내리고 있었다. 유럽의 사회적 계층화는 수 세기 전까지 거슬러 올라간다. 전후 유럽은 폭격으로 파괴된 도시와 상처 입은 전장의 땅이었다. 그래서 많은 사람에게 정부의 구제는 생존이 달린 문제였다. 상황의 절박성과 정치적 전통 때문에 유럽은 정부 기능의 확대를 기꺼이 받아들였다. 반면 전쟁 피해를 크게 입지 않은 미국은 안도와 낙관 속에 비교적 제한된 정부하에서의 삶을 기대했다.

전쟁 기간 동안 최고 수준에 달했던 정부 지출은 유럽보다 미국에서 훨씬 빠르게 줄어들었다. 미국의 경우 GDP의 약 15%로 3분의

2가 줄어들었고, 영국의 경우 GDP의 약 35%로 절반만 줄어들었다.[29] 뒤이은 기간 동안 모든 나라에서 정부 규모가 확대되었다. 그러나 유럽의 경우 그 시작점이 훨씬 높았다. 경제학자인 토마 피케티(Thomas Piketty)는 1950년까지 "유럽에서 복지 국가의 핵심 요소가 갖춰졌다"라고 썼다.[30] 영국, 프랑스, 독일, 스웨덴에서는 복지 지출만 해도 국민 소득의 거의 3분의 1을 차지했다. 이로 인해 유럽 주요 복지 국가의 정부는 미국 연방정부 전체보다 약 1.5배나 더 큰 규모가 되었다.

이러한 역사는 지금의 순간이 지닌 아이러니를 극명하게 드러낸다. 미국은 제2차 세계대전 이후 최악의 사태인 팬데믹을 겪고 나서 새로운 지출 계획을 계속 쏟아내고 있다. 유럽보다 더 빠르게 동원 체제를 벗어나는 것이 아니라 여전히 동원 체제를 유지하고 있다. 미국의 (주정부 및 시정부를 포함한) 정부 지출은 2025년까지 약 3%p 상승해 GDP의 약 39%에 이를 것으로 보인다.[31] 반면 선진국 평균은 같은 폭만큼 감소해 GDP의 약 46%로 줄어들 것이다.[32] 이는 마치 미국과 유럽이 심리적으로 자리를 맞바꾼 것과도 같다.[33] 미국은 타격을 입고 미래를 두려워하지만, 유럽은 정상과 균형에 가까운 상태로 돌아갈 준비가 되었다.

바이든 정부는 상당 부분 국가 안보를 근거로 '새로운 세계 경제 질서'에 대한 요구를 정당화했다. 경쟁국인 중국과 러시아가 제기하는 위협으로부터 미국을 방어하기 위해 수조 달러에 이르는 지출이 이뤄졌다. 또한 새로운 규칙, 규정, 관세라는 방벽이 세워졌다. 바이든 대통령은 흔히 루스벨트에 비견된다. 그러나 루스벨트는 미국인들에게 "우리가 두려워할 것은 오직 두려움 그 자체뿐이다"라고 말했다.[34]

반면 바이드노믹스는 두려움, 특히 중국에 대한 두려움을 활용한다. 2023년에 세계 경제에 대한 백악관의 비전을 소개한 사람은 재무부 장관이나 상무부 장관 또는 국무부 장관이 아니라 제이크 설리번 국가 안보 보좌관이었다.

정통 케인스주의와의 결별

바이든이 만든 새로운 질서 속에서 바이든 행정부는 전시 정권처럼 행동할 것이다. 전쟁이나 불황이 발생하지 않았는데도 정부가 개입해 자본을 동원할 것이다. 이 접근법은 완전히 새로운 것이다. 하지만 거의 1세기 동안 정부의 영향력이 확대된 흐름을 따른다는 점에서는 놀랍지 않다.

정부 개입의 이론적 토대를 마련한 케인스는 1946년에 사망했다. 그래서 그가 뒤이어 전개된 양상을 어떻게 평가했을지는 알 수 없다. 다만 지속적인 정부 개입은 케인스가 애초에 내린 처방과 크게 동떨어져 있다는 점을 지적하는 것만으로도 충분하다. 그는 정부가 불경기에는 수요 부진을 보완하기 위해 차입과 지출을 하고, 호경기에는 다음 위기에 쓸 재정 흑자를 확보해야 한다고 주장했다. 그의 관점에 따르면 정부 부양책은 자본주의의 항구적인 속성이 아니라 위기 대처용 조치였다.

한동안은 전통적인 케인스주의가 득세했다. 전후 첫 대통령인 민주당 소속의 해리 트루먼(Harry Truman)은 의도적으로 케인스의 지침을 따랐다. 그는 1948년의 불경기에 대응하기 위해 정부 지출을 늘렸다. 그다음 대통령인 공화당 소속의 드와이트 아이젠하워(Dwight Eisenhower)는 유럽에서 수백만 대군을 이끄는 동안 '정부 그리고 잘 조직된 관료 조직이 할 수 있는 일에 대한 깊은 존중'을 배웠다. 그는 연금, 실업 급여, 농업 보조금, 기타 다른 복지 제도의 비용 상승을 충당하는 데 필요하다며 개인 최고 세율이 90%를 넘는 전시 세제를 옹호했다.[35] 또한 "긴급 복지 예산을 줄이겠다고 위협하는 모든 정당은 우리 정치사에서 다시 언급되지 않을 것이다"라고 동생에게 말하기도 했다.[36]

아이젠하워가 정권을 잡았을 때 미국 경제는 여전히 3년에서 5년 주기로 전면적인 불경기에 시달리고 있었다. 그는 1953년, 1957년, 1960년에 발생한 경기 침체에 대응해야 했다. 대공황의 기억은 여전히 생생했다. 아이젠하워는 1957년의 불경기에 앞서 유권자들에게 "재난이 발생하기 전에 정부가 할 수 있는 모든 일, 정부가 발휘할 수 있는 모든 힘과 영향력을 시기적절하게 동원할 것이다"라고 확언했다.[37] 아이젠하워 정권의 재무부는 새로운 케인스식 스타일로 지출을 늘려서 경기 침체를 완화했다. 거기에 연준은 금리 인하로 도움을 주었다. 나중에 리처드 닉슨(Richard Nixon)을 위시한 여러 사람의 말로 알려진 "이제 우리는 모두 케인스주의자다"라는 말은 원래 아이젠하워를 비판한 친공화당 성향의 〈뉴스위크(Newsweek)〉 칼럼니스트 헨리 해즐릿(Henry Hazlitt)의 탄식이었다.[38] 그래도 아이젠하워는 정통 케인스주의를 충실하게 고수했다.[39] 그는 1950년대 중반 경기 회복기에 재정 흑자를 쌓았으며, 퇴임할 때는 '군산복합체'의 과도한 지출을 경고했다.

아이젠하워의 후임은 민주당 소속 존 F. 케네디(John F. Kennedy)였다. 1960년의 불경기가 끝나는 달에 취임한 그는 정통 케인스주의와의 획기적인 결별을 시작했다. 감세는 소비자의 손에 더 많은 돈을 쥐어줘서 정부 지출 확대와 비슷한 경기 진작 효과를 낸다. 케네디가 제안한 세제는 그가 암살당한 후인 1964년에야 승인되었다. 그에 따라 경기 확장을 촉진하기 위해 부양책을 쓰는 경제 정책이 처음으로 실시되었다. 전 연준 부의장인 앨런 블라인더(Alan Blinder)는 1961년 이후 미국 경제 정책의 역사를 다룬 책에서 "이 조치는 균형 재정이 여전히 신성불가침이던 시기에 혁명적일 뿐 아니라 심지어 이단적으로 여겨졌다"라고 썼다.[40] 케네디 정권은 '지적 곡예'를 통해 그들의 재정 적자가 아이젠하워 정권에서 기록한 정점을 넘어서지는 않을 것이라고 주장했다.

케네디 정권의 부양책은 한동안 효과를 냈다. 1963년부터 1965년까지 GDP 증가율이 거의 3배인 8% 이상으로 높아지는 동안, 인플레이션은 잠잠했다. 그에 따라 적어도 경제 부문에서는 케네디가 제시한 카멜롯[Camelot, 아서(Arthur) 왕이 다스렸다는 전설의 왕국, 여기서는 케네디 행정부의 관료 및 참모들을 아서왕의 기사단에 빗댄 표현으로 사용되었다-옮긴이]의 비전이 후계자인 린든 존슨 정권에서 실현되었다는 인식이 생겨났다. 이 인플레이션 없는 호황은 경제 담당 전문 관료들이 워싱턴에서 높은 평가를 받는 계기가 되었다.[41] 케네디 대통령 보좌관이었던 월터 헬러(Walter Heller)는 1966년에 심지어 이렇게 말하기도 했다. "우리는 이제 정부가 간헐적이 아닌 지속적인 주의를 기울여서, 고용률 및 성장률 측면에서 시장 역학만으로는 달성할 수 없는 높은 수준의 근본적인 안정성을 제공하는 것이 당연하다고 여긴다."[42]

경기 순환을 통제해야 한다는 이 새로운 주장은 안타깝게도 그 시기가 좋지 않았다. 1966년은 경기를 과도하게 부양한 대가가 명백하게 드러난 해이기도 했다. 성장은 둔화되었고, 인플레이션이 급격하게 상승했다. 존슨의 보좌관들은 베트남전이나 그의 '위대한 사회' 복지 제도, 또는 둘 다에 대한 지출을 줄여야 한다고 촉구했다. 하지만 '전시 지도자이자 평시 지도자'가 되겠다고 결심한 존슨은 2년 넘게 이를 거부했다.[43] 오히려 그는 사회 보장 연금 제도를 확충하고, 포기하지 않으려 한 유산인 메디케어를 만들었다. 그러다가 1968년에 태도를 누그러뜨리고 결국 증세에 동의했다. 이는 정부가 인플레이션을 잡기 위해 예산권(세금 인상 또는 지출 삭감)을 활용하려고 시도한 미국 역사상 최초이자 아마도 최후의 일이었다.[44]

이로써 정통 케인스주의자들은 항상 부양책을 써야 한다고 주장하는 새로운 세대에게 자리를 내어주게 되었다. 경기가 과열되었을 때, 정부가 수요를 줄이기 위해 세금과 지출을 활용해야 한다는 생각은 정치적 타협에 밀려났다. 블라인더는 "향후 이런 수단은 수요를 확장하기 위해서만 (드물게) 활용될 것이다"라고 썼다.[45] 세금 인상과 지출 삭감은 의회를 통과하기에는 정치적으로 너무나 어려운 사안이었다. 케인스는 호경기 때 확보한 재정 흑자로 불경기 때 쓸 적자 재정의 재원을 대는 '대칭적' 정책을 주장했다.[46] 그러나 그의 구상은 현실적으로는 '비대칭적'으로 실현되었다. 정부는 긴축이 필요한 시기가 되면 긴축 정책을 실행하는 일을 중앙은행에 맡기거나 아예 방기해버렸다.[47]

정부의 오만한 태도는 갈수록 심해졌다. 닉슨은 1969년 취임 연설에서 "우리는 마침내 현대 경제를 관리해 지속 성장을 보장하는 방법을 배웠습니다"라고 말했다.[48] 그러나 실제로 그는 경제 사상가도, 관리자도 아닌 것으로 드러났다. 주로 자신의 정치적 이익을 위해서만 권력의 레버를 당겼기 때문이다. 그는 1972년 대선 전에 정부 지출을 늘려서 승리를 확보하려는 조치를 취했다. 또한 아서 번스(Arthur Burns)라는 친구를 연준 의장에 임명한 후 대선 전에 신용 여건을 완화하라고 압박했으며, 그렇게 하지 않으면 '크게 혼날 것'이라고 분명히 알렸다.[49]

이 책략은 지나칠 정도로 성공적이었다. 1971년 여름에 경제 성장률이 거의 7%로 상승하면서 물가 급등의 위협이 제기되었다. 그러자 닉슨은 임금과 물가를 통제하면서 나라를 충격에 빠트렸다. 이런 수단은 그가 한 달 전만 해도 '미국을 사회주의 국가로 만들려는 책략'이라고 비난하던 것이었다. 전시가 아닌데도 임금과 물가를 통제한 것은 이때가 유일했다.[50] 해당 조치는 정치적 전략으로서는 성공했다. 물가 하락을 수반한 호황은 닉슨이 1972년에 재선되는 데 도움을 주었다.

닉슨은 백악관에 재입성하자마자 물가 통제를 해제했다. 그 결과 물가가 다시 급등했다. 닉슨과 번스는 성장 촉진에서 재정 정책과 통화 정책 양면에 걸친 '이중 긴축'으로 선회했다. 그에 따른 불경기는 이전의 호황과 마찬가지로 너무나 명백하게 닉슨의 술책이 초래한 결과였다.[51] 이후의 대통령들은 재선에 도움이 되도록 노골적인 방식으로 경제를 조작하려는 생각을 감히 하지 않았다.

닉슨은 워터게이트 스캔들(Watergate scandal, 불법 도청 사건으로 촉발된 대형 정치 스캔들 – 옮긴이)을 덮으려다가 하야하면서 지미 카터에게 길을 열어주었다. 카터는 자신을 정직하고 책임감 있는 대안적 인물로 제시했다. 소박한 조지아주의 절약 정신이 몸에 밴 그는 경기가 다시 살아나고 있지만 실업률과 물가 상승률이 여전히 높은 시기에 취임했다. 많은 미국인은 깊은 불만에 사로잡혀 있었다. 카터는 경기 회복기에 부양책을 쓰는 케네디의 길을 따르는 데 동의했다. 그에 따라 임기 첫해에 대규모 지출 법안이 통과되었고, 2년 차에는 감세가 이뤄졌다. 그의 일부 자문은 나중에 이것이 성장하는 경제에 과도한 '충격'을 주었다고 말했다.[52]

카터 임기 때 중대한 전환도 이뤄졌다. 이제 적자 재정은 거대 정부의 영구적인 습관이 되었다. 미국만 그런 것이 아니었다. 그 배경은 정부 차입을 포함해 통화와 신용의 공급을 자연스럽게 제한하던 금본위제로부터의 점진적인 이탈이었다.

재정 적자의 새벽

대공황 시기에 루스벨트는 금본위제를 뒷받침하는 근본적인 약속을 유예했다. 그것은 미국이 언제든 금으로 달러를 사주겠다는 약속이었다. 이는 경제 시스템의 통화량을 유지하고 디플레이션과 싸우기 위한 수단이었다. 그러다가 제2차 세계대전 이후 미국과 우방은 성장을 되살리려는 마음에 새로운 통화 체제인 브레턴우즈 체제(Bretton Woods system, 미국 달러화를 기축 통화로 삼아 금 1온스를 35달러에 고정시켜 통화 가치 안정을 꾀하는 환율 체제 – 옮긴이)를 만들었다. 그에 따라 달러의 가치는 금에 고정되고, 다른 모든 통화의 가치는 약간의 조정 여지와 함께 달러에 고정되었다.

  미국은 제2차 세계대전 후 역사상 가장 지배적인 국가로 부상했다.[53] 미국의 부는 전 세계 금 공급량의 약 70%를 포함했다. 달러 공급이 제한될 지경으로 금 보유고가 줄어드는 경우는 상상하기 어려워졌다.[54] 달러는 국제 교역 통화로서 영국의 통화인 스털링(sterling)을 대체했다. 거래 당사자가 미국 기업이 아니어도 대다수 수출입 가격은 달러로 책정되었다.

  그러나 진짜 문제는 금이 바닥나고 있다는 것이었다. 1960년대에 이르러 전쟁 비용과 복지 비용을 대기 위한 미국 정부의 지출 그리고 일본산 및 독일산 수입품을 사기 위한 미국 소비자의 지출은 미국의 대외 부채를 급격하게 늘렸다. 이러한 흐름이 금 보유고를 잠식했다. 1970년 이전의 20년 동안 미국의 금 보유고는 절반 이상 줄었다. 또한 1971년에 미국은 20세기 들어 처음으로 무역 적자를 냈다. 이후 2년 동안 닉슨 행정부는 달러를 금본위제로부터 영원히 탈피시켰다.[55]

  브레턴우즈 체제의 붕괴는 정부와 중앙은행들이 자국 통화 가치 유지에 덜 집중하고, 전후 새롭게 부여된 사명인 완전 고용을 달성하기 위한 지출에 더 집중할 수 있게 해주었다. 이 자유는 모든 정부, 그중에서도 특히 미국 정부에 힘을 실어주었다.[56] 달러는 국제 교역 통화였으므로 외국 중앙은행들이 보유고를 유지하기 위해 압도적으로 선호하는 통화이기도 했다. 대개 중앙은행들은 미 국채의 형태로 달러를 보유했다. 미 국채는 너무나 폭넓게 거래되어서 거의 현금이나 마찬가지였다. 전후 국제 자본 흐름의 증가로 촉진된 미 국채에 대한 세계적인 수요는 사실상 무한정이었다. 이는 미국 정부의 차입이 사실상 무한한 지원을 받는다는 것을 뜻했다.

지출 증가에 있어서 유일하게 남은 장벽은 정치적 의지였다. 하지만 이 장벽은 실로 낮은 것으로 증명되었다. 정치인들은 더 많은 재량권이 주어지자 차입과 지출을 늘렸다. 1970년대 이전의 선진국 정부는 전시를 제외하면 재정 적자를 내는 일이 드물었다. 그러나 그 이후로는 사실상 항상 재정 적자를 냈다. 평균적으로 주요 자본주의 국가는 1970년대 초 이후로 해마다 상당한 재정 적자(GDP의 1% 이상)를 냈다. 오직 2000년이 유일한 예외였다.

영국과 관련된 기록은 대다수 국가보다 1세기가량 더 멀리 거슬러 올라간다. 1689년부터 시작된 이 기록은 가장 강한 패턴을 보여준다. 영국 정부는 거의 300년 동안 대규모 전쟁 때를 제외하면 한 번도 재정 적자를 내지 않았다. 심지어 대공황 때도 그랬다. 1970년대 초반에 재정 적자를 낸 것은 평시로서는 처음 있는 일이었으며, 하나의 전환점이기도 했다.[57] 영국은 이후 50년에 걸쳐 다섯 번만 재정 흑자를 냈다. 일본은 같은 기간에 한 번도 재정 흑자를 낸 적이 없다. 프랑스는 1974년 이후로 재정 흑자를 내지 못했으며, 이탈리아는 1925년 이후 한 번 재정 흑자를 냈다.

주요 선진국 중에 이 추세를 꾸준하게 거스른 나라는 없다. 관련 기록이 시작된 1790년대부터 1970년까지 미국은 꾸준하게 재정 흑자를 냈다. 다섯 번의 위기인 1812년 전쟁, 남북 전쟁, 대공황, 양차 대전 때만 상당한 재정 적자를 냈다. 반면 1970년 이후에는 해마다 상당한 재정 적자를 냈다. 그나마 지출을 억제한 클린턴 정권 시기인 1998년부터 2001년까지 4년 동안만 예외였다. 그러나 그는 닷컴 버블 때 양도소득세 세수가 급증하는 횡재를 얻었다.

그런데도 정부가 지금보다 제2차 세계대전부터 카터 행정부 때까지 경제 시스템에서 더 큰 역할을 했다는 착각이 여전히 존재한다. 흔히 이 시기는 사회민주주의를 진전시킨 '영광스러운' 시기로 간주된다. 거대 정부는 대형 노조 및 대기업과 협력해 성장과 일자리가 창출되는 방향으로 자본의 흐름을 유도했다. 전쟁의 기억은 여전히 생생했다. CEO들은 완전 고용에 대한 정부의 새로운 의지를 감히 거스르지 못했다. 양당 소속 대통령 아래에서 복지 체제가 확대되었다. 최고 세율은 훨씬 높아졌다. 엄격한 대공황 시대의 금융 규제가 여전히 시행되었다. 자본은 덜 자유롭게 이동했으며 엑손(Exxon)이나 AT&T, IBM 같은 대기업에 집중되었다. 이 기업들은 이익이나 주식 가치의 비중으로 따지면 오늘날의 대기업과 비슷했다. 저널리스트인 윌리엄 화이트(William Whyte)가 쓴 《조직인(The Organization Man)》은 갈수록 관료화되는 사회를 비판하는 사람들에게 시금석이 되었다. 그런데도 경제 성장률은 지금보다 높았다. 이는 일부 사람들에게 정부의 통제가 효과적이라는 증거가 되었다.

경제는 복잡한 유기체와 같다. 경제 성장은 많은 요소에 의해 유기적으로 이뤄진다. 그러나 1950년대, 1960년대, 1970년대에 정부가 지출자, 채무자, 규제자, 경기 순환의 세밀한 관리자 그리고 금융 시장의 매수자 및 매도자로서 수행한 역할은 지금보다 훨씬 작았다. 경제 성장은 전후 베이비 붐 및 생산성 붐으로부터 커다란 추진력을 얻었다. 그러나 뒤돌아보면 그 건강한 국면은 상당히 짧았다. 1950년대의 비교적 안정된 번영은 1960년대의 긴장으로 빠르게 전환되었다. 특히 적자 지출이 촉진한 인플레이션을 통해 균열이 드러나기 시작했다.

이후 10년 동안 인플레이션이 심해지면서 지미 카터가 최초로 거대 정부에 반대하는 유세를 펼친 것은 우연이 아니었다. 그는 국가에 우리의 목표와 꿈을 결정해 달라거나, '선한 행동을 강제해 달라고' 요구하는 것은 어리석다며 유창한 열변을 토했다.[58] 또한 "우리의 위대한 나라조차 모든 것을 할 수는 없다"라는 사실을 이해해야 한다고 촉구했다. 그러나 카터는 또한 줄곧 재정 적자를 내면서도 균형 재정의 미덕을 강조한 최초의 대통령이기도 했다.[59] 케인스가 주장한 대로 민간 수요가 강할 때 기꺼이 정부 지출을 줄일 의지를 가진 지도자는 없었다. 이제 우리는 누구도 전통적인 케인스주의자가 아니다.

3장.

레이건이 이룬 진화

로널드 레이건의 지지자였던 사람은 인정하기 어렵겠지만, 데이터는 그의 유산이 반혁명(counterrevolution, 앞선 조류에 반하는 혁명 – 옮긴이)이라기보다는 거대 정부의 진화에 더 가깝다는 사실을 분명하게 보여준다.

그 여건을 조성한 사람은 폴 볼커(Paul Volcker)였다. 1979년 연준 의장에 오른 그는 금융 시장을 안정시켰다. 덕분에 레이건 정권은 재정 적자와 정부 부채를 크게 늘릴 수 있었다. 존슨과 닉슨이 촉발한 지출은 1970년대에 유가 파동이 '스태그플레이션(stagflation)' 시대를 열기 전부터 물가를 끌어올렸다. 스태그플레이션은 물가 상승률이 높은 가운데 경제 성장이 정체되는 상태를 말한다. 볼커는 무능한 선임자들과 달리 금리를 높여 인플레이션을 막는 일에 나섰으며, 확고한 입장을 고수했다. 연준이 이처럼 강력한 조치를 취한 것은 1920년대 초반의 잊혀진 대공황 이래로 처음 있는 일이었다. 이런 일은 이후 40년 동안 재현되지 않았다. 그러다가 2022년에 인플레이션이 재발하자 제롬 파월(Jerome Powell) 연준 의장은 뒤늦기는 했지만 강한 조치를 취할 수밖에 없었다.

볼커는 환란 앞에서도 한없이 침착했다. 인플레이션은 경제 시스템에 너무나 깊이 자리 잡아서 좀처럼 수그러들지 않았다. 결국 1980년에는 물가 상승률이 거의 15%에 이르렀다. 볼커는 물가를 잡기 위해 기준 금리를 한 번도 아니고 두 번이나 기록적인 수준인 연 10% 후반대로 끌어올렸다. 이 두 번의 금리 인상은 1981년과 1982년에 불경기를 촉발했다. 볼커는 이후 어떻게 통화 정책으로 물가를 잡았는지 묻는 질문에 "파산을 초래해서 잡았다"라고 대답했다.[1]

볼커는 아마 역대 가장 존경받는 연준 의장일 것이다. 그의 후임자들이 지금의 가혹한 현실을 그토록 솔직하게 묘사하는 모습을 상상하기는 어렵다. 그는 또한 중앙은행이 정부의 재원을 대기 시작할 때 발생하는 리스크도 잘 알았다. 그는 《미스터 체어맨》에서 중앙은행이 직면한 근본적인 질문을 언급했다. 그것은 "정치적 압력으로부터 보호받는 중앙은행이 간접적으로 재정 적자의 재원을 대고, 경제 전반에 걸친 폭넓은 신용 분배에 영향을 미치는 데 있어서 어디까지 나아가야 하는가?"라는 질문이었다.[2]

볼커는 다른 연준 의장들보다 시장으로 흘러 들어가는 신용 흐름에 더 적절히 대응했다. 그는 물가 상승과 자산 가격 상승을 '사촌 관계'로 보았으며, 안정적인 성장을 이루려면 둘 다 억제해야 한다는 사실을 이해했다.[3] 금리가 신고점을 기록하면서 주가는 약 30%나 하락했다.[4] 규율을 강제한 볼커는 살해 협박까지 받았다. 비판자들은 그를

'냉혹한 살인자'라 욕하면서 작은 관을 우편으로 보냈다.[5] 통화 긴축이 소기업뿐 아니라 주택 보유에 대한 아메리칸 드림까지 죽인다는 것이 그 이유였다. 그의 감독하에 두 번째 불경기가 1982년까지 상당히 심각한 수준으로 지속되었다. 그럼에도 물가와의 전쟁은 승리로 끝났다.

이 승리는 곧 전 세계로 전파되었다. 다른 중앙은행들도 볼커의 선도를 따랐다. 선진국들의 경우 평균 물가 상승률은 1980년대에는 약 12%였다가 1991년에는 겨우 2% 정도로 줄었으며, 2022년까지 그 근처에 머물렀다. 연준은 인플레이션을 물리친 덕분에 이후 일어난 일에도 불구하고 '오늘날까지 지속되는 세계 경제 정책 중에서 우월적 지위'를 확고하게 다졌다.[6]

레이건은 마침 두 번째 볼커 불경기에 시달릴 무렵 취임했으나, 묵묵히 견디기만 한 것은 아니었다. 나중에 그의 자문들은 볼커를 백악관으로 불러들여서 1984년 재선 이전에 돈을 더 풀어야 한다고 설교했다. 볼커는 말없이 회의실에서 걸어 나왔다. 레이건은 군사비 지출을 늘렸다. 그 근본적인 목적은 파산한 소련을 굴복시키려는 것이었다. 볼커는 이를 공개적으로 비판했다. 레이건은 재정 적자를 신기록 수준으로 늘림으로써 중앙은행이 벌이는 물가와의 전쟁을 방해하고 있었다. 1987년 긴장이 악화되자 레이건은 볼커의 의장 재선임 가능성에 대한 말을 아낌으로써 은근히 사임을 요구했다.[7] 차입자 및 지출자로서 정부의 역할은 1980년대에 더욱 빠르게 확대되었다.[8]

레이건의 유산에 대해 혼란을 초래한 한 가지 요인은 감세, 특히 가장 많은 주목을 받았던 부자 감세였다. 개인 최고 세율은 대공황과 제

2차 세계대전 동안 90% 이상으로 정점을 찍었다. 그 이후에는 카터 정권에서 70% 정도로 줄었다가 레이건 정권에서 28% 정도까지 단계적으로 급감했다. 세수가 그 정도로 크게 줄었으니 당연히 정부 기능은 축소되어야 했다. 그러나 개인 최고 세율은 내려갔지만, 법인, 판매, 투자에 대한 다른 세율은 대개 훨씬 적은 수준으로 주목받으며 올라갔다. 1981년의 대규모 감세는 1982년, 1983년, 1984년, 1987년에 급여세부터 소비세까지 모든 세금이 오르면서 상쇄되었다. 세수를 완전히 회복하는 작업은 1990년대에 조지 H. W. 부시(George H. W. Bush)와 빌 클린턴에 의해 완료되었다.[9] 그들은 개인 최고 세율을 거의 40%까지 다시 올렸다.

다른 자본주의 국가에서도 같은 패턴이 유지되었다. 최고 세율은 대공황 때 상승하기 시작해 영국에서는 90%, 독일에서는 80%, 프랑스와 일본에서는 70%를 웃돌며 정점을 찍었다. 그러다가 1980년 이후 급감해 30%와 50% 또는 그 이상(프랑스와 일본) 사이에서 안정된 새로운 구간을 형성했다. 그러나 정부 지출은 거의 어디에서도 줄지 않았다.[10] 흥미롭게도 스웨덴 같은 북유럽 사회주의 국가들만 예외였다. 그들은 1990년대에 복지 체제를 너무 키웠다는 사실을 깨달았다.

1980년대 중반 미국에서 경기가 전면적으로 회복되는 와중에도 재정 적자는 새로운 고지를 향해 올라갔다. 제2차 세계대전 이후 GDP 대비 1% 아래에 머물던 평균 재정 적자는 레이건이 두 차례 집권하는 동안 3% 이상으로 약 3배나 늘었다.[11] 이후에는 그 수준에 머물다가 2008년에 10%, 2020년에는 거의 15%로 급등했다. 그럼에도 공화당 소속 대통령인 2명의 후임 조지 W. 부시(George W. Bush)와 도널드 트럼프는 레이거노믹스의 기본적인 주장을 반복했다. 즉 감세만 하면 재정 적자와 정부 부채를 줄이기에 충분한 경제 성장이 이뤄진다는 것이었다. 공화당은 재정 적자가 크든 작든, 경기가 좋든 나쁘든 간에 모든 여건에서 세금을 깎는 정당이 되었다.[12]

만성적인 재정 적자는 정부 부채 증가로 이어졌다. 레이건 시대 이전 미국의 정부 부채는 남북 전쟁, 제1차 세계대전, 제2차 세계대전 같은 대규모 전쟁 시에만 급증했다. 그러나 이런 양상은 1980년 이후로 크게 달라졌다.[13] 워싱턴이 성장세를 유지하고 유권자를 만족시키기 위해 지속적인 전쟁을 벌이기로 결정했기 때문이다. 미국의 정부 부채는 제2차 세계대전이 끝났을 때 GDP의 100%를 넘기면서 정점을 찍었다.[14] 그러다가 꾸준히 감소해 1980년에 GDP의 30% 수준이 되었다. 하지만 2019년에 다시 GDP의 100%를 넘어섰고, 팬데믹 동안에는 130%에 이르렀다. 이 증가분의 대다수는 지난 20년 동안에 집중되었다. 이 기간에는 대국 사이에 아무런 전쟁이 벌어지지 않았는데도 말이다.

어떤 의미에서 보면 레이건 혁명이 거둔 최대 성과는 정부 규모 확대를 약간 억제한 클린턴 행정부였다. 레이건 행정부 초와 말에 연방 정부 지출은 GDP의 21% 수준에 달했다. 이후로 조지 H. W. 부시 임기 말인 1992년까지 그 수준을 유지하다가 클린턴 정부 때인 2000년에 18%를 약간 넘기는 정도까지 내려갔다. 이는 1930년 이전 원래의 작은 정부 시대가 아니라 1970년대 중반으로 돌아간 것이다. 그럼에도 지출을 줄이는 방향으로 나아간 것은 맞았다. 정부 부채도 클린턴 정권 말기에는 약간 줄어들었다.

아이젠하워 시대의 공화당을 떠올리게 하는 조지 H. W. 부시는 약간의 토대를 쌓았다. 그는 레이건에게서 물려받은 지출이나 재정 적자를 줄이지 않았다. 그래도 1990년에 미래의 재정 적자를 통제하기 위해 의회와 획기적인 합의를 이뤘다. 과거에 대통령들은 비슷한 합의를 이루거나 적자 감축 계획을 세울 권위 있는 위원회를 구성했지만, 아무런 성과를 내지 못했다.[15] 이후의 합의들 역시 무시되었다. 하지만 1990년 합의는 달랐다. 이 합의는 모든 국민이 연령이나 소득 또는 기타 자격에 따라 혜택을 받는 사회 보장 연금 같은 복지 제도에 새로운 지출을 하려면 그에 필요한 '재원 확보'를 요구했다. 재원은 증세나 다른 연방 예산의 삭감을 통해 확보해야 했다. 오늘날의 관점에서 보면 놀랍게도 이 합의는 준수되었다. 지금은 익숙해진 백악관과 야당의 예산 전쟁 때문에 연방정부가 주기적으로 폐쇄 위기에 처하는 일이 일어났다. 그래도 1990년 합의는 유지되었다. 워싱턴 정치인들은 한동안 지출 억제 규칙 안에서 살아갔다.

그 보상은 엄청났다. 전 세계적으로 채권 시장이 빠르게 성장했다. 이른바 채권 시장 자경단은 10년 전에 낭비가 심했던 정부의 채권을 매도해 벌을 주기 시작했다. 그에 따라 차입 비용이 늘어나서 경기가 둔화될 위험이 발생했다. 자경단은 1990년의 예산 합의와 클린턴이 그 합의를 지키기 위해 취한 조치들을 좋아했다.[16] 클린턴은 전임자들이 재정 적자를 실제보다 적게 보이게 하려던 회계 속임수를 피했다. 그는 최대한 낙관적인 경제 성장률 추정치가 아니라 현실적인 추정치를 토대로 재정 적자를 계산했다. 또한 부자 증세를 단행하고, 적어도 주요 복지 제도 중 하나인 메디케어 지출을 줄여서 시장이 이전에 보지 못한 신뢰성을 드러냈다.

그에 따른 채권 시장 랠리는 장기 차입 비용을 낮췄고, 실리콘밸리의 호황을 촉진했다. 뒤이어 특히 양도소득세 증가에 힘입은 세수 증가는 백악관을 포함해 누구도 예상하지 못할 만큼 빠르게 균형 재정을 달성하는 데 도움을 주었다. 원래는 1998년까지 상당한 재정 적자가 날 것으로 예상했다. 그러나 클린턴 행정부는 1960년대 이후 최초로 재정 흑자를 기록했다. 클린턴은 그해 1월 연두교서에서 이렇게 말했다. "30년 동안 6명의 대통령이 여러분 앞에 서서 재정 적자가 우리나라에 입힐 피해를 경고했습니다. 하지만 오늘 밤 저는 이 자리에서 과거 0이 11개나 붙을 만큼 헤아릴 수 없이 컸던 연방 재정 적자가 그냥 0이 되었음을 알려드립니다".

이는 전환점처럼 보였지만, 실은 신기루에 불과했다. 2000년 대선에서 미국 역사상 처음으로 이 새로운 노다지를 어떻게 활용할지를 두고 후보들 간에 논쟁이 벌어졌다. 민주당 후보인 앨 고어(Al Gore)는 국가 부채를 줄이는 데 쓰겠다고 말했다.[17] 아버지 조지 H. W. 부시에 이어 공화당 대선 주자로 나선 조지 W. 부시는 감세를 통해 유권자들에게 돌려주겠다고 말했다. 예상대로 아들 부시가 대선에서 승리했다.

그는 린든 존슨이 1960년대에 그랬던 것처럼 곧 전시와 평시를 가리지 않고 지출을 늘리는 대통령이 되었다. 그는 아프가니스탄 전쟁과 이라크 전쟁뿐 아니라 새로운 메디케어 혜택에 쓰는 지출을 늘렸다. 부시와 의회는 1990년 예산 합의에서 요구하는 대로 세수를 늘려서 신규 지출의 재원을 마련하지 않았다. 그들은 이 합의를 폐기하고 세금을 깎았다. 이로써 두 번째 부시 대통령은 첫 번째 부시 대통령이 닦아놓은 길을 버렸다. 재정 흑자는 쌓일 때만큼이나 다시 빠르게 사라졌다. 2020년까지 수천억 단위(0이 11개)의 재정 적자가 다시 생겼고, 신기록을 향해 계속 늘어났다. 그럼에도 어찌된 영문인지 지난 40년 동안은 정부가 줄기차게 지출을 줄인 '긴축'의 시대였다는 근거 없는 믿음이 여전히 이어지고 있다.

이 주장을 보다 면밀히 살펴볼 필요가 있다. 1980년부터 2020년까지 40년 동안 경기가 나빴던 기간은 5년이 채 되지 않았다(정확히는 56개월). 예산은 36년 동안 큰 폭의 적자를 기록했다. 대부분의 기간 동안 정부는 지출을 충당하기 위해 돈을 빌렸지만, 경기가 나쁜 상태는 아니었다.[18] 과도한 지출 습관은 너무나 폭넓게 받아들여졌다. 더 큰 규모의 재정 적자를 바랐던 비판자들은 호황기의 적자 지출을 '긴축'이라 부를 정도였다.

긴축은 더 이상 지출 삭감이나 세금 인상을 뜻하지 않았다. 전년보다 아주 약간 느리게 부채와 적자를 늘리는 것을 뜻했다. 경기가 회복되는 중이라 해도 이는 긴축이라 비판받았다. 1980년부터 2020년 팬데믹이 시작되기까지 재정 적자의 GDP 대비 평균 비중을 보면 불경기 때는 4%, 회복기 때는 3%였다. 정권이 바뀌어도 이런 양상은 거의 달라지지 않았다. 1980년 이후 쌓인 정부 부채의 4분의 3 이상은 불경기가 아닌 때에 생겼다.[19] 금융 위기가 절정에 달한 2008년 미국의 공공 부채는 10조 달러를 넘어섰다. 실시간으로 정부 부채를 기록하던 타임스스퀘어(Times Square)의 전광판은 자릿수가 부족해서 새로 바꿔야 했다.[20]

재정 적자가 여전히 기록적인 수준 근처라고 해도 2022년처럼 조금씩 줄어들기만 하면, 오늘날의 전문 용어로 '재정 충격(fiscal impulse, 재정 정책의 변화가 경제 활동에 미치는 영향 – 옮긴이)은 약화되고 있다'라고 표현된다. 이제 문제는 더 이상 재정 적자의 존재 여부가 아니라 '앞으로 어느 정도 규모에 이를 것인가'다.

같은 패턴이 버락 오바마 대통령 정권에서도 반복되었다. 오바마는 유럽의 많은 지도자와 함께 좌파로부터 '긴축' 정책을 폈다며 비판받았다. 2009년 중반에 끝난 대침체로부터 경기가 회복되는 속도가 실망스러운데도 재정 적자를 더 크게 내지 않았다는 이유다. 경기 침체기에 오바마가 두 차례에 걸쳐 대규모 세금 감면 법안 및 지출 법안을 통과시켰다는 점은 문제가 되지 않았다. 이 법안들로 인해 재정 정책은 "1960년 이래 다른 어떤 불경기 때보다 더 확장적"인 성격을 지니게 되었다.[21] 앨런 블라인더는 2008년 금융 위기를 다룬 《음악이 멈춘 후(After the Music Stopped)》에서 "재정 적자는 2007년에 GDP의 1.2%였다가 2009년에는 GDP의 10%라는 경악스러운 수준까지 늘었다"라고 썼다. 당시 그 규모는 '충격적'이었다. 제2차 세계대전 이후로 그만큼 큰 규모로 재정 적자를 낸 적이 없었기 때문이다. 오바마는 새롭게 부상한 티파티(Tea Party, 강경한 성향을 지닌 공화당 계파 – 옮긴이) 공화당원들이 삭감을 강제하지 않았다면 부양책을 계속 유지했을 것이다.

그럼에도 전 클린턴 행정부 경제 자문인 브래드퍼드 들롱 같은 동료 민주당원들은 오바마와 다른 자본주의 진영의 지도자들을 맹비난했다. 들롱은 2018년에 쓴 글에서 그들이 대공황의 교훈을 익히지 못했다고 말했다. 부양책을 통해 경기 진작 효과를 얻는 대신 '균형 예산이라는 낡은 처방으로 퇴보'했다는 것이다. 그들이 '긴축으로 퇴행' 하는 바람에 대침체는 소득과 성장에 미치는 장기적인 영향이라는 측면에서 대공황보다 더 악화되었다. 루스벨트를 영웅으로 만든 역사는 오바마와 동류 지도자들을 실패자로 기억할 것이다.[22] 그러나 '긴축'이 가혹하다는 이 평가는 정부와 중앙은행이 갈수록 후한 구제책을 공동으로 시행하는 현실과 맞지 않는다.

재정 적자는 어떻게 성장을 늦추는가

진보 경제학자들은 정부 지출 및 재정 적자 감축이 성장을 촉진한다는 주장을 실제 사례로 증명할 수 없는 하이에크식 '헛소리'라고 조롱한다.[23] 블라인더의 말에 따르면 케인스주의자가 보기에 "이는 옳은 것이 틀린 것이고, 전쟁이 평화이고, 위가 아래라는 식의 오웰적[Orwellian, 조지 오웰(George Orwell)의 《1984》에 묘사된 철저한 국가 통제하의 기만적 체제를 빗대는 표현 – 옮긴이] 주장"이다.[24] 정부가 경제 시스템에 투입하는 돈을 줄이면 경제 시스템은 물을 주지 않은 식물처럼 더 느리게 성장한다는 것이다.

이는 1940년대에 경제학계에 자리 잡은 관점이다. 당시 루스벨트 행정부는 경제학자인 사이먼 쿠즈네츠(Simon Kuznets)에게 포괄적인 산출량 지표를 개발하라고 주문했다. 그 결과물이 GDP(Gross Domestic Product)다. 이후 경제학은 GDP 같은 총량 지표와 재정 및 통화 부양책의 폭넓은 흐름을 6만 피트 상공에서 조망하는 학문이 되었다. 경제학자들은 돈이 정부와 중앙은행에서 시장으로 흘러간 후, 크고 작은 수많은 투자자를 거쳐서 결과가 좋든 나쁘든 기업의 손에 들어가는 방식과 동떨어진 차원에서 연구하게 되었다.

실제 현장과 더 가까운 관점, 수익을 내지 못하는 부실 기업에 대한 분기 보고서와 더 가까운 관점은 너무 많은 달러를 경제 시스템에 투입하는 것이 어떻게 성장을 늦추는지 정확하게 보여준다. 그 영향은 즉시 드러나지 않고 장기적으로 누적된다. 그동안 갈수록 많은 자금이 낭비되거나 부실하게 투자되면서 기업들을 빚에 허덕이게 만든다. 식물도 이와 다르지 않다. 물을 너무 많이 주는 것은 너무 적게 주는 것만큼이나 식물에 치명적이다.

보수 경제학자들은 국가적 논의의 주변부에서 갈수록 고립되어갔다. 그들은 늘어나는 재정 적자가 미래에 인플레이션이나 부채 위기를 수반하는 재난을 초래할 것이라고 경고했다. 그러나 시간이 지나도 재난은 일어나지 않았다. 결국 그들의 경고는 오히려 실시간으로 진행되는 위기로부터 주의를 돌리는 결과를 낳았다. 위기는 수조 달러가 왜곡된 금융 시장을 통해 잘못 배분되는 형태로 전개되었다. 이런 일이 일어나고 있지 않은 것처럼 꾸미는 것은 기만이다.

정부가 이런 지출을 마음껏 할 수 있었던 주된 이유는 운이 좋았기 때문이다. 1980년대 초에는 중앙은행이 하락하는 물가 상승률 덕분에 향후 40년 동안 꾸준히 금리를 낮출 수 있을 것이라고 누구도 예측하지 못했다. 하지만 실제로 그런 일이 일어났다.

처음에는 볼커가 일으킨 충격이 가해졌고, 뒤이어 더 큰 힘들이 작용했다. 노동 연령 인구는 여전히 증가하고 있었다. 많은 국가는 수십 년, 심지어 수 세기 만에 처음으로 해외 교역의 문호를 개방하려는 움직임을 보였다. 1989년 공산주의가 몰락한 이후 동유럽 노동자들이 전 세계 노동 시장으로 진입했다. 2001년 중국이 세계무역기구(World Trade Organization, WTO)에 가입한 후에는 중국 노동자들이 그들의 뒤를 이었다. 이 수백만명의 노동자들은 임금을 낮추도록 압력을 가했다. 여기에 자동화 및 격화되는 국제적 경쟁을 포함한 다른 힘들도 가세해 물가를 억눌렀다. 물가 상승이 억제되면서 중앙은행가들은 (정부의 차입 비용을 포함한) 차입 비용을 이전에 없던 수준으로 낮추는 데 필요한 모든 근거를 얻었다.

현재 비판자들은 레이건이 더욱 가혹한 형태의 자본주의를 만들었다고 비난하고, 옹호자들은 그가 더욱 역동적인 자본주의를 촉진했다고 칭송한다. 누구의 말이 옳을까? 현재 모든 진영이 동의하는 점은 레이건이 백악관을 떠나기 전부터 미국은 대안정기(Great Moderation)에 접어들었다는 점이다. 이는 오랫동안 경기 순환이 더 느려지고 덜 격렬해진 기간을 말하는 것으로, 가혹한 자본주의 반동자(reactionary, 시대의 흐름을 되돌리려는 사람 - 옮긴이)라는 레이건의 이미지와는 잘 맞지 않는다. 레이건 행정부는 실제로 일부 측면에서 정부 기능의 확장 속도를 늦췄다. 가령 규제 및 복지 관련 지출을 늘리지 않았다는 점이 그러하다. 그러나 전반적으로 보면 레이건은 그가 의도했거나, 반대자들 및 지지자들이 생각하는 것만큼 '정부의 경로를 되돌리지' 않았다.

중앙 무대로 나아가는 중앙은행가들

조지 H. W. 부시는 1988년 레이건의 후광에 힘입어 대선에서 승리했다. 당시 경기 순환은 잠잠해지고 있었다. 불경기는 3년에서 5년마다 한 번씩이 아니라 10여 년마다 한 번씩 닥쳐왔다. 다음 불경기는 부시 임기 2년 차인 1990년에 찾아왔다. 부시 행정부는 경기 부양 지출이라는 아이디어를 언급하지도 않았다. 대신 연준에 그 일을 맡겼다. 연준은 이후 경기가 하강할 때마다 줄곧 주도적인 역할을 맡았다. 앨런 그린스펀(Alan Greenspan) 연준 의장은 세계적인 유명 인사가 되었다. 그는 안정적 성장을 '세밀하게 조율하는' 거의 신비로운 능력 덕분에 '마에스트로(maestro)'라는 별명까지 얻었다.

1990년의 불경기는 약하고 짧았다. 그럼에도 자본주의가 무너지기 시작하는 방식과 관련해서는 중대한 전환점을 달성했다. 이전의 불경기는 대체로 연준의 금리 인상에 뒤이어 발생했다. 하지만 1990년의 불경기(그리고 뒤이은 불경기)는 과열된 금융 시장의 스트레스(stress)에서 비롯되었다. 1990년에는 19세기에 생긴 대출 기관인 저축 대부 조합(savings and loans)의 연쇄 파산이 문제를 일으켰다.[25] 주택 보유와 절제된 금융 활동을 장려하기 위해 설립된 저축 대부 조합은 '저축 은행(thrift)'으로도 불렸다. 그러나 그들은 전통적인 전문 분야인 주택 담보 대출 외의 다른 분야에서 무분별한 대출을 일삼다가 곤경에 처했다.

1990년 불경기의 여파는 회복세가 약화되는 수수께끼 같은 변화도 일으켰다. 흔히 그랬듯이 경제 성장률이 상승하기는 했지만 이전보다 덜 활발했다. 또한 실업률은 줄어드는 것이 아니라 계속 증가했다. 그린스펀은 이런 상황에 대해서 "매우 이례적이다. 마치 추진력을 높여가는 기관차가 시속 80㎞의 맞바람을 맞으며 달리는 것 같다"라고 말했다.[26]

이후의 연구 결과에 따르면 1990년대 초에 경기 회복의 발목을 잡은 것은 부채로 드러났다. 1980년대의 '부채 부담'은 저축 대부 조합의 연쇄 파산으로 가중되어 소비자와 기업의 지출 및 신규 차입을 억누르고 있었다. 이는 약한 성장과 당황스러울 정도로 적은 수의 신규 일자리를 수반하는 경기 회복으로 이어졌다. 1990년대, 2000년대, 2010년대의 기나긴 경기 회복은 대부분 부채 증가에 짓눌려 '고용 없는' 경기 회복이 되었다.[27]

팬데믹이 역대 최장 경기 회복 국면에서 미국을 기습할 무렵, 적자 감축에 대한 오랜 집착은 완전히 사라진 상태였다. 덕분에 트럼프와 바이든은 도합 수조 달러에 이르는 신규 지출을 제안할 수 있었다. 그중에서 '세수 증가로 재원이 마련된' 것은 하나도 없었다. 결국 2020년에 재정 적자는 평시 기록인 GDP 대비 15%까지 늘어났다. 블라인더는 "그럼에도 누구 하나 걱정하는 정치인이 없다"라고 썼다.[28] 그는 이처럼 재정 적자에 대한 우려가 완전히 사라진 것에 대해 자신의 역사서에서 시작점이 되는 1961년 이래로 미국 경제 정책의 가장 명확한 전환점 중 하나라고 말한다. 이제 모든 불경기 및 실망스러운 경기 회복에 대한 표준적인 정부 대응은 지출과 부채를 늘리는 것이 되었다. 이는 미래의 성장을 갈수록 저해할 가능성이 높다.

4장.

이지 머니의 기원

앨런 그린스펀은 1987년 연준 의장으로 취임했으며, 그로부터 불과 두 달 후에 1929년 이래 최악의 주가 폭락 사태인 '검은 월요일(Black Monday)'의 수습을 책임지게 되었다. 다음 날 아침, 그는 금리를 낮추기 위한 조치를 취했다. 또한 투자자들에게 공개적이고 직접적으로 "연준은 경제 시스템 및 금융 시스템을 뒷받침할 유동성의 원천 역할을 할 준비가 되었다"라고 선언했다.[1] 후에 월가 트레이더들은 언뜻 무해한 것처럼 보이는 이 선언을 '그린스펀 풋(Greenspan put, 풋 옵션은 주가 하락 시 손실을 막아주는 보험 역할을 함 – 옮긴이)'이라 불렀다. 연준이 앞으로 주가 폭락에 따른 시장의 고통을 최소화하겠다고 보증했다는 의미였다. 이 선언은 이지 머니 시대를 연 근원적 약속이자 어떤 사람에게는 원죄로 기억된다.

참고로 '이지 머니' 정책은 정부와 중앙은행이 차입을 장려하기 위해 활용하는 일련의 수단을 말한다. 가장 주된 수단은 금리를 낮추는 것이다. 최근에는 수십억 달러를 들여서 채권을 사들이기도 한다. 이는 금리를 낮추는 또 다른 방법이다. 그밖에 요동치는 시장을 안정시키기 위한 긴급 대출이나 기타 지원 또는 개별 은행이나 기업에 대한 구제 금융도 이에 포함된다. 흔히 정부 자금으로 지원되는 구제책은 그 약속만으로도 대출자들에게 다시 신뢰를 심어주고 시장을 진정시키기에 충분하다. 따라서 '그린스펀 풋'은 이지 머니 시대의 분위기를 만들었다. 그 분위기는 여러 측면에서 지금까지도 이어지고 있다.

저렴한 차입 비용으로 고무되고, 정부로부터 실패에 대한 보호를 약속받은 투자자들의 자신감은 1980년대에 이르자 거의 영구적인 평정(平靜) 상태로 굳어지기 시작했다. 금리는 여전히 비교적 높은 상태였지만 급락하는 추세인 데다가, 물가 상승률도 같이 하락하고 있어서 계속 떨어질 것처럼 보였다. 이처럼 공포 없는 차입이라는 새로운 분위기는 정식 명칭이 연례 드렉슬 고수익 채권 콘퍼런스(Drexel High Yield Bond Conference)로 알려진 이른바 '포식자 연회(Predators' Ball)'의 부상으로 이어졌으며, 이는 그 분위기를 대표하는 상징이 되었다.[2] 이 자리에서 금융업자들은 적대적 기업 인수를 위한 계획을 세웠다. 그들의 자금줄은 월가에서 1980년대를 상징하는 드렉슬 정크 본드였다.

이로써 1980년대에 금융 산업이 다른 산업보다 빨리 성장하면서 자본주의 경제 시스템에 미치는 영향력을 확대하는 변화가 촉발되었다. 자본주의의 '금융화(financialization)'는 명백히 규제 완화로 인해 가속화된 것이다. 이는 대처 총리 시절에 런던 시장에서 진행된 '빅뱅' 수준의 개혁에서 시작되어, 미국에서는 카터와 레이건 시절까지 이어졌다. 일본부터 노르웨이까지 다른 수많은 나라에서도 비슷한 과정이 진행되었다.³ 새로운 금융 규제는 이전보다 간결하거나 간단하지 않았다. 다만 투자자들이 해외로 자본을 이동시킬 때 이전보다 제약이 줄어들었긴 하지만 실상 자본 그 자체는 주로 정부와 중앙은행에서 비롯된 것이었다. 시장이 흔들릴 때마다 구제 금융과 공적 지원을 약속하는 새로운 문화 덕분에 생긴 평정심 역시 마찬가지였다.

금리는 어떻게 제로 이하로 떨어졌는가

미국은 임명직인 연준 의장의 임기를 느슨하게 정했다. 1980년대 이후 연준 의장을 맡은 사람은 앨런 그린스펀, 벤 버냉키(Ben Bernanke), 재닛 옐런(Janet Yellen), 제롬 파월의 4명에 불과하다. 이 4명은 새로운 금융 위기가 발생할 때마다 하나같이 앞선 위기 때는 생각지 못한 규모의 자금을 경제 시스템에 쏟아붓는 방식으로 대응했다. 그들의 주된 도구는 중앙은행이 상업은행 및 투자 은행의 단기 대출에 부과하는 '기준 금리(base rate)'였다.

1990년의 불경기는 비교적 경미했지만, 동시에 전환점이기도 했다.⁴ 조지 H. W. 부시는 경기 진작 임무를 연준에 맡겼다. 그린스펀은 짧은 불경기가 시작되기도 전에 기준 금리를 인하하기 시작했다. 또한 불경기가 끝난 후에도 계속 급격한 금리 인하를 단행했다. 그 이유는 '경기가 회복되고 있는데도 불가사의하게 고용이 이뤄지지 않는다'라는 것이었다. 1989년부터 1992년까지 연준은 연 10% 수준이던 기준 금리를 당시 사상 최저치인 약 연 3%까지 떨어트렸으며, 경기 회복이 시작된 후로도 2년 동안 그 수준을 유지했다.

그에 따라 그린스펀은 (케네디가 경기 회복 단계에서 정부 부양책을 시행한 최초의 대통령이 된 것처럼) 경기 회복을 촉진하기 위해 연준 부양책을 동원한 최초의 의장이 되었다. 하지만 그가 마지막인 것은 절대 아니었다. 이후로 새로운 경기 회복 국면이 전개될 때마다 돈이 더 쉽게 풀렸다. 연준은 기준 금리를 2000년 초반에는 3년 동안 연 2% 미만으로, 2008년 위기 이후에는 7년 동안 연 0.2% 미만으로 유지했다.

'더 오래 지속되는 더 낮은 금리의 시대'라는 말은 이처럼 역사적으로 낮은 수준의 금리가 길게 이어진 동시에 최고점이 계속 낮아진 시기를 말한다. 연준은 금리 인상을 시작할 때도 이전보다 낮은 최고점에서 중단했다.[5] 2020년에는 겨우 연 2.5%로, 가장 낮은 최고점을 기록했다. 그 결과 금리 인상 국면에서도 역사적인 기준으로 보면 차입 비용이 저렴했다.

대형 상업은행과 투자 은행들은 중앙은행으로부터 저렴하게 대출을 받아서 낮은 금리로 다른 기업과 소비자들에게 장기 대출을 내주는 데 활용했다. 이 지점에서 버블이 발생했다. 중앙은행에서 흘러나온 이지 머니는 경제에 심대한 영향을 미쳤다. 집이나 차를 사거나, 대학교 학비를 대거나, 사업을 시작하거나, 새 공장을 짓기 위해 장기 대출을 받는 사람들의 차입 비용을 줄여주었기 때문이다.

금리는 본질적으로 지루한 주제다. 그러나 공짜 돈 때문에 펼쳐지는 드라마는 실로 대단하다. 이것이 중앙은행이 기준 금리를 낮추는 목적이다. 모두에게 적용되는 장기 금리를 낮춰서 자본주의를 되살리는 것 말이다. 사실상 차입 비용을 낮추는 물가 상승률을 감안하면, 장기 대출에 대한 미국의 '실질' 금리는 2010년부터 2022년까지 연 1% 미만으로 떨어졌다. 10년 넘게 사실상 공짜 돈이 풀린 것이다. 그

중 4년 동안 장기 차입의 실질 비용은 제로 이하로 떨어졌다.

자본주의 세계에 속한 다른 지역에서는 돈이 이보다 더 저렴하게 풀렸다. 그 역사적 선례는 더욱더 냉엄하다. 도이치은행리서치(Deutsche Bank Research)는 1800년까지 거슬러 올라가 유럽 중앙은행의 기준 금리에 대한 기록을 수집했다. 기록에 따르면 기준 금리는 거의 120년 동안 연 5% 수준에서 머물다가 1980년에 사상 최고치인 약 연 20%로 급등했다. 뒤이어 거대하고 점진적인 하락이 시작되었다. 1998년 유럽 국가의 중앙은행들은 유럽 중앙은행(European Central Bank)으로 통합되었다. 이후 10년 동안 기준 금리는 사상 최저치로 떨어졌으며, 2014년에는 제로 이하로 떨어졌다.[6] 이후 8년 동안 유럽에서 돈을 빌리는 데 들어가는 기본적인 비용은 제로 이하에서 머물렀다.[7] 게다가 이는 물가 상승률을 반영하지 않은 '명목' 기준이었다.

미국과 마찬가지로 유럽 중앙은행의 목표는 경기에 가장 중요한 영향을 미치는 금리, 즉 기업과 소비자들이 지불하는 금리를 낮추는 것이었다. 상업적 목적이나 개인적 목적의 장기 대출은 17세기에 스웨덴에서 최초의 중앙은행이 설립되기 전부터 존재했다. 2014년 유럽에서는 역사적으로 14세기 초 이탈리아에서 기록이 시작된 이래 처음으로 장기 대출 실질 금리가 제로 이하로 떨어졌다.

금리가 제로 이하라는 개념을 쉽사리 이해하기는 어렵다. 2019년에 덴마크 유스케은행(Jyske Bank)의 고객들도 그랬다. 유스케은행은 마이너스 명목 금리를 내세워 주택 담보 대출 광고를 한 최초의 은행이다. 믿기 어려웠던 고객들은 "그게 어떻게 가능해요?"라는 당연한 질문을 던졌다. 금리가 제로 이하면 은행이 대출자에게 매달 돈을 준다는 의미다. 이는 말이 되지 않는 일이었다. 실제로는 대출자들이 빌린 원금은 매달 상환하는 금액보다 더 많이 줄어들었다. 은행은 대신 수수료를 통해 손실을 보전했다. 그래서 대출 기간이 끝나면 고객은 빌린 금액보다 약간 더 많은 금액을 은행에 지불했다. 그래도 엄청나게 저렴한 대출인 것은 분명했다.[8]

안타깝게도 공짜 또는 사실상 공짜로 풀리는 돈은 자본주의 체제를 되살리기보다는 교란하고 왜곡시켰다. 사람들은 차입에 비용이 붙는 정상적인 시기에는 비합리적이거나 낭비라고 여길 구매와 투자에 나섰다. 투자자들은 물가 상승률이 수년간 너무나 낮았기 때문에 중앙은행들이 금리를 영원히 제로 근처로 유지할 것이라고 가정했다. 이지 머니 시대는 오랫동안 유지될 것이었다. 그리고 마침내 그 시대가 끝나도 전혀 문제가 될 것이 없었다. 정부가 구제 금융으로 도와줄 것이기 때문이었다.

영구적 위기 모드

부진한 경기 회복은 1992년에 클린턴이 부시를 꺾고 백악관을 차지하는 데 도움을 주었다. 클린턴 역시 '세밀한 조정자' 역할을 대부분 연준에 맡겼다. 연준의 위상은 더욱 높아졌다. 성장세가 회복되었고, 물가 상승률은 안정되었다. 한 월가 애널리스트는 이처럼 '너무 뜨겁지도 않고, 너무 차갑지도 않은' 상태를 '골디락스 경제(Goldilocks economy, 영국 전래동화 《골디락스와 곰 세 마리》에 등장하는 소녀인 골디락스가 뜨거운 수프, 차가운 수프, 적당히 따뜻한 수프 중 적당히 따뜻한 수프를 먹고 좋아했다는 데서 유래-옮긴이)'라 불렀다.[9] 이 용어는 그대로 정착되었다. 낮은 물가 상승률을 골디락스 경제의 증거로 본 논평가들은 이후 수십 년 동안 이 용어를 거듭해서 언급했다. 그들은 주식과 채권 그리고 기타 자산의 빠른 가격 상승이라는 형태로 어둠 속에 도사린 큰 곰의 존재를 무시했다.

매번 이지 머니는 자산 버블을 부풀렸다. 1992년 이후 연준은 1990년대 내내 금리를 경제 성장률 이하로 유지했다.[10] 그린스펀은 간혹 시장에 형성된 버블에 대한 우려를 표하기도 했지만 조치를 취하지는 않았다. 오히려 정반대였다. 그린스펀은 1995년에 또 다른 선구적인 실험에 나섰다. 그 내용은 '보험용' 금리 인하를 밀어붙이는 것이었다. 이 조치의 목적은 경기 회복 속도를 높이는 것이 아니라, 경기 회복 기간을 늘려서 다음 불경기를 차단하는 것이었다. 그에 따라 세밀한 조정은 꾸준한 지원으로 바뀌어갔다.

1990년대 말이 되자 '그린스펀 풋'은 월가 전문 용어에서 이제는 케이블 TV 뉴스에 흔히 등장하는 용어가 되었다. 그 효과는 분위기를 진정시키는 것이 아니라 오히려 고조시켰다. 실리콘밸리로 자금이 쏟아져 들어갔다. 기술주 중심의 나스닥 지수는 역대 최고 상승세를 보이면서 1920년대 말에 세워진 기록을 깼다. 그린스펀은 자신의 말이 시장을 움직일 수 있음을 증명했다. 그래서 1996년에는 말로 시장을 진정시키려고 시도했다. 그는 TV 연설에서 "시장이 '비이성적 과열(irrational exuberance)'에 사로잡혔다"라고 경고했다.[11] 하지만 그의 말은 통하지 않았다. 자산 가격은 계속 상승했다.

2년 후 일부 반대파 연준 이사들은 기술주 버블을 다스리기 위한 금리 인상을 요구했다. 그러나 그린스펀은 오히려 금리 인하를 선택했다. 이번에는 근래에 발생한 러시아의 디폴트(default, 채무 불이행 – 옮긴이) 사태가 미국 시장을 불안하게 만들 가능성에 대비하는 '보험용'이었다. 그가 다시 한번 내세운 기본적인 논거는 물가 상승률이 여전히 낮기 때문에 돈을 풀어도 안전하다는 것이었다. 그러나 연준 내부의 회의론자들은 금리 인하가 과열된 경기와 버블이 낀 시장에 '석유를 붓는' 것과 같다고 경고했다.[12] 그럼에도 금리 인하는 2000년 초에 물가가 마침내 오르기 전까지 지속되었다.

연준은 꾸준히 금리를 올리는 것으로 대응했다.[13] 그러다가 닷컴 버블이 터지면서 가벼운 '소(小) 불경기(recessionette)'가 촉발되었다. 그린스펀은 다시 한번 금리를 대폭 삭감하는 방식으로 대응했다. 연준은 2000년 말부터 2001년 말까지 기준 금리를 연 6%에서 연 2%로 낮췄다. 2001년에 발생한 9·11 테러는 경기가 회복되고 있지만 더 많은 도움이 필요하다는 연준의 확신을 강화시켰다. 저널리스트 크리스토퍼 레너드(Christopher Leonard)는 《돈을 찍어내는 제왕, 연준》에서 "9·11 테러의 여파로 연준의 비상사태가 거의 영구화되었다"라고 썼다.[14]

금리 급락은 거대한 버블을 불러왔다. 이번에는 부동산 분야의 버블이었다. 이 버블은 2000년대 후반에 터졌다. 옹호자들은 2008년 금융 위기 때문에 그린스펀의 업적에 문제를 제기해서는 안 된다고 말한다. 그는 부동산 가격이 빠르게 뛰고, 부채가 빠르게 늘어나는 것을 주시하고 있었기 때문이다. 그와 그의 후계자인 버냉키는 2004년부터 2006년까지 기준 금리를 연 5%까지 약 2배로 올렸다. 금리를 그만큼 빠르게 올렸는데 두 연준 의장을 이지 머니 시대의 조력자라고 비판할 수 있을까?

하지만 시장의 주류 시각은 반대였다. 연쇄 버블 유발자라는 그린스펀의 정체가 발각되었다. 그의 금리 인상은 부동산 광풍을 잠재우기에는 너무 소극적이었고, 너무 늦었다. 또한 '긴축' 또는 '비이성적 과열' 발언 같은 '설득(jawboning)'을 통해 리스크를 억제하려는 시도는 산만하고 부적절했다. 이 기간에 가장 꾸준한 반대파였던 토머스 호니그(Thomas Hoenig)는 나중에 "금리를 아주 낮게 유지하면, 설령 올리더라도 아주 낮게 유지하면 버블을 부르게 된다"라고 말했다.[15]

그렇다면 왜 당국은 상시 위기 대응 모드로 전환하게 되었을까? 2000년대가 시작된 후 경기는 실망스러울 정도로 느리게 성장했다. 반면 물가 상승률은 목표치 아래에 머물렀다. 그래서 그들은 약한 성장세가 전면적인 스태그네이션(stagnation, 장기적인 경제 침체 – 옮긴이)과 디플레이션으로 넘어갈지 모른다고 우려했다. 그들이 정말로 두려워한 것은 '일본 함정(Japan trap)'이었다.[16]

일본 함정의 잘못된 교훈

디플레이션에 대한 집착은 불행하고도 시기적절하지 못한 것이었다. 특히 2000년대 초반의 미국의 상황에서는 더욱 그랬다. 1930년대의 대공황은 전 세계적으로 장기간 지속된 디플레이션이 특징이었다. 이후 디플레이션의 위협은 거의 사라졌다. 뒤이은 수십 년 동안 규모를 막론하고 3년 이상 지속된 디플레이션에 시달린 유일한 나라는 1990년 이후의 일본뿐이다. 하지만 이 단발성 사례는 자본주의 국가들에게 보편적인 경고로 여겨지게 되었다.

일본은 전혀 전형적이지 않았다. 우선, 부채로 촉진된 주택 시장 및 주식 시장의 버블이 터지면서 발생한 악성 디플레이션에 시달렸다. 이는 대공황을 초래한 것과 같은 유형이었다. 1990년에 일본에서 발생한 자산 가격 폭락 사태는 소비자 신뢰와 수요를 무너뜨렸다. 그에 따라 추가 하락에 대한 기대로 소비자들이 구매를 미루면서 물가가 더 떨어지기 시작했다. 물가 하락은 이후 약 20년 동안 일본 경제의 발목을 잡았다. 이 사실은 여건이 크게 다른데도 불구하고 다른 나라들에도 두려움을 심어주었다.

디플레이션의 유형에는 기술이나 금융 분야의 혁신을 통해 생산성이 향상되고 비용이 낮아지며 경제 성장이 촉진되는 좋은 유형도 있다. 그러나 지도자들이 매우 이례적인 단 하나의 악성 디플레이션 사례에 초점을 맞추는 경향은 미국에서는 특히 현명하지 못했다. 미국은 1930년 이전에 좋은 유형의 디플레이션을 충분히 경험했기 때문이다. 1870년대와 1914년 사이에 평균 GDP 증가율은 꾸준히 3%대를 기록했다. 하지만 이 기간의 전반부에는 산업혁명이 가속화되면서 3%의 디플레이션이 발생했고, 후반부에는 3%의 인플레이션이 발생했다. 좋은 디플레이션은 1920년대에 다시 찾아왔다. 이 시기에 조립 라인 같은 신세대 산업 혁신이 성장을 이끌며 물가를 끌어내렸다.

마찬가지로 1990년대 말과 2000년대 초에도 물가 상승률이 낮게 유지되었다. 기술 혁신이 이끄는 생산성 증가가 재개된 것이 부분적인 이유였다. 그러나 닷컴 버블이 터진 후 낮은 물가 상승률이 디플레이션으로 전환될 것이라는 두려움이 정책 결정자들을 사로잡기 시작했다. 그래서 2003년 중반에 일본이 빠진 디플레이션 함정은 연준이 사회 회의에서 중점 논의 대상이 되었다.[17]

2010년대에 이르자 전 세계적으로 경기 회복세가 다시 부진한 모습을 보였다. 이는 낮은 물가 상승률이 디플레이션으로 전환될 것이라는 새로운 우려를 낳았다. 일본 함정이 되돌아왔다. 국제결제은행의 연구자들은 위험을 평가하는 작업에 나섰다. 그들은 140년을 거슬러 올라가 38개국의 기록을 살폈다. 그들이 확인한 사실은 1930년대 이후 디플레이션이 주로 1년 미만의 단기간 동안 발생했으며, 평균적으로 경제에 부정적인 영향을 미치지 않았다는 사실이었다. 오히려 디플레이션은 주로 좋은 형태로 살아남았다.[18] 디플레이션이 이어지는 기간 동안에는 경제 성장률이 약간 빨라졌기 때문이다.

경제 부문 지도자들은 좋은 의도로 잘못된 전쟁을 벌이고 있었다. 경제 관료들은 대공황의 가장 심각한 피해가 디플레이션 때문이었다는 통설이 맞다고 확신했다. 그래서 1980년 이후로는 사실상 사라진 것에 불과한 디플레이션에 집착했다. 이후 발생한 최악의 위기인 2000년의 닷컴 버블 붕괴와 2008년의 부동산 버블 붕괴, 2020년의 팬데믹은 심각한 물가 상승으로 인한 것이 아니었다. 이 위기들에 앞선 것은 주식이나 부동산 또는 둘 다인 자산 가격의 심각한 상승이었다.

이것이 비극적인 부분이다. 중앙은행들은 지금까지 20년 넘게 이어진 호황기에도 디플레이션의 조짐을 물리치려고 온 세상에 이지 머니가 넘치게 만들었다. 그에 따라 자산 버블이 부풀었고, 이 버블이 터지면 악성 디플레이션의 근원이 될 가능성이 높아졌다. 일본 함정에 집착하다가 도리어 그것을 현실로 만들 가능성이 가장 높은 조치들을 취해버린 것이다.

2004년에 버냉키는 경기 순환을 물리쳤다고 선언한 가장 최근의 경제 부문 지도자가 되었다. 그는 20년 동안 모든 선진국의 물가와 경기의 변동성이 줄었으며, 불경기는 더 짧고 덜 심각해졌다고 말했다. 부동산 버블이 부풀어오르던 이 시기를 '대안정기'라고 부른 사람이 바로 그다. 그의 말에 따르면 이 시기는 세계 역사에 있어서 경사스러운 전환기였다. 그는 다른 요인들을 적절히 언급하면서 중앙은행가들에게 그 공을 돌렸다.

버냉키는 2006년 연준 의장으로 승진했다. 이후 그는 그린스펀이 묵시적으로 지키던 약속을 명시적으로 내걸었다. 그것은 시장을 언제나 보호하겠다는 약속이었다. 그는 물가 상승에 맞서 싸웠다. 그러나 금융 시장의 버블은 부풀도록 놔뒀다가, 폭락 이후에 개입해 이지 머니라는 양동이로 뒤처리를 도왔다. 이런 행태가 투자자들에게 전하는 바는 저명한 투자자 제러미 그랜섬(Jeremy Grantham)이 말한 것처럼 "상황이 어려워지면 도와주겠지만, 상황이 좋을 때는 간섭하지 않겠다"라는 비대칭적 약속이었다. 요컨대 중앙은행은 1970년대에 대통령들이 내걸기 시작한 약속, 즉 정부는 결코 억제를 요구하지 않겠다는 약속과 같은 약속을 내걸었다.

2008년 이후 도입한 일본식 실험

2008년에 부동산 시장이 무너지기 시작할 때 중앙은행들은 곤경에 처했다. 이미 기준 금리를 너무 낮춘 상태라 추가로 인하할 여지가 없었기 때문이다. 그래서 연준은 (한때 성공 가능성이 없다고 무시되던) 일본식 실험을 도입했다. 일본은 1991년에 주식 시장과 부동산 시장이 폭락한 후 디플레이션과 싸우기 위해 이 실험에 나섰다.

중앙은행들은 어려운 시기에 통화와 신용 공급을 늘리기 위해 정부채를 매입하는 수단을 오랫동안 활용했다. 일본은행이 일으킨 혁신은 민간 채권도 같이 사들여서 파급력을 키우는 것이었다.[19] 2008년 이후 연준과 다른 중앙은행들은 이 방식을 모방해 정부, 기업, 가계 채권을 포함한 온갖 채권을 매입하기 시작했다. 중앙은행이 채권 시장에서 최종 매수자가 되는 이 새로운 역할은 1970년대에 정부의 적자 지출이 표준 운영 절차가 된 것처럼, 2010년대 자본주의 체제의 새로운 특징이 되었다.

연준은 2009년 불경기 때 첫 채권 매입을 실시했으며, 뒤이은 회복 국면에서도 신규 매입을 이어나갔다. 그 근거는 실업률이 여전히 10% 근처인 상황에서 정부가 더 많은 역할을 해야 한다는 것이었다. 오바마 행정부는 의회에서 신규 지출 법안을 통과시킬 수 없었다. 공화당 티파티 세력이 오바마 행정부의 모든 조치를 적극 저지했기 때문이다. 결국 '더 많은' 역할을 하기 위한 노력은 연준의 몫으로 남겨졌다. 워싱턴에서 연준은 '유일한 대안'으로 여겨졌고, 연준 스스로도 그렇게 인식했다.[20]

옹호자들은 연준이 '돈을 찍어내기' 시작했다는 주장에 발끈한다. 그들은 이런 주장이 연준을 무책임하게 보이도록 만들려는 무지한 왜곡이라 지적한다. 맞는 말이다. 연준은 조폐국에 돈을 더 찍어내라고 명령하는 방식으로 통화 공급을 늘리지 않는다. 대신 뉴욕 연준에서 일하는 매입 담당자들이 24개 '국고채 전문 딜러(primary dealer)' 네트워크의 담당자들에게 연락한다. 주로 JP모건, 씨티(Citi), 골드만삭스(Goldman Sachs) 같은 대형 은행들이 거기에 속해 있다. 연준 매입 담당자는 채권을 일괄 매입하겠다고 제안하고, 가격에 합의한 다음, 키보드를 눌러서 국고채 전문 딜러의 지급 준비금 계좌로 결제액을 전송한다. 이 계좌 역시 뉴욕 연준에 있다. 즉 돈은 말 그대로 '찍혀 나오는' 것이 아니라 디지털로 허공에서 창조된다.[21]

2008년 금융 위기나 그 이후에 돈이 창조되는 방식에는 새로운 것이 없다. 대신 연준은 매입 자산과 매입 대상의 범위를 확대했다. 국고채 전문 딜러만큼 큰 은행이라 해도 매도 가능한 물량에는 한계가 있었다. 그래서 연준은 더 폭넓은 매도자로부터 채권을 매입하기 시작했다. 거기에는 헤지 펀드와 사모 펀드 그리고 기타 그림자 은행이 포함되었다. 이 갑작스러운 매입 대상 확대로 인해 연준은 키보드를 누를 때마다 수십억 달러를 더 많이 창조할 수 있게 되었다.

더욱 중요한 두 번째 변화로, 연준은 단기 국채뿐 아니라 10년물을 포함한 장기 국채를 매입하기 시작했다. 그때까지 10년물 국채는 금융 시장의 일상적인 거래 상품이었다. 전 세계에 걸쳐 크고 작은 투자자들은 안정적인 수익률을 올리기 위해 10년물 국채에 돈을 넣어뒀다. 연준은 10년물 국채를 수십억 달러 규모로 매입함으로써 2020년까지 수익률을 연 5%에서 연 1% 미만으로 의도적으로 떨어트렸다. 투자자들 입장에서 대단히 안전한 10년물 국채의 수익률 하락은 매번 회초리를 맞는 수준이었다. 결국 그들은 리스크가 더 큰 채권으로 옮겨갈 수밖에 없었다. 대신 베팅에 실패할 경우 정부가 구제해준다는 당근이 수반되었다.

이런 새로운 채권 매입 작전의 규모는 과장하기 어려울 정도로 엄청났다.[22] 연준은 2008년 말부터 2010년 초까지 1년이 약간 넘는 기간에 지난 세기 동안 창조한 것보다 많은 약 1.2조 달러를 창조해냈다. 그중 대다수는 의회에서 오바마의 첫 경기 부양법안에 대한 토론이 끝나기도 전에 연준이 창조했다. 이 사례는 비선출직 연준 이사들이 양당으로 갈라진 선출직 의원들보다 훨씬 빨리 행동할 수 있다는 사실을 극적으로 보여주었다. 게다가 이는 시작에 불과했다. 뒤이은 10년 동안의 기간과 2020년에 훨씬 많은 돈이 창조되었다.

비선출직 중앙은행가들은 선출직 의원들로부터 침체에 빠진 경기를 살려내는 일을 서서히 넘겨받았다.[23] 미국의 경우 연방정부의 신규 경기 부양 지출은 2001년 불경기 때 GDP의 약 3.5%였다가 2020년에는 약 9%로 거의 3배나 늘었다. 이는 엄청난 증가율이다. 그러나 중앙은행이 금융 시장에서 채권을 매입하는 데 쓴 금액에 비하면 아무것도 아니다. 해당 금액은 2001년에는 GDP의 약 0.2%였다가 2008년에는 약 9%, 2020년에는 약 16%로 급증했다.

영국, 일본, 유로존을 포함한 모든 주요 자본주의 국가에 걸쳐서 같은 패턴이 유지되었다.[24] 유로존의 경우 정부 경기 부양 지출은 2001년에 GDP의 약 1%였다가 2020년에 약 7%로 늘었다. 반면 중앙은행의 경기 부양책 규모는 제로에서 GDP의 약 22%까지 급증했다.

대다수 미국인은 대통령과 의회로부터 연준으로 권한과 경제적 책임이 서서히 넘어가는 것을 크게 신경 쓰지 않는다. 어항처럼 훤히 들여다보이는 백악관은 몇 구역 떨어진 에클스 빌딩(Eccles Building)에 숨겨진 연준 본부와는 사뭇 다르다. 2008년 금융 위기를 다룬 30만 건의 언론 보도를 분석한 결과, 오바마를 핵심 인물로 보도한 비율은 8%였지만 버냉키를 핵심 인물로 보도한 비율은 0.1%도 되지 않았다. 투자자들은 연준을 너무나 많이 신경 쓴다. 그래서 온 세상이 연준을 지켜본다고 생각하는 경향이 있다. 그러나 현실은 전혀 그렇지 않다.[25]

2010년에 버냉키가 쓴 글에 따르면 채권 매입 작전의 한 가지 명시적 목표는 자산 가격을 끌어올리는 것이었다.[26] 그러면 미국인들은 더 부자가 되었다고 느낄 것이고 소비를 늘려서 경기를 부양할 것이었다. 그러나 그 무렵 대침체는 끝난 상태였고 양호한 경제에 너무 많은 돈을 투입하는 것에 대한 의구심이 커지고 있었다. 비판자들은 은행 시스템에 6,000억 달러를 쏟아부어도 실업률이 겨우 0.03% 정도 떨어질 뿐이라는 사실을 지적했다. 게다가 심지어 이는 연준의 자체 추정치였다.

이처럼 기대 소득이 너무나 적은데도 불구하고 연준은 금융 시장을 왜곡시킬 것이 거의 확실한 실험을 감행했다. 연준을 장악한 것은 학계 출신 경제학자들이었다. 반면 내부 반대파들은 소수에 불과했다. 그들은 대개 월가나 은행업계 출신이었다. 거기에는 이사인 케빈 워시(Kevin Wash)나 지역 연준 총재인 리처드 피셔(Richard Fisher), 제프리 래커(Jeffrey Lacker), 토머스 호니그 등이 포함되었다.[27] 그들은 새로 창조되는 통화 중 다수는 성장을 촉진하거나 일자리를 창출하는 방식으로 투자되는 것이 아니라 낭비될(오배분될) 가능성이 높다고 경고했다. 반대파에는 사모 펀드업계의 베테랑으로서 미래에 의장이 될 제롬 파월도 포함되었다. 그는 2012년 연준이사회에 합류한 직후 막대한 부채 축적이 초래하는 경제적 위험성을 경고하기 시작했다.

회의론자들이 우려하는 바에 따르면 실업률이 내려갈 때까지 채권 매입 프로그램이 지속될 것이라 기대하는 사람들이 늘어날 수 있었다. 또한 시장은 낮은 차입 비용에 더욱 심하게 중독되어 채권을 매입하라고 연준을 더 강하게 압박할 것이었다. 이는 제러미 스타인(Jeremy Stein) 이사가 말한 '〈사랑의 블랙홀(Groundhog Day)〉(하루가 계속 반복된다는 설정을 가진 영화-옮긴이) 시나리오'였다.²⁸ 또한 래커는 연준이 '거의 영구적인 개입'에 얽매일 위험이 있다고 경고했다.²⁹ 이 경우 버블이 부풀고, 그에 따라 고전하는 저축자에게서 위험한 금융 자산을 압도적으로 많이 보유한 부자에게로 '소득 전이'가 일어날 수 있었다. 다시 말해서 은행 예금 계좌에 돈을 넣어둔 사람들은 저금리 때문에 손해를 보는 반면, 고수익 채권을 포함해 위험 자산을 보유한 부유한 투자자들은 이득을 볼 것이었다.³⁰

하지만 반대 의견은 무시당했다. 미국에서만 그런 것이 아니었다. 2008년부터 2019년까지 미국, 유럽, 영국, 일본의 4대 중앙은행들은 자산 보유액을 4조 달러에서 13조 달러 이상으로 늘렸다. 그들은 1850년대까지 거슬러 올라가는 이전의 150년 동안 매입한 금융 자산보다 2배나 많은 금융 자산을 10년 만에 사들였다(즉 대차대조표를 확대했다). 영국 중앙은행의 자산 보유액은 이 10년 동안 GDP의 약 4%에서 약 40%로 10배가량 늘었다.³¹ 이는 1730년대 말에 기록한 20%를 훌쩍 뛰어넘는 수준이다.

중앙은행들은 원하는 만큼 통화를 창조할 수 있다. 그러나 안타깝게도 그 돈들이 어디로 갈지는 통제할 수 없다. 이지 머니는 중앙은행들이 바라는 대로 실물 경제의 성장을 촉진하지 않았다. 대신 금융 자산으로 흘러 들어갔다. 대다수 국가에서 부채 증가율이 경제 성장률보다 훨씬 빨랐다. 이지 머니가 초래하는 문제가 더욱 명백해지면서 적어도 금융업계 내부에서는 비판의 목소리가 높아졌다. 이에 중앙은행가들은 자신들이 이지 머니 시대를 연 것이 아니며, 단지 통제할 수 없는 힘에 영웅적이고도 창의적으로 대처하고 있을 뿐이라고 반박했다.

그들은 전 세계적으로 노령 인구의 은퇴 자금이 쌓이고 신흥국, 특히 중국의 부가 축적되면서 자본 공급이 증가하고 있다고 주장했다. 동시에 자본에 대한 수요는 줄어들고 있었다. 인구 노화로 젊은 기업가가 적게 나오는 데다가, 세계 경제가 제조 산업에서 서비스 산업 및 기술 산업으로 옮겨가고 있었기 때문이다. 이들 산업은 공장을 건설해야 하는 제조 산업보다 자본 수요가 덜했다. 중앙은행가들이 보기에 이런 수요와 공급의 자율적인 힘은 수십 년 동안 금리(자본 비용)를 끌어내리고 있었다.[32]

이런 자율적인 힘은 실제로 작용했다. 그러나 연준 자체의 추정치에 따르면 수요와 공급이 균형을 이루는 '중립(neutral) 금리'는 2010년대 내내 물가 상승률을 반영한 실질 기준으로 약 1% 수준이었다.[33] 연준은 10년 동안 평균적으로 실질 기준 금리를 추정치보다 2%p 낮은 연 −1%로 유지했다. 연준은 실질(real) 금리를 제로 및 그 이하로 낮추기 위해 채권 매입 방식에서 위험한 실험을 감행했다. 이는 지속적인 경기 부양에 대한 새로운 의지와 중앙은행가는 항상 성장을 촉진해야 한다는 개인적 책임감 때문이었다. 정치인들이 논쟁을 벌이며 지출에 대한 합의를 이끌어내지 못하는 동안 중앙은행가들은 '행동하는 용기(The Courage to Act)'를 보여줘야 했다. 이는 버냉키가 2008년 금융 위기를 회고한 책에 붙인 제목이기도 하다. 이 제목은 이지 머니 실험이 정당한 일이라 믿었던 중앙은행가들의 확신을 상징적으로 잘 드러낸 제목이다.

5장.

구제 금융 문화

많은 기업과 은행들이 이른바 보모 국가(nanny state)의 관점에서 보면 '망하기에는 너무 큰' 규모로 성장했다. 그러나 이 비유조차 오늘날 만연한 구제 금융 문화의 범위를 제대로 포착하지 못한다. 지난 반세기 동안 각국 정부는 생존 보장의 범위를 기업과 은행에서 전체 산업, 기금 및 보건 시스템, 터널과 다른 건설 프로젝트, 주식과 채권, 주택을 포함한 온갖 유형의 자산에 대한 금융 시장 그리고 크고 작은 해외 국가로 확대했다.

기업 구제 금융이 산업 구제 금융으로

미국에서 직접적인 기업 구제는 단발적이면서도 대단히 논쟁적인 조치로 시작되었다. 앞으로 일어날 변화에 대한 조짐은 1930년대와 1940년대에 드러났다. 당시 신설된 재건금융공사(Reconstruction Finance Corporation)는 온갖 구제 지출을 위한 일종의 비공식 창구가 되었다. 어려움에 처한 은행과 기업을 위해 자금을 낮은 금리로 빌려주는 긴급 대출도 거기에 포함되었다. 그래도 은행들은 여전히 수백 개씩 망해갔다. 재건금융공사 대출을 받은 철도 회사들은 여전히 경쟁사보다 파산 위험이 높았다. 1950년대에 번영이 재개되자 '재건'이라는 개념은 낡은 것처럼 여겨지게 되었으며, 재건금융공사는 문을 닫았다.

전후 첫 구제 금융은 1960년대의 숨 막히는 규제 환경에서 이뤄졌다. 이런 규제 환경은 미국에서 가장 오래되고 여섯 번째로 큰 펜센트럴철도(Penn Central railroad)의 숨통을 조이고 있었다. 규제에 따르면 철도 회사는 열차가 비었어도 계속 운행해야 했다. 또한 노조 계약은 직무가 없는 노동자에게도 급여를 지불할 것을 요구했다. 펜센트럴 경영자들은 쌓여가는 손실을 벌충하는 일에 절박하게 매달렸다. 그들은 유럽 시장에서 돈을 빌리기 시작했다. 당시 유럽 시장은 미국 시장보다 규제가 덜했다. 그들은 빌린 돈을 부동산 투자에 동원해 뉴욕 렉싱턴 애비뉴, 파크 애비뉴, 매디슨 애비뉴에 있는 토지를 대규모로 매입했다.[1] 미국의 주요 철도 회사가 은밀하게 최대 부동산 회사로 변신하고 있었던 것이다.

1970년 초에 불경기가 닥치자 펜센트럴은 더 이상 대출금을 상환하지 못했다. 하지만 펜센트럴 경영자들에게는 권력자 친구들이 있었다. 그들은 백악관으로 가서 대출 보증을 요구했다. 닉슨 행정부는 모호한 규정을 활용해 이 요구에 응할 방법을 찾아냈다. 거기에 따라 국방부가 소유권 지분을 받는 조건하에 '국가 안보'를 명목으로 구제 금융을 제공했다. 당대의 대표적인 진보파 경제학자인 존 케네스 갤브레이스(John Kenneth Galbraith)는 이를 칭송하면서, 어려움에 빠진 민간 대기업을 앞으로 사실상 국유화할 가능성이 높아지리라고 예측했다. 그는 〈리처드 닉슨과 위대한 사회주의 부흥(Richard Nixon and the Great Socialist Revival)〉이라는 글에서 보수파 공화당이 이 캠페인을 주도한 것을 통쾌하게 비꼬며 즐거워했다.[2]

갤브레이스의 발언은 너무 성급했다. 미국은 아직 준비가 되지 않은 상태였다. 의회 지도부는 소기업이나 주택 보유자가 아니라 대기업을 구제해야 할 이유를 따져 물으면서 구제 금융을 막았다. 대신 닉슨의 친구인 아서 번스 연준 의장이 개입했다. 그는 신규 '할인 창구'를 열어서 신용 시장에서 마비가 확산될 것이라는 우려를 완화했다. 펜센트럴은 결국 약 40억 달러의 국민 세금이 투입된 구조 조정을 강제당했다.[3] 그 결과 기업 구제 금융의 초기 역사에서 한 자리를 차지하게 되었다.

곧이어 미국의 20대 은행으로서 롱아일랜드에 자리 잡은 프랭클린내셔널(Franklin National)이 펜센트럴의 길을 걸었다. 그들 역시 유럽에서 대규모 차입을 하는 바람에 곤경에 처했다. 이번에도 의회는 도와주지 않았고, 연준이 대신 나섰다. 연준은 1974년에 프랭클린내셔널이 금융 지원을 받을 것이라고 투자자들을 안심시켰다. 정작 최고 주주는 자신이 납치된 것처럼 꾸며서 책임을 회피하려 했는데도 말이다.[4] 어쨌든 시장의 스트레스는 사라졌다. 번스는 "우리나라뿐 아니라 해외까지 전체 금융계가 한숨을 돌릴 것이다"라고 말했다.

소수 중형 은행과 록히드마틴(Lockheed Martin)을 위한 비교적 작은 규모의 대출 보증을 제외하면, 1970년대 초반의 구제 금융은 그것이 전부였다. 그러다가 1975년에 길거리 범죄가 극심하던 뉴욕시에서 주민들이 교외로 탈출하는 바람에 재정 고갈 사태가 벌어졌다.[5] 뉴욕시는 파산을 막기 위해 연방정부에 도움을 요청했다. 제럴드 포드(Gerald Ford) 대통령이 이 요청을 단호하게 거부하면서 '포드가 뉴욕시에 꺼지라고 말하다'라는 전설적인 타블로이드 기사가 나왔다.[6]

1984년에 전환점이 찾아왔다. 대형 은행인 콘티넨털일리노이(Continental Illinois)에 대해 처음으로 큰 비용이 들어가는 구제 금융이 실시되었다. 전국 최대 상업 및 산업 대출 기관인 콘티넨털은 빌 '빕' 제닝스(Bill 'Beep' Jennings)가 운영하는 소규모 오클라호마 은행과 얽히게 되었다.[7] 크리스토퍼 레너드에 따르면 제닝스는 "고객에게 강한 인상을 주려고 카우보이 부츠에 맥주를 따라서 마시는 유형의 사람"이었다.[8] 그는 또한 위험한 대출을 안전한 자산으로 재포장하는 증권화(securitization)의 선구자이기도 했다. 이 증권화는 2000년대에 다시 금융 위기의 핵심 원인 중 하나로 미국을 괴롭혔다.

제닝스는 1970년대 석유 붐을 맞아 투자자들에게 석유 기업 채권을 패키지로 팔았다.[9] 그는 이를 '참여형 대출(participating loan)'이라 불렀다. 이 대출은 유가가 계속 오르기만 할 것이라는 믿음을 전제로 했으며, 단일 고객에 대한 대출 제한을 피해가는 전략을 사용했다. 그러다가 1980년대 초에 유가가 하락하기 시작하자 정부는 제닝스의 작은 은행이 망하도록 놔뒀다.[10]

그러나 그의 최대 고객이 2,000개가 넘는 다른 은행과 복잡한 대출 및 연계망으로 얽힌 콘티넨털일리노이였다는 사실이 곧 드러났다.[11] 놀란 고객들은 수백만 달러의 현금을 인출했다. 정부는 이 사건이 폭넓은 사태로 발전할까 우려했다. 그래서 '어떤 민간 금융 기관도 받아들이지 않을' 담보를 받고 긴급 대출을 내주었다.[12] 게다가 예금을 무제한으로 보호하겠다는 약속까지 내걸었다. 이 구제 금융은 당시 과거 관행을 벗어난 '이례적인' 조치로 환영받았지만,[13] '1980년대의 가장 중요한 유산 중 하나'를 남기기도 했다.[14] 그에 따라 콘티넨털은 정부가 "망하기에는 너무 크다"라고 선언한 최초의 은행이 되었다. 납세자에게 전가된 총 비용은 110억 달러에 이르렀다.

최초의 전반적인 산업 구제 금융은 1980년대 말과 1990년대 초에 발생한 저축 대부 조합 위기 때 이뤄졌다. 저축 대부 조합은 이전의 다른 금융 기관처럼 의심스러운 해외 차입에 휘말렸고, 이지 머니 시대가 전개되면서 문제가 더욱 커졌다. 약 750개의 저축 대부 조합을 정리하고, 수백만 개의 위태로운 저축 대부 조합을 지원하기 위해 납세자가 지불한 비용은 최종적으로 1,250억 달러에 이르렀다.[15] 이는 콘티넨털일리노이 구제 금융 때 세워진 기록보다 몇 배나 많은 금액이었다.

글로벌 시장이 빠르게 성장하고 더욱 긴밀하게 연결되는 가운데, 연준은 전 세계적인 전염 효과를 더욱 면밀히 살피게 되었다. 이 효과는 1990년대 말에 아시아와 러시아에서 위기가 발생했을 때 그들의 레이더에 뚜렷하게 포착되었다. 1998년 9월 헤지 펀드인 롱텀캐피털매니지먼트(Long-Term Capital Management)는 여러 자산군에 베팅하기 위해 무리한 차입을 하다가 매우 단기적인 곤경에 처했다. 그들은 외국 정부를 포함해 100명이 채 안 되는 고객을 대상으로 최대 1,000억 달러의 자금을 운용했다. 문제는 자본 1달러에 대해 약 30달

러의 부채를 지고 있다는 것이었다. 채권자 중에는 대다수의 월가 대형 기업들이 포함되어 있었다.[16]

연준 관료들은 노벨 경제학상 수상자들이 이끄는 롱텀캐피털매니지먼트 같은 투자 회사조차 복잡한 상품에 대한 매수자를 찾지 못하면 시장이 패닉에 빠져 '기능을 멈출지 모른다'라고 걱정했다. 먼저 그린스펀이 시장의 우려를 덜기 위해 연방 기금 금리를 인하했다. 일주일 후에는 뉴욕 연준 총재가 사태의 전염을 막기 위해 10여 개의 월가 대형 은행을 규합했다. 그들은 롱텀캐피털매니지먼트에 투입할 약 56억 달러의 민간 자금을 마련했다. 이는 또 다른 최초의 사례가 되어 불경기에 대응하기보다 불경기를 미리 차단하기 위해 구제 금융을 실시하는 습관을 낳았다.[17] 도이치은행리서치의 경제학자인 짐 레이드(Jim Reid)는 "롱텀캐피털매니지먼트 구제가 지금도 계속되는 극심한 도덕적 해이의 시대를 열었다"라고 썼다.[18] "2세기 넘게 경제 성장의 촉매였던 순수한 자본주의는 갈수록 규모가 커지는 구제 금융을 수반하는 정부 관리 자본주의로 대체되고 있었다".

다음 산업 구제 금융은 9·11 테러 이후 항공 산업을 대상으로 이뤄졌다.[19] 총 규모는 약 250억 달러로 비교적 작았다. 하지만 2008년 금융 위기에 대한 정부의 대응은 이전의 모든 구제 조치를 능가했다.

미스터 구제 금융과 2008년 위기

1990년대와 2000년대 초반에 이지 머니는 금융을 포함한 미국 산업 전반에 걸쳐 합병을 촉진했다. 그 결과 주택 담보 대출 시장의 연결 고리는 5개 투자 은행, 투자 부서를 둔 3개 상업은행, 3개 신용 평가사, 2개 저축 은행 그리고 초대형 보험사인 AIG(American International Group)의 통제하에 놓이게 되었다. 글로벌 주택 시장은 언뜻 방대하고 다양해 보인다. 그러나 위기 직전에는 글로벌 주택 시장을 떠받치는 부채가 이 소수 대기업들로 흘러간다는 사실은 이제 더 이상 비밀이 아니었다.[20]

대출의 연쇄는 저축 대부 조합 위기에서 살아남은 거대 저축 은행이 주택 보유자에게 주택 담보 대출을 판매하는 데서 시작되었다. 월가 은행들은 저축 은행에 신용 한도를 제공하거나, 직접 저축 은행을 매수해 이 판에 뛰어들었다. 그들은 주택 담보 대출 채권을 묶어서 여러 층위의 증권으로 만들기 시작했다. 가장 위험한 채권들로 구성된 묶음에는 가장 높은 이자가 지불되었다. 이 '주택저당증권(Mortgage-Backed Security, MBS)'을 거래하는 시장이 전 세계로 확대되었다.[21] 금융 위기 4년 전에는 신규 발행 규모가 4조 달러에 달했다. 이에 은행들은 규모와 분산화가 곧 안정성이라는 확신을 키워갔다.

저축 은행과 기타 대출 기관들은 닌자(NINJA)를 포함한 부적격 대출자들에게 주택 담보 대출을 판매하기 시작했다. 닌자는 소득이 없고(No Income), 일자리가 없고(No Job), 담보로 제공할 자산이 없는(No Assets) 고객을 가리키는 말이었다. 투자사들은 이 '서브프라임 모기지(subprime mortgage)'를 묶어서 또 다른 여러 층위의 증권인 부채담보부증권(Collateralized Debt Obligation, CDO)을 만들기 시작했다. 부채담보부증권은 금융 위기 4년 전에 약 7,000억어치나 팔려나갔다. 신용 평가사는 적어도 최상위(가장 안전한) 패키지를 개별 서브프라임 모기지보다 덜 위험하다고 판정했다.[22] 그리고 그에 따라 정크 수준의 채권에 아무런 위험이 없음을 나타내는 AAA 등급을 매길 방법을 찾아냈다.

은행들은 여기에 힘입어 부채담보부증권을 묶은 'CDO 스퀘어드(CDOs squared)'를 만들기 시작했다. 보험사들은 대형 업체인 AIG를 뒤따라 이런 패키지 및 기타 자산에 보험을 제공하기 시작했다. 그들은 이를 신용 부도 스와프(Credit Default Swap, CDS)라 불렀다. 이 계약들은 주택 담보 대출보다 훨씬 많은 자산을 보장하게 되었다. 해당 자산의 추정 가치는 실제 가치와 동떨어져 있었다. 그럼에도 CDS의 '명목 가치'는 금융 위기 4년 전에 약 6조 달러 수준에서 약 58조 달러로 폭등했다. 이는 대략 글로벌 GDP에 맞먹는 수치였다.[23]

대출 연쇄의 한 단계에서 믿음이 흔들리면 전체 구조가 무너질 수 있다. 2006년에 집값이 떨어지기 시작하고, 이듬해에 서브프라임 대출자들이 파산하기 시작하면서 종말이 불가피해졌다. 종말이 닥치자 정부가 시장을 장악해 운영했다. 정부는 대다수 대형 금융 기관을 구제하거나 허약한 금융 기관을 건실한 금융 기관과 통합시켰다.

2008년 이후 금융 산업을 장악한 소수의 대기업은 더욱 강력해졌다. 2009년 초 정부는 수많은 신규 긴급 대출 및 구제책을 통해 약 2.3조 달러를 구제 금융으로 지원했다. 거의 1,000개에 달하는 금융 기관이 도움을 받았다. 그뿐 아니라 양대 자동차 회사인 GM과 크라이슬러, 외국 중앙은행들, 일본과 스위스, 스코틀랜드, 프랑스의 상업 은행들도 지원 대상에 포함되었다. 정부는 또한 대공황 때 주택 보유를 돕기 위해 설립된 패니메이(Fannie Mae)와 그 동생 격인 프레디맥(Freddie Mac)을 포함한 국책 모기지 대출 기관도 구제했다. 조지 W.

부시 대통령은 2000년대에 이 기관들에 "연방정부의 강력한 힘을 활용해" 주택 구매를 더 쉽게 만들라고 촉구했다.[24] 그러나 그들도 서브프라임 대출 광풍에 휩쓸리고 말았다.

재무부와 연준은 함께 힘을 모아 글로벌 시장을 위한 최종 대부자이자 대출이 실패하는 경우 매수자와 매도자를 연결하는 중개자가 되었다. 은행가들은 능숙한 중개 솜씨를 지닌 뉴욕 연준 총재인 팀 가이트너(Tim Geithner)를 '이하모니(eHarmony, 유명 온라인 데이트 사이트 — 옮긴이)'라 부르기 시작했다.[25] 가이트너는 자신의 노력을 오랜 전통의 영역 안에 두려는 듯, 금융 위기를 다룬 내부 기록에서 알렉산더 해밀턴을 '미국의 원조 미스터 구제 금융'이라 칭송했다.

해밀턴은 1792년 금융 패닉을 잠재우기 위해 재무부 자금으로 자산을 매입해 시장을 안정시키는 새로운 수단을 썼다.[26] 이는 실제로 여러 측면에서 2008년에 재무부가 맡은 역할을 예고했다. 그러나 그간 수 세기 동안에는 이런 구제가 드물었고, 제한적이었으며, 단편적이었다.[27] 1980년대에 구제 금융 문화가 뿌리내리기 전만 해도 정부는 흔히 은행들이 망하도록 내버려뒀다. 따라서 가이트너가 한 일은 전통을 계승하는 것이 아니라 새로운 구제 금융 문화를 급진적으로 확장시킨 것이었다.

2008년 이후 정부 대출 자금 중 다수가 상환되었다. 그래서 대출자들이 상환 능력 없는 무책임한 사람들이 아니었으며, 결국에는 구제책이 납세자들에게 이익을 안겼다고 옹호할 수도 있다. 그러나 자본주의를 왜곡시킨 영향력은 그대로 남았다. 정부는 갈수록 폭넓은 기업과 금융 기관을 망하게 놔두지 않을 것이라는 메시지를 시장에 보냈다. 이는 삶을 바꾸는 메시지였다.

금융 위기 동안 실라 베어(Sheila Bair)는 1930년대에 예금 지급을 보장해 은행 시스템에 대한 국민들의 신뢰를 회복하기 위해 만들어진 연방예금보험공사(Federal Deposit Insurance Corporation)의 의장이었다. 그녀는 정부가 2008년에 너무 과하게 나갔다고 생각했다. 그녀가 쓴 글에 따르면 "부실 경영 기관을 구제함으로써 위기를 시스템 정화 기회로 삼는 대신, 일본이 저지른 '잃어버린 10년'의 실수와 우리가 저지른 저축 대부 조합 사태의 실수를 반복했다". 망하는 기관을 구제하는 것은 잘 운영되는 기관에 피해를 입힐 뿐이었다. "비효율적이거나 부실하게 운영되는 기관을 망하게 놔두지 않으면, 자본주의 시스템이 자원을 가장 생산적으로 활용할 것이라 기대할 수 없다".[28]

산업 구제 금융에서 글로벌 시장 구제 금융으로

금융 위기가 국경 너머로 전파될지도 모른다는 두려움은 미국 관료들에게 국내뿐 아니라 전 세계적으로 지속적인 성장을 창출해야 한다는 책임감을 심어주었다. 1990년대 중반에 그린스펀이 이끌던 연준은 멕시코 및 캐나다 중앙은행에 스와프 라인(swap line)을 제공함으로써 글로벌 대부자로서 처음 공식적으로 자리매김했다. 이는 달러와 외국 통화를 맞교환해 사실상 긴급 신용 한도를 제공하는 조치였다. 스와프 라인은 이후 글로벌 금융 위기 대응의 핵심적인 수단이 되었다.

아시아에서 달러 표기 부채가 폭증한 1997년부터 롱텀캐피털매니지먼트를 구하는 데 동원된 것과 같은 구제 금융 방식이 전 세계적으로 확대되었다. 연준은 시장을 안정시키기 위해 금리를 인하했고, 재무부 및 국제통화기금(International Monetary Fund, IMF)과 협력해 구제 융자 기금을 조성했다. 거기에는 한국에 빌려줄 550억 달러와 러시아에 빌려줄 230억 달러가 포함되었다. 그린스펀은 훗날 아시아에서 위기가 전파될 위험 때문에 '연준의 사고방식에서 중대한 전환'이 이뤄졌다고 말했다.[29] 그 위험은 '전 세계적인 위기 상황에서도 미국은 번영의 오아시스로 남을 수 있다'라는 가정을 영원히 깨부쉈다.

버냉키는 2008년 금융 위기 동안 연준은 "전 세계에 대한 최종 대부자가 되었다"라고 썼다.[30] 유럽과 일본의 중앙은행들도 유로나 엔 또는 다른 통화를 풍부하게 공급해 시장의 패닉을 진정시키기 위해 온갖 애를 썼다. 하지만 그들은 국제 대부에서 가장 많이 사용되는 통화인 달러를 공급할 수 없었다. 연준은 달러 부족이 위기를 증폭시키지 못하도록 브라질과 멕시코부터 스웨덴과 덴마크까지 14개 중앙은행에 스와프 라인을 제공했다.

이후 10년 동안 국제 시장은 연준의 긴축 조짐에 너무나 예민하게 반응했다. 그래서 연준의 지도자들은 갈수록 이지 머니의 흐름을 늦추기가 어려워졌다. 2013년에 버냉키는 채권 매입 속도를 늦추거나 '규모를 줄여나갈(taper)' 시기가 되었음을 시사했다. 그러자 글로벌 시장은 버냉키가 물러설 때까지 빠르게 하락하면서 '긴축 발작(taper tantrum)'을 일으켰다.[31] 2018년 말에 연준은 매달 채권 매입 규모를 줄이면서 다시 정상 상태로 돌아가려고 시도했다. 이번에도 시장은 다시 급락했고, 연준은 대량 매입을 지속하는 것 말고는 다른 선택지가 없다고 생각하게 되었다.

그로부터 1년이 채 안 되어 경제가 성장했고 실업률은 50년 만에 최저치로 떨어졌다. 연준은 다시 속도 둔화에 대비한 보험으로 경기 회복기에 금리를 인하했다. 그렇게 한다고 해서 무슨 문제가 있을까? 알고 보니 많은 문제가 있었다. 연준은 금리를 인하하면서 정상적인 대부 여건을 회복하려고 시도했다. 그 방법은 장부에 있는 자산을 매도하는 것이었다. 그들은 그 속도가 안전하다고 판단했다. 2019년 9월 글로벌 단기 금융 시장(money market)에서 잘 알려지지는 않았지만, 중요한 역할을 하는 분야가 갑자기 마비되었다. 이른바 '레포[repo, 일정 기간 후 확정 금리를 더해 되사는 조건으로 발행되는 환매조건부채권(re-purchase agreements) – 옮긴이]' 위기가 시작된 것이었다.

레포 대출은 금융 시스템의 '심장 박동'으로 불렸다. 전통적으로 레포 대출은 월가 대형 은행들이 연준에 맡겨둔 지급 준비금을 활용해 다른 은행들에 제공했다. 레포 대출을 받은 은행들은 일상적인 운영 자금으로 그 돈을 썼다. 2008년 이후 레포 시장은 헤지 펀드를 비롯한 그림자 은행들에 개방되었다. 그들은 매우 저렴한 레포 대출을 담보로 활용해 50배나 더 많은 자금을 차입하기 시작했다. 그리고 엄청난 레버리지를 써서 국채에 베팅했다. 연준이 2019년에 자산 매각을 시작하자 대형 은행들은 지급 준비금이 적정한지를 우려해 갑자기 레포 금리를 올렸다.

연준은 아직 어떤 일이 벌어지고 있는지 확실히 파악하지 못했다. 그럼에도 시장에 개입해 초저금리로 자체 레포 대출을 제공했다. 연준의 목표는 은행 시스템을 구제하는 것이었다. 그러나 결국에는 헤지 펀드도 구제하면서 문제를 종결시켰다. 사모 투자자들은 정부가 창조한 수십억 달러의 돈을 빌려서 국채에 크게 베팅했다. 그리고 베팅이 실패하자 연준으로부터 구제받았다. 크리스토퍼 레너드는 약 4,000억 달러의 이 추정 비용을 언급하면서 이를 '보이지 않는 구제 금융'이라 불렀다.[32] 일반인에게는 거의 알려지지 않은 글로벌 시장의 방대한 모서리에서 실행되었기 때문이다. 연준은 시장을 안정된 상태로 유지하기 위해 이후 몇 개월 동안 자산 매입을 재개했다.[33] 이 조치는 효과를 발휘했다. 연준의 대차대조표가 1% 증가할 때마다 S&P 500도 1% 상승했다.

이 일의 교훈은 모든 신규 구제 금융은 훨씬 많은 구제 금융을 낳는다는 것이다. 팬데믹 초기에 연준이 취한 조치 중 하나는 2019년 때보다 훨씬 큰 규모로 저렴한 레포 대출을 제공하는 것이었다. 또 다른 조치는 2008년에 해외 중앙은행들에 제공한 14개 스와프 라인을 모두 재개하는 것이었다. 그중 5개는 그사이에 이미 영구적으로 자리 잡은 상태였다. 연준과 재무부는 2020년과 2008년에는 기업 대출자들 그리고 1994년에는 멕시코에 구제 금융을 제공하기 위해 권한을 동원했다.[34] 이 권한은 모두 1930년대에 비상 조치로 마련되었으며, 이후 수십 년 동안 문서상으로만 남아 있던 것이었다. 여기서도 알 수 있듯이 구제 권한은 한 번 만들어지면 그냥 사라지지 않는다.

유럽의 구제 문화

1990년대에 유럽 '주변부' 4개국은 방만한 지출 습관으로 인해 글로벌 금융 시장의 신뢰를 잃었다. 포르투갈, 이탈리아, 그리스, 스페인은 부채를 상환할 것이라고 믿을 수 없는 나라로 여겨지게 되었다. 투자자들은 이 나라들의 통화를 기피했다. 디폴트 사태가 일어나면 가치가 급락할 것이었기 때문이다. 그러나 그들이 1999년에 출범한 새 대륙 통화인 유로를 채택하면서 모든 것이 바뀌었다.[35] 투자자들은 유럽이 회원국의 디폴트 사태를 방치하지 않을 것임을 알았다. 회원국이 망하면 유로가 흔들릴 것이고, 그와 함께 통합이라는 정치적 프로젝트도 실패할 수 있기 때문이다.

투자자들은 어려움에 빠진 이 국가들에 갈수록 완화된 조건으로 자금을 빌려주었다. 그들이 위기에 몰리면 유럽이 구제해줄 것이라는 데 베팅한 것이다. 가령 2007년 무렵 그리스는 독일보다 연 0.25% 더 높은 금리를 지불했다. 이는 투자자들이 그리스의 디폴트 가능성을 약 400분의 1로만 보고 있음을 뜻했다. 사실 그리스는 독립 선언 직후인 1829년에 기록이 시작된 이래로 절반의 기간 동안 디폴트 상태였는데도 말이다. 그래서 그리스와 다른 채무국들은 과도한 차입을 일삼다가 2008년 금융 위기 때 무너졌다. 포르투갈과 그리스는 '서브프라임(subprime)'으로, 스페인은 유럽의 '리먼브라더스(Lehman Brothers, 2008년 금융 위기 때 파산한 대형 금융 기업 - 옮긴이)'로 불렸다.[36]

예상대로 유럽연합이 개입해 그리스와 동료들을 구제했다. 그들이 해외 대부자들에게 진 부채 규모는 2조 달러에 달했다. 독일과 프랑스 같은 채권국에서는 많은 유권자가 분노했다. 그들의 지도자가 세금을 들여서 낭비벽 심한 이웃 나라들을 구제했기 때문이다. 그러나 그들의 지도자는 그리스를 구하는 일보다 시스템을 구하는 일에 더 관심이 많았다. 글로벌 부채 수준이 기록적인 고점에 이른 상황에서 한 나라가 디폴트 상태에 빠지면 다른 나라들로 번질 수 있었다. 이런 전염은 채권자들을 위협했다.[37] 채권자들 중에는 독일 및 프랑스 대형 은행 중 다수가 포함되었다. 이 은행들은 주변부 국가들에 상당한 규모의 대출을 내주었다. 결국 이지 머니 문화는 전체 글로벌 시스템을 더욱 취약하게 만들어서 더 많은 구제 금융을 초래했다.[38]

그리스는 결국 2010년대에 잃어버린 10년을 겪었다. 그들은 처음에는 공식 구제 금융의 대가로 제기된 긴축 요구에 저항했다. 하지만 시장은 그들에게 다른 선택지를 남겨주지 않았다. 투자자들은 2010년에 그리스 부채에 대한 금리를 급등시켰고, 2015년에 재차 올렸다. 결국 사회주의자 총리인 알렉시스 치프라스(Alexis Tsipras)는 금융 긴축 정책을 수용할 수밖에 없었다. 이는 결과적으로 그리스에 유익한 일이 되었다. 근래 그리스는 유럽에서 가장 빨리 성장하는 나라 중 하나다. 실업률은 거의 30%에 육박하던 위기 당시 고점에서 10% 미만으로 줄었다. 그리스는 결국 방향을 바꾸도록 강요당했다. 그러나 그런 절제력을 심어주는 데 주된 역할을 한 것은 타국 정부들이 아니라 엄청난 부채를 대주는 데 염증을 느낀 시장이었다.

정부 구제 금융 문화는 실로 활발했다. 2020년까지 디폴트 상태에 빠진 정부 부채액은 전 세계적으로 여전히 기록적인 저점 근처였다. 근래에 디폴트를 선언한 국가들조차 말도 안 되게 낮은 수익률을 제공하면서도 채권을 판매할 수 있었다.[39] 사이프러스가 신규 발행한 20년물 채권의 수익률은 연 1% 정도에 불과했다. 이는 너무나 낮은 수준으로, 가깝게는 2013년에 디폴트를 선언한 이 작은 나라가 다시 흔들리면 다른 나라들이 구제해줄 것이라는 투자자들의 확신을 보여준다.

2022년에 전 세계적으로 인플레이션이 재개되었다. 중앙은행들은 금리를 올리기 시작했다. 이런 긴축 기조 때문에 정부 지도자들이 갈수록 많은 비용이 드는 구제 금융을 재고할 수밖에 없는 것처럼 보였다. 하지만 그들은 그러지 않았다.[40]

금리 인상은 무모한 차입자들을 궁지로 몰아붙이기 마련이다. 문제는 어디서 처음 위기가 불거지느냐였다. 그 답은 캘리포니아였다. SVB로 더 잘 알려진 실리콘밸리은행(Silicon Valley Bank)은 캘리포니아 지역의 기술 기업 창업자 및 벤처 투자자 커뮤니티를 대상으로 영업했다. 금리가 오르면서 SVB가 보유하고 있던 막대한 미 국채의 가치가 급락했다. 예금자들이 대거 이탈하기 시작했다. 이에 당국이 개입했다. 그들은 규정을 완화해 SVB의 부자 고객들이 맡긴 예금을 전액 보장했다. 또한 전염 효과를 사전 차단하기 위해 다른 소형 은행들에도 정부가 국채를 급락하는 가격이 아니라 원가로 사주겠다고 약속했다.

SVB는 더 큰 은행에 합병되었다. 예금자들과 달리 투자자들은 보호받지 못했다. 그래서 많은 사람이 해당 조치가 구제 금융이 아니라고 주장했다. 하지만 사실상 그것은 은행 시스템 전체에 대한 구제 금융이었다.[41] 거기에는 SVB 예금 인출 사태가 전파되는 것을 막기 위한 신규 연준 대출 및 기타 조치가 포함되었다. 뉴욕 연준 직원에 따르면 이면에서 오간 논의의 핵심은 이번에도 2008년 금융 위기가 재발될지 여부에 관한 것이었다.

SVB 구제 금융은 또한 실리콘밸리 자체에 대한 구제 금융이기도 했다. 텍사스주 포트워스시 시장은 지역 기업계 리더들이 의문을 품고 있다고 전했다. 그 내용은 SVB가 석유업계를 대상으로 영업했다면 정부가 '같은 방식으로 개입했을까?'라는 것이었다. 〈블룸버그(Bloomberg)〉 칼럼니스트인 존 미클스웨이트(John Micklethwait)와 에이드리언 울드리지(Adrian Wooldridge)는 실제로 SVB 구제 금융이 '신중한 금융 조치'라기보다는 행정부가 추진하는 신산업 정책의 주된 수혜자인 미국 기술 기업들을 보호하는 데 더 중점을 둔 것이었다고 썼다. 정부는 캘리포니아 지역의 다른 은행들과 스위스까지 구제해주었다. 이런 정부의 개입은 "애덤 스미스를 기쁘게 하지는 못했을 것이다. 그러나 루이 14세(Louis XIV)의 재무 장관이자 디리지즘(dirigisme, 국가 주도 경제 체제 – 옮긴이)의 아버지인 장 바티스트 콜베르(Jean-Baptiste Colbert)는 미소짓게 했을 것이다. 금융이 국가의 도구라는 개념이 되살아났으며, 그로 인해 글로벌 은행 시스템이 재편될 가능성이 높아졌다". 그것은 더 나은 변화가 아니었다. 미클스웨이트와 울드리지는 앞서 중국이 콜베르주의의 단점을 분명하게 드러냈다고 경고했다. 중국에서는 오랫동안 국영 은행들이 유령 도시처럼 잘못된 곳으로 자본을 유도하는 통로 역할을 했다.

시스템은 새로운 반사 작용을 내재화했다. 시장은 자동으로 연준에 도움을 구했고, 연준은 위기가 뿌리내리기 전에 즉각적이고 압도적인 구제에 나서는 것이 가장 현명한 길이라고 자동으로 가정했다.

사회화된 리스크

'사회화된 리스크'는 정부가 제공하는 안전망을 가리킨다. 이는 원래 자본주의 사회에서 어려운 시기에 취약 계층을 보호하기 위해 마련된 것이었으나, 지금은 빈곤층과 부유층을 막론하고 모두에게 상시적

으로 확대되고 있다.[42]

다시 말하지만 정책 결정자들은 단기적으로는 특정 구제 금융을 확고하게 정당화할 수 있을지 모른다. 그러나 모든 구제 금융의 비용을 대기 위한 차입은 장기적으로 문제가 된다. 바이든 행정부는 정부 지출과 차입을 너무나 빠르게 늘렸다. 그 결과 공공 부채에 대한 이자 지급액이 군사 지출이나 복지 지출을 초과할 수준에 이르렀다. 구체적으로는 2022년에 GDP의 약 2%를 기록했으며, 2050년까지 GDP의 약 6%를 넘어설 것으로 전망된다. 또한 2030년에는 국방 예산과 메디케이드(Medicaid, 저소득층을 위한 공공 의료 지원 제도 – 옮긴이) 예산, 2040년대 말에는 최대 복지 제도인 메디케어 예산과 사회 보장 연금 예산을 넘어설 것으로 전망된다.

〈이코노미스트〉는 2022년 가을에 '구제 금융'의 규모를 수치화하려고 시도했다. 그러나 미래에 이뤄질 구제 금융에 대한 약속 때문에 계산이 엄청나게 복잡해졌다. 이러한 '우발 부채'는 훗날 막대한 지출을 필요로 할 것이다. 거기에는 가령 영불 해협 터널이 위기에 처하면 운영 비용을 지원하겠다거나, 테러가 발생하면 보험사를 지원하겠다거나, 은퇴 기금이 무너지면 연금 생활자들을 지원하겠다는 영국 정부의 약속이 포함된다. 미국 정부는 은행 예금과 의료 급여 그리고 근래에는 전체 주택 담보 대출의 절반 이상을 보증한다. 이를 모두 합치면 우발 부채는 적어도 지난 20년 동안 경제 성장률보다 빨리 증가했다. 또한 2022년까지 총생산의 6배 이상으로 증가할 것이다. 유럽의 경우 1990년대에는 연평균 2건에 불과하던 구제책이 이제는 약 10건으로 늘어났다.

어디서 중앙은행이 멈췄고, 어디서 정부가 시작했는지 말하기는 어렵다. 둘 다 흔히 공동으로 후한 기업 구제 금융을 제공했기 때문이다. 2022년 말 역사학자이자 시장 분석가인 러셀 네이피어(Russell Napier)는 정부가 은행 신용을 보증함으로써 중앙은행으로부터 '화폐 창출을 통제하는 권한'을 넘겨받고 있다고 주장했다. 또한 그것은 코로나19 팬데믹에 맞서기 위한 일회성 대응이라는 반박에 대해서는 해당 관행이 자본주의 국가 전체에 걸쳐 지속되었다는 점을 지적했다. 그 계기는 우크라이나 전쟁과 그에 따른 에너지 공급 경색을 포함한 새로운 긴급 사태였다. 네이피어는 "이는 뉴 노멀(new normal)이다"라고 썼다.[43]

유럽 정부들은 2022년 말에도 기업에 대한 신규 은행 대출을 새로 보증했다. 이전 20년 동안 독일 정부는 기업에 대한 모든 신규 은행 대출을 보증했으며, 프랑스 정부는 약 70%의 대출을 보증했다. 이탈리아는 한발 더 나아가 기존 보증을 신규 보증으로 이월함으로써 신규 대출의 100% 이상을 보증하게 되었다. 이런 금융 지원책 중 다수는 우크라이나 전쟁과 그것이 초래하는 불안에 대비하려는 예방 조치의 일환이었다. 경제 부문에서도 임전 태세를 취한다는 마음가짐이 각국 정부를 옥죄었으며, 이는 금리가 오르는 와중에도 약해지지 않았다.[44]

우크라이나 전쟁은 에너지 가격도 밀어 올렸다. 그래서 유럽 정부들은 지원에 나섰다. 프랑스와 영국은 GDP의 3%에서 7%에 이르는 긴급 에너지 보조금을 지불했다. 이는 1973~1974년의 혹독한 겨울에 에너지 부족 문제에 대응하기 위해 취했던 조치와 거의 정반대였다. 1970년 석유 파동 때 소비자에게 지원책을 제공한 정부는 매우 적었다. 많은 유럽 지도자가 국민들에게 자동차 운행을 줄이고 옷을 더 따뜻하게 입으라고 조언했다. 반면 2022년의 에너지 보조금은 구제 금융 반사 작용이 얼마나 자동적으로 일어나는지 보여주었다. 2022년 말 바이든은 팀스터스(Teamsters, 미국화물노동조합-옮긴이) 은퇴 기금에 약 360억 달러의 구제 금융을 제공했다고 자랑했다. 이는 노조 연금에 제공한 최대 규모의 구제 금융이었다. 역사적인 규모의 이 구제 금융도 수조 달러에 달하는 지출 계획의 수많은 항목 속에 묻혀버렸다. 그럼에도 주류적 견해는 여전히 구제 금융을 거의 무한하게 감당할 수 있다는 것이다.[45] 다른 국가들이 미국의 부채 상환 능력에 대한 신뢰를 결코 잃지 않을 것이기 때문이다.

6장.

2020년의 초현실적 논리

2020년에 '신자유주의 시대'의 종말을 환영하던 저술가들은 이상하게도 퇴임을 앞둔 트럼프 대통령조차 신자유주의자로 간주했다. 그 근거는 가끔 그가 거대 정부를 비난했고, 그의 주된 업적이 감세와 규제 완화라는 것이었다.

하지만 트럼프는 누구의 길도 따르지 않았다. 그는 경기 회복기에 이전의 어떤 대통령보다도 늦게 감세를 실행했다. 그에 따라 지속적인 부양책을 실시하는 관행을 새로운 극단으로 밀어붙였다. 그 과정에서 그는 팬데믹이 덮치기도 전에 재정 적자를 평시 기록 수준으로 밀어 올렸다.[1] 그런데도 많은 전통적 공화당 성향의 경제학자들은 이를 지지했다. 그들은 감세가 재정 적자를 포함한 모든 문제를 해결할 것이라고 계속 주장했다. 투자자들은 대선 분위기가 달아오르면 백악관이 지출안 및 감세안을 시행할 것임을 알았다. 대개 대선 전해에 주가가 오르는 이유가 거기에 있었다. 흔히 그랬듯이 S&P 500은 대선

전해인 2019년에 특히 많이 상승했다.

트럼프가 트위터(현 X)라는 매체를 통해 개인적 목적으로 대통령의 권위를 행사한 것은 미국 역사상 유례가 없는 일이었다. 그는 "때로는 나의 육감이 어느 누구의 두뇌보다도 더 많은 것을 말해준다"라고 주장했다.[2] 이 말은 그가 어떤 학파에도 속하기를 거부한다는 뜻이다.

그림자 정부(deep state, 이면에서 국정 운영에 개입하는 비선 권력 집단 – 옮긴이)에 대한 트럼프의 공격은 시장 논리보다는 CIA와 FBI가 자신을 몰아내려 한다는 음모론에 기반한 경우가 많았다. 대개 트럼프는 자유 시장을 조롱했다.[3] 그는 이민자를 막기 위해 장벽을 세웠고, 유럽과 멕시코, 캐나다 같은 우방에도 징벌적 관세를 물리겠다고 위협했으며, 미국 기업들에 설비를 해외로 이전하지 말도록 요구했다. 또한 주식 시장을 응원했고, 통화 정책을 더 완화하지 않는다는 이유로 연준 의장을 "무지하다"라고 표현했으며, 이사들을 '멍청이'라고 공개적으로 비난했다. 그는 단순히 시장에 개입하는 데 그치지 않고 마음에 들지 않는 사람과 기업의 이름을 직접 거론했다. 이는 '공적 지위를 활용한 발언권(bully pulpit)'에 새로운 의미를 부여하는 행위였다. 만약 후임자들이 트럼프의 선례를 따른다면 중앙정부의 권력을 제한하기보다 확대할 가능성이 높다.

심화되는 구제 금융 문화의 논리를 따른 2020년의 조치

2020년 초에 코로나19 팬데믹이 발생했을 당시의 상황은 이랬다. 세계 경제는 또 다른 금융 위기에 상당히 취약했다. 이미 부채에 허덕이는 중이었기 때문이다. 세계 경제가 부채에 허덕이는 이유는 각국 정부가 1980년대 이후 모든 사태의 영향을 완화하려고 쉽게 얻을 수 있는 신용과 구제 금융을 더 많이 제공했기 때문이다.

1918년의 스페인 독감과 1957년의 아시아 독감으로 거슬러 올라가는 이전의 글로벌 팬데믹 동안에는 어떤 주요국 정부도 바이러스 확산을 차단하기 위해 경제를 마비시키는 것을 진지하게 고려하지 않았다. 반면 2020년이 되자 대중들은 정부가 바이러스 전파 속도를 늦추기 위해 지역 봉쇄와 그 고통을 완화하기 위한 공적 지출로 보호 조치에 나설 것을 기대했다.

그 이후에 일어난 일은 지난 40년 동안 진행된 이야기, 즉 경제적 리스크의 급속한 사회화였다. 다만 이번에는 며칠 및 몇 주 단위로 축소된 동시에 이전에는 상상할 수 없는 규모로 확대되었다. 정부는 수십 년 동안 경제를 관리하는 능력에 대한 신뢰를 쌓아가고 있었다. 2020년에 이뤄진 정부 개입은 고통을 완화하는 데 그치지 않고, 지역 봉쇄로 겪은 어려움에 대해 수천만 명에게 과도하게 보상했다.

코로나19 팬데믹 때처럼 현대 자본주의 경제가 대단히 직접적인 정부의 지휘로 돌아간 적은 한 번도 없었다고 말해도 무방할 것이다. 스티븐 므누신은 3월에 2.2조 달러 규모의 구제안에 서명하면서 '바이러스와의 전쟁'에 임하는 것이 자신의 임무라고 말했다. 실제로도 그랬다. 몇 달 안에 총 정부 지출은 제2차 세계대전 때의 기록을 약간 넘어서는 GDP의 약 45%까지 급증했다.[4] 재정 적자는 제2차 세계대전 때의 기록에 이어 2위인 GDP의 약 15%까지 급증했다. 2020년 초의 불경기는 1850년에 기록이 시작된 이래로 최단기간에 끝났다.[5] 겨우 8주 만에 정부 구제안으로 차단되었기 때문이다. 이 불경기는

50개 주 중 42개 주에서 여전히 외출 금지령이 내려진 가운데 5월에 끝났다.[6]

돌이켜 보면 코로나19 팬데믹은 '불경기'에 대한 이전의 경험과 너무나 어긋나 있다. 그래서 그 특성을 담아내려면 새로운 용어가 필요할지도 모른다. 미국의 경우 총생산은 9% 이상 감소했고, 실직률은 약 4%에서 14% 정도로 급등했다. 이는 대공황 이후 최악의 하강이었으며, 그때보다 더 빠르게 진행되었다. 수천만 명이 갑자기 일자리를 잃으면서 온갖 불행과 불확실성을 초래했다. 하지만 많은 사람이 불황(depression, 불경기보다 심각하고 장기적인 경제 위기 – 옮긴이)은 말할 것도 없고, 불경기(recession, 일반적으로 두 분기 연속 GDP가 감소하는 경기 침체 상태 – 옮긴이)라고 느끼지도 않았다.

당국자들은 2008년의 구제 금융이 대형 은행과 월가만 도왔다는 비판을 사전에 차단하기 위해 누구도 빠트리지 않기로 결심했다.[7] 대다수 미국인은 아무 조건 없이 지원금을 받았다. 실업자는 600달러의 추가 지원금을 받았다.[8] 다수 국민에게는 일하지 않는 편이 이득이었다. 5개 주 중 거의 4개 주에서는 총 지원금이 평균 급여를 넘어섰다.

정부와 중앙은행은 자본주의가 얼마나 취약해졌는지 알았다. 그래서 형태, 규모, 재정 여건과 무관하게 모든 기업에 안전망을 제공해야 한다고 생각했다. 촉발 요인은 달랐지만(코로나19 팬데믹은 수십 년에 걸쳐 쌓인 부채가 아니라 자연재해로 촉발되었다) 정부의 대응은 다시 한번 이전의 모든 대응을 발판으로 삼았다.

소기업은 고용을 유지하는 데 동의하면 '탕감형 대출(forgivable loan)', 즉 보조금을 받았다. 중기업은 중소기업 대출 프로그램(Main

Street Lending Program)을 통해 재무부가 재원을 대는 연준의 직접 대출을 받았다.⁹ 그보다 규모가 큰 기업의 경우 당국에서 정크 등급 또는 그 근처라 해도 기존 회사채와 신규 발행 회사채를 모두 매입해주었다. 이런 지원은 포드와 크래프트 하인즈(Kraft Heinz)처럼 신용 등급이 추락하는 기업에도 제공되었다.¹⁰ 그들의 신용 등급은 근래에 정크 등급 또는 이미 정크 등급이었지만, 더 낮은 지옥까지 떨어지는 악성 채권 등급으로 강등되었다.

연준은 단기 긴급 대출을 위한 새로운 할인 창구를 열었다. 이는 원래 튼튼한 담보를 지닌 은행들에만 제공되던 것이었다. 그러던 것이 크든 작든, 재정 상태가 튼튼하든 부실하든 관계없이 모든 기업에 제공되었다. 어쩔 수 없이 문을 닫아야 했던 수천 개 소기업에 대한 보도가 쏟아졌지만, 사실 팬데믹 동안 개인 파산율과 주택 담보 대출 연체율은 감소했다.¹¹ 연구 기관인 옥스퍼드 이코노믹스(Oxford Economics)에 따르면, 2020년의 대규모 불경기가 과거에 발생했다면 기업 파산이 지금보다 약 20% 증가했을 것이다. 하지만 미국부터 독일, 영국, 프랑스, 이탈리아, 캐나다, 일본까지 주요 자본주의 국가에서는 오히려 파산율이 감소했다.

이 모든 형태의 지원은 제2차 세계대전 이후 전적으로 유례가 없거나 비교 대상이 없는 수준이다. 게다가 당시의 개입 조치는 2008년에 금융 시장을 구제하기 위해 실시된 강화 버전을 더욱 강화한 것이다. 그래서 투자자들이 현금을 보관하는 방대한 단기 금융 시장과 대다수 미국 기업이 일상 운영 자금을 조달하는 기업 어음 시장도 대상에 포함되었다. 한 블룸버그 TV 아나운서는 "연준이 시장을 구하기 위

해 모든 가용 수단을 총동원하고 있다"라고 말했다.[12]

아직 바이러스에 대해 알려진 것이 거의 없는 상황에서, 감히 필수품 외에 다른 물건을 사려고 외출하는 사람은 비교적 드물었다. 어차피 대다수 식당과 술집은 문을 닫은 상태였다. 전혀 잔치판 같은 분위기가 아니었다. 봄방학을 맞아 사회적 거리 두기 규칙을 무시하고 수천 명씩 플로리다에 모인 대학생들은 많은 비판을 받았다. 하지만 많은 사람에게는 이 상황이 기이하게도 초상집 같은 분위기가 아니었다. 지역 봉쇄령하에 재택근무를 하던 많은 전문직 종사자가 적어도 친구들에게는 팬데믹이 나쁘지 않다는 사실을 인정했다.

애초에 복지 체제는 항상 빈곤층이나 연금 가입자 또는 취업처럼 특정 조건을 충족한 사람을 대상으로 삼았다. 그러나 코로나19 바이러스가 퍼지면서 신속한 승인을 위해 모든 조건이 면제되었다. 모든 사회 구성원이 수혜자가 되면 반발이 줄어들기 마련이다. 정치인들은 기꺼이 지원금을 사방에 퍼줄 의향이 있었다. 빈곤층은 도움을 받았고, 실제로 빈곤율이 감소했다.[13] 유럽 일부 지역에서는 식품 불안정(food insecurity, 건강을 유지하는 데 필요한 식품을 구매하거나 섭취할 수 없는 상태 - 옮긴이)도 완화되었다. '퇴거 쓰나미'를 예측하던 사람들은 연방정부의 집행 유예 명령에 따라 오히려 퇴거율이 줄어든 것을 보고 놀랐다.[14] 중산층과 상류층도 최소한 빈곤층만큼 코로나19 팬데믹을 잘 견뎠다.

부국의 가처분 소득은 2020년 불경기 동안에도 정부 지원 덕분에 실제로 증가했다. 유럽 정부들은 정리해고를 당한 노동자들에게 연금을 주듯 이전 소득의 일부를 보전해주었다. 미국에서는 대다수 성인(수혜자 총 약 1억 7,000만 명)의 은행 계좌에 직접 입금해주거나 우편으로 현금 카드를 발송해주는 형태로 현금 지원이 이뤄졌다. 정부 지원금은 수백만 명을 빈곤으로부터 구제하는 동시에, 첫 직장을 얻어서 잘 살아가고 있는 대학생들에게도 아무런 신청 없이 지급되었다.[15] 의회가 지원금 지출을 감시하기 위해 만든 독립 기관인 팬데믹 오버사이트(Pandemic Oversight)는 약 8,100억 달러가 현금으로 지원되었다고 밝혔다. 그중에서 연 소득이 10만 달러에서 20만 달러에 이르는 수혜자에게 지급된 금액이 1,100억 달러 이상이었다. 한 집계에 따르면 해당 집단에 속하는 수혜자들은 각자 평균 5,000달러 이상을 받았다.[16] 또한 6억 6,000만 달러 이상이 연간 20만 달러 이상을 버는 사람들에게 지급되었다.

지역 봉쇄령 상황에서 수혜자들은 이 모든 현금을 쓰기가 어려웠기 때문에 상당 부분을 예금했다. 은행 예금은 최대 약 3.5조 달러로 급증했다.[17] 저축액은 수십년 만에 최대치에 이르렀다. 모든 소득 수준에 걸쳐서 신용 점수가 개선되었다.[18] 또 다른 큰 덩어리는 주식 및 채권 또는 집을 사는 데 들어갔다.[19] 그에 따라 집값이 급등했다. 연 소득 7만 5,000달러 미만인 사람은 지원금을 최대로 받을 수 있었다.[20] 여기에 속하는 사람들의 단타 매매가 50% 이상 급증했다.

악성 채권도 부도날 일이 없다는 사실은 이미 부풀어 오른 자산 가치를 새로운, 흔히 비합리적인 고점으로 밀어 올렸다. 온라인 논평가들은 암호화폐부터 망해가는 극장 체인과 부채가 과다한 게임 유통업체 같은 '밈 주식(meme stock)'까지 모든 것을 띄웠다. 바스툴 스포츠(Barstool Sports) 창업자는 용케 투자 전문가로 변신해 청취자들에게

"들어오세요. 매수하세요! 다들 돈을 벌고 있어요. 무조건 사고 보세요!"라고 외쳤다.[21]

주식 시장은 10년 동안 경기가 좋지 않은 상황에서도 호황을 누렸다. 그러나 2020년에는 이 이상한 조합이 더욱 이상해졌다. 제2차 세계대전 이후 최악의 경기 하락이 진행된 12개월 동안 주식 시장은 최고 상승률을 기록했다. 글로벌 채권 시장의 최대 업체 중 하나인 구겐하임인베스트먼트(Guggenheim Investments)의 최고 투자 책임자 스콧 마이너드(Scott Minerd)는 이렇게 경고했다. "우리는 이제 근본적으로 신용 리스크를 사회화했습니다. 그에 따라 경제 작동 방식의 성격이 영원히 바뀌었습니다. 연준은 신중한 투자를 용인하지 않을 것임을 분명히 알렸습니다".[22]

집값과 주식 및 채권 가격이 오르면서 가계 순자산은 약 35조 달러에 이르는 정점까지 치솟았다. 기업 신뢰 지수와 소비자 신뢰 지수는 급락하기는커녕 2021년까지 급등했다.[23]

실리콘밸리에서는 온라인 판매 및 서비스가 호황을 맞으면서 고용 붐이 일었다. 신규 채용자에게 할당할 업무가 없는데도 말이다. 기업들의 목표는 인재를 끌어모으는 것이었다. 순익이 증가하면서 급여를 올려주기도 쉬워졌다. 소프트웨어 기업 경영자인 토머스 시벨(Thomas Siebel)은 〈월스트리트저널〉과의 인터뷰에서 "사람들이 아무것도 하지 않는 재택근무 일자리에서, 급여를 약 15% 더 받으면서 역시 아무것도 하지 않는 재택근무 일자리로 옮겨가고 있다"라고 말했다.[24]

이번에도 심각한 글로벌 불경기 동안 정부가 부양책을 동원해야 할 필요성에 대해 누구도 의문을 제기하지 않았다. 나 역시 확실히 하지 않았다. 진짜 문제는 균형과 규모에 대한 것이었다. 아무런 필터 없이 수요 부족을 보충하는 데 필요한 금액을 훌쩍 넘어서 돈을 쓰는 데 대한 것이었다. 이런 잘못된 습관으로 누적되는 리스크는 수십 년에 걸쳐 내재화되었다. 팬데믹으로 접어드는 와중에 연준 관료들은 리스크에 대한 자신들의 태도를 분명하게 밝혔다. 그들은 너무 적게 하는 쪽보다 차라리 너무 많이 하는 쪽으로, 차분하게 하는 쪽보다 차라리 서둘러 하는 쪽으로 결정했다. 파월은 연준 직원들에게 "빨리 배에 올라타서 출발하라"라고 촉구했다.[25] 이는 됭케르크(Dunkirk) 철수 작전에서 영국 장교들이 부하들에게 내리던 명령을 인용한 것이었다. 파월은 선출직 지도자들에게 요청하지도 않은 공적 조언을 삼가는 중앙은행가들의 전통적인 자세를 버렸다. 그는 트럼프 행정부에도 '미국의 엄청난 재정 능력'을 동원하라고 요청했다.

의도적으로 과잉을 선택하는 일은 대가를 초래하기 마련이다. 팬데믹 발생 후 첫 12개월 동안 미국 정부가 발행한 신규 채권은 1776년 건국 이후 첫 2세기 동안 발행한 것보다 더 많았다.[26] 그렇게 마련한 자금 중 다수는 재무부가 재원을 대는 연준의 대출로 나갔다. 정부와 중앙은행이 모든 고통을 완화하기 위해 공조하는 동일한 기본적 양상이 자본주의 진영 전체에 걸쳐서 드러났다.[27] 그 결과 2008년에 세워진 기록이 깨졌다. 미국이 동원한 전체 통화 및 재정 부양책의 규모는 GDP의 25%에 이르렀다.[28] 이는 2008년 때보다 약 50%나 많은 규모였다. 영국은 약 3배, 유럽연합은 약 4배, 일본은 GDP의 약 44%에 이르는 5배 정도 더 많은 금액을 썼다. 결국 거대 정부를 옹호하는 많은 사람도 수조 달러의 신규 지출이 '너무 크고, 너무 넓으며, 너무

오래 지속되었다'라는 점을 인정했다.²⁹

8월 혁명

팬데믹이 덮치기 2년 전 연준은 다음 위기에 대응하는 방법에 대한 연구를 시작했다. 또한 그들은 이른바 '경청' 투어를 통해 전국에서 타운홀 미팅(town hall meeting)을 열었다. 그 취지는 실망스러운 경기 회복세에서 소외된 노동자 및 소수 집단의 고충을 듣는다는 것이었다. 연준은 무한한 액수의 통화를 창조할 수 있었다. 그러나 연준 관료들은 그 돈을 소외된 계층으로 유도할 수 없다는 사실을 아주 잘 알았다.³⁰ 의회는 그 일을 할 수 있지만, 정쟁 때문에 마비되어 있었다. 연준은 지나치게 투박한 수단을 동원해야 하더라도 일단 행동에 나서야 한다고 판단했다.

파월은 2020년 8월에 경청 투어를 통해 내린 결론을 발표했다.³¹ 당시 심화되는 불평등과 부족한 일자리 때문에 사회적 분노가 커지고 있었다. 연준은 이에 대응해 오랜 우선순위를 뒤집었다. 즉 경제가 너무 적거나 너무 많은 일자리를 만드는 때를 파악하려고 애쓰는 대신, 일자리가 너무 적을 때만 걱정하기로 했다.³² 노동 시장이 견조하다는 것은 특히 저소득층 및 중산층에 속한 다수에게 일자리가 늘어나고 급여가 상승한다는 뜻이었다. 이 경우 연준은 그에 맞춰서 대응할 것이었다. 사실상 연준은 노동 시장에는 과잉이 없으며, '부족'만 있다고 말한 셈이었다. 일자리가 부족할 경우 금리를 더 낮게, 더 오래 유지하려는 연준의 편향이 강화될 것이었다.

맥쿼리서치(Macquarie Research)의 애널리스트들이 쓴 바에 따르면, 역사적 맥락에서 이 8월 혁명은 "지난 40년 동안의 벗어날 수 없는 논리"를 향한 또 다른 진전에 불과했다. "여러 사회는 더 이상 이면의 생산성 증가로 정당화할 수 없는 성장을 고집했다". 이지 머니는 상승하는 자산 가격으로 가계와 기업을 '옭아매었다'. 그들은 과거에는 '건강한' 것으로 간주되던 시장 조정을 견딜 수 없게 되었다. '현대 경제의 핵심에서' 부채가 늘어나고 시장의 버블이 커졌다. 중앙은행가들은 "우리가 다그치기는 했지만 그들이 만든 시스템의 노예"가 되었다.

설립 초기를 돌이켜 보면, 연준의 사회적 역할은 인플레이션 방지에서 완전 고용 보장 및 국내외 금융 시장 안정으로 엄청나게 확대되었다. 보수파는 연준의 '임무 변경(mission creep)'[33]이 비선출직 중앙은행가들의 영향력을 더욱 키운다고 우려했다. 반면 진보파는 새로운 대의를 위해 싸우라고 연준을 밀어붙였다.[34] 또한 의회는 경제 성장과 일자리 창출을 위해 더욱 과감한 조치를 취하고, 인종 불평등 및 기후 변화와도 싸우라고 촉구했다. 일부 의원은 파월 의장이 석유 기업 구제를 거부하지 않았다는 이유로 재임명에 반대했다. 그렇게 '경제의 정치화'가 완성되었다.

일시적 변화일까, 역사적 변화일까

중앙은행가들은 2020년에 과도한 통화 창조에 대해 회의를 품지 않았느냐는 질문을 받았을 때 똑같은 상투적인 답변을 내놓았다. 2010년대의 채권 매입 실험이 인플레이션을 재발시키지 않았으니 걱정하지 말라는 것이었다. 비슷한 대량 매입이 이제 와서 인플레이션을 촉발할 것이라고 생각할 이유는 없었다.

하지만 그렇지 않았다. 지난 반세기 동안 물가 상승을 억제해왔던 환경이 바뀌고 있었다. 1990년대 초 일본에서 노동 연령 인구가 줄어들기 시작했다. 이후 인구 감소 추세는 아시아와 유럽 너머로 번져나갔다. 이 추세가 멀리 퍼질수록 급여 상승 압력이 높아졌다.[35]

동시에 많은 국가가 2008년 금융 위기 이후 무역 장벽을 세우면서 내향적으로 변하기 시작했다. 이처럼 세계화와 외부자에 대한 새로운 적대적 태도는 팬데믹 기간에 더욱 심화되었다. 2020년 무렵 인도와 중국의 지도자들은 세계화의 다른 주요 수혜자들을 위시해 열린 국경보다는 '자립'을 칭송했다. 전 세계의 노동 인구가 감소하고 국제적 경쟁이 줄어드는 가운데 물가 상승을 억제하던 힘들이 약화되었다. 비판론자들은 존슨과 닉슨 이후 처음으로 중앙은행가들이 무분별한 정부 지출에 재원을 대기 위해 통화를 창조하고 있으며, 인플레이션 위험이 증가하고 있다고 경고했다.

2020년 말 경제학자인 마이클 보르도(Michael Bordo)와 미키 레비(Mickey Levy)는 지난 200년을 되돌아보았다. 그들은 대부분의 기간에 재정 적자와 인플레이션 사이의 연결 고리는 대규모 전쟁, 특히 제2차 세계대전 때만 나타났다는 사실을 확인했다. 그러다가 1960년대에 이 연결 고리는 새로운 방식으로 다시 나타났다. 당시 미국 정부와 영국 정부는 평시에도 재정 적자를 늘리는 데 필요한 재원을 대라고 중앙은행을 압박했다. 보르도와 레비는 팬데믹 동안의 정부 지출 규모를 감안할 때 재정 적자로 인한 인플레이션 리스크가 재발했다고 경고했다.[36] 차후 이 경고는 시기적절했던 것으로 드러났다. 2021년에 인플레이션은 한층 심화되어 재개되었다.

팬데믹이 단지 대규모 정부 정책을 시행하기에 이례적으로 알맞은 시기였다면 큰 변화 없이 지나갔을 것이다. 그러나 미국 엘리트들 사이에 오간 논의는 지배층으로서 경제 성장을 관리하고 통제하는 능력에 대해 그 어느 때보다 강한 자신감을 품고 있음을 드러냈다.

지역 봉쇄령 때문에 약 4,000만 명의 불운한 미국인이 일자리를 잃었다. 그러자 미국 정부는 취업자를 포함한 대다수 미국인에게 우편으로 현금 카드를 보냈다. 밀레니얼 세대 칼럼니스트들은 이런 정책에 의문을 제기하기는커녕 보편적 기본 소득의 전조라며 찬양했다. 간단한 계산만으로도 월 1,000달러의 보편적 기본 소득을 제공하면 예산이 바닥날 것임을 알 수 있었다.[37] 그럼에도 한 논평가는 아무 조건 없이 현금성 혜택을 제공하는 바이든 정부의 정책을 '국민에게 돈을 주는 조용한 혁명의 진보'라고 찬양했다.[38]

진보파 경제학자들은 관대한 정부 지원이 노동 윤리를 약화시킨다는 주장을 청교도적이라고 조롱했다. 그러나 팬데믹이 진행됨에 따라 반노동윤리의 주류화도 진행되었다. 2022년 설문에 따르면 8명의 미국인 중 1명은 "일을 포함한 팬데믹 이전 활동으로 돌아가지 않겠다"라고 밝혔다. 물론 이런 태도는 감염에 대한 여전한 불안과 팬데믹 동안 쌓인 피로와도 일부 관련이 있었다. 그러나 일에 대한 태도는 분명히 바뀌었다. 2022년에는 파트타임 일자리를 선택하는 미국인의 수가 급증했다. 이에 '주 25시간 근무가 새로운 기준'이라는 신조어가 나왔다.[39] 소셜 미디어는 받은 만큼만 일하겠다는 '조용한 퇴직(quiet quitting)'과 '월급대로 일하기'를 찬양하기 시작했다. 20대 사이에서 인기 있는 의류 브랜드인 위키드 클로즈(Wicked Clothes)는 '일은 쓰레

기야(Work is TRASH)'라거나 '다른 사람 불러(Summon Someone Else)' 같은 구호가 적힌 티셔츠를 출시했다.

2023년 초에 이르자 미국에서 가장 많이 읽히는 신문인 〈뉴욕타임스〉는 새로운 윤리를 받아들이기 시작했다. 한 기고문은 (보편적 기본소득의 지원하에) '게으를 권리'를 요구하는 파리 시위에 대해 프랑스의 오랜 지적 전통에 따른 것이라고 설명했다.[40] 그 전통은 '특정한 종류의 게으름'을 '집중적 평정' 또는 심지어 '영적 고양'으로 치켜세웠다. 또한 후속 기사는 독립과 자립을 중시하는 미국의 전통적인 가치관(특히 정부 지원을 받는 것에 눈살을 찌푸리는 '유형')을 '가장 유해한 신화'라고 재평가했다.[41] 진보 진영의 싱크탱크들도 여기에 가세했다. 그들은 팬데믹 시기의 지원책을 모든 형태의 경제적 어려움에 맞서는 영구적인 투쟁의 모형으로 분석했다.

자본주의 사회는 그저 지친 것처럼 보였다. 그래서 코로나19 팬데믹 때문에 필요한 것이 아닌데도 정부의 지원을 바랐다. 트럼프와 바이든은 모두 합쳐서 10조 달러가 넘는 돈을 지출했다. 그중에서 트럼프가 초기에 쓴 2조 달러를 제외한 나머지는 2020년 초의 불경기가 끝난 후 지출되었다. 바이든 정부는 일부 지출을 재난 지원금으로 책정했다. 하지만 나머지를 투입하는 신산업 정책은 인류를 달에 보낸 미국의 야심을 되살리는 정책으로 제시했다. 많은 논평가가 환호했다. 한 논평가는 "어차피 수조 달러를 쓸 것이라면 식물성 고기를 향한 달 탐사급 시도를 하자"라고 썼다.[42]

재난 지원금 법안은 또한 팬데믹과 아무 관련 없는 주정부 사업(텍사스의 역사 박물관, 앨라배마의 교도소, 유타의 수자원 보존)에 할당되었다.

연준은 오랫동안 주정부와 시정부의 채권 발행 지원을 꺼렸다. 어느 주정부를 도울지에 대해 대단히 정치적인 결정을 내려야 하기 때문이다. 그러던 연준도 디트로이트처럼 어려움에 처한 도시들의 압력에 굴복해 처음으로 지방채 시장을 지원했다.

미국인들은 형편을 초과하는 지출이 위험하다는 사실을 안다. 최근 수십 년 동안 재정 적자 감축이 최우선 과제라고 말하는 사람들의 비율은 20%에서 70% 사이를 오갔으며, 호황기에는 충분히 합리적인 수준까지 늘어났다. 또한 과도한 재난 지원금에 대해 모두가 무관심한 것도 아니었다.[43] 일부는 정부가 손실을 보충하기 위해 필요한 수준보다 훨씬 많은 지출을 하고 있으며, 그 대가를 치를 것이라고 경고했다. 래리 서머스(Larry Summers) 전 재무부 장관은 팬데믹 시기의 지원책을 비판했다. 그의 지적에 따르면 그것은 고집스러운 민주당과 '완전히 비합리적인' 공화당이 초래한 것으로, "지난 40년 동안 가장 무책임한 거시 경제 정책"이었다.[44]

서머스는 불경기가 아니라 세계대전에 적합한 수준의 부양책이 "우리가 한 세대 동안 보지 못한 유형의 인플레이션 압력을 초래할 수 있다"라고 경고했다.[45] 하지만 그는 1980년대가 아니라 1950년대에 태어났다. 또한 그는 재정 적자와 부채에 대한 우려를 무시하는 시대정신과 동떨어져 있었다. 오늘날의 시대적 분위기는 이 우려를 '19세기 자유 시장 자본주의의 거친 시대'나 1920년대에 캘빈 쿨리지(Calvin Coolidge, 근검절약을 강조한 미국 30대 대통령 - 옮긴이)에게서 들었을 법한 한 푼이라도 아끼라는 도덕적 설교로 치부해버리기 일쑤다.[46] 마치 시대가 변하지 않은 것처럼 생각하는 태도다. 당시 자본주의는 부채에 찌들어 있지 않았고, 차입에 중독되어 있지도 않았다. 하지만 지금은 그렇다.

2022년 말에 전 세계적으로 인플레이션이 재개되었다. 중앙은행들은 금리를 인상할 수밖에 없었고, 그에 따라 이지 머니의 흐름이 끊어졌다. 그럼에도 지출에 대한 이면의 충동은 잦아들지 않았다. 각국 정부는 팬데믹 동안 차입하고, 구제하며, 심지어 경제 활동을 중단시키는 엄청난 새로운 권력을 확보했다. 한 번 행사한 권력은 미래에 위기가 닥쳤을 때 전혀 새로운 것이 아닌 것처럼 다시 도입되고 더 확대될 가능성이 높다.

7장.

차입과 지출을 넘어서

레이건과 대처 이후 '작은 정부'의 시대에 대한 전통적인 역사 서술은 지출과 재정 적자의 거시적 추세를 간과한다. 대신 국가가 경제를 좌우하는 보다 구체적인 방식에 초점을 맞춘다. 각각의 서술자는 다른 정책들을 사례로 고른다. 다만 지도자들이 복지, 투자, 일자리를 줄이거나, 공기업을 매각하거나, 규제 완화를 밀어붙였다는 내용이 공통적으로 핵심 요소를 이룬다. 그러나 이런 노력 중에서 그 어떤 것도 정부가 나아가는 근본적인 방향을 바꾸지는 못했다.

현재 국가는 거의 모든 형태에서 1980년보다 더 많이 경제에 개입한다. 경제 규모 대비 복지 지출 비율로 측정되는 복지 체제는 꾸준히 확대되었다. 신규 규제의 수와 제한성으로 측정되는 규제 체제 역시 꾸준히 확대되었다. 대규모 전쟁이 끝난 후에도 소규모 전쟁과 새로운 위기가 국가 안보 체제의 성장을 촉진했다. 국가 안보 체제는 제2차 세계대전 동안 획기적으로, 한편으로는 대부분 은밀하게 확대되

었으며, 국가안보위원회와 CIA를 만든 1947년 법안으로 그 존재가 드러나고 공식화되었다.[1]

이후 국가 안보 기관의 수는 18개로 불어났다. 거기에는 해안 경비대, 공군, 우주군의 첩보 조직도 포함된다. 특히 2001년 9·11 테러 이후 대규모 확장이 이뤄졌다.[2] 이때 부시 행정부는 국토안보부와 교통안전청을 설립했다. 2024년 기준으로 교통안전청만 해도 6만여 명의 정직원을 거느리고 있다.[3] 이는 규제 담당 공무원의 약 15%에 해당한다. 또한 이민국은 늘어난 예산과 함께 3개 기구로 분할되었다.[4] 거기에는 범죄자와 테러범들을 국경에서 막기 위한 심사 기관인 이민세관집행국이 포함된다. 미국 공항에서 관광객과 여행자들은 2시간에서 4시간 정도를 기다려야만 비로소 입국 심사를 받을 수 있다. 이 관료주의적 손님맞이는 지금도 미국의 평판을 떨어트린다. 2007년까지 공개되지 않았던 정보 예산은 2022년에 거의 50% 정도 증액되어 약 900억 달러로 불어났다. '국가 안보'는 신규 지출을 정당화하는 강력한 근거였다.[5] 적어도 아이젠하워가 냉전기 때 국가 고속도로망에 대한 지지를 이끌어내려고 국가 안보를 활용한 이후로 쭉 그랬다. 바이든은 중국과 경쟁하는 미국 산업에 대한 지지세를 구축하려고 다시금 국가 안보를 들먹였다.

미국이 갈수록 인색해졌다는 증거는 없다

레이건은 '복지 여왕(welfare queen)'에 대한 논쟁적인 비판으로 회자된다. 복지 여왕은 복지 급여로 편하게 살아가는 여성을 말한다. 하지만 그들의 발밑에서 사회 안전망을 걷어내는 일은 그의 주된 관심사가 아니었다. 그는 판을 뒤흔들고 싶어 하는 개혁가이자 질서보다 자유를 더 중시하는 개혁가였다. 그래서 규제를 통해 자유 시장을 보호하기보다 규제의 족쇄를 완전히 벗겨내고자 애썼다. 이런 측면에서 레이건은 배리 골드워터(Barry Goldwater)나 이전의 다른 '보수주의자'들과 비슷했다. 이들은 1990년대에 민주당의 중도 신자유주의자로 변모한 1960년대의 극렬 신좌파들과 근본적인 공통점을 지니고 있었다. 그것은 게리 거스틀이 말한 "조직적이고 관료 체제화된 사회"로부터 미국을 구하려는 욕망이었다. 대기업, 노조, 정부가 지배하는 이 사회는 "인간 정신을 질식시켰다".

레이건이 복지 체제 확대에 반대한 이유는 빈곤층의 발밑에 바닥을 깔아주기 때문이 아니라 "누구도 더 높이 올라가도록 허용되지 않는 천장"을 덮기 때문이었다.[6] 그는 1957년 연설에서 이 발언을 했으며, 이후 대통령으로서 경제 정책에 그 기조를 반영했다. 그러나 복지 지출 삭감을 통해 충분한 재원을 마련하지 않은 채 부유층의 세금을 깎아주었다. 레이건은 케네디와 존슨이 시작한 거대 정부 추세를 늦추는 데 성공했다. 그러나 그 추세를 되돌리지는 못했다. 레이건이 취임하고 퇴임할 때까지 정부 지출은 GDP의 약 21%를 차지했으며, 복지 지출은 정부 지출의 약 45%를 차지했다.[7]

클린턴은 "복지를 생활 방식으로 삼는 것을 끝내야 한다"라며 레이건과 비슷한 목소리를 냈다. 그의 '근로 복지(workfare)' 개혁은 근로 요건을 급여 수령 조건으로 강제했다. 그래도 복지 체제로 나아가는 거대한 흐름을 바꾸지는 못했다. 클린턴은 GDP 대비 복지 지출의 비중을 약간 줄였으나, 전임자인 조지 H. W. 부시 정권에서 승인한 인상안을 되돌렸을 뿐이다. 메디케이드, 메디케어, 사회 보장 연금 같은 주요 복지 제도를 포함한 복지 지출은 1981년에 GDP의 약 9%였으며, 2001년에도 그 비중은 같았다. 그러다가 조지 W. 부시 정권에서 복지 지출이 다시 늘어나기 시작해 2019년에는 GDP의 약 12%가 되었고, 팬데믹 동안에는 약 17%로 급증했다. 실업 급여 지출에서도 비슷한 추세가 드러났다. 실업 급여 지출은 GDP의 4% 수준에서 계속 머물다가 지난 세 번의 위기가 발생한 2001년, 2008년, 2020년에 신고점으로 급등했다. 물론 불경기 때 실업 급여가 늘어나는 것은 당연한 일이다. 그러나 연이어 신고점을 갱신하는 양상은 경기 하강의 심각성보다는 복지 체제의 동력을 반영하는 것이었다.

이 기간에 복지 제도는 하위 20%의 빈곤층을 지원하는 핵심적인 요소가 되었다. 정부의 직접 지원 급여에는 식료품 할인 구매권, 메디케이드 수혜자 대상 소득 보조금, 학교 급식 지원 등이 포함되었다. 팬데믹이 끝날 무렵 직접 지원 급여는 2배 이상 늘어나 하위 20%의 총소득 중 약 68%에 이르렀다.[8] 그중 메디케이드 급여가 증가분에서 가장 큰 비중을 차지했다.

2022년 전 상원의원 필 그램(Phil Gramm)과 경제학자인 밥 에켈룬드(Bob Ekelund), 존 얼리(John Early)는 《미국의 불평등에 관한 신화(The Myth of American Inequality)》라는 도발적인 책을 펴냈다. 그들의 계산에 따르면 소득 곡선의 하위 20%에 속하는 가정에 지급된 정부 급여는 1960년대 중반에는 연간 약 9,700달러였다가 연간 약 4만 5,000달러로 늘어났다.[9] 이 책은 보수 진영 외부에서는 거의 무시되었다. 때로는 19세기식 사고방식이 담긴 내용도 있어서 대중의 공감을 얻지는 못했다. 가령 찰스 디킨스(Charles Dickens) 소설에 등장하는 스크루지 영감을 절약하는 미덕을 지닌 자본가의 모범으로 떠받드는 대목이 그렇다. 하지만 같은 데이터를 분석하는 젊은 진보주의자들은 빈곤층 대상 정부 지원에 대한 이 책의 기본적인 결론에 반박하지 못했다. 그 결론은 복지 체제가 수십 년 동안 확대되었다는 것이다.

퓰리처상을 받은 사회학자 매슈 데즈먼드(Matthew Desmond)가 쓴 《미국이 만든 가난》은 미국의 실패를 비판한다. 그는 자료 조사를 시작했을 때 "진보주의자들 사이에서 인기가 많은 생각을 따랐다"라고 고백한다.[10] 그것은 빈곤 문제가 해결되지 않는 이유가 레이건 이후 복지 지출이 줄어들었기 때문이라는 생각이다. 하지만 데즈먼드는 "내 생각이 틀렸다"라고 말한다. 레이건은 복지 지출을 장기적으로 삭감한 적이 없었다. 데즈먼드의 계산에 따르면 그 이후로 빈곤층 대상 13개 주요 자산 조사 기반 제도를 위한 지출은 1인당 약 3,400달러로 3배 이상 늘었다. 그는 책에서 이렇게 썼다. "'신자유주의'는 이제 좌파가 즐겨 쓰는 어휘가 되었다. 그러나 적어도 빈곤층 지원에 관한 한 연방 예산안의 명확한 문구 안에서 그것을 찾기는 어려웠다. 미국이 갈수록 인색해졌다는 증거는 없다. 오히려 그 반대다".[11]

미국이 특히 매정한 자본주의 사회라는 평판은 다른 나라와 비교해봐도 잘 맞지 않는다. 경제협력개발기구(Organization for Economic Cooperation and Development, OECD) 조사 결과를 보면 23개 자본주의 부국에서 1980년 이후 복지 지출이 늘었다. 특히 미국의 증가 속도는 평균보다 훨씬 빨랐다. 2024년 현재 미국은 GDP의 약 20%를 복지 제도에 쓴다. 이는 일본 및 영국과 같으며, 나머지 유럽 국가 평균에 근접하는 수준이다.

순위를 보면 미국은 여전히 덜 관대한 복지 국가에 속한다. 다만 복지 지출을 근본적으로 정부가 제공하는 급여로만 측정하면 그렇다. OECD 연구자들은 정부가 의무화하거나 보조하되 민간 고용주가 제공하는 의료 및 연금 급여까지 복지 지출에 포함한다. 이 경우 미국의 '총 사회 복지비'는 GDP의 30%에 이른다. 이 기준에 따르면 미국의 복지 체제는 프랑스에 이어 전 세계에서 두 번째로 관대하다.

프레이저 연구소(Fraser Institute)나 조세 재단(Tax Foundation) 같은 보수 진영 싱크탱크들이 제시하는 이야기는 프랑스 경제학자인 토마 피케티가 제시하는 이야기와 크게 다르지 않다.[12] 피케티가 역사적 데이터를 공들여 조합하는 방식은 최고로 평가받는다. 그의 이야기는 귀 기울일 가치가 있다. 이 말을 하는 이유는 해당 사안이 너무나 심하게 정치화되어서 좌파는 우파가 제시하는 데이터를 보지 않으려 하고, 그 반대도 마찬가지이기 때문이다. 피케티는 좌파의 지적 리더다. 그의 사명은 진보적 내러티브를 무너트리는 것이 전혀 아니다. 그러나 그의 데이터는 레이건과 대처 이후 수십 년에 걸친 시기가 정부 축소의 시대라는 생각을 뒷받침하기보다는 오히려 무너트린다.

피케티는 유럽 제국들이 아시아 제국들보다 빨리 성장한 주된 이유 중 하나가 효율적인 국가 체제의 부상 때문이라고 썼다. 17세기 초반에는 어떤 강대국도 국민 소득의 3% 이상을 세금으로 거두지 않았다. 거기에는 '온갖 종류의 의무적 부과금'도 포함되었다.[13] 이후 2세기 동안 중국과 오스만 제국에서는 국가 체제의 도달 범위가 전혀 늘어나지 않았다. 그러나 영국, 프랑스, 프로이센에서는 3배 이상 늘어났다.

피케티는 모든 국가가 약하고 비체계적일 때는 균형이 유지되었다고 썼다.[14] 이후 보다 중앙 집권화된 유럽 국가들이 등장하기 시작하면서 유럽이 우위를 잡았다. 세금을 거둘 수 있는 국가는 더 강한 경제 체제를 구축할 수 있었다. 유럽 국가들은 군사적 정복을 통해 제국을 확장했다. 그러나 20세기 초까지 국가의 역할은 주로 기본적인 영역에 머물렀다.[15] 거기에는 치안과 사법, 기타 법치 지원 활동뿐 아니라 상업이 번성하도록 해주는 도로, 교량, 기타 인프라 건설 등이 포함되었다.

유럽에서 복지 국가의 기원은 1860년대 비스마르크(Bismarck) 치하의 독일까지 거슬러 올라간다. 그러나 과세와 지출 데이터를 통해 복지 국가의 확장이 드러나기 시작한 것은 1910년 무렵이다. 이 전환점은 유럽에서 노동자 정당, 미국에서 진보주의 운동이 부상하던 시기와 겹친다. 이 무렵 '몇 년 만에 거의 모든 곳에서' 누진 소득세가 나타난다.[16] 1910년까지 영국, 독일, 프랑스, 스웨덴 같은 유럽 강국의 세수는 국민 소득의 약 3%에서 약 10%로 늘어난다. 그 이후 1980년까지는 평균 약 47%까지 늘어나 지금까지 유지되고 있다.

1910년과 1980년 사이에 이뤄진 정부의 성장은 '거의 전적으로' 피케티가 말하는 "복지 국가의 눈부신 부상"으로 설명된다. 치안과 도로 건설 같은 기본적인 부문에 대한 지출이 전체 지출에서 차지하는 비중은 줄었다. 반면 복지 지출은 늘어났다. 피케티가 언급하지 않았지만 데이터가 보여주는 사실은, 이 추세가 1980년 이후 주요 유럽 강국에서 한 번도 역전되지 않았다는 것이다. 기본적인 부문에 대한 지출은 10%로 소폭 줄었다. 그러나 연금, 의료, 교육, 주거, 소득 보조를 포함한 복지 지출은 37%로 소폭 늘었다.

물론 피케티는 이런 추세를 전혀 문제 삼지 않는다. 그는 복지 체제를 더욱 강화하면 불평등을 바로잡을 뿐 아니라 성장을 재개하는 데도 도움이 될 것이라고 주장한다. 제2차 세계대전 이후 수십 년 동안의 호황은 선진국에서 최고 개인 소득세율이 70% 수준일 때 이뤄졌다.[17] 이는 "사실상 몰수에 가까운 세율이 엄청난 역사적 성공을 거뒀다"라는 증거다.

피케티는 1980년 이후로 최고 개인 소득세율이 낮아진 후 1인당 GDP 증가율이 절반 이상 떨어져서 겨우 1% 수준이 되었다고 지적한다.[18] 그러나 그 연관성은 매우 약하다. 분명히 1980년 이후의 성장 둔화는 문서상으로 나타나는 일부 세법 때문이라기보다는 모든 형태의 정부가 감당하게 된, 계속 늘어나는 실질적인 부담 때문이라고 설명하는 것이 더 타당하다. 1960년대 초반 이후 최고 소득세율이 적용된 미국인은 매우 드물다. 최상층 1%도 소득의 30% 이상을 세금으로 낸 때는 닷컴 버블 동안인 딱 1년뿐이다. 탈세 수법은 세법만큼이나 복잡하다.[19] 거기에는 소규모 사업과 투자에서 얻는 소득에 대한 복잡한 허점도 포함된다. 이처럼 적어도 미국에서는 몰수성 세금이 징수된 적이 없다.[20] 따라서 그 성공이 검증되었다고 말하기는 어렵다. 복지 체제는 주로 세금이 아니라 부채를 토대로 구축되었다.

근래에 거대 정부가 역사적 규모로 성장했다는 사실을 가장 잘 보여주는 사례는 아마도 영국일 것이다. 영국 관련 데이터는 17세기 후반까지 가장 멀리 거슬러 올라간다. 평시에 영국 정부의 지출은 2세기 넘게 GDP의 10% 가까운 수준에 머물렀다.[21] 그러다가 제1차 세계대전 이후에는 약 25%, 제2차 세계대전 이후에는 약 35%로 늘어났다. GDP의 40% 이상으로 크게 급증한 것은 양차 대전, 2008년 글로벌 금융 위기, 뒤이어 2020년 팬데믹 때뿐이다. 이 네 번의 위기에서 지출 증가분은 세수 증가분으로 보충되지 않았다. 대신 영국은 더욱 깊이 빚더미에 파묻혔다.[22] 테리사 메이(Theresa May) 총리의 비서실장이었던 닉 티머시(Nick Timothy)는 2023년에 이렇게 말했다. "우리가 알던 자본주의는 실패했다. 정부와 국가는 저렴한 신용에 중독되었다. 이는 덜 가진 사람들에게 타격을 입히고 더 가진 사람들에게 도움을 주며, 청년들이 자산 사다리를 올라가는 일을 더 어렵게 만든다."[23]

현재의 복지 지출은 또한 미래의 혜택에 대한 약속에 비하면 미미한 수준이다. 미국 유권자들은 연금, 의료, 소득 혜택에 대한 보장을 사랑한다. 의회는 사실상 이를 건드릴 수 없기에 숫자를 무시하는 쪽을 택했다. 사회 보장 연금과 메디케어가 보장한 지출의 대다수는 미래 세수로 충당되지 않는 '미적립 부채'로 간주된다. 엄밀하게 말해서 이 제도들은 파산한 상태다. 이 제도들의 부실한 재정 여건은 아주 가끔 경각심을 일깨울 뿐이다. 향후 75년에 걸쳐 비용이 계산되기 때문이다.

인구 노화를 포함한 다양한 이유로 이 미적립 부채는 공공 부채보다 훨씬 빨리 증가했다.[24] 미국의 정부 부채는 2000년 이후 약 3조 달러에서 약 22조 달러로 늘어났다. 반면 메디케어, 사회 보장 연금, 기타 정부 연금을 위한 미적립 부채는 약 21조 달러에서 약 71조 달러로 늘어났다. 정부 부채가 약 20조 달러 늘어나는 동안 미래의 혜택을 위한 미적립 부채는 약 50조 달러나 늘어났다. 주택 담보 대출 지원 같은 우발성 부채나 메디케어 같은 미적립 부채를 통해 우리의 삶을 뒷받침하고자 이미 할당된 세금이 엄청나게 많다. 그 규모는 현재의 부채 및 재정 적자 수치로 인해 심하게 과소평가되고 있다.

정부가 금융 시장에서 부호들에게까지 보장을 확대함에 따라 사회 안전망은 갈수록 부실해졌다. 그러나 그보다 폭넓은 문제는 정치인들이 모두를 위해 온갖 유형의 리스크를 사회화했다는 것이다. 그들은 누구에게도 "안 된다"라고 말하기를 거부하면서 경기가 부진하든 아니든 부채를 쌓아가고 있다.

공공 투자, 공공 일자리 그리고 공기업

〈뉴욕타임스〉부터 〈블룸버그〉, 〈포린폴리시(Foreign Policy)〉까지 많은 언론은 바이든 행정부의 '현대적 산업 전략'을 미국의 공공 투자가 '수십 년에 걸쳐 후퇴한' 후 늦게나마 이뤄진 조정이라며 반겼다. 백악관은 역사의 많은 기간 동안 '국가적 프로젝트에 활력을 불어넣었던' 야심을 되살리겠다며 이런 해석을 부추겼다.[25] 이 야심은 제2차 세계대전 후 국가 고속도로망을 건설했고, 1960년대에는 인류를 달에 착륙시켰지만, 그 이후로 무너져버렸다. 2021년 바이든은 의회에서 최근 수십 년 동안 연구 개발에 대한 공공 투자가 절반으로 줄었으며, 그 결과 미국이 "외국과의 경쟁에서 뒤처지고 있다"라고 말했다.[26]

신중하게 목표를 설정해 미국의 공공 투자를 늘려야 한다는 주장은 나름의 근거가 있다. 그러나 미국이 '뒤처지고 있다'라는 것은 그 근거가 될 수 없다. 공공 투자는 제2차 세계대전 이후 증가해 1970년대에 GDP의 약 7%로 정점에 이르렀다. 그러다가 1980년 무렵에는

GDP의 약 3%에 해당하는 장기 추세로 되돌아갔다. 이 수준은 그 이후로도 계속 유지되었다. 한편 다른 주요 선진국에서는 공공 투자가 평균적으로 GDP의 약 5.5%에서 약 4%로 실제로는 줄었다. 미국은 후퇴하지 않았다. 오히려 가까운 경쟁국들이 미국 수준으로 후퇴했다. 중국처럼 덜 개발된 국가에 비해서 '뒤처지는' 것은 맞다. 그러나 이런 나라들은 원래 더 많이 투자하기 마련이다. 신규 도로와 교량이 더 많이 필요하기 때문이다.

게다가 바이든 행정부가 '인프라' 투자로 포장하는 것 중 다수는 사실 의료, 교육, 보육 부문의 사회 복지 제도에 포함된다. 그들은 사회 복지 지출의 예정된 증가를 도로, 5G 네트워크, 기타 정통적인 인프라에 대한 중국의 지출에 맞서는 전략적 대응으로 제시한다. 이는 국민을 오도하는 애국 마케팅이다. 이론상 공공 지출은 생산성을 높이는 투자의 형태를 띨 경우 비용을 벌충할 수 있다. 그러나 지난 40년 동안의 기록을 보면 적자 지출은 생산성을 높이지 못했다.

같은 민주당 소속이자 오바마 정권 때 경제 자문을 지낸 스티븐 래트너(Steven Rattner)는 바이든이 최소한 1960년대 이후 가장 크게 정부 규모를 확대하면서 민간 기업을 '무시'하는 태도를 드러내고 있다고 경고했다.[27] 기껏해야 '어중간한' 상업적 경력을 지닌 관료들이 수천억 달러를 투자하게 되었다. 그 결과 '정부가 승자와 패자를 고르는 수렁으로 곧장 뛰어드는 꼴'이 되고 말았다.

레이건 시절부터 시작된 공공 부문의 일자리를 없애겠다는 말도 마찬가지다. 이 이야기는 대개 레이건이 파업에 나선 1만 1,000명 이상의 관제사를 해고한 1981년부터 시작된다. 그리고 그 뒤로도 폭넓은 분야에서 연방 공무원에 대한 정리해고가 이어진 것처럼 말한다. 그러나 사실 시 공무원, 주 공무원, 연방 공무원을 포함한 전체 공무원 수는 레이건 집권기에 100만 명 이상 늘어서 거의 1,800만 명에 이르렀다. 그 이후에는 약 2,300만 명까지 늘어났다. 전체 일자리 중에서 정규직 공무원이 차지하는 비중만 보면 레이건 집권기 초기에 약 18%였던 것이 지금은 15% 수준으로 줄어든 것이 맞다.[28] 그러나 거기에는 정부로부터 돈을 받는 수많은 민간 하청업자들이 빠져 있다.

이 하청업자들은 국방부부터 교도소까지 공공 부문 전반에서 일한다. 브루킹스 연구소(Brookings Institution)는 2020년 말에 낸 보고서에서 "트럼프가 거대 정부에 반대한다는 언사에도 불구하고 계약 및 보조금의 수도꼭지를 열었다"라고 주장했다. 그에 따라 200만여 명이 추가로 연방정부로부터 급여를 받게 되었다. 결국 트럼프 임기 말에 "정부의 실제 규모는 기록적인 수준에 다가가고 있었다".[29]

이런 논쟁은 당파성이 매우 강하다. 진보파는 민간 하청업자들이 탐욕스럽게 비용 절감에만 매달린다고 비판하고, 보수파는 공무원들이 게으르고 무능하다고 비판한다. 그러나 크게 보면 정부가 급여를 지급하는 대상은 공무원이든 하청업자든 별로 차이가 없다. 두 경우 다 같은 방식으로 지출과 재정 적자에 영향을 미친다. 또한 공무원과 하청업자 모두 공공 부문의 업무를 통제하는 복잡한 특별 규칙에 따라 일한다. 믿기 어렵다면 정부 일을 한 적이 있는 하청업자에게 진행 과정이 얼마나 답답한지 물어보라.

정부가 분명하게 후퇴한 부분은 항공 기업, 공공 서비스 기업, 기타 공기업의 소유권을 내놓은 것이다. 일찍이 1950년대부터 '비국유화'

라는 이름하에 영국은 철강 기업의 지분을 매각했고, 독일은 폭스바겐의 대주주 지분을 매각했다. 이런 정부 지분 매각은 1980년대에 마거릿 대처의 선도하에 추진력을 얻었다.[30] 그녀는 정부 지분 매각이 '부식과 부패를 초래하는 사회주의의 영향'을 되돌리는 수단이라 여겼으며, '민영화'라는 용어를 대중화시켰다. 그녀가 정부 지분을 매각한 주요 기업으로는 BP(British Petroleum), 영국항공, 영국통신, 롤스로이스가 있다.

이후 30년 동안 유럽에서 남미까지 100여 개국 정부는 대처의 선도를 따랐다. 그 결과 수천 개의 공기업이 매각되었으며 그 규모는 약 3.3조 달러로 추정된다.

공기업 매각은 당연히 매각할 대상이 많은 나라들에서 정점을 찍었다. 프랑스는 1990년대 초반에 3,000여 개 기업의 대주주 지분을 보유하고 있었다. 그중 다수는 대기업이었다. 이 수치는 2015년까지 대부분 소기업인 약 1,500개로 줄었다. 같은 기간에 캐나다는 50여 개 대기업의 지분을 매각했다.[31] 그중에는 전력 회사, 철도 회사, 항공 회사, 항공관제망도 포함되어 있었다. 2010년 기준으로 미국을 제외하고 근래에 민영화된 기업의 가치는 전 세계 주식 시장 가치의 절반을 차지했다.

그러나 그 무렵 민영화 캠페인은 추진력을 잃어가고 있었다. 공공 노조와 다른 특수 이익 집단의 격렬한 저항은 민영화의 속도를 늦추기 시작했다. 여전히 매각이 이뤄지는 것은 소수 지분에 불과했다.[32] 독일, 호주, 일본은 모두 국영 통신 독점 업체의 (어느 경우에도 3분의 1을 넘지 않는) 소수 지분만 매각했다.

다른 경우에는 정치적 저항이 부분 매각조차 저지했다. OECD 연구에 따르면 해당 정부는 '사실상 파산 지경에 이를 때까지' 공기업을 운영할 수밖에 없었다. 그러다가 손실이 무시할 수 없는 규모로 불어나면 헐값에 지분을 사줄 민간 투자자(일부 경우에는 해외 투자자)를 물색했다. 이탈리아와 그리스가 각각 국영 항공사인 알리탈리아(Alitalia)와 올림픽(Olympic)을 매도하려던 시도가 이 범주에 속한다.[33] 나는 다른 글에서 이를 "악의적 방치에 의한 민영화"라 불렀다.

민영화와 관련된 예상 밖의 반전이 있다.[34] 2010년까지 유럽에서 폭넓게 민영화된 산업 중 다수, 즉 항만 및 공항, 우편 서비스 및 철도 서비스, 전력 서비스는 미국에서는 여전히 국가 소유였다. 미국은 정부 기능이 제한된 나라라는 평판을 유지했고, 비교적 적은 공기업을 보유한 상태로 출발했다. 그러나 공기업 매각에 대한 저항은 적어도 유럽만큼, 어쩌면 그보다 더 격렬했다.

레이건 행정부는 우정 공사, 암트랙, 항공관제망, 국유지 그리고 대공황 때 만들어져 7개 남부 주에 전력을 공급하는 연방정부 소유의 전력 회사 테네시강유역개발공사(Tennessee Valley Authority)를 포함한 주요 공기업을 매각하려다가 실패했다. 그나마 매각에 성공한 것은 소규모 국유 자산뿐이었다. 그중 가장 중요한 건 화물 운송업체인 콘레일(Conrail)을 17억 달러에 매각한 것이었다. 이후 민주당 소속 대통령인 클린턴은 그보다 덩치가 큰 국유 자산을 매각하는 데 성공했다. 그중 가장 중요한 건 1998년에 엘크힐스해군석유비축기지(Elk Hills Naval Petroleum Reserve)를 37억 달러에 매각한 것이었다. 그러나 우정공사, 암트랙, 항공관제망, 테네시강유역개발공사를 포함한 대규모 공기업 중 다수는 여전히 공기업으로 남았다.

클린턴은 또한 법질서 강화 조치를 통해 교정 시설도 크게 확충했다. 그 결과 미국 교도소는 세계에서 가장 많은 수감자를 수용하게 되었다. 전국 각지에 교도소가 생겼다.[35] 그중 다수는 민간 하청업체가 운영했다. 그에 따라 수감 문제는 어쩌다 보니 정부 기능 축소에 대한 혼란스러운 이야기와 뒤섞이게 되었다. 국영이든 민영이든 간에 모든 교도소는 국가가 만들고, 승인하고, 규제하고, 비용을 댔다. 교정 시설 확충은 당시 양당 모두에게 환영받았다. 그러나 그것은 자유 시장의 승리가 아니라 개인의 자유에 대한 국가의 궁극적인 침해였다. 미국은 아마도 주요 자본주의 국가 중에서 민영화가 개인의 삶에 대한 정부의 영향을 제한하는 일을 가장 적게 한 나라일 것이다.

규제 공장

규제 체제의 기원은 19세기 후반까지 거슬러 올라간다. 그러나 규제 체제가 본격적으로 등장하기 시작한 것은 뉴딜 시기였다. 초기에는 경제적 규제에 초점이 맞춰져 있었다. 그 의도는 특정 산업에서 상품 가격 또는 공급의 변동을 관리하는 것이었다. 그러다가 1960년대 중반에 부가 증가하면서 사회적 규제로 초점을 옮길 수 있었다. 그 목적은 늘어나는 중산층의 생활 수준을 개선하려는 것이었다. 이후 15년 안에 의회는 소비자의 건강과 안전 또는 환경을 보호하기 위한 90여 개 법안을 통과시켰다. 하버드대학교 법학 교수인 로버트 C. 클라크(Robert C. Clark)는 "사회적 규제가 대개 경제적 규제보다 훨씬 복잡하며, 이전 세대가 부차적인 문제로 여기던 분야에 대응했다"라고 썼다.[36]

1980년 이후 신자유주의의 표준 역사관에 따르면 민주당 소속 대통령과 공화당 소속 대통령은 규제 체제를 축소하기 위해 노력했다. 그러나 양당 모두 큰 성과를 내지 못했다고 보는 것이 더 정확하다. 대공황 때 처음 발간된 《연방 규정집(Code of Federal Regulations)》은 1960년대에 해마다 개정집을 냈으며, 이후 8배나 분량이 늘어나 240권, 약 18만 페이지에 이르렀다.

닉슨 대통령의 경제 자문이었던 허브 스타인(Herb Stein)은 나중에 "뉴딜 이후 다른 어떤 대통령의 집권기보다 새로운 경제적 규제가 많이 부과되었을 것"이라고 회고했다.[37] 닉슨은 흔히 진보 진영의 비판으로부터 자신의 약점을 방어하기 위해 사회 복지 연금, 메디케어, 메디케이드 혜택을 늘렸을 뿐 아니라 산업 안전, 깨끗한 공기와 물, 해양 포유류 등을 보호하기 위한 새로운 규제를 만들었다.

1970년대 후반 무렵 규제 체제의 부상은 시카고대학교의 보수주의자들과 친소비자 진보주의자들이 뭉친 뜻밖의 연합군으로부터 지적 반발을 초래했다. 이들은 대화를 많이 나누지 않았고, 서로의 학회에 참석하지도 않았다. 그럼에도 같은 방향으로 진격했다. 보수주의자들은 규제가 가격을 왜곡시키고, 공급을 단절시키며, 자유 시장의 효율성을 저해한다고 비판했다. 진보주의자들은 거기에 대체로 동의하면서도 규제에 대응하는 비용이 소비자 가격을 상승시키며, 그에 따라 일반 국민에게 피해를 준다는 점에 초점을 맞췄다. 그러나 이런 비판이 딱히 행동으로 이어진 것은 아니었다.

카터는 닉슨이 설립한 새로운 환경 및 소비자 기구를 토대로 삼았다. 소비자 운동가 랠프 네이더(Ralph Nader)의 제자들로 구성된 10여

명의 '네이더 돌격대(Nader's Raiders)'가 카터 행정부에서 일했다. 카터는 이 운동가들의 부추김에 발맞춰 항공 운송, 육상 운송, 철도 운송, 통신 부문의 요금을 낮추기 위해 규제를 철폐했다.[38] 그는 또한 해당 산업에서 소비자를 보호하기 위한 규제와 기구를 추가하기도 했다. 대선 기간 동안 그는 약 1,900개 연방 기관을 약 200개로 줄이겠다고 거듭 약속했다.[39] 그러나 대통령이 되자 그의 보좌관들은 언론에 감축 약속을 지키도록 요구하지 말라고 했다. 기관의 수를 세는 것은 어리석은 '숫자 놀음'이라면서 말이다. 카터는 결국에는 교육부와 에너지부를 만들었으며, 워싱턴을 변호사들의 온상으로 만드는 데 일조했다.

미국은 다른 어떤 나라보다 1인당 변호사 수가 많다. 이런 별난 특징은 흔히 소송을 남발하는 문화에 기여했다고 여겨진다. 그러나 변호사 수가 늘어난 계기는 기업 규제의 급증 때문이다. 1970년 이전만 해도 10년당 약 3만 개꼴로 늘어나던 기업 규제는 그 이후로 10년당 약 10만 개로 크게 늘어났다. 카터의 임기가 끝난 1980년에는 워싱턴에서 활동하는 민간 로비스트의 수가 처음으로 연방 공무원의 수를 넘어섰다.[40]

카터 집권기에 백악관은 규제 기관이 신규 규제를 실행하기 전에 비용 편익 분석을 하도록 요구하는 행정 명령을 발동했다. 이는 경솔하게 기업에 상당한 비용을 초래하는 일을 피하기 위한 것이었다. 그러나 백악관에서 비용 편익 분석을 담당한 책임자는 수십 년 후, 그 절차가 비용 절감에 별로 도움이 되지 않았다고 밝혔다. 그보다는 규제 기관이 편익을 부풀려서 새로운 규제를 정당화하기 위해 '상습적으로 과대 선전'을 하게 만들었을 뿐이었다.[41]

레이건은 이런 흐름을 되돌리려고 시도했다. 그러나 국민들 사이에 인기가 많은 환경 및 소비자 관련 규제에 있어서는 그의 노력도 무위로 돌아갔다. 레이건 행정부 내무부 장관인 제임스 와트(James Watt)는 신랄한 화법을 구사하는 와이오밍주 변호사였다. 그는 '50년에 걸친 잘못된 국정 운영을 되돌리고' 국유지에서의 석유 시추를 허용하겠다고 약속하면서 즉시 가장 논쟁적인 국무위원이 되었다.[42] 비판자들은 "와트에게 국유지 관리를 맡기는 것은 드라큘라에게 혈액 은행을 지키라고 요청하는 것과 같다"라고 말했다.[43] 결국 그는 3년 후 내무부 장관 자리에서 쫓겨났다.

전반적으로 관료 체제가 확대되는 속도는 느려졌다. 《연방 규정집》에 실리는 신규 규제의 수는 포드와 카터 집권기에는 1년에 7,000여 개였다. 그러다가 레이건 집권기에는 1년에 5,000여 개, 조지 H. W. 부시와 클린턴 집권기에는 1년에 4,000여 개, 그 이후에는 1년에 3,000여 개에서 4,000여 개로 줄었다. 1996년 이후 관료 체제는 한 해(2019년)만 빼고 해마다 1년에 3,000여 개의 신규 규제를 만들었다.[44] 그래서 규제의 누적 증가치를 나타내는 차트는 위로 올라가는 계단처럼 보인다.

학자인 애덤 화이트(Adam White)는 결국에는 레이건과 트럼프처럼 열렬한 규제 완화 지지자들도 사실을 깨닫게 된다고 썼다. 행정 체제가 "해밀턴이 말한 '행정권의 활력'으로부터 혜택을 받으며, 심지어 그것을 필요로 한다"라는 사실을 말이다.[45] 그들은 관료 체제를 축소하는 것 못지않게 그에 대한 통제권 재확립을 목표로 삼았다. 어차피 관료 체제 축소는 거의 불가능에 가까운 일이었다. 규제를 축소하거나 변경하려면 신규 규제를 추가할 때처럼 의견 수렴 및 검토라는 힘겨운 절차를 거쳐야 했다. 시스템이 작동하는 방식을 보면, 기관이 규칙을 철폐하기 위해서는 결국 새로운 규칙을 덮어써야 했다.[46] 미국 정부는 지난 30년 동안 1년에 3,000여 개의 최종 규제를 추가했다. 반면 규정집에서 뺀 것은 약 20개에 불과했다.

진보 진영 논평가들은 흔히 클린턴과 오바마를 규제 완화자로 평가한다. 그러나 두 사람은 두 번의 임기 동안 약 2만 5,000개의 규칙을 추가했다. 그들이 규제 완화를 위해 노력한 획기적인 사례도 실은 정부 기능 확대와 축소가 뒤섞여 있었다. 가령 클린턴은 금융 및 통신 부문 규제 완화로 잘 알려져 있다. 그러나 클린턴 행정부는 담배 산업, 초등학교 및 고등학교, 육아 휴직 및 병가 등과 관련된 규제를 강화하기도 했다. 그의 대표 법안인 1996년의 전기 통신법은 모든 인터넷 기업에 유선전화 시장을 개방했다.[47] 그 결과 구글과 아마존 같은 대기업이 부상할 발판이 마련되었다. 다른 한편 이 법은 서비스 제공업체에 대한 과세를 통해 가정, 학교, 공공 시설에 보편적 서비스를 제공하도록 지원했다.

의회가 작성하는 신규 규제 법안의 모든 페이지는 관료 체제가 작성하는 더욱 많은 페이지를 낳는다. 미국의 세법은 의회가 작성한 거의 7,000페이지에 달하는 내용과 국세청이 작성한 약 6만 8,000페이지의 내용을 포함한다. 그 결과로 노련한 탈세범들이 숨기 쉬운 복잡한 미로가 생긴다. 반면 싱가포르나 에스토니아처럼 개인과 법인에 20%의 단일 세율을 적용하는 나라의 세법은 '천재적 세법'이라 불린다. 단순할 뿐 아니라 개인의 경제적 선택을 왜곡하지 않고도 주요 국가 사업에 필요한 세수를 확보해주기 때문이다.[48] 하지만 이런 사례는 규제 중심의 세법이 갈수록 복잡해지는 가운데 소수의 예외에 불과하다.

규제 체제를 연구하는 학자들은 최종 규칙의 파급력에 초점을 맞춤으로써 단순히 법안의 페이지 수만 세는 방식에 약간의 깊이를 더한다.[49] 그 한 가지 방법은 '금지'나 '제한' 같은 단어의 수를 세어서 신규 규제의 '제한적 성격'을 평가하는 것이다. 1970년대 중반에 미국의 산업들에 적용된 '제한적' 규제의 수는 평균 약 1,000개였다.[50] 반면 2010년대 중반에는 그 수가 약 5,000개로 늘었다.

법안을 어떻게 분석하든 간에 항상 같은 속도는 아니더라도 장기적으로 그 규모와 파급력은 커졌다. 기업이나 주정부 및 시정부에 1억 달러 이상의 비용을 안겨서 '경제적으로 상당한' 파급력을 미친 규칙만 살펴도 같은 상향 추세가 드러난다. 구체적으로 보면, 그런 규칙은 트럼프를 포함해 지난 3명의 공화당 소속 대통령 집권기에 해마다 거의 300개씩 생겼다. 또한 2명의 민주당 소속 대통령인 오바마와 바이든 때는 해마다 거의 400개씩 생겼다.

트럼프는 이런 경로를 바꾸려고 시도했다. 그는 한 자문의 표현에 따르면 '관료 체제의 파괴'를 약속하며 취임했다.[51] 실제로 신규 규칙이 1개 생길 때마다 2개를 제거할 것을 요구하는 논쟁적인 행정 명령을 발동하기도 했다. 하지만 이런 노력은 그다지 현실적이지 않았다. 관료 체제가 축소된 사례를 언급하기가 어렵기 때문이다. 게다가 트럼프는 무역 관세나 기술 기업 및 독점 기업에 대한 제한 같은 특정 규제를 '선호'했다.[52] 그래서 규제 완화 시도는 무위로 돌아가고 말았다. 실제로 임기 말년에 무더기 규제가 쏟아지면서 트럼프 행정부의 신규 규제 숫자는 전임자들과 같은 수준에 이르렀다.

바이든은 취임 첫날 규제 기관들에 다시 한번 강한 추진력을 실어 주었다. 우선 논쟁적인 '1건 신설, 2건 철폐' 행정 명령과 더불어 카터가 수립한 규제 비용 억제책도 폐기했다. 균형 잡힌 비용 편익 분석은 사라졌다. 대신 감독관들에게 규제를 수립할 기회를 모색하라는 지시가 내려졌다. '정량화하기 어렵거나 불가능하더라도 상당한 편익을 안길 가능성이 높다면' 규제가 이뤄져야 했다. 반면 '해로운 규제 완화'는 피해야 했다. 이 행정 명령은 진보 진영의 시각을 반영한 것이었다. 거기에 따르면 자본주의는 규칙 부재로 인해 잘못된 길로 나아갔다. 그러므로 더 많은 규칙을 만드는 것이 해결책이었다. 기업 경쟁력 연구소(Competitive Enterprise Institute)의 클라이드 웨인 크루스 주니어(Clyde Wayne Crews Jr.)는 관료주의의 추세를 분석한《1만 개의 계명(Ten Thousand Commandments)》에서 바이든이 "규제 측면에서 광란의 1920년대를 재현할 토대를 놓았다"라고 썼다.[53]

규제의 파급력은 경제적 비용으로 측정하는 것이 최선일 것이다. 바이든 임기 첫 두 해 동안 신규 규제는 적용 대상 기업뿐 아니라 주 정부와 시정부에 연평균 1,600억 달러 수준의 경제적 비용과 약 1억 1,000만 시간의 서류 작업을 추가로 초래했다. 반면 트럼프 집권기에는 160억 달러 수준의 경제적 비용과 약 8,200만 시간의 서류 작업을, 오바마 집권기에는 1,080억 달러 수준의 경제적 비용과 약 7,200만 시간의 서류 작업을, 조지 W. 부시 집권기에는 670억 달러 수준의 경제적 비용과 약 5,800만 시간의 서류 작업이 추가되었다. 요컨대 바이든은 트럼프보다 10배 정도나 빨리 규제 비용을 증가시켰다.[54] 모든 대통령하에서 정부는 더욱 비대해졌다. 그러나 바이든 대통령은 특히 이례적인 속도로 정부의 규모를 키웠다.

글로벌 규제 패권

한편 규제 체제는 유럽에서 더욱 깊이 뿌리내렸다. UC 버클리 정치학자인 스티븐 보걸(Steven Vogel)은 1996년에 펴낸 《더 자유로운 시장, 더 많은 규제(Freer Markets, More Rules)》에서 대처 시절 영국에서 일어났다는 규제 완화 반란이 대부분 신화에 불과하다고 주장했다. 미국, 일본, 유럽 또는 영국에서 그런 일은 결코 일어나지 않았다. 보걸은 금융 부문부터 공정 거래 부문까지 영국의 주요 규제 기관이 언제부터 존재했는지 살폈다. 알고 보니 대처 시절 이전에도 존재한 규제 기관은 15개 중 3개에 불과했다. 철도규제청부터 라디오방송청까지 나머지 12개는 1980년 이후에 만들어졌다.

또한 보걸은 1970년대 중반부터 1990년대 중반까지 자본주의 세계를 휩쓸었다는 규제 완화 반란의 결과를 확인했다. 그 결과 "대부분의 경우 정부는 자유화와 재규제, 오래된 규칙의 개정과 새로운 규칙의 제정을 병행"한 것으로 드러났다. 가령 마거릿 대처는 1986년에 금융 시스템에 대한 이른바 '빅뱅' 개혁을 단행했다.[55] 그 일환으로 정부는 런던증권거래소를 해외 투자자에게 개방하고 정액 주식 매매 수수료를 폐지했다. 그러나 동시에 새로운 금융 서비스법을 통과시켜서 '이전보다 더 복잡하고 부담을 가하는' 관료 체제를 만들었다.

같은 해에 유럽 국가들은 상품 및 서비스에 대한 단일 시장과 함께, 해당 시장을 규제할 새로운 유럽 정부를 만드는 방향으로 나아가기 시작했다. 컬럼비아대학교 로스쿨 교수인 아누 브래드퍼드가 보기에 이 정부의 권력은 '방대한' 수준이었다. 이후 브뤼셀에 있는 유럽위원회가 이끄는 새로운 정부는 꾸준히 덩치를 키우며 해마다 약 5%씩 인력을 늘려나갔다.[56] 채용되는 인력은 주로 유럽 통합 프로젝트의 가치를 신봉하며 다국어를 구사하는 기술 관료들이었다. 그들은 둘 이상의 국가에서 공부했고, 무엇보다 자신을 독일인이나 프랑스인 또는 다른 특정 국가의 국민이 아닌 유럽인으로 인식했다. 유럽연합은 '개인보다 국가에 더 많은 권리를 부여하도록 경제 구조가 설계된' 사회들의 연합이었다. 유럽 관료들은 국가에 대한 신뢰를 대륙 정부에 대한 신뢰로 확대시켰다. 한편 유럽연합은 직접적인 과세 및 지출 권한이 없었다. 이런 부분적인 이유로 유럽연합의 에너지는 학자인 지안도메니코 마조네(Giandomenico Majone)가 말한 '거의 순전한 규제 체제'의 건설로 유도되었다. 그 결과 1990년대 말에는 '거의 폭증하는 수준'으로 새로운 규칙이 제정되었다.

그럼에도 신자유주의를 비판하는 사람들은 그때까지 규제 완화 캠페인을 '전 세계적인 바닥으로의 경주'로 묘사했다. 그들의 주장에 따르면, 기업들이 규제가 느슨한 국가로 몰려가는 바람에 다른 국가들도 기준을 낮춰야 한다는 압박을 받았다. 심지어 1993년에 유럽연합이 창설된 것도 '규제 완화 충동의 성과'로 평가되었다. 국경을 개방해서 상품과 인력이 자유롭게 이동할 수 있게 되었기 때문이다.[57]

그들은 세계 최초로 대륙 단위 국가가 만들어진 것이 작은 정부 이데올로기의 개가라고 주장한다. 이 주장은 분명 유럽연합 시민 중 유럽연합에 비우호적인 3분의 1에 해당하는 소수의 시민과 유럽연합을 '신뢰'한다고 말하지 못하는 다수의 시민 모두를 놀라게 만들 것이다.[58] 유럽연합 시민들은 브뤼셀의 기술 관료들이 이끄는 정부를 경계한다. 이 기술 관료들은 단일 시장과 관련된 관세 및 기타 규칙을 제정할 독점적인 권한을 지니고, 환경부터 소비자 보호까지 다양한 사안을 규제할 권한을 회원국 규제 기관과 공유한다. 또한 그들은 운송부터 사회 정책까지 다른 여러 분야로 조용히 영향력을 확대했다.[59] 유럽인들은 유럽 중앙정부가 가난한 이웃 나라에 금융 지원을 하라고 말하거나 치즈와 와인을 만들고 포장하는 방식에 대해 자세한 규정을 제시하기를 바라지 않을 것이다. 영국인들이 유럽연합 탈퇴에 찬성표를 던진 이면의 동기는 분명히 복잡하다. 한편 설문 조사 결과를 보면 대다수 영국인은 그 결정을 후회하고 있다. 어떤 측면에서 보면 브렉시트(Brexit)는 유럽식 관료 체제에 대한 분노가 충동적으로 분출된 것이었다.[60]

　대다수 유럽인은 현재 자국 정부 및 대륙 정부, 즉 2개의 중앙정부 하에서 살고 있다. 이는 많은 혼란을 초래한다. 뉴욕대학교 금융학과 교수 토머스 필리폰(Thomas Philippon)은 《대반전(The Great Reversal)》에서 2000년 이후 미국이 규제를 지속하는 가운데 유럽 각국 정부는 규제를 완화하기 시작했다고 지적한다. 그에 따라 '다른 곳도 아닌' 유럽이 '자유 시장의 땅'으로서 미국을 대체하게 되었다. 이 결론은 중대한 전환을 보여주는 OECD 국가 규제 지수를 토대로 삼는다. 이에 따르면 1998년에는 19개의 유럽연합 주요 회원국 중에서 17개국이 미국보다 심한 규제를 적용했다. 그러나 15년 후에는 그 수가 2개국으로 줄었다. 필리폰이 지적한 대로 이 지수는 소비자 상품 및 서비스에 대한 국가 규제만 반영한다. 그래서 세금부터 노동까지 다른 모든 것을 포괄하는 규제는 배제된다.

유럽 주요국에서 이런 국가적 법률이 갈수록 부담스러워진다는 충분한 증거가 있다. 2023년 기준으로 독일의 중기업 중 4분의 1 이상은 사업을 접거나 해외로 이전하는 것을 고려하고 있다.[61] 그들이 언급한 이유는 '과도한 관료 체제와 높은 세금'이다. 프랑스는 높은 세금에 질린 백만장자들의 탈주에 시달렸다. 또한 직원이 50명 미만인 기업들의 수가 이상할 정도로 늘어났다. 50명부터는 엄격한 노동 관련 규제가 적용되기 때문이다. 이 기업들 중 다수는 마찬가지로 특이한 행태를 보여준다.[62] 그것은 단순히 '점진적' 개선이 아니라 '획기적' 개선을 이루는 경우에만 특허를 신청하는 것이다. 즉 그들은 노동 규제의 비용을 감당할 가치가 있을 만큼 몇 배로 사업 규모를 키울 수 있을 때만 특허를 신청한다.

기업들은 가장 규제가 적은 피난처로 달려가는 경주를 벌이는 것이 아니다.[63] 그들은 크고, 부유하고, 까다로운 정부들이 정한 높은 규제 기준을 충족하기 위한 경주를 벌이고 있다. 가령 미국의 경우 모든 자동차 제조사는 가장 큰 주가 정한 배출 가스 기준을 충족해야 한다. 이를 '캘리포니아 효과'라 부른다. 그래도 미국의 규정은 유럽의 규정보다 훨씬 느슨하다. 유럽은 부유하고 개입주의적 성향이 강한 국가들이 정한 엄격한 기준을 적용한다. 독일과 프랑스가 이 나라들을 이끌고 있다. 유럽식 용어를 쓰자면, 유럽 대륙의 규정은 가장 느슨한 기준으로 '하향 조정'하는 것이 아니라 가장 엄격한 기준으로 '상향 조정'한다. 각국 규제 기관은 규제 수립 권한을 유럽위원회에 넘기고 대신 집행자 역할을 하는 것처럼 보인다.

유럽에서 사업을 하려는 글로벌 기업(모두가 여기에 해당한다)은 높은 유럽연합 기준에 맞춰서 상품을 만들거나 서비스를 구성해야 한다. 이 기업들은 뒤이어 자국 정부에 유럽 기준에 맞춰서 '상향 조정'을 하라고 요구한다. 아누 브래드퍼드는 이런 추세에 '브뤼셀 효과'라는 이름을 붙였다. 이제 유럽의 규정은 전 세계의 산업 생산 방식 및 절차를 좌우한다. 거기에는 브라질에서 꿀을 생산하는 방식, 중국에서 우유를 생산하는 방식, 일본에서 플라스틱 장난감을 생산하는 방식이 포함된다. 심지어 전 세계 인터넷 사용자들에게 어느 정도의 프라이버시를 제공할지도 유럽의 규정을 따른다. 유럽은 조용히 '글로벌 규제 패권'을 잡았다. 브래드퍼드는 이를 숨겨진 강점으로 본다. 비판자들이 주장하는 것보다 훨씬 더 큰 지정학적 '중요성'을 유지한다는 증거이기 때문이다. 하지만 브래드퍼드는 유럽식 관료 체제의 확장이 경제에 유익할지, 해로울지에 대해서는 불가지론적 입장을 취한다. 그녀는 이 문제가 "전혀 중요하지 않을 수 있다"라고 말한다. 좋든 싫든 간에 개인, 기업, 정부가 '브뤼셀 효과를 억제하기 위해 할 수 있는 일이 거의 없기' 때문이다. 지난 세기 동안 확장된 전 세계의 관료 체제에 대해서도 같은 말을 할 수 있다.

8장.

두더지 잡기 게임

중앙은행가들은 흔히 이지 머니가 만든 과잉을 억제하는 최선의 방법은 이지 머니를 줄이는 것이 아니라고 말한다. 최선의 방법은 그들이 '거시 건전성 규제(macroprudential regulation)'라고 부르는 보다 엄격한 규칙을 적용하는 것이다. 하지만 정부와 중앙은행이 금융 시장에 감당할 수 없는 규모로 돈을 쏟아부을 때, 새로운 규정은 실질적으로 돈의 흐름을 억제하지 못한다. 단지 그 방향을 다른 곳으로 돌릴 뿐이다.

인류 최초의 법은 기원전 1750년에 바빌론의 왕인 함무라비(Hammurabi)가 만든 함무라비 법전이다. 이 법은 주로 상업 및 금리의 규제에 초점이 맞춰져 있다. 함무라비왕이 펜을 놓은 순간부터 규칙을 피해가는 게임이 시작되었다. 대부업자가 부과할 수 있는 최고 금리 상한선은 연 단위 부과가 아니라 월 단위 부과로 회피되었다. 바티칸조차 대부업자들이 고리대금업 금지에 대한 도덕적 명령을 회피하는 것을 막지 못했다.¹ 금융은 언제나 길을 찾아내기 때문이다.

그 결과는 두더지 잡기 게임이다. 정부 당국이 한 구멍을 규제의 망치로 내리쳐도 두더지는 다른 구멍에서 튀어나온다. 금융 시장의 같은 부문에서 위기가 두 번 연속 발생하는 일이 드문 이유가 거기에 있다.

1980년 이후 처음 일어난 주요 금융 위기는 저축 대부 조합 사태였다. 이 사태는 흔히 관련된 이야기를 담은 책의 제목처럼 '규제 완화가 문제를 일으킨' 사례로 언급된다. 하지만 저축 대부 조합 사태의 내막은 규제가 여건을 조성했음을 보여준다.² 1970년대에 이르기까지 은행들은 대공황 시대의 규제를 적용받았다. 이 규제는 1920년대에 은행들이 저지르던 무분별한 금융 투기를 효과적으로 종식시켰다. 그 핵심은 글래스스티걸법(Glass-Steagall Act, 은행 개혁과 투기 규제를 목적으로 제정한 법으로서 은행은 증권 업무, 증권사는 은행 업무를 각각 금지하는 등의 내용을 담고 있다 – 옮긴이)의 규제 Q였다. 규제 Q는 일반 당좌 예금 계좌나 저축 계좌에 제공하는 금리에 상한선을 두었다. 그에 따라 은행들이 고객을 두고 지나치게 공격적인 경쟁을 벌이지 못하게 되었다.

은행가들은 규제 Q를 회피하려고 애썼다. 그 선두에 선 것은 씨티은행(Citibank)이었다. CEO인 월터 리스턴(Walter Wriston)은 1960년대부터 기업 어음, 정크 본드, 양도성 예금 증서 같은 새로운 상품을 개발했다. 이 상품들은 은행 계좌와 비슷하면서도 더 높은 금리를 제공했기 때문에 고객들에게는 더 나았다. 그 결과 예금이 몰려들면서 1980년대 월가 회생에 필요한 재원이 되어준 자본이 형성되었다.

이런 환경에서 오래된 저축 대부 조합들이 파멸을 맞았다. 루스벨트 행정부는 대공황 때 주택 보유를 장려하기 위해 저축 대부 조합을 만들었다. 그 수단은 앞서 확인한 대로 저비용 주택 담보 대출을 제공하는 것이었다. 저축 대부 조합은 경쟁으로부터 보호받았으며, 연방 주택대출은행위원회(Federal Home Loan Bank Board)의 감독을 받았다. 이 위원회는 수많은 규정을 적용받았다. 거기에는 조사관들에 대한 급여 상한도 포함되어 있었다. 그래서 조사관들은 '박봉과 과음에 시달리면서 사소한 문제를 트집 잡는 전문가들'이라는 평판을 얻었다.[3] 저축 대부 조합 경영자들은 규제가 정한 리듬에 맞춰 일했다. 즉 3%에 빌리고, 6%에 빌려주며, 오후 3시에 골프장에 가는 3-6-3 규칙을 따랐다.

무사안일한 저축 대부 조합은 집값이 꾸준히 오르고 채무 불이행이 드물던 시기에는 생존할 수 있었다. 그러나 금리를 높이고, 채무 불이행을 늘리며, 리스턴 같은 은행가들이 새로운 금융 상품을 내놓게 만든 볼커 충격은 견디지 못했다. 저축 대부 조합은 혁신적인 금융 기관들에 예금자를 빼앗기기 시작했다. 게다가 차입 비용은 오르는데 주택 담보 대출 금리는 고정되어 있어서 돈까지 잃기 시작했다. 1980년대 초반이 되자 저축 대부 조합업계는 해마다 수억 달러의 손실을 내는 지경에 이르렀다.[4]

이것이 저축 대부 조합에 대한 '규제 완화'가 이뤄진 배경이었다. 규제 완화는 1980년에 카터가 처음 실시했고, 1982년에 레이건이 뒤를 이었다. 그 목표는 정부가 창조한 생태계를 합리화하는 것이었다. 저축 대부 조합은 거기서 더 이상 생존할 수 없었다. 새로운 규정은 이전에는 금지되었던 많은 것을 허용했다. 가령 주거용 부동산에서 상업용 부동산으로 사업 분야를 다양화할 수 있게 되었다. 갑자기 저축 대부 조합은 가장 공격적인 상업용 부동산 투기자가 되었다. 이제 상업은행들보다 더 느슨한 규정을 적용받게 되었기 때문이다. 치과의사부터 부동산 개발업자, 정치인까지 모두가 기회를 감지하고 저축 대부 조합을 만들거나 저축 대부 조합과 공동 사업을 진행하기 시작했다. 그들은 때로 의심스러운 거래를 밀어붙였다. 이 거래들은 결국 1980년대와 1990년대에 금융 스캔들이 터지면서 무산되고 말았다.

규제는 축소된 것이 아니었다. 은행보다 저축 대부 조합에 대해 더 빠르게 완화되면서 불균등하게 진화하고 있었다. 동시에 정부는 지원책을 늘려나갔다. 가장 중요한 지원책은 저축 대부 조합 예금을 10만 달러까지 보증한 것이었다. 이전 한도는 4만 달러였다. 덕분에 저축 대부 조합들은 자유롭게 새로운 사업을 추진할 수 있었다. 손실에 대해 충분한 보험이 주어졌기 때문이다. 그들은 흥청망청 자본 오배분을 일삼았다. 저렴한 주택 담보 대출을 제공하려고 만들어진 산업이 카지노, 스키 리조트, 패스트푸드 프랜차이즈, 풍력 발전 단지 투기자들의 천국이 되었다.

항공 운송 산업 및 육상 운송 산업에 대한 규제 완화는 '시장의 힘'에 권한을 부여했다.[5] 반면 백악관이 사태의 원인을 조사하기 위해 만든 위원회에 따르면 저축 대부 조합업계에 대한 규제 완화는 크게 다른 양상으로 전개되었다. 이 경우에 권한은 정부에 부여되었다. 느슨한 규정, 약화된 감독, 정부 보증 강화 같은 요소들은 저축 대부 조합이 시장의 힘을 무시하도록 만들었다. '결국 산업 전체가 붕괴할 운명'에 처하고 말았다. 조사위원회는 위험한 투기에 대해 정부가 보험을 제공한 것이 가장 큰 실수였다고 지적했다. 그로 인해 '너무나 많은 사기꾼들이' 저축 대부 조합업계로 몰려들었다.

저축 대부 조합 사태 때 보스턴 칼리지(Boston College) 교수인 에드워드 J. 케인(Edward J. Kane)은 자본주의 시스템을 감염시키는 '좀비들'을 가장 먼저 파악했다. 그는 파산 상태인데도 규제 당국이 못 본 체하며 살려둔 저축 대부 조합을 좀비라 불렀다. 텍사스만 해도 정부 지원으로 버티는 좀비 저축 대부 조합이 약 100개나 되었다.[6] 텍사스는 애리조나와 캘리포니아까지 깊이 퍼져나간 사태의 진원지였다. 캘리포니아에는 선거 유세를 도와주었다는 이유로 망해가는 저축 대부 조합들을 지원하려 든 상원의원들이 있었다. '키팅 파이브(Keating Five)'라 불린 이들은 그 시대의 상징이 되었다. 1980년대 말과 1990년대 초에 정부는 마침내 방침을 바꿨다. 그에 따라 부실 저축 대부 조합을 '정리'하거나 폐쇄하기 위한 기구가 설립되었다.

이 전환은 흔히 규제 완화가 실패했음을 깨달은 정부가 통제권을 되찾은 결과로 제시된다. 그러나 이는 국가 통제주의자들이나 좋아할 법한 관점이다. 자신감이 넘치던 정부가 사태의 여건을 조성했다. 즉 1970년대에는 저축 대부 조합들이 살아남기 어렵게 만드는 규정들을 만들었다. 그러다가 다른 대부 기관은 제외하고 저축 대부 조합에 대해서만 규정을 완화하고 예금 보장 한도까지 늘려주면서 사태를 악화시켰다. 정부 지원은 최소한 규제 완화만큼이나 사태를 키우는 데 일조했다. 규제 당국이 저축 대부 조합에 대한 지원을 중단하고 파산을 허용하거나 촉진하면서 마침내 사태가 진정되기 시작했다. 따라서 이 사태가 전적으로 정부 기능 축소나 규제 완화 탓이라고 말하는 것은 잘못되었다. 이는 정부가 사태의 모든 단계에 깊이 개입한 실상을 지나치게 단순화하는 것이다.

규정 우회 경쟁

1990년대에 닷컴 붐이 탄력을 받았다. 엔론(Enron)과 월드콤(World-Com)을 포함해 당시 가장 성공적으로 보였던 일부 기업은 허울에 지나지 않는 이미지를 구축했다. 그 이면에는 혼탁하거나 순전히 기만적인 경영 및 회계 관행이 숨겨져 있었다. 2001년에 닷컴 버블 붕괴로 인해 해당 기업들이 망하면서 충격적인 비밀이 드러났다. 이에 의회는 흔히 삭스(SOX)로 불리는 사베인스-옥슬리법(Sarbanes-Oxley Act)을 통과시켰다. 이 법의 목적은 기업 회계의 실상을 밝히고, 수치 조작에 대해 형사 책임을 물으며, 시스템 위기로 번지기 전에 사기 행위를 신고한 내부 고발자들에게 보상하는 것이었다.

새로운 삭스 규정 중 다수는 분명 나름의 타당성을 지니고 있었다. 이 규정들은 많은 기업과 CEO들이 겁을 먹고 완전히 주식 시장을 떠나게 만들었다. 개인 기업들은 상장을 미루거나 포기했다. 상장 기업들은 새로운 규정과 그에 따른 준법 비용을 피하려고 적어도 부분적인 상장 폐지를 단행했다. 대부분의 평가에 따르면 삭스는 보고 요건을 충족하지 못하는 수많은 소기업을 사실상 문 닫게 만들었을 뿐 아니라 아직 요람에 있는 다른 기업들까지 죽였다. 현재 삭스가 남긴 가장 두드러진 유산 중 하나는 유니콘 기업의 급증이다. 유니콘 기업은 기업 가치가 10억 달러 이상인 개인 기업으로, 2024년을 기준으로 미국에 약 1,200개가 있다.

닷컴 광풍은 2001년 이후 부동산 광풍으로 넘어갔다. 그 결과 많은 나라에서 신용 증가율이 경제 성장률을 앞질렀다. 신용 두더지들이 새 구멍으로 옮겨간 것이다. 각국 정부는 규제를 통해 버블을 줄이려고 노력했다. 가령 미국이 2014년 초에 취한 조치처럼 소득의 특정 비율로 주택 담보 대출 한도를 정했다. 은행들은 어려움을 극복하기 위해 주택 구매자로부터 초점을 옮겨서 기업 대출을 늘리기 시작했다.[7] 그 대상에는 위태로운 기업도 포함되었다. 또한 은행들은 (흔히 집을 담보로 잡힌) 소규모 사업가들뿐 아니라 대기업에 대해서도 대출 기준을 낮췄다. 주택 보유자를 보호하려던 규제 당국은 결국 소규모 사업체 보유자들에게 불이익을 주려는 의도가 없었다. 그러나 현실적으로는 그렇게 되어버렸다.

2000년대에 금융 규제 기관의 예산이 늘어났다. 이는 그들이 스스로 밝힌 사실이었다. 그에 따라 새로운 금융 규제가 경제에 가하는 비용도 늘어났다. 가령 1999년에 의회는 대공황 시대의 법인 글래스스티걸법의 다수 조항을 폐지했다.[8] 이 법은 은행들이 매우 보수적으로 영업하도록 강제했고, 예금자들이 맡긴 돈으로 투기를 벌이지 못하도록 막았다. 그러나 145페이지에 걸친 개정안은 일부 제약을 없애는 한편 다른 많은 제약을 추가했다. 거기에는 은행 지주 회사에 대한 감독 강화, 저축 대부 조합 지주 회사 신규 설립 금지 등이 포함되었다. 심지어 현금 인출기와 그 화면에 수수료를 따로 게시해야 한다는 요건까지 있었다.

이지 머니 시대가 시작되는 가운데 금융인들은 규제 저항을 최소화하면서 이지 머니를 활용할 수 있는 새로운 투자 상품을 기획했다. 그 결과로 부채담보부증권을 포함해 이해하기 힘든 새로운 채무 상품들이 폭증했다. 이런 상품들은 2008년에 닥칠 신용 붕괴 사태를 예견하기가 매우 어렵게 만들었다.

　세계화 때문에 게임의 속도가 더욱 빨라졌다. 대부업체들에는 새롭고 더 큰 신용 시장이 열렸다. 2000년 무렵 자본은 규제가 비교적 가벼운 시장으로 흘러가기 시작했다. 영국에서는 신규 규제 때문에 국내 은행의 기업 대출이 제한되는 가운데 해외 은행들이 간극을 메웠다. 또한 미국에서는 신규 규제 때문에 대형 국내 은행 해외 지점의 대출이 제한되었다. 이에 해당 은행들은 해외 차입자들에게 직접 돈을 빌려주기 시작했다. 이런 치환은 사실상 끝없이 이뤄졌다.[9]

그림자 은행에는 어두운 구석이 없다

2008년 무렵 미국의 금융 시스템은 새로운 모습으로 바뀌었다. 금융 활동의 중심이 무거운 규제를 받는 은행에서 '그림자 은행'으로 옮겨갔다. 대부분의 경우 그림자 은행은 어둡지도 않았고, 은행도 아니었다. 그들은 보험사부터 연기금, 헤지 펀드까지 다른 금융 부분에 속한 유명 기업인 경우가 많았다. 미국 기업을 다수 포함한 그들의 고객은 베일에 가려진 적이 거의 없었다.

　그림자 은행이 누리는 큰 이점은 얼마나 많은 자본을 보유해야 하는지, 어떤 제품을 제공할 수 있는지에 대한 규제를 따를 필요가 없다는 것이다. 반면 불리한 점도 있다. 그림자 은행의 예금자들은 연방정부의 예금 보증을 받지 못한다. 2008년에 금융 위기가 닥칠 무렵 그림자 은행은 그 중심에 있었다.[10] 그들은 전통적인 은행보다 더 많은 예금을 보유했고 폭넓은 혁신적인 형태로 더 많은 돈을 빌려주었다.

그림자 은행은 금융 시장의 어두운 구석이 아니라 갈수록 금융의 중심이 되어갔다.

2008년 금융 위기의 핵심에는 파생 상품이라 부르는 일련의 채무 상품이 있었다. 파생 상품은 다른 자산의 가격에 기반하거나 거기서 파생된 계약을 말한다. 파생 상품 시장은 2000년대에 폭발적으로 성장했다. 그에 따라 투자자가 파생 상품을 통해 베팅할 수 있는 자산이 주식부터 채권, 백금, 심지어 기상 패턴까지 엄청나게 다양해졌다. 농장이나 자동차 제조사 같은 전통적인 사업에 할애된 비중은 소수에 불과했다. 이런 분야에서는 철강 가격 급등이나 가뭄 같은 예상치 못한 사태에 대비하는 수단으로 파생 상품을 활용했다. 반면 약 90%의 파생 상품은 금융 시장에 이런저런 베팅을 하는 금융 기업들이 사들였다.[11] 규제를 받는 공식 거래소가 아니라 매도자와 매수자가 직접 거래하는 장외 파생 상품 시장은 10년 동안 약 8배로 커졌다.[12] 금융 위기 직전에는 그 규모가 680조 달러를 넘어섰다. 같은 기간에 세계 경제 규모는 약 64조 달러로 약 2배 커졌다.

이후 파생 상품 시장이 붕괴된 것은 흔히 장외 파생 상품 시장에 대한 규제 완화 때문인 것으로 여겨진다. 하지만 애초에 이 시장이 왜 생겼을까? 금융인들은 1999년의 글래스스티걸법 개정안 같은 최신 규제 체제를 피해갈 길을 항상 찾아내기 때문이다.《좀비 은행(Zombie Banks)》의 저자인 저널리스트 얄만 오나란(Yalman Onaran)은 "신규 규제가 특정 금융 시장에 대한 감시를 강화하면, 금융 기업들은 투명해진 시장을 대체할 불투명한 시장을 새로 만들어낸다"라고 썼다.[13] 새로운 보고 요건이 특정 거래를 더 훤히 드러내면, 보고하지 않고도 같은 채무 상품을 거래할 수 있는 새로운 파생 상품이 만들어진다.

2008년에 부동산 투기 열풍이 잦아든 후 규제 당국은 흔히 그랬듯 뒤늦은 예방 조치를 취했다. 의회는 848페이지에 이르는 도드프랭크법(Dodd-Frank Act, 2008년 금융 위기를 부른 주범으로 꼽히는 파생 상품의 거래 투명성을 높이고, 자산 500억 달러가 넘는 대형 은행들에 자본 확충을 강제하는 내용을 담고 있다 - 옮긴이)을 통과시켰다. 규제 당국은 이 법을 뒷받침하기 위해 400개의 규제를 추가했다. 이 각각의 규제는 나름의 '규제 수렁'이 되었다.

반면 글래스스티걸법은 40페이지가 채 되지 않았다. 저술가인 필립 코건(Philip Coggan)은 《더 많이: 1만 년에 걸친 세계 경제의 부상(More: The 10,000-Year Rise of the World Economy)》에서 "규제를 더 복잡하게 작성하는 경향은 은행들이 활용할 수 있는 허점을 더 많이 만들었을 뿐이다"라고 주장한다.[14] 도드프랭크법은 망하기에는 너무 크다고 간주되는 은행을 국민 세금으로 구제하는 일을 끝내기 위한 것이었다.[15] 그러나 너무나 복잡한 내용 때문에 중소 은행들이 어려움을 겪는 사업 환경을 만들고 말았다.

신규 규제는 대부분 2008년 금융 위기를 촉발한 유형의 대출을 제한하는 데 초점을 맞췄다. 즉 대형 은행이 부적격자나 '서브프라임' 차입자에게 내주는 주택 담보 대출을 대상으로 삼았다. 그러나 이지 머니가 여전히 무모한 대출을 부추기는 가운데 금융 활동의 중심은 월가의 대형 은행에서 그림자 은행으로 더 많이 옮겨갔다. 이후 10년 동안 그림자 은행이 주택 담보 대출 시장에서 차지하는 비중은 약 10%에서 50% 이상으로 늘어났다. 신규 규제는 주택 담보 대출 증가율을 낮췄다. 그러자 그림자 은행은 다른 형태의 소비자 대출로 옮겨갔다. 거기에는 학자금 대출과 자동차 대출이 포함되었다. 시장의 주요 매수자로서 새로운 역할을 맡은 연준이 촉진하는 가운데 게임은 계속 이어졌다.

2018년에 연준 연구자들은 2008년 금융 위기 이후 제정된 규제를 분석하면서 '악순환 구조'를 발견했다. 거기에 따르면 복잡한 규정은 기업 자체를 더욱 복잡하게 만들었고, 그에 따라 더욱 정교한 규정이 필요하게 되었다. 이처럼 갈수록 복잡해지는 구조는 대형 기관에 유리하다. 그들은 더 높은 급여를 미끼로 더 많은 '최고 인재'를 끌어들이기에, 이 게임에서 우위를 유지할 수 있다. 2008년 금융 위기 이후 제정된 복잡한 규제들로 인해 그림자 은행이 부상할 때도 대형 은행들은 크게 반발하지 않았다. 그림자 은행의 투자 재원을 대면서 수익을 올릴 수 있었기 때문이다. 연준 연구자들은 "따라서 규제를 복잡하게 만드는 경향은 역효과를 낼 수 있다. 금융 규제, 금융 혁신, 금융 기관 지배 구조의 복잡성이 심화되는 악순환은 중단되어야 한다"라고 결론지었다.[16]

동시에 연준 이사들은 투자자들이 안전한 국채를 버리고 사모 시장에서든 공모 시장에서든 더 많은 리스크를 감수하도록 의도적으로 부추겼다. 공모 시장에서 주식과 채권의 가격은 빠르게 상승했다. 그러나 사모 시장에서는 동격인 지분과 채무의 가격이 더욱 빠르게 상승했다. 온갖 자산의 가격이 너무나 빠르게 오르는 가운데 금융공학은 평범한 공학보다 더 높은 수익 잠재력을 제공했다. 굳이 보상을 얻기까지 수년에서 수십 년이 걸리는 연구 개발이나 신규 공장에 투자할 필요가 있을까? 새로운 채무 상품이나 자사주 취득이 더 빨리, 더 높은 보상을 약속하는데 말이다.

투자자들이 사모 시장으로 이동하는 것은 전적으로 합리적인 선택이었다. 거기서는 중앙은행에서 흘러나온 돈을 더 자유롭게 굴릴 수 있었다. 1980년대 월가 호황기에 고안된 차입 매수(외부 차입을 통해 확보한 자금으로 기업을 인수하는 방식 – 옮긴이)는 악명을 얻어서 '사모 펀드(Private Equity)' 또는 그냥 PE로 재포장되었다. 그 전형적인 사업 방식을 보면, 사모 펀드 회사가 투자자들로부터 자금을 모아 차입 매수 기금을 조성한다. 그다음 이 기금을 담보로 자금을 차입해 목표 회사를 인수하는 명목 회사(shell company)를 만든다. 인수 후에는 명목 회사와 목표 회사를 합병한다. 그러면 부채는 결국 목표 회사의 장부에 남게 된다. 야바위처럼 보이지만 그렇지 않다. 많은 경우 건실한 사모 펀드 회사는 구원자로 환영받는다. 그들은 양호한 신용 덕분에 실제로 피인수 기업의 차입 비용을 낮춰주며, 피인수 기업을 건실하게 바꾸려는 의도를 갖고 있다.

그러나 너무 많은 돈은 아무리 좋은 것이라 해도 망칠 수 있다. 중앙은행이 금리를 제로 이하로 낮추는 가운데 새로운 플레이어들이 사모 펀드 산업으로 몰려들었다. 그들 중 다수는 무분별하게 자금을 빌려서 기업들을 사들였다. 그들의 의도는 비용과 급여를 낮추고 빨리 팔아 치우는 것이었다. 2000년과 2022년 사이에 사모 펀드 회사의 수는 3,000개 미만에서 거의 1만 5,000개로 늘었다. 또한 그들이 운용하는 자금은 약 1,000%나 늘어난 약 9.8조 달러에 이르렀다. 이 시기의 막바지에 사모 펀드 회사가 운영하는 전형적인 미국 기업의 부채는 연간 이익의 약 5.5배나 되었다.[17] 이는 신용 평가사가 '정크'로 판정하는 수준보다 약 2배나 높은 수준이었다. 2008년 금융 위기 전에는 그 비율이 약 3.5배에 불과했다. 또한 연간 이익의 5배가 넘는 무거운 부채를 활용하는 거래가 거의 3배나 늘어나 3분의 2를 차지했다. 다시 말해서 가장 위험한 거래가 가장 흔해진 것이다.

수천 개 기업이 한 번이 아니라 여러 번 재매각되거나 재융자되었다. 그때마다 부채 부담이 가중되었다. 너무나 많은 기업 오너와 CEO들이 기존 부채를 재가공하는 일에 집중했다.[18] 자본주의는 새로운 생명을 창조하는 것이 아니라 오래된 생명을 살려두는 시스템이 되었다. 사모 펀드는 흔히 하나의 대박 기업을 찾으려고 10여 개의 기업을 사들인다. 그 결과 일부 펀드는 대성공을 거둔 하나의 기업이 수많은 부실 기업을 떠받치는 형태로 운영되었다. 투자자인 마이클 하월(Michael Howell)은 "세상이 바뀌었다. 이제는 서구 금융 시스템을 근본적으로 자본 재분배 메커니즘이라 생각해야 한다. 새 자금을 모으는 것이 아니라 기존 투자 지위를 재융자하는 데 활용되는 거대한 자본 풀(pool)이 이 시스템을 지배한다. 새로운 자본 지출은 엄청난 부채 부담을 이월해야 하는 필요성에 압도당한다"라고 썼다.[19]

은행과 그림자 은행을 포함한 온갖 대부자들이 이 시장에 적극적으로 뛰어들었다. 그들은 다른 플레이어들처럼 더 많은 리스크를 감수하려는 동기를 갖고 있었다. 사모 대출(private lending, 은행이 아닌 비은행 금융 기관이나 개인들이 자금을 모아 돈을 빌려주는 것 – 옮긴이) 시장만큼 높은 수익률을 맹목적으로 찾아다니는 세태를 잘 보여주는 곳은 없었다. 이 시장은 2008년 금융 위기 이후 거의 5배인 10조 달러 이상으로 커졌으며, 규제를 피하려는 차입자와 채권자 모두에게 편안한 안식처를 제공했다. 워싱턴 DC 소재 컨설팅 기업인 페더럴 파이낸셜 애널리틱스(Federal Financial Analytics)의 공동 창업자 캐런 페트루(Karen Petrou)는 사모 대출 시장에 대해 "규제 관련 비용이 덜 들수록 더 많은 활동이 이뤄질 가능성이 높다"라고 썼다.[20] 그러나 애초에 사모 대출 '활동'의 폭증을 초래한 것은 느슨한 규제가 아니라 이지 머니 그리고 베팅이 잘못되었을 경우에는 정부가 구제해줄 것이라는 기대였다.

시간이 지나면서 대부자들은 기업 차입자들을 진지하게 가려내는 시늉조차 하지 않았다. 크리스토퍼 레너드는 오히려 "제대로 살펴보지 않는 것에 인센티브를 부여했다"라고 썼다. 2022년 무렵 사모 기금이 기업 인수를 위해 활용한 대출의 거의 100%가 '약식 대출(covenant lite)'이었다.[21] 조건이 거의 붙지 않는 이 대출은 10년 전만 해도 그 비중이 거의 0%였다. 정크 본드업계의 문제점을 파헤친 비키 브라이언(Vicki Bryan)의 지적에 따르면 대부자들은 더 이상 기업 차입자가 사기나 무능의 피해를 입지 않을까 따지지 않았다.[22] 연준이 채권 매입을 통해 채권 가격의 인위적 바닥을 받쳐주고 있었기 때문이다. 따라서 '이 시장에서는 돈을 잃을 일이 없었다. 그리고 돈을 잃을 일이 없다면 그것은 사실 시장이 아니었다'.

기업성장집합투자기구(Business Development Company)가 사모 대출업계에서 특히 무모한 분야를 지배했다. 1980년대에 의회가 만든 기업성장집합투자기구는 은행 대출을 받기에는 너무 작고 위험한 기업들에 자금을 빌려주는 대가로 면세 혜택을 받는다. 그들은 엄청난 고

금리를 부과하지만 2010년까지 별로 성공하지 못했다. 연준이 연이은 채권 매입으로 이지 머니를 계속 시장에 쏟아부었기 때문이다. 그러나 이후 10년 동안에는 그 수가 약 2배인 거의 100개로 불어났다. 운용 자산도 약 4배인 1,000억 달러 수준에 이르렀다.[23] 작고 취약한 기업들에 대출을 내주고 7~8%의 수익률을 올릴 기회를 노리며 전 세계의 대형 자산 운용사들이 몰려들었다. 한 투자자는 2021년 "요즘 맨해튼에서 막대기를 휘두르면 사모 대출 사업에 관계된 사람이 맞을 것이다"라고 내게 말했다.

투자자들은 규제를 피하기 위해 사모 시장으로 자금을 쏟아부었다. 그러면서도 위기가 발생하면 정부가 도와줄 것이라 기대했다. 대공황 시대에 합의된 사항은 (자본 요건 같은) 신규 규제를 준수하는 은행의 경우 위기 시에 예금 보험과 긴급 대출 혜택을 받을 수 있다는 것이었다. 그림자 은행들은 그런 보호 수단의 혜택을 받지 못했다. 그러나 그들에게 탈출구를 제공하는 조항이 있었다. 거기에 따르면 정부는 극단적인 상황에서 모든 유형의 기업을 보호할 수 있었다. 버냉키는 "2008년에 정부가 이 대공황 시대의 구제 조항을 되살렸고, 그림자 은행들은 결국 정부가 제공하는 안전망의 보호를 받았다"라고 썼다.[24]

은행을 규제해 세계적인 자금 흐름을 통제하려는 시도는 시간이 갈수록 어려워졌다. 은행 시스템 밖에서 이뤄지는 대출이 늘어났기 때문이다. 비은행 부문 신규 대출의 비중은 뉴질랜드의 경우 약 20%로 낮고, 미국의 경우 약 80%로 높다. 그런데도 연준 관료들은 2019년 가을까지도 경기가 "정말로 좋은 상태"라고 말했다.[25] 그 주된 근거는 2008년에 비해 대형 은행의 재정 상태가 탄탄해 보인다는 것이었다. 대출 활동은 그림자 은행 부문으로 넘어갔지만, 연준은 그 사실을 언급하지 않았다.

그림자 은행은 미국에서 생겨나 2000년대에 주도적인 입지로 올라섰으며, 2010년대에는 전 세계로 퍼져나갔다. 그들이 운용하는 자산은 약 30조 달러에서 약 63조 달러로 늘어났다. 게다가 근래에 유럽과 아시아의 일부 지역에서는 증가 속도가 더 빨라졌다. 중국은 중진국에 해당한다. 그래서 고소득 국가보다 부가 적은 만큼 부채 증가를 감당할 여력도 적다.[26] 그럼에도 중국의 그림자 은행 부문은 GDP의 약 60%를 차지하며, 세계 최대 규모를 자랑한다. 유럽의 경우 아일랜드와 룩셈부르크 같은 금융 중심지가 주요 거점이다. 이 나라들에서는 특히 연기금과 보험사를 포함하는 그림자 은행의 자산이 연 8%에서 약 10%씩 증가하고 있다.

심지어 지금도 중앙은행가들은 거시 건전성 규제로 이지 머니의 흐름을 다스리는 것이 부채 위기를 막는 길이라고 말한다. 그들은 이 목표를 달성하기 위해 갈수록 복잡한 규정을 내놓고 있지만, 별다른 성과를 거두지 못했다. 규정만으로는 금융 시장의 투기성 과잉을 결코 억제하지 못한다. 정책 결정자들이 위기 완화에 필요한 수준보다 더 많은 돈을 쓰고 만드는 성향을 버리지 않는 한 말이다. 규칙 개정은 시장의 어느 부문이 과잉에 가장 취약하거나 덜 취약한지를 좌우할 수 있다. 그러나 과도한 이지 머니 때문에 왜곡된 시장을 합리화하지는 못한다. 2022년에 연준은 인플레이션 재발로 급격하게 돈줄을 조여야 했다. 과잉을 선호하는 그들의 성향이 사라졌는지는 다음 위기가 말해줄 것이다.

투박한 수단

현재 정부의 기본적인 접근법은 버블이 부풀다가 터지도록 놔두는 것이다. 그다음 난장판을 정리하고 애초에 버블로 이어진 최악의 과잉을 규제로 다스리려고 시도한다. 이 전략에 대한 주류 옹호론은 중앙은행이 버블, 특히 가장 위험한 버블인 빚으로 키운 부동산 버블을 예측할 수 있을 뿐 아니라 불경기를 촉발하지 않고 버블을 줄일 수단이 있다면 행동에 나서야 한다는 것이다. 앨런 블라인더는 "하지만 이 두 가지는 대단히 까다로운 전제 조건"이라고 경고한다. 가령 그는 2000년에서 2006년까지 형성된 부동산 버블은 이미 너무 늦은 때인 2005년까지 폭넓게 포착되지 않았다고 주장한다. 또한 이보다 이른 급격한 통화 긴축은 "부동산 버블을 터트리기 전에 경기를 악화시킬 수 있었다". 이처럼 "투박한 수단은 부수적 피해를 초래"할 수 있었다. 따라서 중앙은행은 부동산 버블을 줄이기 위해 긴축적 통화 정책을 강화할 것이 아니라 규제를 활용해야 한다는 것이 그가 말하는 요지다.[27]

안타깝게도 완화적 통화 정책도 긴축적 통화 정책만큼 투박한 수단이다. 그래서 지금까지 적어도 20년 동안 사회에 부수적 피해를 초래했다. 맞다. 실시간으로 버블을 포착하기는 쉽지 않다. 하지만 부채 증가 속도 및 자산 가격 상승 속도를 실질적인 경고 신호로 삼을 수 있다는 연구 결과가 늘어나고 있다. 하버드대학교 경영대학원 연구진은 2018년에 주가 버블에 대한 연구를 진행했다.[28] 연구 대상은 1929년 주가 대폭락 이후 미국의 특정 산업계를 덮친 40번의 주가 버블이었다. 그들은 "주가가 2년 안에 150% 이상 상승하면 폭락이 거의 확실하게 일어난다"라고 결론지었다.

긴축적 통화 정책은 몇 달 일찍 불경기를 촉발했을지도 모른다. 그러나 이지 머니는 거의 확실하게 주가 폭락을 불렀을 뿐 아니라 2008년 12월에 시작되어 1년 이상 지속된 대침체의 발판을 놓았다. 이 버블은 너무나 오랫동안 부풀도록 허용되고, 부추겨졌다. 그것이 초래한 장기적 피해는 거의 확실하게 더 나쁜 것이었다. 규제는 세심하게 조정되어야 한다. 그러나 규칙 개정으로는 거의 제로 금리에 가까운 대출의 방대한 흐름을 바꿀 수는 있지만 막지는 못한다. 수조 달러에 달하는 이 자금은 전 세계 시장으로 서서히 흘러 들어간다.

지난 40년 동안 금융 시장 규모는 세계 경제 규모의 4배 이상으로 커졌다. 그에 따라 피드백 고리에 변화가 일어났다. 과거 시장은 경기 추세를 반영했다. 하지만 이제는 경기 추세를 이끌 만큼 커졌다. 따라서 다음 금융 위기는 폭발적인 성장이 이뤄지지만, 아직 규제의 손길이 미치지 않는 시장의 새로운 부문에서 발생할 가능성이 높다. 긴밀하게 상호 연관된 시장에서 한 부문의 붕괴는 전체 시장으로 빠르게 확산된다. 2008년에 서브프라임 대출 시장이라는 비교적 작은 시장이 이를 증명했다.

지난 40년의 역사는 신자유주의를 작은 정부가 모든 경우에 더 낫다는 신념에 기반한 사상으로 묘사하는 경향이 있다. 작은 정부의 의미에는 더 가볍고 적은 규제도 포함된다. 그러나 처음부터 신자유주의의 한 지배적인 기조, 아니 가장 지배적인 기조는 하나의 역설에 토대를 두고 있다. 역사학자인 게리 거스틀의 설명에 따르면 그 역설은 "정부의 간섭으로부터 개인을 자유롭게 풀어주려면 정부의 개입이 필요하다"라는 것이다.

  신자유주의자들과 그들의 선조인 고전적 자유주의자들은 일찍이 19세기부터 자유 시장이 작동하려면 기본적인 질서가 필요하다고 믿었다. 또한 재산권과 상품, 돈, 신용의 자유로운 교환을 보호하는 규칙으로 시장을 '감싸야' 한다고 믿었다. 게다가 이런 규칙은 시간이 지날수록 계속 조정되어야 했다. 이것이 작은 정부와 관련된 이야기에서 빠진 부분이다.[29] 규칙은 시간의 흐름에 적응하면서 지난 위기를 촉진한 과잉을 억제하려고 항상 애써야 했다. 그 결과 시장을 감싼 규칙은 갈수록 두터워지고 복잡해졌다. 이 점은 각각의 새로운 물결이 규제 완화로 포장되든, 규제 강화로 포장되든 간에 마찬가지였다.

9장.

정부가 축소되는 일이 드문 이유

그러면 왜 너무나 많은 똑똑한 사람들이 '작은 정부'의 시대에 살고 있다고 믿게 되었을까? 어쩌면 이 신화가 그토록 깊이 뿌리내린 주된 이유는 자본주의의 금융화 때문일지도 모른다. 주식과 채권 그리고 갈수록 늘어나는 복잡한 채무 자산(채무 관련 상품에 투자해 수익을 올리는 자산 - 옮긴이)을 위한 글로벌 금융 시장은 수십 년 동안 실물 경제보다 더 빨리 성장했다. 그렇다면 정부가 축소된 것이 분명하다. 민간 영역이 확대되었으니 공공 영역은 축소되었을 것이다. 이는 음양의 측면에서 맞는 말처럼 들린다. 그러나 현실적으로 금융 시장은 이지 머니 문화로부터 동력을 얻어 정부와 같이 확대되었다.

정부가 축소되었다는 인상은 1980년 이후로 사람, 돈, 교역의 국제적 흐름이 증가하는 이른바 '세계화'와도 부합하는 것처럼 보였다. 하지만 우리가 잊고 있는 사실이 있다. 1900년 무렵의 앞선 세계화 시대는 일부 측면에서 사람, 돈, 교역의 더 빠른 흐름과 요란한 호들갑을 일으켰다. 심지어 일부 저술가는 전쟁이 사라질 것이라고 선언했다. 너무나 많은 사람이 이제 평화로운 상업 활동으로 너무나 많은 것을 얻을 수 있었기 때문이다. 1914년에 제1차 세계대전이 터지면서 이런 착각은 깨졌다. 그러다가 1980년대와 1990년대에 다음 세계화가 진전되었다. 이에 각국 지도자들은 다시 한번 세계화를 '막을 수 없는 힘'이라 일컬었다. 토니 블레어 영국 총리는 그 변화가 여름이 지나면 가을이 오는 것과 같다고 말했다.[1]

그러나 많은 정부가 세계화에 굴하지 않고 오히려 주도권을 쥐었다. 1991년 소련은 내부 모순의 무게를 이기지 못하고 붕괴했다. 공산주의는 와해되었다. 학자인 프랜시스 후쿠야마(Francis Fukuyama)는 이 순간을 '역사의 종말'이라 선언했다. 이는 국가의 역할을 둘러싼 오랜 투쟁이 마무리되었다는 의미였다. 이제는 시장이 선도하고, 국가는 옆으로 비켜설 것이었다. 어떤 국가도 중국만큼 큰 흥분을 유발하지는 못했다. 일당 체제 공산 국가가 자유 시장을 수용한다는 것은 역사가 한 방향으로만 나아갈 것임을 확증하는 듯 보였다. 중국은 번성했고, 늘어나는 중산층은 정부 당국에 압력을 가할 것이었다. 그들은 확대되는 경제적 자유와 더불어 정치적 자유도 요구할 것이었다. 클린턴 대통령은 "중국이 국민들의 방대한 생활 영역에서 정부의 역할을 제거하는 과정을 가속하고 있다"라는 말로 이런 분위기를 표현했다. 또한 그는 "다른 국가들이 중국을 세계 시장으로 받아들임으로써 올바른 방향으로 더 빠르게, 더 멀리 나아가게 만들 것이다"라고 말했다.[2]

중국을 둘러싼 흥분은 중국 경제가 2008년 금융 위기를 미국에 비해 무탈하게 헤쳐나간 직후 최고조에 이르렀다. 미국인들은 중국의 국가자본주의가 이룬 성과를 연구하기 시작했다. 잡지 〈애틀랜틱(Atlantic)〉은 2012년에 '미국이 배워야 할 점'을 언급했다. 그 이듬해에 시진핑이 권력을 잡았다. 한 칼럼니스트는 그가 경제 개혁을 가속할 뿐 아니라 민주자본주의가 미래이므로 일부 정치 개혁까지 허용할 것이라고 예측했다.³ 어차피 "막강한 중국이 미얀마보다 더 후진적인 나라가 될" 리는 없었다.⁴ 시진핑이 천안문 광장에 있는 마오쩌둥(Mao Zedong)의 무덤을 없앨지도 모른다는 말까지 돌았다.

하지만 서구는 시진핑의 말을 제대로 듣지 않고 있었다. 그는 경제생활의 모든 측면에 국가 통제와 마오주의적 가치관을 재적용할 것이라고 공언했다. 10년 후 임기 제한을 무시하고 세 번째로 주석 자리를 차지하면서 그의 의지가 얼마나 강한지 분명하게 드러났다.

외부자들은 또한 러시아의 국가주의적 확신도 과소평가했다. 블라디미르 푸틴(Vladimir Putin)은 1999년에 소련 붕괴의 잔해 속에서 지도자로 부상했다. 이후 그는 뉴욕을 방문해 투자자들에게 자신의 망가진 나라를 '정상적인 유럽 국가'로 만들겠다는 야심을 밝혔다. 청중들은 이 말을 민주자본주의를 추구하겠다는 뜻으로 받아들였고, 그의 말을 믿었다. 그러나 2010년대 초 푸틴은 집권 20년 차로 접어들었다. 그는 노골적인 독재자가 되어 침체된 경제를 다시 장악했다. 또한 측근 중 누가 크렘린의 후한 지원을 받을지 결정했고, 해외 채권자들이 뚫을 수 없는 '요새 러시아'를 구축했다. 급기야 푸틴은 2022년 초에 우크라이나를 침공했다.⁵ 당시 러시아에서 가장 많이 읽힌 책은 조지 오웰의 《1984》였다. 이는 국가를 '빅브라더(Big Brother, 《1984》에서 국가의 감시 체제를 상징하는 독재자-옮긴이)'로 묘사한 것이 국민들에게 공감을 불러일으켰다는 사실을 보여준다.

물론 중국과 러시아를 제외한 나머지 신흥국의 개발은 아주 다른 양상으로 진행되었다. 1980년 이후 인도와 동유럽은 과거의 사회주의 경제로부터 보다 직선적이고 진정한 의미의 후퇴를 이뤘다. 이 나라들의 정부는 경제적 측면에서 40년 전보다 작은, 대개 훨씬 작은 역할을 했다. 동유럽, 특히 경제 규모가 가장 큰 폴란드는 정통적인 미국식 기업가 문화를 열렬히 받아들였으며, 사회주의적 통제와 거리를 두기 위해 부지런히 노력했다.

신흥국 다수에서 정부의 역할이 축소된 것은 모든 나라에서 같은 일이 벌어지고 있다는 오해를 낳았을지도 모른다. 하지만 큰 그림을 보면 그보다 많은 층위가 있다. 선진 자본주의 국가에서는 정부의 역할이 꾸준히 확대된 반면, 다수의 신흥국에서는 정부의 역할이 축소되었다. 다른 한편 2010년대에 중국과 러시아에서는 정부의 역할 확대가 공격적으로 재개되었다. 정부의 적절한 역할을 둘러싼 끊임없는 논쟁의 역사는 아직 끝나지 않았다. 적어도 후쿠야마의 말처럼 분명하게 끝난 것은 아니다.

1980년대에 세계화가 진전되면서 가장 통제할 수 없는 부산물인 인터넷도 확산되었다. 인터넷 데이터는 규제 기관이나 검열 기관의 손길을 벗어나 사이버 공간을 떠도는 것처럼 보였다. 그래서 정부로부터 받는 위협보다 더 큰 위협을 정부에 가한다고 평가되었다. 사이버 구루들은 '정보는 자유롭기를 원하기에' 그것을 막으려는 모든 시스템의 틈새를 물처럼 빠져나간다고 말했다. "정보가 미국인들을 자유롭게 해주고 단결시킬 것이며, 모두에게 삶을 최대한 풍요롭게 살

아갈 기회를 준다"라는 클린턴의 말은 다시 한번 시대의 분위기를 잘 담아내고 있었다.[6]

클린턴의 낙관적 태도는 당시에는 반박의 여지가 없는 것 같았지만 지금은 순진해 보인다. 전제주의 국가와 민주주의 국가 모두에서 거대 기술 기업들은 데이터가 아무런 욕망을 갖지 않았다는 사실을 증명했다. 데이터는 단지 일상품(commodity)일 뿐이어서 가치 있기는 하지만('새로운 석유'처럼) 석유보다 더 유도(direction)와 은근한 조작에 취약하다. 알고리즘은 파이프라인 역할을 수행하며 데이터를 특정 방향으로 흐르도록 만든다. 기업과 정부에서 데이터를 관장하는 실력자들은 사람들의 생각에 엄청난 영향력을 미쳤다.

지난 20년 동안 러시아와 중국 그리고 기타 국가 정부들은 데이터를 유도하고, 감독하고, 통제할 수 있음을 보여주었다. 제임스 그리피스(James Griffiths)는 2019년에 경각심을 일깨우는 《중국의 인터넷 만리장성(The Great Firewall of China)》을 펴냈다. 이 책은 '인터넷의 대안적 버전을 구축하고 통제하는 방법'에 대한 우려스러운 모델로 중국을 조명했다. 첨단 감시 국가의 부상은 서구에서 합당한 우려를 자아냈다.[7] 그들은 인터넷이 사람들을 자유롭게 하는 것이 아니라 통제하는 데 활용되는 것을 우려했다. 그럼에도 세계적으로 데이터 트래픽은 계속 급증했다. 이는 정부 기능의 축소로 정보 시장을 비롯한 시장이 방치되고 있다는 일차원적 분석을 재확인하는 것처럼 보였다.

2020년 무렵 너무나 많은 논평가가 '작은 정부' 시대의 종말을 환영했다. 그러나 그 시대는 이미 오래전에 끝난 상태였다. 학계는 이 점에 동의한다. 게리 거스틀은 2008년 금융 위기에 이어 트럼프와 샌더스처럼 자유 시장에 공개적으로 적대적인 태도를 보이는 지도자들이 부상하면서 이 질서가 '와해되기' 시작했다고 말한다.[8] 브래드퍼드 들롱은 《20세기 경제사》에서 전 세계가 번영하던 '오랜 세기'가 성장률과 생산성이 급감한 2010년에 확실하게 끝났다고 말했다. 요컨대 정부 확대를 되돌려서 자본주의를 되살리려던 레이건의 시도는 2020년보다 훨씬 이전에 무산되었다.

정부 확대의 법칙

일찍이 1890년에 경제학자 아돌프 바그너(Adolf Wagner)는 조국인 독일의 사례로부터 증거를 모아서 '정부 활동 확대의 법칙'을 만들었다. 이에 따르면 정부 지출은 그냥 증가하는 것이 아니라 국민 평균 소득보다 빠르게 증가하는 경향이 있었다. 당시 비스마르크 치하의 독일은 최초의 복지 국가를 건설하는 중이었다. 선진국과 개도국을 포함한 다른 나라에서도 같은 상관관계가 형성되고 있었다. 경제가 성장하고 소득이 증가함에 따라 정부가 취하는 몫은 대체로 늘어났다. 뒤이어 정부는 공공 서비스를 통해 이를 재분배했다.

다른 학자들은 정부 기능의 꾸준한 확대를 민주주의의 부상과 연계했다. 유권자들은 부유해질수록 공공 서비스와 국가의 보호를 더 많이 원했다. 제1차 세계대전 이전에 민주주의는 대영제국, 미국, 캐나다, 호주 그리고 북유럽 소수 국가 이외에는 존재하지 않았다.[9] 다른 모든 나라에서는 전제주의가 득세했다. 제1차 세계대전의 주요 참전국은 러시아, 오스트리아, 오스만 제국 등 대체로 절대적인 형태의 군주제 국가들이었다.[10] 1918년에 제1차 세계대전이 끝난 후 군주제가 무너지면서 민주주의 국가의 수가 늘어나기 시작했다. 가장 크게 늘어난 때는 제2차 세계대전 후 그리고 1989년 공산주의 붕괴 후의 두 번이었다. 첫 번째 급증기에 복지 체제는 서구 민주주의 국가에서 새로운 기대를 창출했다.[11] 두 번째 급증기에는 이지 머니의 시대가 지배력을 공고히 다졌다. 정치 지도자들은 높아지는 국민의 기대에 부응하기 위해 늘어나는 재정 적자와 부채를 못 본 척했다.

민주주의는 투표권 확대를 통해 그 깊이를 더하기도 했다. 19세기 대부분의 기간에 '보편적' 참정권이란, 일반적으로 백인 남성 토지 소유자만 가지던 투표권을 전체 백인 남성으로 확대하는 것을 뜻했다. 그러다가 1890년대에 뉴질랜드가 최초로 여성에게 투표권을 부여했다. 1920년에 미국, 1928년에 영국이 그 뒤를 이었다. 하지만 여전히 많은 집단이 민주주의 정치에 참여하지 못하고 있었다. 미국은 1965년이 되어서야 흑인이 투표할 수 있도록 보장했다. 이후 투표의 힘은 정부 지원이 거의 필요 없는 부유한 기득권에서 정부 지원이 필요한 집단으로 서서히 옮겨갔다.

새로운 정부 기관과 권한은 일단 생기고 나면 자생력을 얻는 경향이 있다. 뉴딜과 위대한 사회부터 1970년대 석유 파동과 글로벌 금융 위기까지 어려운 시기에 생긴 제도와 기관은 좋은 시절이 돌아와도 폐지되는 일이 드물었다. 전 영국 중앙은행장인 앤드류 홀데인(Andrew Haldane)은 확장된 사회 안전망을 한 번 늘어나면 그 상태를 유지하는 비닐 랩에 비유한 적이 있다.[12]

정부 기관이 문을 닫은 사례도 찾을 수 있기는 하지만 아주 드물다. 또한 대공황 시기까지 아주 멀리 거슬러 올라가야 하는 경우가 많다.

프랭클린 루스벨트가 만든 주요 긴급 구호 기관인 공공사업진흥국(Works Progress Administration), 민간 보존단(Civilian Conservation Corps)은 더 이상 존재하지 않는다. 하지만 이렇게 정부 기관이 사라졌다 해도 명칭을 바꾸거나, 다른 기관에 합병되거나, 심지어 여러 기관으로 쪼개지는 것이 일반적이다. 가령 재건금융공사는 1950년대에 문을 닫았다. 그러나 다수의 대부 사업 부서는 중소기업청(Small Business Administration)을 포함한 다른 관료 체제 부속 기관으로 흩어졌다.

이처럼 위기 때 정부 기능이 확대되었다가 다시는 축소되지 않는 오랜 패턴이 반복되었다. 새로 만들어진 모든 정부 기관은 소속 직원, 서비스 제공 대상인 국민, 의회 지원 세력 등 그 영역을 지켜주는 지원군을 얻었다. 닉슨은 정부 조직을 재편하려는 원대한 계획을 갖고 있었다.[13] 거기에 따르면 12개 주요 정부 부서가 8개로 축소될 예정이었다. 그러나 실제로 폐지된 부서는 없었다. 의회는 환경청(Environmental Protection Agency)과 직업안전보건청(Occupational Safety and Health Administration) 같은 기관을 만드는 계획만 승인했다. 카터는 대선 유세 때 거듭 약속했는데도 연방 기관의 수를 줄이지 않았다. 레이건은 닉슨이 만든 2개의 대형 정부 기관뿐 아니라 카터가 만든 에너지부까지 없애려고 시도했다. 그러나 의회가 다시 무산시켰다.

더욱 적극적인 역할을 하는 정부는 갈수록 많은 비용을 초래한다. 더 많은 관료와 기구가 필요하기 때문이다. 워싱턴대학교에서 제시한 데이터에 따르면 1980년 이후 수십 개 규제 기관의 지출은 고정 달러(Constant Dollar) 기준으로 약 200억 달러에서 약 700억 달러로 늘어났다.[14] 또한 직원 수는 거의 2배인 약 28만 명으로 늘어났다. 이런 증가는 모든 대통령 치하에서 이뤄졌다.[15] 다만 레이건이 임기 초반에 연방 관료 체제를 축소한 것이 부분적인 예외다. 그의 재임 말기에 과거의 인력과 예산 수준이 회복되었다. 그는 또한 지난 반세기에 걸쳐 임기 마지막 몇 달 동안 '막판 규제(midnight regulation)'를 남발하지 않은 유일한 대통령이기도 했다.

시간이 지나면서 대중은 기존 공공 서비스에 더해 더 많은 것을 기대하게 되었다.[16] 이렇게 기대가 커지는 과정은 팬데믹 동안 절정에 이르렀다. 당시 정부는 대부분의 국민에게 집에 머무르는 대가를 지불했다. 이런 극단적 조치 역시 하나의 선례로 남았다. 2023년 중반에 진보 논평가들은 코로나19 바이러스가 횡행하는 가운데 정부가 '유럽식 복지 체제'를 급히 구축했는데도 아쉽다는 반응을 보였다. 실업 급여, 보건 급여, 육아 급여 증액부터 무료 학교 급식, 퇴거 및 압류 금지까지 긴급 구호 대책 중 대다수가 기한이 만료되거나 곧 폐지될 예정이었기 때문이다.

〈뉴욕타임스〉는 '긴급 구호 대책이 대부분 끝났다'라고 결론지었다. 그러나 식품, 주거, 임대료 지원을 비롯한 대다수 구호 대책은 그대로 남았다.[17] 흔히 그렇듯 이런 대책의 관성을 약화시키기는 어려웠다. 2023년 가을로 접어들 무렵 당연히 팬데믹은 오래전에 끝난 상태였다. 하지만 정부는 기업들이 고용을 유지하고 직원들에게 보험을 제공할 수 있도록 여전히 매달 200억 달러에 달하는 세액 공제 혜택을 안겨주었다.[18] 개별 보조금의 운명이 어떻게 되든 간에 이제 국가의 기본적인 약속은 지속적인 경제 성장을 보장하겠다는 포괄적인 서약으로 확대되었다.[19]

기적을 좇다

정부가 왜 커지기만 하는지에 대해 가장 덜 알려진 이유가 있다. 그것은 정책 결정자들의 생각이 여전히 기적적인 성장의 시대에 머물러 있기 때문이다. 하지만 그 시대는 적어도 15년 전에 끝났다.

역사적으로 경제 성장의 약 절반은 인구 증가에서 기인한다. 정치 지도자들은 지금은 폐지된 중국의 한 자녀 정책으로 확인했듯이, 인구 증가를 억제할 수는 있지만 촉진하지는 못한다. 많은 정부가 일찍이 1980년대 말에 싱가포르와 캐나다가 그랬던 것처럼 '출산 장려금(baby bonus)'을 지급했지만 출산율 감소를 되돌리지는 못했다.[20] 아이를 더 낳을지 여부는 아직 정부의 손길이 닿지 않는 소수의 개인적 선택 중 하나일지 모른다.

경제 성장의 나머지 절반은 생산성, 즉 노동자 1인당 생산량이 늘어난 것에 기인한다. 정부는 생산성을 촉진하기는커녕 저해했다.

기적의 시대는 제2차 세계대전 이후 시작되었다. 가장 명백한 동력원은 전후 베이비 붐이었다. 전 세계 경제 성장률을 보면 18세기에는 약 0.3%, 19세기에는 1% 정도에 그쳤다. 그러다가 20세기 전반기에 약 2.4%로 올랐고, 후반기에 거의 2배인 4% 정도로 올랐다. 이 세계 평균은 20세기 후반의 호황기를 누리지 못한 지역을 포함한 것이다. 거기에는 소련 공산주의 치하의 동유럽과 중앙아시아 및 중앙아프리카의 내륙 지역이 포함되었다.

인구 증가율도 비슷한 단계를 거쳐서 20세기 후반에는 거의 2%까지 늘어났다. 하지만 경제 성장 속도는 그보다 2배나 더 빨랐다. 세계 인구는 1960년부터 2000년까지 2배인 약 60억 명으로 불어났다.

반면 세계 경제 산출량은 거의 5배인 약 31조 달러로 늘어났다. 추가로 경제 성장을 이끈 힘은 생산성에서 나왔다.[21] 자본은 적어도 전후 수십 년 동안에는 유용한 공장과 설비로 투입되었다. 노동자 1인당 생산량도 늘었다. 이 시기에 생산성 증가율도 인구 증가율처럼 거의 2배인 2% 수준으로 올랐다. 일반인의 생활 수준은 2배 이상 향상되었다. 노벨상 수상자인 로버트 루카스(Robert Lucas)는 2004년에 "인류 전체가 역사상 유례가 없는 속도로 부유해지고 있다"라고 썼다.[22]

당연히 정치 지도자들은 이 '기적'에 대해 충분한 공치사를 했다. 앞서 확인한 대로 대통령, 재무부 장관, 중앙은행장들은 적어도 1930년대 이후로 자신이 경기 순환을 다스렸다고 주장하기 시작했다. 그들의 자신감은 갈수록 커졌다. 하지만 정부는 전후 기적을 유지하는 데 크게 기여한 바가 없었다. 최소한 후기에는 분명히 그랬다.

1980년대에 인구 증가율과 생산성 증가율이 둔화되기 시작하면서 처음 균열이 드러났다. 1960년대와 1970년대 페미니즘 운동은 여성들에게 삶을 어떻게 살아갈지에 대해 더욱 폭넓은 선택권을 부여했다. 많은 여성이 아이를 아예 또는 많이 낳지 않는 쪽을 선택했다. 출산율이 줄면서 인구 증가율이 하락하기 시작했다. 아기가 노동 인구로 성장하려면 시간이 걸린다. 그래서 시차를 두고 세계 노동 인구(16세에서 65세) 증가율도 둔화되기 시작했다.[23] 특히 글로벌 금융 위기 후에는 이전의 평균 2%에서 1% 수준으로 급격하게 하락했다.

인구 증가율이 경제 성장률에 미치는 영향은 단순한 일대일 관계를 이룬다. 즉 노동 인구가 1%p 감소하면 세계 경제 성장률도 약 1%p 줄어든다. 이 영향은 뒤이어 4%라는 '기적'적인 경제 성장률을 3%로 떨어트리기에 충분하다. 이는 25%나 줄어든 엄청난 타격이다.

동시에 생산성 증가율도 둔화되기 시작했다. 정부와 중앙은행들은 투자자들이 효과적으로 활용할 수 있는 수준보다 더 많은 자본을 시장에 쏟아부었다. 그에 따라 새 공장이나 설비처럼 노동자 1인당 생산량을 늘리는 데 투자되는 자본이 줄었다. 대신 다수의 자본이 주식이나 채권 또는 새로 만들어진 채무 상품으로 흘러 들어갔다. 생산성 증가율은 1980년대 무렵에 이미 둔화되기 시작했다.

그래도 기적적인 경제 성장률은 2008년 금융 위기까지 30년 동안 더 지속되었다. 이를 뒷받침한 것은 새롭고 어떤 측면에서는 교묘한 두 가지 힘이었다. 그중에서 더욱 문제가 되는 것은 부채 붐이었다. 가구 부채, 기업 부채, 정부 부채를 포함한 전 세계의 총부채는 제2차 세계대전 이후 줄어들고 있었다. 구체적으로는 1950년에는 글로벌 GDP의 140% 정도였다가 1980년에는 100% 미만으로 줄었다. 그러다가 이지 머니 시대 초반에 이런 추세가 뒤집히기 시작했으며, 전 세계적인 부채 붐이 시작되었다.

1980년부터 2008년까지 전 세계에서 부채가 가속하는 독특한 경제 성장 국면이 전개되었다. 세계 경제는 빠르게 성장했다. 그러나 총부채는 그보다 더 빨리 늘어나서 2008년에는 3배 이상인 GDP의 300%에 이르렀다. 선진국과 개도국 모두에서 같은 증가세가 나타났다. 미국은 이 부채 촉진 붐의 진원지로, 해당 기간에 경제 규모는 4배 커진 반면 총부채는 11배 이상 늘어났다.[24]

각국 정부는 차입과 지출을 계속했다. 중앙은행은 수조 달러의 신규 신용을 풀어서 이를 뒷받침했다. 이 이지 머니 중 일부는 생산적인 투자에 들어가서 기적을 이어나가는 데 보탬이 되었다. 하지만 안타깝게도 그렇지 않은 자금의 비중이 갈수록 늘어났다. 2022년 기준으로 선진국들은 1달러의 경제 성장을 이루기 위해 평균 3달러에서 5달러의 부채를 떠안았다. 이는 1970년대보다 3배나 높은 수준이었다. 결국 기적의 중심부는 빚으로 썩어가고 있었던 셈이다.

경제 성장을 촉진한 두 번째 요인은 세계화였다. 세계화는 생산성 증가를 촉진하므로 훨씬 덜 우려스러운 변화였다. 중국은 1980년대 초에 전 세계에 문호를 개방한 후 뒤이은 수십 년 동안 개방 속도를 높였다. 서구는 오랫동안 이를 반겼다. 다른 신흥국들도 중국의 뒤를 따랐다. 세계 GDP에서 교역이 차지하는 비중은 2배로 늘어나 60%에서 정점을 찍었다. 이 시기 역시 2008년 금융 위기와 맞물렸다. 자본 흐름은 그보다 더 빨리 늘어났다. 자본 흐름이 세계 GDP에서 차지하는 비중을 보면 1980년에는 약 2%였다가 금융 위기 직전에는 8배 이상 늘어난 약 17%에 이르렀다.

세계화는 상품이든 대출이든 전 세계의 공급업체로부터 저렴하게 구하는 일을 갈수록 쉽게 만들었다. 그에 따라 경쟁과 성장이 촉진되었다. 정치 지도자들은 재계 지도자들을 데리고 전 세계를 돌았다. 그들은 자유 무역 협정과 금융 협정을 체결하면서 세계화를 장려했다. 세계화는 부채 조달을 더욱 쉽게 만들어주었다. 또한 부채 부담은 아직 세계 경제 성장률을 둔화시키지 않았다.

낙관적인 분위기는 1990년대에 절정에 이르렀다. 이 세계화 시대는 20세기 초에 감돌던 희망을 되살렸다. 그것은 갈수록 긴밀해지는 세계에서 강대국 사이의 폭력적인 분쟁은 사라지리라는 희망이었다.

모든 진영이 평화를 통해 너무나 많은 풍요를 누리고 있었기 때문이다. 옥스퍼드대학교 교수인 맥스 로저(Max Roser)에 따르면, 2000년 무렵 10만 명당 평균 전쟁 사상자 수는 1년에 단 2명으로 줄었다. 이는 1400년 이후 역대 최저치에 가까웠다.

자본주의를 과도한 부채에 빠트리는 데 따른 문제는 2000년 이후 드러나기 시작했다. 그러다가 2008년 금융 위기 때 부채로 부풀린 버블이 꺼지면서 명확해졌다. 전 세계 금융 시스템의 동맥이 부채로 막혀버렸다. 그 결과 제2차 세계대전 이후 최악의 깊고 긴 불경기가 찾아왔다.

금융 위기 이후 각국이 자국 문제를 해결하는 일에 매달리면서 세계화가 정체되었다. 세계 GDP 대비 교역의 비중은 정점을 찍은 이후로 줄어들기 시작했다. 자본 흐름의 비중은 낮은 한 자릿수로 급락했다. 그에 따라 약점들이 노출되었다. 막대한 부채를 진 차입자들은 상환을 시작하지 않을 수 없었다.[25] 이에 세계 GDP에서 총부채가 차지하는 비중은 급락하기 시작했다.

세계화에 따른 성장 붐은 끝났다. 부채 증가에 따른 성장 촉진 효과는 힘을 잃어갔다. 그리고 그 상황에서 갑작스럽게 위축된 차입자들이 누구인지가 크게 중요해졌다. 가계는 부채 부담을 낮추려 노력했다. 은행과 다른 금융 기업도 마찬가지였다. 하지만 다른 기업들은 여전히 신규 부채를 쌓아갔다. 사모 시장의 일부 부문에서는 빠르게 그런 일이 벌어졌다. 하지만 평균적으로 정부만큼 빠르게 부채를 늘려가는 부문은 없었다.

그에 따라 이런 큰 그림이 그려졌다. 가계와 일부 기업 차입자들은 이전과 달리 대출을 자제했다. 하지만 이런 노력은 정부의 부채 증가로 상쇄되었다. 대통령과 총리들은 이전 수십 년 동안의 기적적인 경제 성장률을 지속시켜야 한다는 의무감을 느꼈다. 그들은 경기를 살리려고 차입과 대출을 이어나갔지만, 아무 소용이 없었다. 세계 경제 성장률은 2010년 이후 4%에서 제2차 세계대전 이전의 평균인 2% 수준으로 떨어졌다. 인류 역사상 가장 번영한 시대를 열어준 경제적 '기적'의 잔재로 남은 것은 계속 쌓여가는 정부 부채였다.

자기 파괴적 멸망의 고리

많은 정치 지도자가 현실을 깨닫지 못했다. 그들은 전후 인구 붐 및 생산성 붐 덕분에 달성한 수준으로 경제 성장률을 밀어 올리려 여전히 애썼다. 그들이 추진한 영구적인 부양책은 목표를 달성할 만큼 빠른 성장을 창출하지 못했다. 오히려 나라를 더욱 깊은 실망과 더욱 늘어난 재정 적자 및 부채에 빠트릴 가능성이 높았다. 이는 미래에 경제 성장을 더욱 둔화시킬 것이었다.

트럼프 대통령은 가장 극단적인 사례였다. 그는 2016년 대선 때 미국을 다시 위대하게 만들겠다고 약속했다. 또한 경제 성장률을 4%, 5%, 심지어 6%까지 끌어올리겠다고 약속했다. 이는 부유한 나라에서는 거의 달성한 적이 없었으며, 대규모 위기 이후의 회복기에나 잠깐 달성하던 성장률이었다. 집권 이후 트럼프의 보좌진은 목표치를 3%로 낮췄다. 그러나 3%도 여전히 연준과 의회예산처 그리고 다른 많은 관계 당국이 추정한 실제 잠재 성장률의 약 2배에 해당하는 수치였다. 트럼프 행정부는 비현실적인 목표치를 설정한 채 2017년에 대규모 감세 정책을 밀어붙였다. 또한 경기 회복 후반기에 경기 부양을 위한 공격적인 재정 정책을 실시하고 재정 적자를 늘려나갔다. 이런 일은 대규모 전쟁이 벌어졌던 때를 제외하면 처음이었다.

이듬해에 번스타인리서치(Bernstein Research)의 분석가들은 트럼프 행정부의 조치가 1세기 동안 쇠퇴해온 '부채에 대한 정부의 태도'에 정점을 찍었다고 평했다. 정부 당국은 처음에는 세계대전, 뒤이어 불경기와 싸워야 할 때만 부채를 쌓았다. 과거 그들은 항상 부채를 갚겠다는 의도를 갖고 있었다. 그러나 2010년대에는 '어떤 것과도 싸우지 말고, 갚지도 말자'는 태도로 바뀌었다. 차입에 대한 '방만한' 태도는 경제적 양식을 '뻔뻔하게 저버렸다'.[26]

번스타인리서치의 분석가들이 보기에 트럼프는 4% 이상이라는 불가능한 성장 목표를 추구한 전후 대통령들의 대열에서 가장 끝에 서 있었다. 케네디는 전후 미국의 경기 회복 속도가 유럽보다 느리다는 점을 아쉬워했다. 그는 대선 유세 기간에 파리로 조용히 사절단을 파견했다. 사절단의 임무는 프랑스식 국가자본주의를 연구하는 것이었다. 케네디는 1961년에 높은 야심을 품은 채 백악관에 입성했다. 그는 국민들에게 자신이 추진할 경제 계획의 '주된 목표'는 최소한 4.5%의 경제 성장률을 달성하는 것이라고 말했다.[27] 그의 말에 따르면 이는 "우리의 역량으로 충분히 달성할 수 있는 수준"으로 "20세기의 어느 때에도 소련이 미국보다 빠른 경제 성장을 이루지 못하도록" 보장할 것이었다. 그러나 당시에도 4% 이상의 경제 성장률은 미국 경제의 잠재력을 넘어서는 것이었다. 또한 유럽은 전후에 재건 사업을 벌였지만, 큰 타격을 입지 않은 미국은 재건 사업을 통한 호황을 누릴 수 없었다.

야심 찬 포부는 카터 시절로도 이어졌다. 1978년 의회는 험프리호킨스법(Humphrey-Hawkins Act, 완전 고용과 균형 성장을 달성하기 위한 법으로, 연준 의장이 1년에 두 차례 의회에 나와 경제 현황 및 통화 정책 방향에 대한 보고서를 제출하고 그 내용을 설명하도록 했다 - 옮긴이)을 통과시켰다. 이 법은 정부가 더 낮은 실업률을 달성할 뿐 아니라 암묵적으로 케네디가 정한 목표보다 더 높은 GDP 증가율을 추구하도록 명시했다. 조지 W. 부시 대통령은 2012년에 퇴임한 후 '4% 해결책'을 명시적으로 지지하는 싱크탱크를 만들었다.[28] 나중에 대선에 뛰어든 그의 동생 젭(Jeb)도 같은 목표를 내걸었다. 그들의 논지는 성장을 촉진하기 위해 부채를 줄이기보다, 부채 부담을 낮추기 위해 더 빠른 성장을 이룬다는 '긍정적인' 비전을 경제 정책의 토대로 삼아야 한다는 것이었다.

인구 증가율이 둔화되면서 경제 성장을 이끄는 다른 기본적인 동력원의 중요성이 높아졌다. 생산성은 경제를 계속 확장시킬 유일한 엔진으로 그 어느 때보다 더 중요해졌다. 최근 수십 년 동안 노동자 1인당 생산량 증가율은 자본주의 사회 전체에 걸쳐서 둔화되었다.[29] 임금 증가율 및 평균 소득 증가율도 마찬가지였다. 2010년대에 들어서 1인당 GDP 증가율은 미국에서는 전후 고점보다 절반 이상 줄어든 연 1.5%로 하락했고, 영국과 유럽의 주요 경제 대국에서는 1% 미만으로 하락했다. 그중에서도 이탈리아가 꼴찌였다. 일본도 유럽만큼이나 부진한 1인당 GDP 증가율을 기록했다. 그나마 인구가 줄어서 증가하고 있는 실정이었다. 2023년 케임브리지대학교 경제학자인 다이앤 코일(Diane Coyle)은 애덤 스미스 탄생 300주년을 맞아 중대한 질문을 던졌다. 그 내용은 산업혁명으로 촉발되어 스미스가 '보편적

풍요'를 향한 행진이라고 말한 진보가 선진국에서 마침내 '멈췄는가' 라는 것이었다.[30]

이처럼 전후 경제 기적에 대한 향수는 이제 자본주의를 잠식하는 자기 파괴적 주기를 지속시키고 있다. 정치인들은 항상 경기를 진작해야 한다는 의무감을 느낀다. 그러나 이에 대한 노력은 역효과를 불러일으킨다. 다만 그것이 지속적인 재정 적자의 직접적인 결과로 생기는 것은 아니다. 지출을 늘리면 단기적으로는 성장이 촉진되기 때문이다. 문제는 그에 따른 부채다. 부채는 장기적으로 자본주의 체제를 부식시키고 있다.

인구 증가율은 측정하기 쉽고 간단한 반면에 생산성 증가율은 측정하기 어렵고 복잡하다. 그러나 어떤 지표로 확인해봐도 생산성 증가율은 2000년 이후 거의 절반 가까이 급락했다. 현재 생산성 증가율이 둔화된 이유를 특정 요인과 연관 짓는 증거가 늘어나고 있다. 그 요인은 앞서 살핀 모든 형태의 정부가 지출자이자 차입자, 규제자, 이지 머니와 구제책 제공자로서 지난 40년 동안 줄곧 커졌다는 것이다.

이지 머니는 투자자들이 리스크를 감수하도록 부추긴다. 그들은 이자가 비쌀 때는 결코 그런 리스크를 감수하지 않는다. 또한 그들의 베팅이 실패했을 때 구제해주겠다는 약속은 더욱 과감한 베팅을 부추긴다. 크게 베팅할수록 구제될 가능성이 높아진다. 정부와 중앙은행은 의도치 않게 금융 시장이 갈수록 많은 자본을 대기업 또는 위험하고 비효율적인 기업으로 유도하도록 뒷받침하고 있다. 이는 생산성 증가율이 둔화된 주된 요인을 설명하며, 자본주의가 생기를 잃은 이유를 새롭게 조명한다.

What Went Wrong with Capitalism

Franklin D. Roosevelt   Richard Nixon

2부.

지속적인 구제의 위험

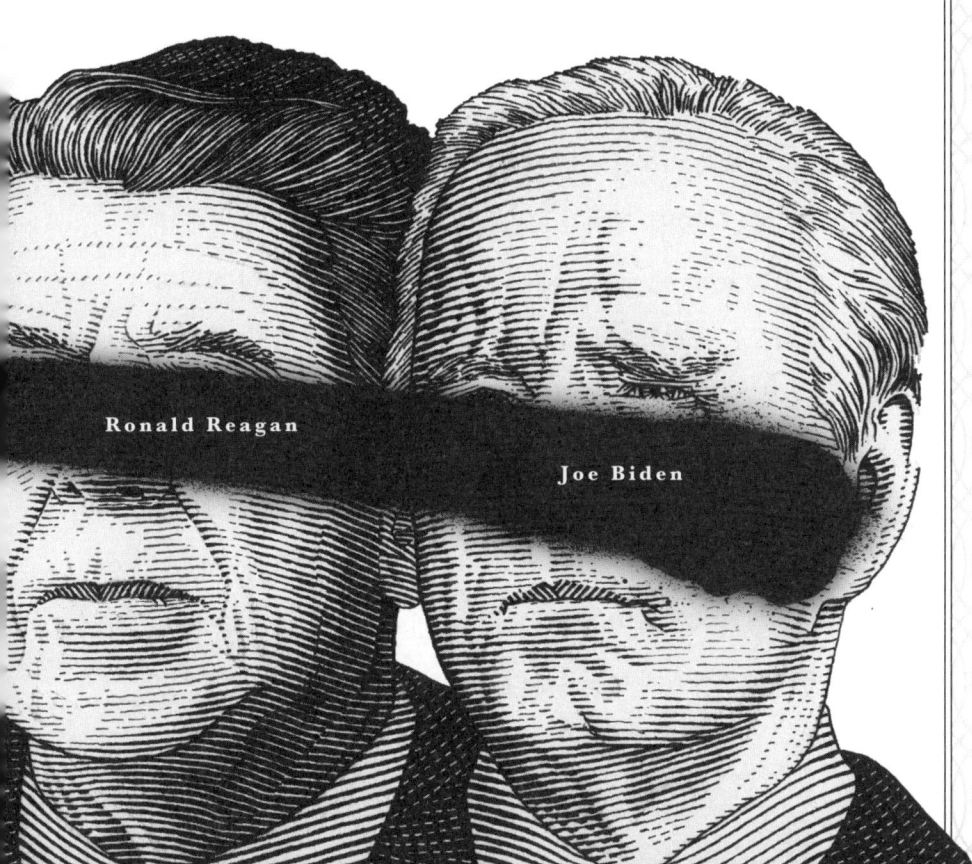

10장.

좀비를 찾아서

2000년 무렵 지속적인 정부의 지원은 자본주의 체제에 치명적인 형태의 기업들을 늘렸다. 그중에서도 가장 이례적이고 달갑지 않은 것은 이른바 좀비 기업이다. 좀비 기업은 수익은커녕 이자를 낼 돈조차 벌지 못하며, 오로지 저렴한 신규 대출을 받아서 연명한다. 20년 전에는 어디서도 이런 기업을 찾기 어려웠다. 하지만 지금은 20대 경제 대국의 상장 기업 10개 중 정도, 혹은 그 이상의 비중을 그것이 차지한다. 영화에 나오는 좀비와 달리 좀비 기업은 알아보기가 쉽지 않다.[1]

좀비 기업은 처음 등장했을 때 일본 특유의 현상으로 여겨졌다. 일본은 폐쇄적인 사회로서 정치인, 은행가, 기업인 사이에 형성된 배타적인 파벌이 자본 할당 방식을 왜곡시켰다. 그래서 경제적 이유가 아니라 사회적 이유로 특정 기업에 자본이 할당되는 경우가 많았다. 1990년 도쿄 주식 시장과 부동산 시장이 붕괴되었다. 그에 따라 이전 10년 동안 세계적인 경제 대국으로의 떠들썩한 부상을 뒷받침해오던 악성 부채의 내막이 드러났다.

알고 보니 토요타와 혼다 그리고 다른 소수의 강한 수출 제조 기업을 제외한 많은 기업이 우호적인 은행이 제공하는 관대한 대출로 연명하고 있었다는 사실이 드러났다. 정치인들은 이런 기업들을 살려두려고 종종 은행에 압력을 넣었다. 2000년에 경제학자인 다케오 호시(Takeo Hoshi)가 발표한 논문은 수익을 내지 못하는 이 수많은 기업의 존재를 전 세계에 알렸다.[2] 그들은 은행이 살려주지 않았다면 망할 것이었고, 이미 망했어야 마땅했다. 호시는 그들을 '좀비'라 일컬었다.

서구 언론은 안도감을 애써 감추며 이 이야기를 전했다. 일본은 결국 '세상을 지배하지' 못할 운명이었다. 너무 무른 데다가 빚더미에 올라앉은 친구와 절연할 마음이 없는 은행가와 정책 결정자들이 너무 많았다. 일본은 세계적인 산업 강국이기는커녕 대부분 악성 부채와 현실 부정에 얽매여 있었다. 전형적인 일본인 노동자는 부채에 짓눌린 국내 경제 속에서 고생했다. 그러나 생산성은 다른 선진국 평균보다 훨씬 낮았다.

〈뉴욕타임스〉는 2002년에 '살아 있어, 살아 있다고! 그렇지 않아!(They're Alive! They're Alive! Not!)'라는 기사에서 일본의 좀비 문제를 희화화했다. 제임스 브룩(James Brooke) 기자는 "체인점 다이에이(Daiei) 같은 좀비 기업이 일본 기업이 아니라 미국 기업이었다면 지금쯤 울워스(Woolworth's)와 몽고메리 워드(Montgomery Ward)처럼 사라지는 길을 걸었을 것이다"라고 썼다.[3] 그는 일본이 '패자의 천국'이라는, 도쿄의 경제학자 제스퍼 콜(Jesper Koll)의 말을 인용했다. 콜에 따르면 '봉건적' 기업주들은 "정치계 인맥과 클럽 회원권 덕분에 더 많은 대환 대출을 받을 수 있다".

이 밀착된 유착 구조는 이른바 게이레츠(keiretsu) 내부에서 최악의 정점을 찍었다. 게이레츠는 흔히 은행 계열사를 보유한 일본의 재벌 기업을 말한다. 그들은 산하 은행에, 다른 자회사에 저렴한 대출을 내주도록 요구했다. 2005년 〈아메리칸이코노믹리뷰(American Economic Review)〉는 그 결과물을 "비자연 선택(unnatural selection)"이라 풍자했다.[4] 부실한 은행들은 가장 '부실한 차입자'에게 신규 대출을 내주게 되는 '잘못된 인센티브'를 적용받았다.

2006년 호시는 2명의 MIT 경제학자와 함께 또 다른 중요한 논문을 발표했다. 그 내용은 좀비 기업이 일본에 얼마나 광범위하게 존재하는지 파악하는 것이었다. 그들은 2000년대 초반까지 좀비 기업들이 건설, 부동산, 유통 등 6대 주요 산업에 속한 기업의 약 30%를 차지할 정도로 퍼졌다는 사실을 확인했다.[5] 10년 전에는 그 비중이 5% 정도에 불과했다. 호시와 공저자들은 일본의 좀비 기업을 러시아와 동유럽의 탈공산주의 국가들에 여전히 존재하는 기업들과 비교했다. 이 지역에서는 아직도 남아 있는 국가 지분과 지원이 '민간 부문을 억눌러서' 경쟁 과정을 약화하고 있었다. 그들에 의하면 대개 신용 경색은 파산 증가로 이어지기 마련이었다. 하지만 국가가 보다 포괄적인 구제책으로 지원하는 경우 금융 위기는 오히려 더 많은 좀비를 만들어냈다.

이 무렵 좀비 기업은 거의 인지되지 못한 채 일본 외부로 퍼지기 시작했다. 소련 붕괴 후 러시아를 비교 대상으로 삼은 데서 알 수 있듯이, 많은 경제학자는 좀비 기업이 서구에서 운용되는 자본주의와는 무관한 문제라고 생각했다. 따라서 거기서 사례를 찾을 필요가 없었다. 그러나 유럽의 부채 위기로 이어진 2008년 금융 위기의 여파 속에서 이런 인식이 바뀌었다. 이 여파는 이탈리아와 스페인을 포함한 유럽 외곽 국가들의 부채 위기로 집중되었다. 이 취약한 고리들이 1990년대에 일본이 겪은 '잃어버린 10년'으로 유럽을 몰아넣을지 모른다는 우려가 제기되었다.[6] 잃어버린 10년의 특징은 저성장과 마비된 은행 시스템이었다.

2015년까지 유럽에서 좀비 기업을 찾아내는 작업은 풍부한 연구 문헌들을 낳았다. 거기에 가장 많이 기여한 것은 국제결제은행과 OECD를 포함한 국제 기구, 뉴욕대학교와 하버드대학교를 포함한 학문 기관, 도이치은행 같은 투자 은행의 연구팀들이었다. 그들의 이야기는 서구 자본주의의 그늘진 이면을 드러냈다.

유로존 위기가 심화되자 유럽 중앙은행이 구제에 나섰다. 그들은 사실상 무제한으로 회원국의 채권을 매입하겠다고 맹세했다. 또한 2012년 이탈리아 마리오 드라기(Mario Draghi) 총재는 "위기를 막기 위해 필요한 일은 무엇이든 하겠다"라는 유명한 맹세를 남겼다. 그는 "장담하건대 그것으로 충분할 것이다"라고 말했다. 하지만 2년이 채 지나지 않아서 어조가 바뀌었다. 그는 유럽 은행들이 정부의 자본 투입으로 훨씬 탄탄해 보이기는 하나, 그 자본을 기업들에 빌려주고 있지 않다는 사실을 인정했다. 대출 속도는 유럽의 미래 전망에 대한 신뢰를 불러일으키거나 경제 성장을 되살리기 위한 투자를 촉진할 만큼 빠르지 않았다.[7] 이탈리아, 스페인, 포르투갈의 경우 이자조차 내지 못하는 기업들이 은행 부채의 30%에서 50% 사이를 차지하고 있었다.

바야흐로 '일본화(Japanification)'의 위협이 다가오고 있었다.⁸

2016년 이른바 '비활력 징후(unvital sign)'라는 표현을 처음으로 사용한 논문이 발표되었다. 거기에 따르면 "유럽의 미약한 경기 회복은 1990년대 일본의 '좀비 대출' 관행을 되풀이한 결과다. 당시 곤경에 처한 은행들은 수익을 내지 못하고, 과도한 부채를 진 기업들에 대한 대출을 회수하지 못했다". 특히 경기 침체가 심각하고 은행들이 악성 부채를 많이 떠안았던 이탈리아는 일본화의 증상을 찾기에 아주 좋은 곳이었다. 실제로 취약한 은행들이 대출 시장을 지배하는 이탈리아 지방 도시들의 경우 "좀비 기업들이 생존하고 건강한 기업들이 망할 가능성이 더 높았다".⁹

한때 일본 특유의 현상으로 간주되던 것이 이제는 점차 현대 자본주의의 폭넓은 문제로 드러났다. 2017년 OECD 연구자들은 표본으로 삼은 9개국에서 좀비 기업들을 찾았다. 거기에는 대륙 주변부에 있는 작은 나라부터 프랑스와 영국 같은 큰 나라도 포함되어 있었다. 그 결과는 전 세계 주요 언론의 헤드라인을 장식할 만큼 충격적이었다. 해당 국가들에서 좀비 기업은 많게는 자본금(capital stock)의 20%(이탈리아), 일자리의 10% 이상(이탈리아, 스페인, 벨기에)을 차지했다. 이 국가들에서는 일본과 마찬가지로 좀비 기업과 나약한 은행 사이에 공생 관계가 존재하는 것으로 나타났다.¹⁰ 연구자들은 그보다 더 중요한 요소는 '장기화된' 저금리 통화 정책과 "위기가 초래한 구제책의 지속"이라고 썼다.¹¹

이런 것들을 보면 미국이 좀비 없는 자본주의의 마지막 보루처럼 보일 수 있지만, 그렇지 않다.¹² 이듬해 국제결제은행은 그때까지 가장 포괄적인 조사를 실시했다. 그들은 미국을 포함해 14개국, 3만 개 이상의 기업을 대상으로 1980년까지 거슬러 올라가 데이터를 살폈다. 그 조사 결과는 우려스러운 경향들을 보여주었고, 이러한 경향은 이후 여러 연구에 의해 반복해서 확인되었다. 우선 좀비 기업은 일본에서는 1990년대, 유럽에서는 2010년대에 대규모 구제가 이뤄진 특수한 경우에만 발생한 예외적 현상이라는 낙관적 가설이 사라졌다.

좀비 기업은 1980년대에는 거의 존재하지 않았다. 이후 1990년대에 나타나기 시작했으며, 2000년대에는 2008년 글로벌 금융 위기 훨씬 전부터 빠르게 퍼져나갔다. 안타깝게도 이는 새로운 '일회성' 문제 또는 일시적인 문제가 아니었다. 좀비 기업은 불경기 때 몇 배로 불어났다. 그 수는 뒤이은 경기 회복기에 부분적으로만 줄어들었다. 다시 말해 그들은 지속적인 정부 구제라는 만연한 습관 때문에 만들어졌을 뿐 아니라 무한정 유지되는 것으로 보였다.[13] 국제결제은행 연구자들은 과거 경기 하락기에 취약한 기업들에 파산이나 구조 조정을 강제하던 '청산 효과'가 약화된 것으로 보인다고 썼다.[14] 미국도 좀비 기업에 면역되어 있지 않았다.

좀비 기업이 실제로 얼마나 많은지는 뜨거운 논쟁의 대상이었으며, 그 수는 각각의 정의에 좌우되었다. 시간이 지나면서 좀비 기업에 대한 정의는 '수익을 내지 못하고 은행 지원으로 살아가는 기업'에서 '수익이 너무 적어서 1년이 아니라 3년 연속으로 이자도 내지 못하는 기업'으로 바뀌었다. 이처럼 협소한 정의를 따르더라도 굉장히 높은 추정치가 나왔다. 도이치은행이 제시한 추정치가 그중 하나다.[15] 거기에 따르면 2000년 전에는 상장 기업 중 좀비 기업의 비중이 제로 또는 그 근처였다. 그러다 2020년까지 미국에서는 약 20%, 영국과 프랑스 그리고 독일에서는 약 25% 수준으로 증가했다.

눈이 번쩍 뜨이게 만드는 이 수치는 언론의 관심을 끌었다.[16] 영국, 독일, 프랑스, 이탈리아, 일본의 언론 보도를 훑어보면 좀비 기업을 언급하는 횟수가 2005년에는 제로였다가 2016년 무렵에는 약 4,000건, 2021년 무렵에는 1만 6,000건 이상으로 늘어났다. 좀비 기업과 관련된 이야기가 회자되면서 여러 언론이 구체적인 사례 기업을 찾기 시작했다. 그들은 2020년 무렵 일부 대기업을 사례로 들었다. 거기에는 델타부터 보잉까지, 우버부터 테슬라까지, 밸리스카지노(Bally's Casino)부터 카니발크루즈라인(Carnival Cruise Line) 그리고 명망 높은 장난감 회사인 마텔(Mattel)까지 수많은 기업이 포함되었다. 그중에서 가장 질 나쁜 사례는 AMC시어터(AMC Theatres)나 게임스톱(GameStop)처럼 팬데믹 기간 동안 데이 트레이더(day trader)들에게 사랑받은 위태로운 기업들이었다. 심지어 세계 최대 민간 석유 회사인 엑손모빌(ExxonMobil)도 2020년 좀비 기업 목록에 올랐다.[17]

많은 분석가에게 이는 너무 심한 평가였다. 엑손모빌과 테슬라가 좀비 기업이라고? 쇼핑몰 중심의 유통업체나 영화관 체인 또는 게임 매장 체인 같은 사양 산업에 속한 기업들은 부채를 상환할 가능성이 낮을지 모른다. 하지만 방대한 유전 또는 첨단 기술을 보유한 대기업에 수익률 미달은 일시적인 문제였다. 잠깐이 아니라 꾸준히 좀비 상태에 들어서는 기업을 파악하려면 미래에 부채를 상환할 가능성을 살펴야 했다.

그래서 연구자들은 지난 3년 동안 이자를 내지 못했을 뿐 아니라 앞으로도 그럴 가능성이 낮은 기업들만 조사 대상으로 삼기 시작했다. 하지만 이렇게 범위를 좁혀도 좀비 기업은 사라지지 않았다.

2022년 국제결제은행은 1990년 이후 협소한 정의에 따른 좀비 기업이 얼마나 증가했는지 확인했다.[18] 거기에 따르면 표본으로 삼은 14개 선진국에서는 전체 기업의 약 4%에서 15%로, 미국에서는 20% 정도로 늘어났다. 미래 수익성을 평가하는 일은 원래 어렵다.[19] 연구자들은 나름의 기준을 적용해 폭넓은 추정치를 제시했다. 그래도 상향 추세에 어긋나는 추정치는 드물었다. 에드워드 올트먼(Edward Altman) 교수가 이끄는 뉴욕대학교 연구팀은 2023년에 〈글로벌 좀비들(Global Zombies)〉이라는 보고서를 발표했다.[20] 거기에 따르면 미국을 포함한 20개 경제 대국에서 상장 기업 중 좀비 기업의 비중은 1990년대 이후 4배 정도 늘어난 7% 수준에 이르렀다.

이 무렵 좀비 기업이 증가하는 이유에 대한 다른 설명들이 제시되었다. 거기에는 좀비 기업처럼 정부 지원으로 살아가는 '좀비 은행'과의 공생 관계도 포함되어 있었다. 좀비 은행들은 수익을 거의 또는 전혀 내지 못하며 준비금이 부족하다. 그들은 좀비 기업들에 내준 부실 채권을 상각할 가능성이 가장 낮다. 가뜩이나 부실한 재무 상태가 더욱 악화될 것이기 때문이다. 또한 특히 유럽의 경우 파산 선언을 통해 부실 기업을 시장에서 몰아내는 시스템이 어설프고 느린 것도 또 다른 요인으로 지적되었다.[21]

또 다른 요인으로는 갈수록 관대해지는 구제 금융과 다른 '규제 유예' 조치가 제시되었다. 거기에는 대출 요건을 억지로 꿰맞추는 은행과 기업들을 봐주는 것도 포함되었다. 이는 1980년대에 저축 대부 조합 사태를 악화시킨 것과 같은 악습이었다. 뉴욕대학교의 경제학자인 비랄 아차르야(Viral Acharya)가 이끄는 연구팀은 심화되는 과잉이 문제라고 지적했다. '인내심 있는' 정부 지도자들이 제공하는 작은 규모의 구제책은 시스템 전반에 신용 흐름을 유지해 도움을 준다. 반면 시스템에 너무 많은 부채를 쏟아붓는 데 따른 장기적 리스크를 보지 못하는 '근시안적인' 정부 지도자들도 있다. 그들이 제공하는 과도한 구제 금융은 "전 세계적인 '좀비화'라는 폐단"을 낳는다.[22]

좀비 기업은 이지 머니가 넘쳐나는 기업 환경에서도 창궐한다. 국제결제은행 연구자들은 OECD 연구자들과 마찬가지로 좀비 기업의 증가와 기록적으로 낮은 수준의 금리 사이에 '매우 중대한' 상관성이 있음을 확인했다.[23] 특히 5년 동안 꾸준히 저금리를 유지하는 경우가 그랬다. 이로 인해 정상적인 여건에서는 문을 닫았을 좀비 기업들이 계속 연명한다. 〈글로벌 좀비들〉의 저자들은 그것이 은행, 그림자 은행, 정부의 지원과 이지 머니 시대의 비정상적 여건 때문이라고 말한다. "팬데믹이 시작되기 전부터 미국과 다른 나라에서는 기업 부채가 폭증했다. 이와 맞물려 역사적으로 낮은 수준의 금리가 유지되었다. 그에 따라 전 세계적으로 좀비 기업들이 창궐하기 좋은 환경이 조성되었다".[24]

금리가 낮은 국가들은 좀비가 많은 경향이 있었다. 이는 언뜻 이상하게 보일 수 있다. 이론적으로는, 금리가 낮으면 좀비 기업들이 이자를 내고 정상적인 상태로 돌아가기가 더 쉬워야 했다. 실제로 2000년 전에는 그런 일이 일어났다. 당시 좀비 기업들은 건강한 기업들보다 더 빨리 부채를 상환하는 경향이 있었다. 하지만 그 이후로는 달라졌다.

중앙은행들은 각각의 새로운 경기 순환 때마다 금리를 점진적으로 낮췄다. 이에 좀비 기업들은 부채 상환이나 사업 정리에 대한 압박을 덜 받게 되었다. 또한 신규 은행 대출을 받기가 더 쉬워졌을 뿐 아니라 공모 시장에 채권을 매도하기도 더 쉬워졌다. 이는 중앙은행이 의도적으로 실시한 정책의 결과였다. 그 요지는 투자자들이 안전한 국채에서 빠져나가 더 위험한 채권에 투자하도록 부추기는 것이었다. 좀비 기업들이 파는 정크 본드보다 더 위험하거나 더 높은 이자를 지급하는 채권은 없었다. 당연히 정크 본드 시장이 발달한 국가들은 좀비 기업의 수가 많은 경향이 있었다. 요컨대 떨어지는 금리는 은행, 그림자 은행, 채권 시장 등 신용 시스템의 많은 플레이어에게 좀비 기업의 수명을 무한정 늘려줄 동기를 부여했다.[25]

팬데믹이 닥치자 일부 좀비 기업은 파산을 선언할 수밖에 없었다. 그에 따라 유명 기업들의 정체가 드러났다. 그중에는 JC페니(J. C. Penney)와 시어스(Sears)도 있었다. 알고 보니 좀비 유통업체들은 1990년대에 일본에서 존재했던 것처럼 실제로 미국에도 존재하고 있었다. 〈타임(Time)〉은 파산을 선언했다고 해서 이 좀비 기업들이 '몽고메리 워드의 길'을 걷는 것은 아님을 지적했다. JC페니는 많은 지역에서 여전히 살아남았다. 이번에 그들을 구해준 것은 핵심 입주업체가 망하도록 놔둘 수 없었던 쇼핑몰 운영업체들이었다.

그러나 유명 좀비 기업이 망하는 것은 예외적인 사례였다. 언론은 팬데믹 기간에 채무 불이행과 파산이 급증할 것이라고 경고했다. 정반대의 리스크를 언급하는 보도는 드물었다. 그것은 팬데믹 이전부터 망해가던 수많은 기업이 여전히 손실을 내면서도 살아남을 수 있다는 가능성이었다. 2021년과 2022년에 미국의 기업 파산 건수는 1만 5,000건 아래로 떨어졌다. 이는 1980년에 집계가 시작된 이래로 기록적으로 낮은 수준이었다. 〈글로벌 좀비들〉 프로젝트의 리더들은 팬데믹 동안 좀비 기업들이 죽어갈 것으로 예상했다고 밝혔다.[26] 그러나 상장 기업 중 좀비 기업의 비중은 조금도 줄어들지 않았다. 그 부분적인 이유는 '중앙은행이 유례없는 수준으로 금융 시장에 개입하고, 정부가 중소기업을 대상으로 이자 상환 유예 조치 같은 지원책을 제공'했기 때문이다.

2023년이 되자 좀비 기업이 이런저런 생존 수단으로 연명하는 사례를 찾기가 쉬워졌다. 게임스톱은 암호화폐와 대체 불가능 토큰(non-fungible token) 분야로 진출해 수익을 내려고 시도했다. 그러나 손실이 쌓이면서 곧 해당 프로젝트를 접어야 했다. AMC시어터는 자신들을 '원숭이들(apes)'이라 부르는 레딧(Reddit, 미국의 대형 커뮤니티 사이트-옮긴이)의 데이 트레이더들로부터 자본을 모으려 시도했다.[27] 그 방법은 'AMC 우선주(AMC Preferred Equity)'의 약자인 '에이프(APE) 주식'을 제공하는 것이었다. 그러나 적법성에 대한 불확실성 때문에 철회할 수밖에 없었다. 그 여파로 AMC 주식은 하루 만에 약 34%나 폭락했다. IMF의 연구자들은 2023년 여름에 좀비 기업들이 유례없는 규모의 구제 금융 때문에 '공적 논쟁의 전면으로' 복귀했다고 썼다.[28] "초기의 (대부분) 무차별적 지원은 경제에 미치는 부정적 충격을 완화하는 데 필수적이었으나 좀비 기업이 연명하는 데도 도움을 주었다. 그 결과 반드시 필요한 창조적 파괴 과정을 회피하거나 지연시키게 되었다".

그러면 좀비 기업은 어떻게 그토록 오랫동안 숨어 있을 수 있었을까? 언론은 소수의 유명 좀비 기업을 조명했다. 그러나 대다수 좀비 기업은 비교적 작은 기업으로 드러났다.[29] 국제결제은행은 지난 30년에 걸쳐 좀비 기업이 전체 중소기업에서 차지한 비중을 확인했다. 그 결과, 협소한 정의를 적용하더라도 독일은 거의 15%, 영국과 프랑스 그리고 호주는 약 25%, 캐나다와 미국은 40% 이상이나 되었다.

좀비 기업의 생애 주기를 보여주는 완전한 그림이 점차 드러났다. 좀비 기업은 에너지와 부동산부터 의류와 가전까지 특정 산업에서 나타날 가능성이 더 높다. 좀비화된 기업은 오래된 기업인 경향이 있다. 개업 40년이 넘은 기업은 5년이 채 되지 않은 기업보다 좀비 기업이 될 확률이 약 2~3배 더 높았다. 좀비 기업이라고 해서 영생하는 것은 아니다. 그러나 좀비화된 미국 및 유럽 기업 중에서 1980년 이후 문을 닫은 기업은 4개 중 하나에 불과하다.[30]

좀비 기업은 눈에 띄게 야심이 부족하다. 그들 중 대다수는 지난 10년 동안 수익성을 개선하거나 부채를 줄이기 위한 계획을 전혀 세우지 않았다. 좀비화된 기업이 이듬해에도 그대로 남을 확률은 1980년대 말에는 약 40%였다가 2010년대 말에는 70% 정도로 치솟았다. 그들 중 일부는 적어도 한 번은 부채를 청산하고 건강한 상태로 돌아갔다. 그러나 나머지는 갈수록 긴 기간 동안 좀비 상태로 버텼다. 지금은 그 평균 기간이 4년에 이른다. '좀비병(Zombiism)'은 만성 재발성 질환으로 바뀌었다.[31] 좀비 상태에서 회복된 기업 중 다수는 재발에 시달렸다. 좀비병이 재발할 확률은 건강한 기업이 처음 좀비병에

걸릴 확률보다 3배나 더 높았다.³²

　일본에서 생겨난 좀비 바이러스는 전 세계로 퍼져나갔다. 2000년대 이후로 그 범위는 꾸준히 넓어졌다. 또한 지속 기간은 더 길어졌고, 재발률은 더 높아졌다. 대다수 연구자는 2023년 무렵 미국과 다른 자본주의 국가에서 상장 기업, 특히 중소기업 중 좀비 기업의 비율이 놀라울 정도로 늘었다는 데 동의했다. 그 비중이 10%에 가까운지, 아니면 20%를 넘었는지는 중요하지만 결정적인 사안은 아니었다. 대다수 연구자가 동의한 대로 어느 경우든 이 추세는 채무 부패(debt decay)라는 심각한 문제를 드러내기 때문이다.³³ 이런 상태가 반드시 치명적인 것은 아니다. 그러나 정부 지원으로 연명하는 좀비 기업이 줄어든다면 자본주의가 더 건강해질 것이라는 주장은 강한 설득력을 지닌다.

11장.

과점 기업의 부상

조지프 슘페터는 1942년에 '창조적 파괴'라는 용어를 처음 소개했다. 이후 창조적 파괴는 많은 부와 권력을 창출하는 요인으로 인식되었다. 이는 부와 권력이 고이지 않는 한 자본주의에 도움이 되었다. 그러나 부와 권력은 갈수록 고여갔다. 최근 수십 년 동안 그랬듯 자유롭고 개방적인 경쟁이 이뤄지지 않으면 신생 기업은 더 이상 상위 기업의 이익을 '쟁취하지(compete away)' 못한다.

최근 수십 년 동안 각국 정부와 중앙은행은 창조적 파괴의 기어를 마모시켰다. 교과서는 중앙은행이 차입 비용을 낮춰주면 자금 조달이 용이해진다고 말한다. 그리고 그만큼 기업들이 새로운 설비나 연구 개발에 투자할 여력이 생겨서 성장이 촉진된다. 그러나 지난 20년 동안 중앙은행의 금리 인하는 정확히 반대 결과를 불러왔다. 즉 투자가 저조해지고 경제 성장 속도가 실망스러울 정도로 느려졌다.

프린스턴대학교 경제학자인 아티프 미안(Atif Mian)은 우연한 대화를 통해 이 수수께끼에 이끌렸다.¹ 그는 스페인에서 한 작은 호텔 주인의 아들과 잡담을 나눈 적이 있었다. 그 아들은 유럽 중앙은행이 오랫동안 저금리를 유지하는 것에 대해 불평했다. 대형 호텔 체인이 덩치를 불리면서 소규모 호텔을 몰아내고 있었기 때문이다. 미안에게 이런 불평은 예상치 못한 것이었다. 저금리는 기본적으로 가격처럼 모두에게 동등하게 적용되는 것으로 여겨졌다. 그러나 호텔 주인의 아들이 제기한 불만은 그 오랜 가정에 정면으로 배치되었다. 그와 동료 교수인 어니스트 류(Ernest Liu)는 시카고대학교의 아미르 수피(Amir Sufi)와 같이 연구에 들어갔다. 그들은 하나의 모형을 만들었다. 이 모형은 이지 머니가 전반적인 경제와 기업이 아니라 기업 사이의 경쟁에 영향을 미치는 양상을 보여주었다.

이 모형의 예측에 따르면 금리 인하는 초기에는 실제로 모든 기업의 투자와 경제 성장을 촉진한다. 이때 대기업들은 단순히 덩치가 크기 때문에 중소기업보다 더 많이 투자하게 된다. 이는 더 높은 이익과 기업 가치 평가로 이어진다.

오래지 않아 대기업과 경쟁하는 많은 중소기업은 추격을 포기하고 투자를 중단한다. 그러면 대기업은 많은 수익을 안기는 시장 지배력을 계속 공고히 다지면서도 투자를 줄일 수 있다. 그렇게 갈수록 많은 산업이 소수 기업이 지배하는 과점 체제로 바뀐다. 금리가 제로에 가까워질수록 이런 시장 지배력의 집중은 심화된다. 미안, 류, 수피는 2019년에 발표한 논문에서 "업계 리더들은 후발 업체를 저지하기 위해 더욱 공격적으로 투자하고, 그에 따라 후발 업체들의 투자 인센티브가 줄어든다"라고 썼다.²

그들은 뒤이어 최근 수십 년 동안의 실제 사건들을 토대로 자신들의 예측이 얼마나 정확한지 점검했다. 그 결과 예측 내용과 실제 사건이 거의 정확하게 일치했다. 각국 중앙은행들이 1980년대 초에 금리 인하를 시작한 이후 이지 머니는 한동안 경쟁을 심화시켰다. 그러다가 2000년을 기점으로 정체가 발생했다. 지배적 기업이 연이어 해당 산업에서 통제권을 확보했다. 기성 기업이 무너지거나 신생 기업이 부상하는 일은 거의 없었다.

미안, 류, 수피가 보기에 이런 현상이 벌어진 주된 요인은 이지 머니였다. 이지 머니는 아마존과 애플처럼 풍부한 현금을 보유한 기업들의 지배력이 강화되는 이유도 설명해주었다. 그들은 투자나 작은 경쟁사 인수를 위해 돈을 빌릴 필요가 없었다. 그럼에도 여전히 이지 머니의 혜택을 누렸다. 안전한 국채의 수익률이 낮아지면서 투자자들이 주식으로 몰렸다. 이지 머니는 지배적 기업이 지배력을 더욱 높이기 위해 할 수 있는 모든 일을 하도록, 즉 주식 시장 붐을 통해 이득을 보도록 강력한 인센티브를 부여했다.

이익을 쟁취하지 못할 때

주식 시장이 커지면 더 많은 경쟁이 벌어질 여지가 생길 것이라고 생각할 수도 있다. 하지만 그렇지 않다. 앨런 그린스펀은 1987년 주가 폭락 이후 연준의 지원을 약속했다. 주식 시장은 그때부터 미국 경제의 절반 규모에서 2배나 더 큰 규모로 커졌다. 또한 2000년 이후 중소기업들이 죽어가면서 기업 이익 및 주식 시장 수익에서 대기업의 비중이 크게 늘어났다.[3]

이는 전 세계적인 현상이었다. 바르셀로나 폼페우파브라대학교(Pompeu Fabra University) 교수인 얀 에크하우트(Jan Eeckhout)는 2021년에 펴낸《이익의 역설(The Profit Paradox)》에서 산업 집중 문제를 다뤘다.[4] 그의 연구 내용 중에서 놀라운 사실은 구글이나 애플처럼 예측 가능한 미국 기업뿐 아니라 '기술 산업부터 직물 산업까지' 폭넓은 산업과 국가에 걸쳐 이익이 증가하고 있다는 사실이었다. 전 세계적으로 일반적인 기업의 이윤은 1980년에 10% 미만이었다가 거의 60%까지 증가했다.

3년 후 루스벨트 연구소(Roosevelt Institute) 연구팀은 미국을 대상으로 에크하우트의 연구를 제2차 세계대전 때까지로 확장했다. 그 결과는 더욱 놀라웠다. 1970년대 내내 이윤 폭은 모든 기업에 걸쳐서 같은 수준에 머물렀다. 그러다가 거의 전적으로 상위 10% 기업들 사이에서만 증가하기 시작했다. 구체적으로는 원가 대비 약 50%에서 약 250%로 증가했다. 또한 2021년에 초현실적인 수준의 주식 시장 붐이 일었을 때 최상위 기업들의 비중은 1955년에 집계가 시작된 이래 최대 폭으로 커졌다.[5]

막대한 순익 점유율은 곧장 막대한 주식 시장 점유율로 이어졌다. 1960년대와 1970년대 초의 대기업들은 1973년과 1980년의 혹독한 불경기를 겪으면서 시장 장악력을 잃기 시작했다. 뒤이어 신생 기업이 폭증했다. 1990년대 중반까지 상위 10대 기업이 S&P 500 지수에서 차지하는 비중은 20년 동안 거의 절반인 17% 수준으로 줄어들었다. 그러다가 이지 머니 시대가 본격화되면서 대기업들에 풍부한 자금이 제공되었고, 그 결과 창조적 파괴 과정이 둔화되었다.

1990년대 말 상위 10대 기업의 주식 시장 점유율은 다시 상승하기 시작했다. 급기야 2023년에는 다시 2배인 34%에 이르렀다. 이는 1970년대 말 이후로 가장 높은 기록이었다. 게다가 대다수 증가분은 상위 5대 기업이 차지했다. 2023년 이 기업들의 시장 가치는 그다음 5개 기업의 시장 가치보다 약 3배나 높았다. 이 역시 1970년대 이후 가장 높은 기록이었다. 2023년 중반 기준으로 상위 5대 기업은 애플, 마이크로소프트, 알파벳, 메타 그리고 인공지능(Artificial Intelligence, AI) 프로그램용 반도체 칩을 만드는 인기 제조사 엔비디아였다.

팬데믹은 자금 흐름을 대기업, 특히 기술 대기업 쪽으로 기울게 했다. 이 기업들은 사람들이 집에 갇혀서 온라인으로 일과 놀이를 할 수밖에 없는 상황에서 잘될 수 있는 유리한 입지를 차지하고 있었다. 2010년대에 애플이 유에스스틸(U.S. Steel)의 뒤를 따를 것인지에 대해 많은 논쟁이 벌어졌다. 유에스스틸은 1901년에 JP모건이 설립된 후 최초의 10억 달러짜리 종목이 되었다. 애플이 최초의 1조 달러짜리 종목이 될지는 미지수였다. 그런데 기술 기업인 상위 5대 기업이 모두 회의론을 이겨내고 1조 달러의 장벽을 넘었다.[6] 2023년 말 대형 기술주는 팬데믹 동안 미국 주식 시장 수익률의 절반 그리고 2023년 한 해 동안 미국 주식 시장 수익률의 전부를 차지했다. 애플은 시가총액 3조 달러를 넘기면서 역대 가장 가치 있는 기업이 되었다.

누구도 덤빌 수 없는 규모는 정상에서 버틸 수 있는 유례없는 지속력을 부여했다.[7] 1980년대에는 10년 동안 상위 10대 기업을 유지한 기업이 3개뿐이었다. 반면 2010년대에는 6개 기업이 그 일을 해냈다. 더욱 놀라운 사실은 유럽과 중국뿐 아니라 심지어 일본에서도 기업 순위 교체율이 훨씬 높았다는 것이다. 일본의 경우 2010년부터 2020년까지 상위 10대 기업 자리에서 버틴 기업은 2개뿐이었다.

미국에서는 어느 산업이든 주도 기업이 지배적 입지에서 밀려날 가능성이 급격하게 줄었다. 1990년 이후 설립 5년 미만 기업의 비중은 약 3분의 1이나 줄어서 30%를 겨우 넘겼다.[8] 전통적으로 혁신과 경쟁이 가장 활발하게 이뤄지는 기술 산업에서도 창조적 파괴 과정이 둔화되었다.

과거 메인프레임(mainframe, 대용량의 메모리와 고속도의 처리 속도를 지닌 멀티유저용 대규모 컴퓨터-옮긴이)에 이어 PC가 등장해 새로운 컴퓨터의 시대가 열릴 때마다 새로운 기업이 업계 정상으로 올라섰다. '실리콘밸리'는 '스타트업'의 접두어로서 자연스럽게 언급되었다. 그러나 2000년 닷컴 버블 붕괴 이후 교체의 강도가 약화되기 시작했다. 버블 붕괴에서 살아남은 기업들은 인터넷 검색 및 쇼핑을 포함해 시장 장악력을 키웠다. 벤처 투자자인 크리스 딕슨(Chris Dixon)은 "기술 대기업이 인터넷을 죽였다"라고 주장했다. 그의 설명에 따르면 초기 인터넷의 마법 같은 창의력은 2010년 무렵 정체되었다. 그와 더불어 페이스북이나 유튜브처럼 노회한 기업들이 앱스토어 인기 차트의 상단에 자리 잡게 되었다.

2023년에는 차세대 혁신이 절정에 이르렀다. 투자자들은 인공지능과 관련이 있다고 주장하는 모든 기업에 돈을 쏟아부었다. 그럼에도 상단에 자리한 기업들은 거의 바뀌지 않았다. 앞에서 언급한 시가총액 기준 5대 기술 기업 중에서 엔비디아만 이 엘리트 집단의 신참이었다. 그나마 엔비디아도 생긴 지 30년이나 된 기업이었다. 주요 기술 기업의 중위 사업 연수는 약 50%나 늘어난 36년에 이르렀다. 그에 비해 닷컴 붐이 한창이던 때에는 24년에 불과했다. 브루킹스 연구소 연구자들은 이런 기업의 경직화 과정을 "미국의 또 다른 고령화"라 불렀다.[9]

돈이 부패를 초래한다면 현재 월가가 말하는 기술 대기업의 '초정상 이익(supernormal profit)'도 반드시 부패로 이어질 가능성이 크다. 기술 대기업들은 수백억 달러의 현금 더미 위에 앉아 있다. 이제 그들은 더 작은 경쟁 업체를 억누르고, 자신의 지배적 입지를 약화시킬 수도 있는 창조적 파괴 과정을 방해할 수많은 선택지를 갖고 있다. 그중 하나는 '약탈적 침해(predatory infringement)'라 알려진 전략이다. 1990년대 말 애플 창립자인 스티브 잡스(Steve Jobs)는 자신의 회사가 "위대한 아이디어를 훔치는 데 항상 거리낌이 없다"라고 말했다.[10] 그는 이를 그럴듯하게 정당화하기 위해 "뛰어난 예술가는 베끼고 위대한 예술가는 훔친다"라는 파블로 피카소(Pablo Picasso)의 말을 빌렸다. 조지메이슨대학교(George Mason University)의 특허법 전문가인 애덤 모소프(Adam Mossoff)는 시간이 지나면서 창조적 파괴에 대한 이 다소 부주의한 정의는 하나의 전략이 되었다고 지적했다. 그의 말에 따르면 "구글 같은 기술 대기업들은 중소기업의 지적재산권을 매입하거나 빌려 쓰기보다 그냥 훔치는 게 더 이득이라고 판단했다".[11] 피해 기업이 감히 법원에 이의를 제기하면 변호사 군단이 퍼붓는 여러 압박과 지연 전략들로 쉽게 제압할 수 있었다.

가끔 피해 기업이 지적 재산권 도용 혐의를 제기해 미국국제무역위원회(U.S. International Trade Commission)에서 승소하는 드문 경우도 있었다. 소노스(Sonos)라는 무선 스피커 제조사는 구글이 자사 기술을 모방해 구글 스피커 제품에 썼다고 고발해 승소했다. 애플은 두 캘리포니아 기업이 환자 모니터링 기술을 도용해 애플 워치에 썼다는 혐의로 제기한 소송에서 졌다.[12] 하지만 이런 사례는 예외에 불과하다. 모소프는 "이런 짓은 한마디로 도적질이며, 미국의 혁신 경제와 국제 경쟁력을 위협하는 문제다"라고 말한다.

무엇을 탓해야 할까

이지 머니는 물론 과점 기업이 부상한 이유를 설명하는 최신 요인일 뿐이다. 이전 연구들은 최소한 네 가지의 다른 요인을 언급했다. 세계화는 무역 장벽을 낮춰서 대기업이 해외 시장에 접근할 수 있도록 해준다. 인터넷은 슈퍼스타 기업이 전 세계 고객들에게 즉시 접근할 수 있도록 해준다. 인구 고령화는 기성 기업에 도전할 청년 창업자의 수를 줄인다. 끝으로, 갈수록 복잡해지는 정부 규제가 있다.[13] 대기업들은 중소기업들과 달리 규제를 조정하고 헤쳐나갈 자원을 갖고 있다.

연구자들은 이 요인들을 검증했다. 그 결과 과점 기업을 늘린 범인으로 정부를 지목했다. 인구 고령화는 창업자가 줄어든 이유를 설명해준다. 그러나 높은 수익성과 생산성을 올리는 스타트업 또는 수익성 높은 산업으로 진입하려는 스타트업이 줄어든 이유를 설명하지 못한다.

세계화는 규모의 경제를 선호하는 것처럼 보인다. 그러나 다른 한편으로는 대기업들이 서로 경쟁하면서 이윤을 줄이도록 강요한다. 그럼에도 이윤은 오히려 늘었다. 또한 세계화는 대다수 미국 산업이 통합되는 이유를 설명하지 못한다. 해외 무역에 크게 의존하는 산업의 비중은 약 13%에 불과한데도 말이다. 게다가 대다수 수출 중심 기업은 제조업체이며, 글로벌 공급 사슬을 활용한 비용 절감이 제조업체의 이익에서 차지하는 비중은 약 25%밖에 되지 않는다.[14] 그보다는 차입 비용 감소가 훨씬 더 중요하다.

경제학자인 토머스 필리폰과 헤르만 구티에레스(Germán Gutiérrez)는 상충하는 요인들을 살폈다. 그들이 2019년에 내린 결론은 "규모의 경제나 인구 고령화 또는 네트워크 효과(network effect, 특정 상품 및 서비스에 대한 수요가 관계망을 통해 다른 사람들의 수요에 영향을 미치는 것 – 옮긴이)로는 산업 집중화가 심화되는 이유를 부분적으로만 설명할 수 있거나, 전혀 설명하지 못한다"라는 것이었다. 자본주의가 정상적으로 작동한다면 창업자들은 수익성이 가장 좋고, 따라서 기회가 가장 많은 산업으로 몰려들 것이다.[15] 무엇보다 이런 현상은 인구 고령화가 진행됨에 따라 더욱 가속화될 것이다. 인구 고령화는 오랜 기성 기업에 도전할 젊은 창업자의 수를 줄인다. 1990년대 이전에는 실제로 이런 일이 일어났다.

그러다가 2000년 무렵 변화가 일어났다. 시장 주도 기업들의 로비가 강화되면서 규제 충격, 즉 특정 산업을 겨냥한 갑작스러운 규제 강화가 갈수록 흔해졌다. 이런 규제 충격에 따라 대기업의 이익이 크게 늘어나고 중소기업의 이익이 줄어드는 현상이 '체계적으로' 나타나기 시작했다. 창업자들은 견조한 이익을 안기는 유망 산업을 회피했다. 이는 자본주의의 순리를 거스르는 일이었다. 이처럼 '자유로운 진입의 차단'에 대한 가장 설득력 있는 요인은 인구 고령화도, 기술 변화도, 규모의 경제에 따른 수익 증가도 아니었다. 그것은 대기업의 로비 지출 및 선거 자금 기부가 늘어나면서 신생 기업에 대한 규제 장벽이 높아졌기 때문이다.[16]

　로비 산업이 급성장한 것은 비밀이 아니다. 미 상원에 제출된 데이터에 따르면 1990년대 말에는 약 14억 달러였던 로비 관련 연 지출이 지금은 2배 이상 늘어나 40억 달러를 넘겼다. 게다가 보고되지 않은 로비 자금의 규모는 훨씬 더 클지도 모른다(가령 마이크로소프트의 연 로비 예산만 해도 10억 달러에 이른다). 미국의 20대 로비스트를 보면 기술 대기업들이 빠르게 부상하고 있다.[17] 지금은 아마존과 알파벳을 위시한 4개 기업이 명단에 이름을 올리고 있다. 반면 10년 전에는 하나도 없었다. 미국의 기술 대기업들은 유럽에서도 활발한 로비를 전개한다. 가깝게는 2015년에도 전혀 로비가 없었다. 하지만 지금은 그들이 10대 기업 로비스트 중 50% 정도를 차지한다.[18] 또한 지출액은 제약 산업, 금융 산업, 화학 산업의 지출액을 다 합친 것보다 많다. 이에 대한 논쟁이 갈수록 격렬해지고 있다. 유럽 의원들은 기술 대기업들이 중소기업을 대변하는 척하는 위장 단체를 통해 로비를 펼친다고 비판했다.

중소기업의 몰락

자본주의 세계 전반에 걸쳐 기성 대기업의 부상 못지않게 신생 중소기업의 몰락이 뚜렷하게 드러나고 있다. 2020년 초에 미국, 영국, 이탈리아, 스페인, 스웨덴 그리고 다른 많은 산업국에서 전체 기업 대비 스타트업의 비중이 줄어들었다. 창업률만 낮아진 것이 아니라 폐업률

도 낮아졌다. 1970년대 중반과 비교하면 미국의 창업률은 절반, 폐업률은 3분의 2에 불과했다.[19]

미국의 경제 규모는 1970년대 이후 3배나 커졌다. 그러나 상장 기업 수는 놀라울 정도로 줄어들었다. 이 변화 역시 2000년대로 접어들 무렵부터 시작되었다. 1970년대부터 닷컴 버블 붕괴 직전까지는 경쟁이 심했다. 이 시기에 상장 기업 수는 약 4,500개에서 약 7,500개로 늘어났다. 그러다가 이지 머니의 시대가 최고조에 이르렀다. 그에 따라 산업 집중화가 이뤄지면서 상장 기업 수는 2023년에 4,000개를 약간 넘기는 수준까지 줄었다.[20]

이 하락세는 중소기업계에 타격을 입혔다. 문을 닫는 기업 10개 중 9개는 시가총액 2억 5,000만 달러 미만의 중소기업이었다.[21] 2010년 초가 되자 대기업이 처음으로 중소기업의 수를 넘어섰다. 그 차이는 곧 2배로 크게 벌어졌다. 미국과 유럽에서 주요 산업 부문 중 3분의 2는 3대 기업에 집중되었다.[22] 이는 이전보다 크게 증가한 수치였다.

이런 변화가 일어난 이유는 디지털 시대에 오랜 아날로그 기업이 사라져서가 아니었다. 전통 제조업뿐 아니라 대다수 산업에서 상장 기업 수가 줄어들었다. 팬데믹 기간 동안 미국인들은 거실에서 온라인 사업체를 차렸다.[23] 덕분에 중소기업 수가 다시 증가했다. 그러나 이것이 그저 코로나19 팬데믹 시대의 부양책이 초래한 일시적인 이상 현상인지는 아직 지켜봐야 한다.

신생 중소기업은 숫자만 줄어드는 것이 아니었다. 시장 가치는 그보다 더 빠르게 줄어들었다. 2022년 기준으로 중소기업이 전체 주식 시장에서 차지하는 비중은 0.5%도 채 되지 않았다. 반면 40년 전에는 그 비중이 약 13%였다.[24] 더욱 심각한 문제는 중소기업이 수익을 내지 못하는 상태로 전락할 가능성이 갈수록 높아진다는 것이다.

2019년 라이스대학교(Rice University) 금융학 교수인 구스타보 그룰론(Gustavo Grullon)과 동료들이 발표한 논문에 따르면 중소기업은 완전히 망하지 않는다 해도, 두 가지 방식으로 주식 시장에서 퇴출당했다. 하나는 대기업에 인수되는 것이었고, 다른 하나는 비상장 기업으로 전환되는 것이었다. 이 두 가지 거래를 뒷받침하는 것이 이지 머니였다. 비상장 기업으로 전환되는 기업 중 다수는 심해지는 정부 감독 및 규제의 부담에서 벗어나고 싶은 마음이 동기로 작용했다. 한편 이 추세는 여러 산업에 걸친 집중화와 독점 및 과점이 착시에 불과하다는 희망찬 가능성을 제기했다. 어쩌면 해당 산업은 소수 기업에 집중되는 것이 아니라 수가 줄어드는 상장 기업과 수가 늘어나는 비상장 기업으로 양분되고 있는 것이 아닐까?

그룰론과 공저자들은 이 질문에 답하기 위해 비상장 기업을 포함하는 통계 자료를 분석했다. 그들이 확인한 사실은 미안, 류, 수피가 들려준 이야기와 일치했다. 2000년대로 접어들기 전에는 대다수 미국 산업에서 갈수록 경쟁이 심화되었다. 그러다가 '새로운 근본적인 변화'가 시작되었다. 지난 20년 동안 미국에서는 4개 산업 중 3개에서 기업이 더욱 급격하게 집중화되었다. 주요 기업의 지배력을 측정하는 표준 지수는 업계 매출 대비 비중을 따진다. 이 지수에 따르면 집중화는 2000년 이후 평균 약 90%라는 '놀라운' 속도로 심화되고 있다.[25]

오바마 대통령의 전 경제 자문인 제이슨 퍼먼(Jason Furman)과 피터 오재그(Peter Orszag)도 이 문제를 우려했다. 그들은 심지어 기업 규모가 클수록 대기업이 독점 체제를 통해 경제에서 더 과도한 '지대(rent, 생산 요소를 활용하는 데 부과되는 대가 - 옮긴이)'를 빨아들이는 것으로 보인다고 지적했다.[26] 경쟁이 덜하면 이론적으로 기업들은 교육 및 설비 투자를 줄이고 더 많은 이익을 취하게 된다. 실제로도 그랬다. 국채 같은 안전 자산의 수익률이 떨어지자 주식 같은 위험 자산의 수익률이 급등했다. 안전 자산과 위험 자산의 수익률 차이는 2%에서 8%로 4배 정도나 더 크게 벌어졌다. 대기업들은 더 높은 지대를 빨아들였고, 그 결과 더 높은 수익률을 누렸다.

일부 학자들은 팬데믹이 닥쳤을 때 과점 체제가 부상하면서 미국 경제가 새롭게 취약해졌다고 주장했다. 정상적인 시기에는 3~4개 기업에 시장 권력이 집중된다고 해도 가격을 인상할 명백한 기회가 주어지는 것은 아니다. 경쟁 업체가 여전히 존재하기 때문이다. 그러나 공급 사슬이 차단되면 가격 인상 여지가 더 많이 생긴다. 원자재가 부족해 기존 경쟁 업체가 생산량을 늘리지 못할 것이 확실하기 때문이다. 가격과 이익이 같이 상승하면 어느 것이 원인이고 어느 것이 결과인지 분간하기 어렵다. 어느 쪽이든 대기업은 노다지를 캘 수 있다. 좌파 정치인 및 경제학자들은 곧 대기업이 경제를 지배한 결과물인 '그리드플레이션[greedflation, 탐욕(greed)과 인플레이션(inflation)의 합성어 - 옮긴이]'을 물가 급등의 원인으로 지목했다.[27]

한 산업의 과점은 다른 산업의 집중화를 촉진하는 경향이 있다. 한 가지 우려되는 것은 3대 투자 기업인 블랙록(BlackRock), 뱅가드(Vanguard), 스테이트스트리트(State Street)의 부상이다.[28] 이 기업들은

2023년 기준 모두 합쳐서 약 22조 달러의 자산을 운용한다. 거기에는 미국의 연금 저축 중 다수와 주식 투자액의 상당 부분이 포함된다. 흔히 이 기업들은 한 산업에 속한 모든 주요 기업의 지분을 많이 보유하고 있다. 퍼먼과 오재그는 이로 인해 "그들이 경쟁을 저해하는 행동을 선호하게 될 수 있다"라고 지적했다. 가령 이 기업들은 코카콜라와 펩시코(PepsiCo) 양사의 5대 주주에 속해 있다. 우려되는 부분은 그들이 음료 시장에서 공정한 경쟁이 이뤄지는 데 별로 관심이 없다는 것이다. 심지어 뱅가드 지수 펀드를 만든 존 보글(John Bogle)도 2019년에 사망하기 전에 이 문제를 우려했다. 그는 "3대 기업이 더 많은 주식을 보유하도록 허용하는 것이 국익에 보탬이 되지 않을 것"이며, 이런 추세가 계속되면 "언젠가는 소수의 초대형 기관 투자자가 사실상 모든 미국 대기업의 의결권을 장악하게 될 것"이라고 썼다.[29]

'멋진 인생'이 아니다

미국 은행들이 망하기에는 너무 커진 것이 아닌지 우려하는 사람들이 많다. 하지만 대다수 은행은 사실 살아남기에는 너무 작다. 소형 은행은 농촌 소도시의 금융 생활에 있어서 마치 생명줄과 같다. 그래서 그들의 몰락은 중부 지역을 담당하는 기자들에게 인기 있는 취재 거리가 되었다. 많은 기자가 영화 〈멋진 인생(It's a Wonderful Life)〉에서 지미 스튜어트(Jimmy Stewart)가 연기한 사랑스러운 소도시 은행가의 모습을 떠올리며 이야기를 풀어냈다. 하지만 이 영화는 1946년에 나왔다.

1990년대부터 시작해 지금까지 총 은행 자산에서 수신액이 2,500억 달러 이상인 대형 은행이 차지하는 비중은 5%에서 55% 정도로 늘어났다. 그들은 중형 은행과 소형 은행의 시장 점유율을 골고루 빼앗아갔다. 1990년대에 지방 은행의 수는 1만 1,000개 이상 줄어서 약 4,600개가 되었다. 평균적으로 3개 지방 소도시 중 1개는 아예 지역 은행이 없었다. 그나마 생존한 은행 중 다수는 쌓여가는 서류 더미에 깔려 숨도 제대로 쉬지 못했다.[30]

1970년대 이후 새로 제정된 은행 관련 법안의 수는 연평균 10개로 3배 정도나 늘었다. 각 신규 법안의 평균 길이는 거의 2,000페이지로 10배 정도 늘었다. 또한 2008년 금융 위기 이후 신규 규제로 인해 은행이 내야 하는 일반적인 보고서의 분량도 거의 90페이지로 2배 정도 늘었다. 소형 은행은 늘어나는 보고 분량을 따라잡기 위해 대출 직원을 해고하고 준법 직원을 채용했다. 하지만 대다수가 이를 따라잡는 데 실패했다. 지역 은행의 수는 오랫동안 줄어들고 있었으나 2008년 이후 그 속도가 훨씬 빨라졌다.

작은 기업과 은행에 대한 압박은 닭과 달걀 문제를 낳았다. 규제 증가와 산업 집중화 중에서 어느 것이 먼저일까? 어떤 산업은 단지 연구 개발에 더 많이 투자해 더 많은 혁신과 이익을 창출하고, 더 많은 규제 당국의 감시를 불러일으킨 것일까? 아니면 규제가 먼저 작용해 기업이 성장하기 어려워지고 더 많은 비용을 필요로 하게 되면서 대기업들이 우위에 선 것일까?

경제학자이자 기술 전문가인 제임스 베슨(James Bessen)은 이 질문에 대한 답을 찾는 일에 나섰다. 그는 일련의 테스트를 통해 특히 2000년 이후 기업의 시가총액 및 이익 상승을 이끈 요소들을 분석했다. 연구 개발 등에 대한 '비가시적' 투자는 부분적인 상승 요인으로 드러났다. 그러나 그보다 더 큰 비중을 차지한 것은 다른 연구자들이 언급한 동일한 요인, 즉 늘어난 규제와 정치계 로비 및 정치 자금 기부를 위한 지출이었다.[31] 그가 실시한 한 가지 테스트는 연대순 분석이었다. 거기에 따르면 미국 산업 전반에 걸쳐서 기업의 시가총액 및 이익은 상당한 신규 규제가 시행된 후 상승하는 분명한 패턴을 보여주었다.

문제는 '규제 포획(regulatory capture)' 때문은 아닌 것으로 보였다. 규제 포획이란 감독 기관들이 규제 대상인 기업과 유착되거나 친분을 쌓는 것을 뜻했다. 가령 1990년대에 연방통신위원회(Federal Communications Commission)는 국민적 불만이 많은 케이블 TV 산업을 관장하는 새로운 규제를 시행했다. 그들은 케이블 TV 시청료를 인하하면 소비자들이 연간 10억 달러 이상을 아낄 수 있을 것으로 예상했다.

요컨대 새로운 규제의 목표는 케이블 TV 시장의 독점 업체들로부터 소비자에게로 부를 이전하는 것이었다. 그러나 케이블 TV 기업들은 규제의 허점을 이용해 요금 인하와 함께 서비스까지 축소해버렸다. 가령 인기 채널에 별도 시청료를 부과하는 식이었다. 많은 고객이 프리미엄 패키지를 이용하려고 추가 요금을 내야 했다. 덕분에 케이블 TV 기업의 시가총액과 이익은 상승했다.[32] 결국 규제 당국의 의도는 빗나가고 말았다.

현대 자본주의의 한 가지 난제는 정부가 갈수록 빨라지는 기술 변화 속도를 따라잡지 못한다는 것이다. 향후 대법관이 된 루이스 브랜다이스(Louis Brandeis)는 1908년에 "인류의 성과는 개인의 역량을 앞질렀다"라고 경고했다.³³ 또한 진화인류학자인 E. O. 윌슨(E. O. Wilson)은 2009년에 인류가 "구석기 시대의 감정, 중세 시대의 제도 그리고 신과 같은 기술을 가진 채 21세기로 접어들었다"라고 말했다.³⁴ 그럼에도 규제 당국이 할 일은 규제였다. 그들은 신과 오랜 투쟁을 벌여야 한다는 의무감을 느꼈다. 디지털 행정 개혁 전문가 제니퍼 팔카(Jennifer Pahlka)는 《미국의 재코딩(Recoding America)》이라는 신간에서 '디지털 시대에 정부가 실패하는 이유'를 다뤘다. 이 책에 소개된 한 캘리포니아 주정부 공무원은 17년 동안 공무원 생활을 했는데도 자신을 '신참'이라 여긴다. 거의 1세기 동안 관료 체제에 켜켜이 쌓인 방편, 갱신, 세부 사항에 통달하려면 최소한 25년이 걸리기 때문이다.

규제를 통해 기술 대기업을 통제하려는 시도는 오히려 그들의 입지를 공고히 다져줄 뿐일지도 모른다. 2023년 말 유럽연합과 영국은 인터넷 기업들에 차량 공유 서비스 및 기타 '임시직 노동자'를 정직원으로 대우하고 복지 혜택을 제공하도록 요구하는 방향으로 나아갔다.³⁵ 그러나 앞서 캘리포니아주가 비슷한 규정을 도입했을 때 차량 공유 서비스 시장을 지배하는 기업인 우버가 큰 탄력을 받았다. 우버는 복지 혜택을 보다 쉽게 제공할 형편이 되었기 때문이다. 규모가 작아서 그럴 형편이 못 되었던 리프트(Lyft) 같은 경쟁 업체들은 곧 '까마득히' 뒤처지고 말았다. 한 기술 부문 분석가는 우버가 과거 택시 회사들이 그랬듯이 충분한 운전자를 고용해 비교적 비싸면서도 수준 이하의 서비스를 제공하게 될 것이라 예측했다.³⁶

과점 기업의 부상이 일반 소비자에게 항상 분명하게 드러나는 것은 아니다. 대다수 미국인은 온라인 검색, 쇼핑, 소셜 미디어가 1~2개의 유명 기업에 지배당한다는 사실을 안다. 그들은 2024년 현재 항공 산업을 단 4개 기업(20년 전의 10개에서 4개로 축소)이, 렌터카 사업을 3개 기업이, 맥주 산업을 2개 기업이 지배하고 있다는 사실도 어느 정도 알고 있다. 또한 그들은 자신이 좋아하는 크래프트 맥주 제조업체를 지금은 안호이저-부시(Anheuser-Busch)가 보유하고 있음을 알 것이다. 하지만 톰스오브메인(Tom's of Maine)과 버츠비(Burt's Bees)를 각각 콜게이트(Colgate)와 크로락스(Clorox)라는 대기업이 보유하고 있다는 사실은 잘 모를 것이다.

이 브랜드들은 작은 지역 회사라는 이미지를 내세우지만, 실은 대기업이 보유하고 있다. 쇼핑몰에 가면 제일스(Zales)부터 재러드(Jared), 케이(Kay)까지 10여 개의 장신구 매장이 있다. 이 브랜드들은 모두 시그넷(Signet)이라는 한 회사가 보유하고 있다. 그들은 각각 약간 다른 시장을 겨냥한다. 모두 같은 쇼핑몰에 들어갈 수 있는 이유가 거기에 있다. 미국에서 판매되는 장례용 관의 80% 이상을 2개 기업이 제작한다.[37] 전 세계에서 이와 비슷한 추세가 눈에 띈다. 전 세계에 서비스를 제공하는 45개의 데이트 사이트는 모두 매치그룹(Match Group)이 보유하고 있다.[38] 1980년대에 벨기에로 배낭여행을 간 적이 있다면 개성 있는 양조업체가 넘치는 국가로 좋게 기억할 것이다. 그러나 지금은 안호이저-부시의 모회사인 인베브(InBev)라는 다국적 기업이 대다수 양조업체를 보유하고 있다.[39] 이 사실은 과거의 벨기에를 기억하는 사람들을 약간 슬프게 만들 것이다.

너무나 많은 미국 정치인이 하는 말과 달리, 역사적으로 일자리 창출의 핵심 엔진은 중소기업이 아니라 신생 기업이었다. 특히 최소

5년 동안 살아남은 상위 10%의 신생 기업이 많은 일자리를 창출한다. 그보다 오래된 중소기업은 안정되거나 정체된 가족 기업인 경향이 있다. 그러나 2000년대로 접어든 후 미국 자본주의의 이 부문에서도 무언가 근본적인 변화가 일어났다.[40] 스타트업 부문의 핵심인 상위 10%의 기업이 오래된 가족 기업과 비교하면 덜 인상적인 속도로 증가했다.

그 이유는 분명하지 않다. 많은 스타트업이 더 큰 기업에 빠르게 흡수되었다.[41] 젊은 기술 기업 창업자들은 본인이 회사를 소유하고 키우기보다 구글이나 페이스북에 빨리 매각하는 것을 목표로 삼게 되었다. 제약 산업의 경우 일부 대기업은 이른바 '죽이기용 인수(killer acquisition)'를 실행했다.[42] 이는 신약을 개발하기 위해서가 아니라 자사 제품과 경쟁할 신약의 개발을 막기 위해 중소기업을 인수하는 것을 말한다. 그 결과 2010년대 말에는 기성 대기업이 중소기업을 대체해 일자리 창출의 핵심 엔진이 되었다.[43]

독점 기업 해체자들의 귀환

뉴딜 이전의 미국 정부는 중소기업의 보호자이자 독점 기업의 적이었다. 1911년 스탠더드오일(Standard Oil)이 해체되는 획기적인 사건이 벌어졌다. 미국 최고 부자인 존 D. 록펠러가 대주주인 스탠더드오일은 당시 가장 강력한 독점 기업이었다. 스탠더드오일의 해체는 한 시대의 끝을 알리는 것처럼 보였다. 저널리스트인 월터 리프먼(Walter Lippmann)은 부와 권력의 집중을 막기 위한 전쟁은 이제 끝났다며 이렇게 썼다. "누구도 너무나 많은 돈을 벌도록 놔두지 않겠다는 것이

이 나라의 확고한 정책이 되었다". 독점을 통해 방대한 부를 쌓는 방식은 "여론으로 불법화되었고, 법령으로 금지되었으며, 세법으로 방지되었다".[44]

이제 우리는 어느 것도 확고하지 않았다는 것을 안다. 프랭클린 루스벨트는 1930년대에 독점 기업을 해체하려다가 1940년대에는 전쟁에서 이기기 위해 그들을 활용하는 쪽으로 돌아섰다. 따라서 이 문제에 대한 그의 역사적 유산은 아직 확정되지 않았다. 보수주의의 상징적 인물인 프리드리히 하이에크는 1994년에 펴낸 《노예의 길》에서 거대 정부가 자칫 사회주의 독재로 이어질 수 있다고 경고했다. 그는 이 책의 서두에서 독점 기업의 해악에 대한 루스벨트의 연설 내용을 인용했다. 전후 첫 두 대통령인 트루먼과 아이젠하워도 통신 부문의 AT&T와 컴퓨터 부문의 IBM을 포함한 대기업들을 상대로 반독점 소송을 제기하면서 공세를 이어갔다.[45]

정부가 독점 기업을 엄격하게 규제하는 시기에는 신생 기업을 출범시키기가 쉬웠다. 진보 운동 시대의 지도자들은 장인과 농부 그리고 기타 자영업자를 위한 공간을 만들어서 '산업적 자유'를 확대하는 것을 목표로 삼았다. 그들은 대체로 성공을 거뒀다. 제2차 세계대전 후 귀국한 참전 용사들 중 절반은 자기 사업을 시작했다.[46] 그 수는 베이비 붐 시대의 인구보다 더 빠른 속도로 늘어났다. 100만 명당 법인 수는 1940년에 4,000개 정도였다가 1968년에는 2배로 늘어난 8,000개에 이르렀다.

그러나 1970년대 무렵 반독점 정책이 공격을 받게 되었다. 공격에 나선 것은 규제 체제를 비판하는 친경쟁 보수파와 친소비자 진보파의 예상치 못한 연합군이었다. 보수파는 독점 기업을 과학적 진보의 산물이자 시장 경쟁의 자연스러운 승자로 보았다. 진보파 지식인들은 거기에 대체로 동의했다. 다만 그들은 대기업이 정부로부터 자유롭기보다는 자신들과 같은 기술 관료들이 이끄는 대로 따르기를 바랐다. 전후의 대표적인 경제학자인 갤브레이스는 '명령 및 통제형 국가주의'를 지지했다. 진보파 지식인들은 갤브레이스와 더불어 대기업이 '풍요한 사회'를 만드는 데 기여했다고 평가했다. 《풍요한 사회》는 갤브레이스가 제2차 세계대전 이후 미국 사회를 다룬 책의 제목이었다. 또한 진보파 지식인들은 부드러운 마르크스주의자이자 저명한 사회학자인 C. 라이트 밀스(C. Wright Mills)의 풍자적인 위트에 매료되었다. 그래서 자영업자들을 하찮고, 지엽적이며, 무능한 '룸펜 부르주아지(lumpen bourgeoisie, 마르크스가 최하층 노동자들을 일컬은 룸펜 프롤레타리아를 풍자하는 표현 - 옮긴이)'라고 폄하했다.

양 진영의 이론가들은 독점 기업과 과점 기업이 고착화되어 가격 결정력을 얻으면 위험하다는 슘페터의 지적에 대체로 동의했다. 갤브레이스는 폭넓게 인용된 자신의 '길항력(countervailing power) 이론'을 통해 이러한 위험을 과소평가했다. 길항력 이론이란 어떤 경제 주체가 막강한 힘을 얻으면 그에 맞서는 힘이 생긴다는 것이다. 가령 시리얼 시장의 독점 기업이 가격을 너무 올려버리면 신생 시리얼 제조업체나 체인점이 치고 들어올 것이다. 그들은 소비자를 대신해 가격을 낮출 것이다. 갤브레이스는 연방정부가 A&P(The Great Atlantic & Pacific Tea Company)를 상대로 반독점 소송을 제기한 것을 조롱했다. A&P는 당시 미국 시장을 지배하던 식료품점 체인이었다. 그의 표현에 따르면 해당 소송은 "소비자를 대신해 너무 열심히 가격을 협상한 잘못"을 따지는 것이었다.[47] 그는 이처럼 길항력은 경제학의 또 다른 법칙으로서 저절로 작용한다고 주장했다. 즉 "경제적 권력을 억제하는 힘이 되어줄 것이라 믿어도 좋았다".[48]

이러한 시각은 나중에 새로운 소비자 운동으로 이어졌다. 하버드대학교 출신 변호사인 랠프 네이더(Ralph Nader)가 1960년대와 1970년대에 이 운동을 이끌었다. 네이더는 여러 차례에 걸쳐 거대 정부와 거대 노조, 거대 기업을 비판했다. 그러나 그의 관심사는 '덩치 큰 경쟁사의 약탈적 가격 책정으로부터 중소기업을 보호하는 것'이 아니라, '소비자를 위해 가격을 낮추는 것'이었다. 민주당이 주도하던 의회는 네이더 돌격대와 시카고 학파의 영향을 크게 받았다. 그들은 1975년 약탈적·차별적 가격 책정을 막던 규정들을 대부분 철폐했다. 역사학자인 맷 스톨러(Matt Stoller)는 이를 "독립적 사업체와 소규모 생산업체 및 유통업체의 붕괴로 이어지는 미국 역사상 가장 중대한 조치"라고 평했다.[49]

이처럼 진보파와 보수파는 '소비자 복지'를 촉진하기만 하면 산업 집중화도 괜찮다는 데 동의하게 되었다. 하지만 얼마 후 물가는 독점 철폐보다 훨씬 거대한 요인 때문에 떨어지기 시작했다. 그 요인은 신기술과 세계화 그리고 특히 중국의 개방이 초래한 경쟁 압력이었다. 중국의 개방은 사실상 수억 명의 중국 노동자들을 글로벌 노동 시장에 추가했다. 이는 향후 40년 동안 물가 상승을 억제하는 데 도움을 주었다. 동시에 미국의 반독점 기조는 약화되었다.

1980년대 중반 과거에는 석유 산업에만 국한되던 10억 달러 이상의 합병이 기업계 전반에서 이뤄졌다. 담배 산업, 오락 산업, 항공 산업, 화학 산업 등이 거기에 포함되었다.[50] 예일대학교 경영대학원 연구팀은 2019년에 발표한 글에서 "반독점법을 해마다 조금씩 덜 강제하는 실험이 40년 동안 진행되었다"라고 썼다.[51]

1890년에 제정된 셔먼반독점법(Sherman Antitrust Act) 2항에 따른 법무부의 기소 건수는 1970년대 초 연간 10건 이상이었다가 1980년대에는 연간 1~2건으로 줄었다. 정부는 1998년에 마이크로소프트를 상대로 주요 반독점법 소송을 제기했다. 그 이후로 2020년에 구글을 상대로 제기하기 전까지 다른 소송을 제기하지 않았다.[52] 독점 철폐 활동을 하는 독립 기관인 연방거래위원회(Federal Trade Commission)는 2000년 이전의 20년 동안에는 연간 16건의 합병에 이의를 제기했다. 그러나 뒤이은 수십 년 동안에는 그 수가 3건에 불과했다.[53] 바이든이 반독점 정책을 부활시키고 물가에 대한 집착을 재고하기 전까지 반독점법 집행은 정지 상태였다.[54]

규제 체제의 규모를 줄이려는 시도는 실패로 돌아갔다. 반면 반독점 기관을 억제하려는 캠페인은 대체로 성공했다. 왜 이처럼 다른 결과가 나왔을까? 규제 기관은 약 70개 부처에 걸쳐 분산되어 있다. 또한 연준 및 증권거래위원회(Securities and Exchange Commission)를 포함한 주요 기관 중 다수는 백악관으로부터 독립되어 있다. 대통령이 이 기관들을 감독하고 통제하기는 어렵다. 반면 반독점 기관은 3개 부처에 속해 있어서 동원하거나 해산시키기가 쉽다. 하지만 가장 중요한 차이점은 따로 있다. 여러 산업은 흔히 규제 당국과 조율해 자신들에게 유리한 규정을 만든다. 반면 반독점 기관과는 협력으로 얻을 이득이 없기 때문에 필사적으로 싸운다.

따라서 정부는 지난 40년 동안 세 가지 측면에서 과점 기업의 부상에 기여했다. 첫 번째는 반독점법 집행을 포기한 것이고, 두 번째는 거의 모든 다른 방식으로 규제를 강화한 것이며, 세 번째는 이지 머니로 자본주의 체제를 뒤덮은 것이다.

반론이 있기는 하지만 일부 척도에 따르면, 미국보다 유럽에서 산업 집중화가 더 두드러졌다는 점을 언급할 필요가 있다. 유럽에는 미국의 기술 대기업만큼 거대하거나 지배적인 기업이 없다. 필리폰과 구티에레스는 그 이유에 대한 흥미로운 설명을 제공한다. 유럽은 자국 주요 기업을 끼고돈다는 평판에도 불구하고 훨씬 강력하게 독점 체제를 철폐한다. 유럽연합 회원국들은 1990년대 초부터 규제 기관을 설립하기 시작했다. 그들의 주된 관심사는 다른 회원국의 영향력 아래에 놓이지 않는 것이었다. 프랑스는 독일 관료들이 '유럽'의 이름으로 이래라저래라 하는 것을 원치 않았다. 그 반대의 경우도 마찬가지였다. 필리폰과 구티에레스에 따르면 그 결과 유럽의 행정 체제는 '대단히 독립적인' 성격을 띠게 되었다. 거기에는 '세계에서 가장 독립적인 반독점 규제 기관'도 포함되었다.

미국은 반독점법 집행을 거의 중단했다. 반면 유럽연합은 "유럽 시장을 보다 자유롭게 경쟁이 이뤄지는 방향으로 서서히 밀고 갔다".[55] 이는 똑똑한 정부가 덜 활동적인 것이 아니라 더 활동적인 경우에 해당하는 사례다.[56] 개별 기업을 지원하거나 구제하기보다 전반적인 경쟁 여건을 보호할 때 그런 일이 일어난다.

바이든은 대통령에 취임한 후 반독점 전문가들을 영입했다. 그 의도는 1970년대의 모델에 따라 물가를 억제하는 것만이 아니라 실질적인 경쟁을 촉진하는 것이었다. 기술 대기업의 인터넷 플랫폼은 상업과 통신 그리고 다른 많은 것을 위한 글로벌 시장이 되었다. 반독점 전문가들은 기술 대기업에 초점을 맞춰서 그들이 인터넷 플랫폼 접근을 봉쇄하려는 시도를 저지하려고 애썼다.[57] 가령 고객이 자사 쇼핑 서비스를 해지하기 어렵게 만들고, 경쟁 쇼핑 사이트와 거래하는 판매자들을 처벌한 아마존의 행태에 제동을 걸었다. 또한 애플에 돈을 주고 구글을 아이폰의 기본 검색 엔진으로 만드는 등 지배적 입지를 다지기 위해 구글이 활용한 전술도 문제 삼았다.

새로 정비된 반독점 기관에 주어진 과제는 대기업을 죽이는 일 없이 그들이 경쟁을 억제하지 못하도록 막는 것이었다. 소규모 기업은 미래에 생산성 향상의 열쇠가 될 인공지능 같은 기술을 개발할 수십억 달러의 자금을 갖고 있지 않았다. 한편 중국은 반면교사의 사례를 보여주었다. 중국 정부는 대단히 정치적이고 개인적인 이유로 기술 대기업과 그 CEO들을 단속했다. 이는 경기 둔화에 크게 기여했다. 과점 기업은 파괴적인 영향을 미칠 수 있다. 그러나 아무리 강력한 과점 기업이라 해도 대중에게 기대는 포퓰리즘적 분노가 아니라 기민한 접근법으로 억제해야 한다. 과점 기업의 성장 기반인 이지 머니와 과도한 규제를 없애는 것을 목표로 삼는 게 이상적이다. 그러면 애초에 과점 기업을 와해시켜야 할 시급한 필요성이 사라진다.

12장.

망하기에는 너무 커져버린 시장

 현재 자본주의 세계의 경제 부문 지도자들은 하나의 질병만 볼 줄 알고 다른 질병들은 모르는 의사와 같다. 최근 수십 년 동안 인플레이션의 위협이 거의 사라졌다. 이에 많은 정치인과 정부 관료들은 중앙은행이 이지 머니를 계속 쏟아부어도 후회할 일이 생기지 않을 것이라고 생각하게 되었다. 미국의 경우 진보 성향의 민주당 의원들과 트럼프파 공화당 의원들이 가진 드물고도 귀중한 공통점이 있다. 바로 지출에 필요한 재원으로 이지 머니를 선호한다는 것이다. 그들은 이지 머니가 마찬가지로 치명적인 다른 문제들을 초래한다는 사실을 신경 쓰지 않았다.
 좋은 의도로 가득한 이 의사들은 결과적으로는 경제 시스템을 훨씬 취약하게 만들었다. 공공 자금이 버블을 키우면서 금융 시장의 규모는 실물 경제보다 훨씬 커졌다. 그 결과 금융 시장의 위기로 인해 불경기가 발생하는 일이 갈수록 많아졌다. 정부는 시장 충격이 실물 경제로 번지지 않도록 점점 더 빨리 시장에 개입하는 법을 바로 익혔다. 2019년 기준으로 IMF가 관찰하는 거의 200개국 중에서 불경기에 빠진 나라는 약 7%에 불과했다. 또한 이듬해에 불경기에 빠질 것으로 보이는 나라는 약 3%뿐이었다. 이는 기록적으로 낮은 수준이었다. 미국 경제는 19세기 후반에는 절반, 제2차 세계대전 종전부터 1980년까지는 약 5분의 1, 1980년 이후는 약 10분의 1의 기간만 불경기를 겪었다.[1]

이 점만 보면 안정된 듯하지만, 그렇지 않다. 정부의 지속적인 지원은 경기 순환을 약화시키고 불경기의 빈도를 줄였다. 그러나 경제 시스템에 부채를 늘려서 경기 하강의 파괴력을 높이기도 했다. 2007~2009년의 대침체가 대공황을 상기시킨 이유가 거기에 있다. 이전 10년 동안 쌓인 부채가 사태를 악화시킨 것이다.

자본주의의 장기적인 문제는 불경기가 더 줄어들거나 가벼워지는 것이 아니다. 불경기가 줄었다고 해서 불평할 사람은 없다. 분노하는 포퓰리스트에게 투표할 사람은 더더욱 없다. 문제는 불경기를 약화시킨 정부의 개입이 뒤이은 경기 회복도 저해한다는 것이다. 각각의 경기 하강은 더 큰 빚더미와 함께, 생산성이 떨어지면서도 빚으로 연명하는 더 많은 기업을 남긴다. 이런 낭비는 뒤이은 경기 회복을 저해한다. 미국의 경우 경제 성장률이 5% 미만에서 5% 초과로 크게 상승하는 일이 1950년대 이전에는 흔했지만, 1980년 이후에는 줄어들었다.[2] 이처럼 평탄해지는 패턴을 차트로 그리면 죽어가는 환자의 심전도처럼 보인다.

모든 선진국에 걸쳐 점진적인 정체가 이뤄졌다. 그 결과 경기 회복기의 평균 경제 성장률이 1980년 이전에는 약 4%였다가 2009년 이후에는 약 2.5%로 떨어졌다. 미국의 경우 경제 성장률 데이터가 더 멀리 거슬러 올라간다. 거기에 따르면 경기 회복 속도는 19세기 후반과 20세기 초반에는 7% 이상이었다가 1945년 이후에는 약 4%, 1980년 이후에는 3% 남짓으로 떨어졌다. 게다가 2009년부터 팬데믹이 덮친 2020년까지는 경제 성장률이 2% 미만이었다. 이는 역대 가장 길고도 약한 경기 확장이었다. 한편 월가는 40년 동안 갈수록 호황을 누리는 강세장을 누렸다.[3] 그중에서도 2010년대가 역대 최고였다.

세상을 구하는 위원회

여러 위기 속에서 언론에 나온 논평가들은 정부와 중앙은행을 영웅적인 소방수로 칭송하기 시작했다. 애초에 화재가 발생하는 데 정부와 중앙은행이 일조했다는 사실은 문제가 되지 않았다. 1999년 〈타임〉은 '세상을 구하는 위원회'라는 표제를 실었다. 새로운 경외의 분위기를 담은 이 표제는 당국이 아시아 금융 위기의 확산 속도를 늦추기 위해 신속하게 구제책을 마련한 후에 나왔다. 표지 사진에 나온 앨런 그린스펀은 가운데에서 미소 짓고 있었다. 바로 뒤에는 재무부 장관인 로버트 루빈(Robert Rubin)과 그의 후임인 로런스 서머스(Lawrence Summers)가 서 있었다. 해당 기사의 내용은 이 자유 진영 금융계 지도자들 사이의 개인적 관계에 대한 것이었다. 알고 보니 그들은 테니스 친구들이기도 했다.

뒤이은 위기에서 연준과 재무부의 협력은 더욱 긴밀해졌다. 연준을 중립적 기관으로 보는 것이 더 이상 타당하지 않을 정도였다. 연준은 재무부와 갈수록 긴밀하게 협력하면서 기업 구제책을 수립하고 정부와 적자 지출의 재원을 제공했다. 심지어 폭증하는 자산에서 얻은 수입으로 재무부의 금고까지 채워주었다. 또한 2008년에는 헨리 폴슨(Henry Paulson) 재무부 장관과 벤 버냉키 연준 의장이 복식조로 로비 활동을 펼쳤다. 그들은 은행 구제책을 통과시키지 않으면 '금융 아마겟돈'과 '길거리 폭동'이 일어날 것이라고 의회를 겁주었다. 덕분에 7,000억 달러 규모의 은행 구제책이 통과되었다. 이후 9개 주요 은행은 구제책을 받아들이면 지급 능력이 의심받을지 모른다며 망설였다. 그러자 폴슨과 버냉키는 규제 당국이 찾아오게 만들고 싶지 않으면 무조건 받으라고 그들을 설득했다. 대형 은행들이 먼저 구제책을 받아들여야 더 작고 약한 은행들이 따라올 것이기 때문이었다.[4]

두 사람은 재무부 자금을 중앙은행에 이어 경제 시스템으로 흘려보내는 새로운 방법도 찾아냈다. 위기가 심화되면서 결정적인 변화가 이뤄졌다. 당시 매우 안전하다고 여겨지던 단기 자금 시장과 기업 어음 시장에서도 투매가 일어나기 시작했다. 기업 어음은 1970년대에 월터 리스턴이 고안한 것으로, 기업이 운영 자금을 조달하기 위해 활용하던 수단이었다. 기업 어음 시장이 위태롭다는 소문이 돌면서 제너럴일렉트릭(General Electric, GE) 같은 유명 기업조차 급여를 지불하지 못할 수도 있다는 소문이 돌았다.

연준은 기업에 대한 대출 권한을 제한하는 규정을 회피해야 했다. 그러기 위해서 재무부와 함께 '특수 목적 법인(special purpose vehicle)'을 설립했다. 이는 근본적으로 오랫동안 규제 회피처였던 델라웨어에 등록한 명목상의 회사였다. 재무부가 이 명목 회사에 자금을 넣어두면 연준이 가져다가 기업 어음 시장을 지원했다. 그렇게 해서 수미상관식 구조가 완성되었다. 기업 어음은 원래 대공황 시대의 규제를 회피할 목적으로 고안되었다. 하지만 이제는 연준이 델라웨어라는 규제 회피처를 통해 기업 어음 시장을 구제하고 있었다.

미국은 대표성 없는 과세는 폭정이라는 이념을 토대로 세워진 나라다. 또한 연준 이사는 선출된 대표자가 아니다. 연준과 재무부가 '새로운 긴급 구제책'을 운용하고 지원할 때마다 역풍이 불 가능성이 높아졌다. 버냉키 의장은 내부 회의에서 "민주적 정당성과 관련된 여러 이유로 이런 추이를 크게 불안해했다".[5]

2008년 금융 위기는 미국 정부가 금융 시장의 주요 매도자일 뿐 아니라 주요 매수자가 되었다는 점에서도 하나의 전환점이었다. 그때까지 미국 정부는 주로 국채를 매도하기만 했다. 국채를 매도하면 금리가 올라가는 경향이 있었다. 그러면 기업들은 자사에서 발행하는 회사채에 대해 더 높은 이자를 제공해야 했다. 금융 위기가 발생하자 정부는 연준을 통해 국채뿐 아니라 다른 채권들까지 매입하는 주요 매수자가 되었다. 그에 따라 금리가 낮아지면서 기업의 차입과 위험 감수를 촉진했다.

2008년 금융 위기가 끝난 지 오랜 시간이 지난 후에도 연준은 여전히 국채 시장의 최대 매수자였다. 그 달에 매물로 나온 국채의 절반 이상을 매입하는 경우도 많았다. 2023년이 되자 연준은 유통되는 국채의 약 22%를 보유하게 되었다. 2008년에는 그 보유 비중이 약 8%밖에 되지 않았다. 결국 연준은 중앙은행이 2024년 현재 국채의 50% 이상을 보유하고 있는 일본과 비슷한 길로 나아가는 셈이다.

정부는 가장 흔한 채권의 지배적 매수자, 매도자, 보유자가 되었다. 그 결과 이지 머니 머신이 되어 가격 신호를 심하게 왜곡하고 있다. 한 〈블룸버그〉 칼럼니스트는 2020년에 "연방정부가 금융 시장의 상당 부분을 국유화하고 있다"라고 경고했다.[6] 당시 연준은 팬데믹에 대응해 채권 매입 속도를 높이는 중이었다. 석 달 후에는 금융인인 헨리 코프먼(Henry Kaufman)이 "연준과 재무부가 확고하게 뭉치면서 자본주의에서 국가주의로의 전환이, 어쩌면 돌이킬 수 없을 만큼 가속화되고 있다"라고 경고했다.[7]

하나로 뭉친 연준과 재무부는 세계를 구하는 상설위원회이자 국가의 영구적인 새로운 조직이 되었다. 잔나 스미알렉(Jeanna Smialek)은 팬데믹 동안 연준이 축적한 방대한 권력을 다룬 《무한한 권력(Limitless)》에서 이렇게 썼다. "연준은 2020년에 위기 시 재무부가 승인할 경우, 긴급 대출 권한을 활용해 거의 모두에게 자금을 보내줄 수 있다는 사실을 보여주었다".[8] 스미알렉은 〈뉴욕타임스〉의 연준 담당 기자로서 온건하게 주장을 펼친다. 그녀의 주장에 따르면 연준 관료들이 경기가 회복되는 상황에서도 이지 머니 정책 철회를 미적대는 이유가 있다. 그것은 자신들의 중요성에 대한 인식이 강해지고 있기 때문이다.

특히 2008년 금융 위기 때 구원자 역할을 한 후 "그들은 이제 자신들을 미국 경제의 핵심 플레이어로 인식하는 데 익숙해졌다".[9] 이처럼 '해를 끼치지 말라'라는 의사의 기본 원칙을 잊은 관료들이 더 큰 거대 정부로의 전환을 이끌고 있다. 이는 자본주의를 더욱 왜곡시킬 위험을 제기한다.

심해진 취약성

돈의 가격이 제로가 되면 다른 모든 것의 가격이 미친 듯이 날뛴다. 금리가 제로 수준으로 떨어지면 투자자들은 더 큰 수익을 얻으려고 더 많은 돈을 빌린다. 또한 지난 10년 동안 그랬던 것처럼 안전한 국채의 수익률이 물가 상승률을 반영할 때 제로 미만으로 떨어지면, 투자자들은 왜곡된 논리를 바탕으로 다음 단계를 밟는다. 그들은 미술품, 고급 와인, 호화 주택, 주식, 회사채 등 어디에서든 더 높은 수익률을 찾는다. 이것들보다 더 좋은 것은 정크 본드다. 가장 높은 수익률을 제공하기 때문이다.

주식 시장 수익률과 금리 변동 사이의 연결 고리는 지극히 긴밀하다. 월가가 다른 어떤 정부 기관보다 중앙은행을 자세히 살피는 이유가 거기에 있다. 그들은 연준 정책의 다음 변동을 주시하고 예측하는 애널리스트 군단을 보유하고 있다. 한 추정치에 따르면 2022년 말까지 10년 동안 미국 기업의 이윤 증가분 중 절반은 낮아진 연 차입 비용에서 나왔다. 이지 머니는 40년 동안 세계 경제 시스템에 투입되었다.[10] 지난 10년 동안에는 그 속도가 빨라졌으며, 특히 2020년과 2021년에는 역사적으로 놀라운 수준에 이르렀다. 이는 글로벌 실물 경제를 압도하는 규모로 금융 시장을 부풀렸다.

중앙은행들이 인플레이션을 억제하고 금리를 낮추기 위해 나서기 전인 1980년을 기준으로 살펴보자. 당시 주식과 채권 그리고 주택 담보 대출 패키지 같은 기타 채무 상품을 포함한 글로벌 금융 시장의 규모는 총 약 12조 달러였다. 이는 글로벌 실물 경제의 규모와 비슷했다. 2007년 글로벌 금융 시장의 규모는 약 200조 달러로 불어났으며, 이는 글로벌 실물 경제의 규모보다 3배 이상 큰 수준이었다. 게다가 2019년 말에는 글로벌 실물 경제의 규모보다 거의 4배나 큰 약 350조 달러에 이르렀다. 그러다가 팬데믹이 닥쳤다. 시장은 일시적인 급락을 겪은 후 단비 같은 공공 자금 덕분에 새롭게 꽃을 피워서 약 390조 달러를 넘기는 신기록을 세웠다.

시장이 커질수록 리스크도 커진다. 시장 충격이 발생하면 사람들은 덜 부유해졌다고 느낀다. 그래서 식품이나 기타 생필품에 대한 소비까지 줄여서 경기를 둔화시킨다. 이 부정적인 '부의 효과'는 실물 경제 대비 시장의 규모와 함께 커진다. 그에 따라 정부는 시장이 흔들릴 때 구제해야 한다는 더 큰 압박을 받는다. 위기가 발생할 때마다 자본주의는 시장이 유발하는 다음 위기에 더 취약해진다. 그럼에도 정부는 이 자기 파괴적 주기를 유지해야 한다는 의무감을 갈수록 강하게 느낀다.

제2차 세계대전 이전에는 네 번의 불경기 중 약 한 번의 불경기 이후 주가나 집값(또는 둘 다)이 폭락했다.[11] 하지만 제2차 세계대전 이후에는 세 번 중 약 두 번으로 횟수가 늘어났다. 이 연결 고리는 지난 30년 동안 점차 긴밀해졌다. 이 기간에 발생한 시장 충격은 모든 주요 경제 위기를 초래했다. 거기에는 1990년 이후 일본, 1998년 무렵 아시아, 2008년 이후 전 세계에서 발생한 시장 붕괴가 포함되었다. 그럼에도 소비자 물가 인플레이션에 초점을 맞추도록 훈련받은 중앙은행가들은 대개 자산 가격의 인플레이션을 통제하는 것은 자신들의 일이 아니라고 말했다.[12]

이지 머니가 초래한 부채 증가는 이 취약성을 심화시켰다. 앞선 호황이 차입으로 촉진된 경우 경기 하강이 더 길고 깊은 경향이 있다. 버블이 꺼진 후 부채에 짓눌린 채무자들이 빚더미에서 빠져나오느라 오랫동안 고생하기 때문이다. 집값 버블이 주식 시장 버블보다 경제에 더 큰 위협을 제기하는 이유가 여기에 있다. 돈을 빌려서 주식을 사는 투자자는 비교적 드물다. 반면 선진국의 경우 사실상 모든 주택 보유자가 주택 담보 대출을 받아서 집을 산다. 그리고 근래에는 이지 머니가 전 세계에 걸쳐서 주택 담보 대출부터 기업계의 다양한 틈새 채무 상품에 이르기까지 빚잔치를 벌이도록 해주었다. 파월 연준 의장은 2019년에 "과도한 부채를 진 기업 부문은 경기 침체의 충격을 더욱더 악화시킬 수 있다"라고 공개적으로 경고했다.[13]

끊임없이 쏟아지는 이지 머니는 새로운 채무자들이 위태로운 지경에서도 살 수 있도록 해주었다. 1980년부터 2020년까지 정부채와 회사채를 포함한 미국의 신용 시장은 약 25배나 성장해 GDP의 약 275%에 이르렀다. 이 40년 동안 공짜 돈이 경제 시스템에 쏟아져 들어왔다. 그에 따라 정크 등급을 받는 회사채의 비중이 1% 미만의 무시할 만한 수준에서 약 25%로 증가했다. 또한 이 기간이 끝날 무렵에는 추가로 약 40%가 정크 등급 바로 위의 등급을 받았다. 말하자면 전체 회사채의 절반 이상은 채무자 먹이 사슬의 바닥에 쌓여갔다.[14]

뒤이어 팬데믹이 닥쳤다. 그 충격은 많은 기업의 신용 등급을 한 단계 낮춘 정크 등급 또는 정크 등급에서 파산 상태로 떨어트리려고 위협했다. 연기금과 기타 대형 투자자들은 대개 정크 등급 기업에 대한 투자를 피하도록 규정되어 있다. 그래서 그들은 해당 기업의 주식을 처분했다. 채권자들은 추가 대출을 거부하거나 훨씬 높은 이자를 물렸다. 그에 따라 사업 비용이 증가하고 정리해고가 강제되었다. 관계 당국은 재난이 금융 시장에서 실물 경제로 빠르게 확산될 것이라는 두려움에 사로잡혔다.[15]

근래에 공개된 연준 회의록을 보면 2008년 이후에 쓰인 새로운 역사가 자세히 나와 있다. 그 내용은 대규모 정부 구제 조치를 통한 대응이 신중하게 계획된 것이 아님을 시사한다. 이는 케인스주의처럼 정부의 역할에 대한 사상적 혁신이나 체계적인 이론 전환이 아니다. 케인스가 1930년대에 일반 이론(General Theory, 《고용, 이자, 화폐의 일반이론》 참조 - 옮긴이)을 발표하면서 케인스주의가 생겨난 것과는 다르다. 그보다는 우발적인 여정이라거나 정치학에서 말하는 '예외 상태(states of exception)'에 대한 일련의 성급한 대응에 더 가깝다. 예외 상태란 당면한 위기를 벗어날 목적으로 '무엇이든 필요한 조치'를 취하기 위해 정상적인 규칙이 유예되는 상태를 말한다. 정치 전략가인 댄 알라마리우(Dan Alamariu)는 "이러한 방식으로 권한이 임시로 누적되다 보면, 결국 정부가 막고자 했던 시스템적 위협을 오히려 스스로 유발할 수도 있다"라고 주장했다.[16]

팬데믹 직전에 나온 연구 결과들을 보면, 이지 머니 시대에 시장은 취약한 기업이라도 부도를 내지 않을 것이라고 가정하게 되었다. 그들이 차입을 늘려가더라도 말이다. 취약한 차입자와 건실한 차입자의 기대 부도율이 좁혀졌다. 이는 좋은 징조가 아니었다. 실제로 취약한 기업도 부도를 내지 않을 것이라는 기대는 신용 시장의 위험을 알리는 매우 신뢰성 높은 지표가 되었다.[17] 이런 기대는 너무나 비정상적인 시기에는 어느 정도 합당하다. 이제 투자자들은 위기가 다가와도 기업 파산이 증가하는 것이 아니라 정부 구제 금융이 늘어날 것을 기대한다.

2008년 금융 위기를 예측하지 못한 관계 당국은 과거의 경고 신호를 살피기 시작했다. 이 작업은 16세기까지 거슬러 올라갔다. 그들이 확인한 사실은 급격한 부채 증가가 대규모 금융 위기에 선행하는 경우가 많다는 것이었다. 그래서 전 세계의 정부와 중앙은행들은 2008년 금융 위기가 지나간 후 '금융 안정성'을 주시할 기관과 부서를 만들기 시작했다. 금융 안정성의 척도는 부채 증가 또는 자산 가격의 인플레이션이었다. 하지만 그들이 살피는 것은 2008년이나 1929년 같은 대규모 시장 붕괴 사태였다. 즉 지속적인 정부 지원이 일상적으로 초래하는 위기는 대부분 보지 못했다.

줄어든 효율성

시장은 자유롭게 자본을 배분할 수 있을 때 경제에서 여러 유용한 역할을 수행한다. 가령 수많은 투자자가 수집한 정보와 통찰을 가격으로 변환한다. 이는 근본적으로 미래에 어느 기업과 나라가 성장할지(그리고 부채를 상환할지)에 대한 최선의 예측을 반영하는 것이다. 그렇게 설정된 가격은 뒤이어 가장 전망이 밝은 기업과 나라로 자본을 유도한다. 또한 그렇게 유도된 자본은 뒤이어 생산성 및 경제 성장을 촉진한다.

그러나 2010년대에 들어서 정부 지원이나 그럴 수 있다는 단순한 가능성조차 시장에서 가격을 왜곡시켰다. 시장은 경제 성장 속도의 가속 또는 둔화에 대한 기대에 따라 오르내리지 않았다. 대신 한 방향, 오직 위로만 움직이기 시작했다. 투자자들은 경기 둔화 신호를 금융 시장에 좋은 신호로 받아들이기 시작했다. 중앙은행이 이지 머니를 새로 투입할 것이 확실했기 때문이다.

각국 정부는 새로운 위기가 발생할 때마다 더 많은 구제 금융으로 대응했다.[18] 그에 따라 취약한 기업들이 더 많이 살아남았다. 도이치은행리서치의 짐 레이드는 "부도율이 자유롭게 경쟁이 이뤄지는 시장에서 기대할 수 있는 수준보다 훨씬 낮아졌다"고 썼다. 2020년 초에 팬데믹이 닥쳤을 때 경제 봉쇄로 인해 미국 기업의 약 25%는 파산할 것으로 예측되었다. 이는 대공황 때의 기록을 넘어서는 것이었다. 연준과 재무부는 규모를 막론하고 모든 기업을 구제했다. 그러자 몇 개월 만에 부도율 예측치가 오히려 빠르게 낮아졌다. 결과적으로 부도율은 겨우 6%에서 정점을 찍었다. 이는 대공황 때만이 아니라 1990년 이후 발생한 모든 불경기 때보다 훨씬 낮은 수준이었다. 위기 때마다 위태로운 기업들이 더 많이 살아남았다. 따라서 구제 금융 규모는 매번 전보다 더 커져야 했다.

2023년에 전 연준 이사는 눈덩이처럼 불어나는 구제 금융의 문제점을 지적했다. 그는 "연준이 하는 모든 일이 예외적인 것이 되면 다음 위기에 대한 대응은 예외적인 것의 갑절이 될 것이라는 시장의 기대가 형성된다"라고 말했다.

지속적인 구제는 시장을 대단히 안일하게 만들었다. 주식 가격과 채권 가격의 변동성은 기록적인 수준으로 떨어졌다. 제2차 세계대전과 2008년 금융 위기 사이에 글로벌 주식 시장은 4년마다 평균 약 20%의 조정을 겪었다. 반면 2008년 금융 위기와 팬데믹 사이에는

2부. 지속적인 구제의 위험 | 263

한 번도 그 정도로 하락한 적이 없었다(그 정도에 근접한 적이 두 번 있었을 뿐이다). 이 점은 하락률을 5%나 10% 또는 15%로 잡아도 동일하다. 경기 침체와 경기 회복의 주기처럼 시장의 정상적인 상승과 하락도 평탄해지기 시작했다. 주식 가격과 채권 가격이 요동칠 때마다 중앙은행은 새로운 이지 머니를 제공했다.[19] 그래서 어떤 글로벌 위기도 심하게 진정된 시장으로부터 별다른 반응을 이끌어내지 못했다.

금융 시장의 역사에서 대부분의 기간 동안 가격은 우상향 추세선 주위를 완만하게 오르내리는 경향을 보였다. 이 자연스러운 등락은 투자자들에게 있어서 기본적인 지침 중 하나가 되었다. 즉 가격이 추세보다 훨씬 높거나 낮은 수준까지 떨어지면 반전 또는 '평균 회귀(revert to the mean)'가 일어날 것이라고 믿을 수 있었다. 가격이 추세에서 멀어질수록 평균으로 회귀할 가능성이 높았다. 한 기업이나 산업이 엄청난 상승세를 보여도 땅으로 다시 떨어진다고 예측하는 것이 최선이었다. 그러나 지금은 정부가 주요 매수자로 시스템에 들어왔다. 그리고 2008년 금융 위기 이후 시장 변동의 기본 법칙은 확실하게 무너졌다.

팟캐스터이자 투자가인 조슈아 브라운(Joshua Brown)이 지적한 바에 따르면 2010년대에 대단히 비합리적으로 보이지만 가장 성공적인 투자 전략은 제일 비싼 기술주를 사고, 가격과 가치 평가가 상승할 때 더 사는 것이었다.[20]

돈을 빌리는 비용이 제로가 되면 투자자들은 덜 조심스러워진다. 또한 매수할 자산에 대한 선택도 왜곡된다. 저렴한 차입 비용은 기계나 공장 같은 가시적 대상을 사거나 대체하는 비용을 낮춘다. 이 경우 물리적 자산의 가치는 상대적으로 낮아 보인다. 그 결과 2010년대에 투자자들은 갈수록 인기 브랜드나 새로운 아이디어, 하드웨어가 아닌 소프트웨어 같은 비가시적 자산에 매료되었다. 비가시적 자산을 많이 보유한 기업의 주가는 오래된 오프라인 기업의 주가에 비해 엄청나게 상승했다. 2020년 말 기준으로 우버의 시장 가치는 어떤 자동차 회사보다도 높았다. 우버는 차를 전혀 보유하지 않았는데도 말이다. 또한 에어비앤비의 시장 가치는 어떤 호텔의 시장 가치보다도 높았다. 에어비앤비는 부동산을 전혀 보유하지 않았는데도 말이다.[21] S&P 500 기업이 보유한 물리적 자산의 가치는 약 6조 달러로 주식 가치의 약 20%에 불과했다. 이는 역사적 수준의 저점이었다. 1980년대만 해도 그 비중이 약 50%나 되었다.[22]

2019년 초에 투자가인 윌리엄 번스타인(William Bernstein)은 누구도 생각지 못한 가장 중요한 질문을 던져달라는 요청을 받았다. 그는 "자본 비용이 다시는 상승하지 않는다면 어떻게 될까요?"라고 물었다.[23] 이 질문이 암시하는 바는 명확했다. 이전처럼 기술 기업과 비가시적 자산으로 더 많은 돈이 흘러 들어갈 것이며, 키보드 없이 접근할 수 있는 세상에서 일하는 모든 사람은 구직이 더 힘들어지리라는 것이다.

투자가인 제러미 그랜섬(Jeremy Grantham)이 2021년에 경고한 또 다른 영향도 있었다. 그것은 추가적인 정부 부양책이 산출량을 늘리기보다 인플레이션을 자극할 가능성이 더 높다는 것이었다. 그는 구체적으로 이렇게 말했다. "산출량은 중요치 않고 그냥 종이 위의 숫자만 만들어내도 된다고 생각한다면, 곧 불가능한 일을 하게 될 것입니다. 그것은 바로 인플레이션을 다시 불러오는 것입니다. 금리는 숫자입니다. 신용도 숫자입니다. 실질적인 것은 공장과 노동자 그리고 산출량입니다. 하지만 우리는 산출량을 늘리는 데 관심이 없습니다".[24]

팬데믹 동안 세상을 구하는 상설위원회가 다시 소집되면서 시장과 실물 경제 사이의 단절은 새로운 극단에 이르렀다. 재무부와 연준은 2008년 때 취한 조치를 한층 강화했다. 그들은 수조 달러를 투입해 규모와 조건을 따지지 않고 기업들을 살리겠다고 약속했다. 2020년 여름 무렵 연준은 거의 모든 산업에 속한 주요 기업들이 발행한 채권을 보유하게 되었다.[25] 거기에는 애플과 마이크로소프트, 월마트와 홈디포(Home Depot), AT&T, 토요타, 폭스바겐아메리카, 심지어 버크셔 해서웨이(Berkshire Hathaway)가 보유한 유틸리티 기업까지 포함되어 있었다. 사실상 정부는 요청받지도 않은 금융 지원을 워런 버핏(Warren Buffett)에게까지 제공하고 있었다.

이것이 시장에 전하는 메시지는, "정부가 모든 기업을 '시스템 차원에서 중요하게' 보며, 어떤 기업도 위태로워지도록 놔두지 않겠다"라는 것이었다. 집에 갇혀 있지만 정부로부터 넉넉한 현금을 받은 많은 미국인이 처음으로 데이 트레이딩을 시작했다. 이트레이드(E-Trade)나 찰스슈왑(Charles Schwab) 같은 온라인 증권사의 월간 거래량은 최대 약 900%나 폭증했다. 5월이 되자 소액 투자자들은 JC페니 같은 전형적인 좀비 기업의 주가를 예상치 못한 급등세로 이끌었다. JC페니의 주가는 파산을 선언한 지 3주 만에 6배 정도나 뛰었다.[26] 그 부분적인 요인은 정부가 좀비 기업조차 그냥 망하게 놔두지 않을 것이라는 도박꾼들의 예측이었다.

논평가들은 이를 '기이한' 현상이자 유례없는 시장의 '광기'라 일컬었다. 그들은 기업이 파산 절차를 거쳐 청산될 때 주식 투자자들이 대개 가장 마지막에 보상받는다는 점을 지적했다. 가장 앞줄에 서는 사람들은 채권 보유자 및 기타 채권자들이었다. 대개 주식 보유자들은 아무것도 받지 못했다. 그러나 다른 관점에서 보면 파산 기업의 주가가 급등하는 것은 논리적인 결과일 뿐이었다. 정부가 40년 동안이나 망해가는 기업을 구하는 일에 나섰기 때문이다. 투자가인 스탠리 드러켄밀러(Stanley Druckenmiller)는 도지코인(Dogecoin)의 시장 가치가 800억 달러에 이른 사례를 들었다. 그는 "11년 동안 공짜 돈이 풀리면 사람들은 멍청한 짓을 합니다. 도지코인은 원래 장난으로 만들어진 거예요. 그런 일은 공짜 돈의 세계에서나 일어날 수 있어요"라고 말했다.[27]

부실 기업의 생명줄인 정크 본드 역시 예상치 못한 호시절을 맞았다. 팬데믹 초기에 투자자들은 부도가 급증할 것이라고 예상했다. 그래서 정크 본드를 보유하는 대가로 요구하는 이자 프리미엄을 거의 3배로 높였다. 하지만 연준과 재무부의 구제책이 발표된 후 이런 불안은 사라졌다. 투자자들이 부실 기업을 부추기기 위해 요구하는 대가는 팬데믹이 한창인 2020년 5월에도 줄어들기 시작했다. 즉 위험은 남아 있었지만, 그 위험을 가격에 반영하려는 움직임이 줄어든 것이다.

워런 버핏은 2021년에 "금리와 자산 가격의 관계는 중력과 물질의 관계와 같다"라는 말로 이런 양상을 잘 설명했다. 나는 이듬해 여름 오마하에서 열리는 그의 투자 축제에 참가했다.[28] 그 자리에서 그는 오로지 연준을 칭찬하고, 시장을 '도박장' 같은 분위기로 만들었다며 월가를 비판했다. 당시 96세였던 그의 파트너 찰리 멍거(Charlie Munger)도 "매일 순전히 도박 같은 일이 벌어지는 모습은 한 번도 본 적이 없다"라고 말했다. 하지만 버핏의 말에 따르면 가격이 급등하는 자산에 대한 투기 때문에 월가를 탓하는 것은 태양 주위를 돈다는 이유로 지구를 탓하는 것과 같다. 연준은 금리와 더불어 이지 머니의 인력(引力)을 통제한다.[29] 사람은 중력을 거스르지 못하는 것처럼 이지 머니의 인력에 저항하지 못한다.

좀비 기업만 빠르게 늘어나는 것이 아니었다. 그 사촌 격으로서 (빚을 갚지 못하는 것이 아니라) 돈을 벌지 못하는 '무수익 기업'도 늘어났다. 장기간 수익을 내지 못하는 적자 기업들이 전 세계적으로 확산되고 있었다.[30] 2024년 현재 지속적인 무수익 상태, 즉 3년 연속 적자를 기록한 기업의 비중이 상장사의 약 25%나 된다. 반면 1990년에는 그 비중이 약 3%에 불과했다.[31]

많은 창업자가 2020년에 정부가 조성한 흥청망청한 시장을 이용하려고 서둘렀다. 그들은 상장 시기를 앞당겼다. 그해에 22개 스타트업이 10억 달러 이상의 가치 평가를 받으며 상장되었다.[32] 그들은 내세울 만한 매출을 올리지 못하고 있었다. 그럼에도 닷컴 광풍이 불던 시절에 세워진 무수익 기업 상장 기록을 넘어섰다. 논평가인 스티븐 펄스타인(Steven Pearlstein)은 자본주의가 위험한 국면에 들어섰다고 말했다.[33] 월가가 호황기에는 과도한 보상을 챙기는 반면, 불황기에는 '정부 구제를 통해 과도한 리스크를 사회화하기' 때문이었다. 심지어 스마트 머니(smart money, 시장 상황에 따라 기민하게 움직이는 투자 자금 –

옮긴이)조차 정부의 돈을 따라갔다. 나는 2023년 중순에 세계 최대 투자사 중 하나의 CEO와 대화를 나눈 적이 있다. 그는 자신의 회사도 배터리와 친환경 기술 같은 분야로 투자처를 옮기고 있다면서, 바이든 정부의 보조금이 그런 분야에 주어지기 때문이라고 털어놓았다. 또한 일자리와 제조 역량을 중국에서 다시 들여오고 있는 대다수 기업은 정부 지원이 주어지는 특정 산업을 겨냥하고 있다.[34] 시장이 자유롭게 작동할 때는 돈이 이런 방식으로 투자되지 않는다.

13장.

억만장자들이 가장 잘 버는 시대

 많은 민주당원이 이지 머니에 대한 실험을 사회 복지 제도의 재원을 대고 부의 격차를 줄이는 수단으로 받아들였다. 그러나 그들이 가장 싫어하는 대통령이자 부채의 제왕이라 자칭하는 트럼프는 부채에 찌든 자본주의에서 잘나가는 유일한 거물이 결코 아니다. 아마도 그가 그 사실을 너무나 솔직하게 털어놓은 유일한 거물일지는 모르지만 말이다. 40년 동안 풀린 이지 머니는 많은 진보주의자가 없애고 싶어 하는 억만장자 계급의 부상을 오히려 가속화시켰으며, 그들이 메우고 싶어 하는 소득 격차를 넓혔다.

 정부 자금은 생산성을 증진하거나 경제 성장을 촉진하지 않았다. 대신 새로운 것을 만드는 일과 무관한 금융공학 프로젝트로 쏟아져 들어갔다. 인수나 자사주 매입 그리고 주가를 띄우기 위한 다른 전략들이 거기에 포함되었다. 과거 금융 시장은 대개 경기를 반영하며 위 아래로 움직였다.[1] 하지만 지금은 부양책이라는 마법 카펫을 타고 오직 위로만 올라간다. 대체로 나이가 많은 부유한 투자자들에게는 좋은 시절이 아닐 수 없다. 반면 한창 일하는 중산층과 청년층에게는 좌절을 안기는 시절이기도 하다.

많은 사람이 실물 경제를 희생시켜서 금융 시장이 이득을 보는 것에 (정확하게) 이의를 제기했다. 그러나 이지 머니가 부의 불평등을 심화시키는 어쩌면 가장 중요한 동인이라는 사실은 소수만 인식하고 있었다. 아이러니하게도 많은 비판자 중 다수는 월가에서 일했다. 그들은 돈이 어디로 가고, 누가 가장 큰 이득을 보는지 살피며 살았다. 또한 오바마 대통령이 한때 경고한 대로 심한 불공정성은 폭도와 '쇠스랑'으로 귀결될 수 있다는 사실을 알았다.[2] 근래에 레이 달리오 같은 금융계 거물들은 중앙은행의 채권 매입이 불평등을 심화시키며, '일정한 형태'의 다소 폭력적인 '혁명'을 촉발할 수 있다고 거듭 경고했다. 현재 이 시각은 폭넓은 지지를 받고 있다. 2022년 중반에 실시한 설문 조사 결과를 보면, 미국인 중 약 50%는 '수년 안에 미국에서 내전이 벌어질 것'이라는 데 동의했다.

분명히 말하자면 억만장자들을 몰아내자는 주장은 비현실적이고, 위험하며, 비실용적이다. 경제 및 금융 엘리트를 제거하려고 시도한 국가들에서는 정치 엘리트들의 권력과 부만 가중되었다. 자코뱅파(Jacobins, 프랑스 혁명 때 생긴 급진주의 분파-옮긴이)부터 소비에트 공산주의자들 그리고 아프리카와 남미의 탈식민지 독재자들이 그런 경우다. 능력을 보상하는 어떤 사회도 부와 소득의 평등으로 귀결되지 않는다. 그래도 어느 순간부터 시스템의 불균형이 너무 심각해졌다는 사실을 인식할 필요가 있다. 그 불균형이 노력이나 능력보다 시스템의 왜곡과 실패에서 기인한 것이라면 그 결과는 지금 우리가 목격하는 대중의 분노와 좌절로 이어진다.

부의 불평등

불평등은 자본주의 민주국가의 경제를 왜곡시키는 만큼 분명하게 정치까지도 망친다. 보수주의자와 진보주의자는 불평등과 관련된 기본적인 사실을 인식하는 관점에서도 상당한 이견을 보인다. 이 점을 감안할 때 어떤 사실을 활용할지 결정하기가 어렵다. 지금부터 다룰 불평등의 심화에 대한 내용은 새로 나온 세계 불평등 데이터베이스(World Inequality Database)를 토대로 삼는다. 이 자료는 각국 정부가 이 민감한 문제를 점검하는 잣대로 활용하기를 바라면서 진보 경제학자들이 만든 것이다.

지금이 강도 귀족의 시대를 연상시키는 두 번째 도금 시대(Gilded Age, 19세기 말에 미국에서 자본주의가 급속하게 발전한 시기 - 옮긴이)라는 이야기가 오랫동안 떠돌았다. 많은 자본주의 국가에서 부유층이 보유한 부의 비중은 수십 년 동안 늘어났다. 미국의 경우 1929년에 최상위 1%의 부가 차지하는 비중은 50%에 가까웠다. 그러다가 대공황과 제2차 세계대전을 거쳐 1950년 무렵에는 30% 수준까지 떨어졌다. 많은 사람이 전후 30년을 복지 체제가 자리 잡은 진보주의의 '영광스러운' 기간으로 평가한다. 1980년에 최상위 1%의 부가 차지하는 비중은 최저점인 20% 남짓으로 줄어들었다. 이 무렵 공공 부채가 늘어나고 금융 시장의 규모가 폭증하는 변화가 일어났다. 그와 함께 대부호들의 부가 차지하는 비중도 크게 늘어나기 시작했다.

1980년 이후에 정확히 어떤 계층의 부가 늘어났고 줄었는지 파악하는 일이 중요하다. 최상위 1%의 부가 차지하는 비중은 그때보다 50% 이상 증가한 35%에 이르렀다. 게다가 그들은 부의 비중이 크게 늘어났을 뿐 아니라 유일하게 부의 비중을 늘린 계층이다. 차상위 9%는 부의 비중이 줄어들었다. (상위 10%와 50% 사이에 속한) 차차상위 40%도 마찬가지였다. 요컨대 중산층 및 상위 중상층이 부자들에게 비중을 빼앗기고 있었다.

하위 50%의 부는 국가 전체의 부에서 유의미한 수준의 몫을 차지한 적이 한 번도 없었다. 그럼에도 지난 10년 동안 다수는 그 얼마 되지 않는 비중조차 잃어버렸다. 여기서 적용하는 척도는 순자산이다. 순자산은 주식, 채권, 부동산을 포함해 모든 자산을 더한 다음 부채를 뺀 것이다. 1960년대 이후 대부분의 기간 동안 하위 50%의 부가 차지하는 비중은 전체 부의 1%에서 2% 사이를 오갔다. 2007년과 2016년 사이에 이지 머니 정책이 최상위 1%의 부를 늘려주었다. 그에 따라 하위 50%의 순자산은 제로 이하로 줄었다. 그들이 갚아야 할 학자금 대출과 주택 담보 대출 그리고 기타 부채는 자산보다 많았다. 캐런 페트루의 말에 따르면 그나마 그들이 온전히 보유한 자산은 "길에 나와 있는 경우가 많았다". 그것은 바로 온 가족이 쓰는 차[3]였다.

2000년대 초에는 금리가 신저점으로 떨어졌을 뿐 아니라 그 수준에서 안정되었다. 심화되는 불평등의 드라마는 클라이맥스를 향해 치달았다. 최상위 1%의 부는 수십 년 만에 처음으로 나머지 90%의 부보다 많은 비중을 차지했다. 이는 불평등을 비판하는 정치적 반발의 불씨가 되었으며 최상위 1%에 맞서서 중산층과 하위 50%를 단결시켰다.

토마 피케티가 그랬던 것처럼 관련 데이터의 범위를 과거로, 전 세계로 넓혀보라. 그러면 유럽에서도 1900년 이후 매우 비슷한 이야기가 전개되는 것을 확인할 수 있다. 근래에 늘어난 부는 최상위 계층에 집중되었다. 하위 50%의 부는 국가 전체의 부에서 7% 이상을 차지한 적이 한 번도 없었다. 또한 유럽에서도 중산층의 부가 차지하는 비중이 크게 줄어들었다.

이러한 비중 변화는 대체로 이지 머니가 금융 자산의 가치를 부풀리는 시기에 발생하는 이익의 분배에 따른 것이다. 대부분의 금융 자산은 부유층이 보유하고 있다. 미국의 경우 상위 10%가 전체 금융 자산의 약 72%, 전체 주식의 약 93%를 보유하고 있다. 하지만 부의 대부분은 최상위 1%에 집중되어 있다. 가령 그들은 가치 기준으로 전체 주식의 약 54%를 보유하고 있다. 반면 차상위 9%는 약 39%, 나머지 90%는 겨우 약 7%만 보유하고 있다. 이는 부가 상위 계층, 특히 최상위 계층에 집중되고 있음을 보여주는 놀라운 징후다.[4]

분석가들은 이 추세를 연도별로 분석했다.[5] 그 결과는 부유층이 급등기에 가장 많은 이익을 올리는 한편, 급락기에 가장 많은 손실을 낸다는 것을 보여주었다. 이는 정부가 자산 가격의 급락을 방지하고 항상 가격이 오르도록 개입하는 만큼 결국 부의 불평등과 세대 간 불평등이 심화된다는 것을 뜻한다.

2021년 연준 연구자들은 자체 분석을 실시했다. 그 결과 세계 불평등 데이터베이스에 반영된 것과 대단히 비슷한 사실을 확인했다. 다만 그들은 최상위층에서 부가 증가하는 속도를 기준으로 삼았다. 1980년대 이후 최상위 1%의 부는 약 4배, 차상위 9%의 부는 약 3배,

차차상위 40%의 부는 약 2배로 늘어났다. 하위 50%의 부는 전혀 늘어나지 않았다.

주가 상승이 '기업 연금'에 도움이 된다고 자주 주장하던 트럼프조차 그것이 모두에게 도움이 된다는 주장은 대체로 피했다.[6] 미국인 중 절반 이상이 주식을 보유하고 있으므로 주식 시장이 다소 폭넓은 기반을 갖췄다는 말은 오해의 소지가 있다.[7] 실제 수치는 절반을 간신히 넘긴 수준이고(약 58%), 대다수는 아주 적은 수량만 보유하고 있기 때문이다.

연준 고위 관료들은 흔히 이지 머니가 불평등에 미치는 영향을 부인하거나 경시했다. 그들은 오히려 저금리와 채권 대량 매입이 지출을 촉진하고 전체 경기를 부양해 부분적으로 '부의 효과'를 창출한다고 주장했다. 2013년 댈러스 연준 총재인 리처드 피셔는 여기에 반박했다. 그는 연준 총재 회의에서 추가적인 채권 매입이 주로 초우량 사모 투자자들에게 혜택을 안길 것이라며 이렇게 경고했다. "저는 그것이 부의 효과를 일으킬 거라고 믿습니다. 하지만 주로 버핏, 콜버그크래비스로버츠(Kohlberg Kravis Roberts, KKR & Co), 칼라일(Carlyle), 골드만삭스처럼 부유하고 재빠른 부류들이 그 대상이 될 것입니다. 그들은 공짜로 돈을 빌려서 채권, 주식, 부동산의 가격을 띄웁니다. 그 이익은 그들의 호주머니로 들어갑니다". 이 발언은 분노한 사회주의자의 발언처럼 들릴지 모른다. 하지만 사실 그는 전 투자 은행가이자 자산 운용사 창립자로서 분노한 자본주의자다.[8]

심지어 최상위 1%의 대다수도 피셔가 나열한 사모 투자 펀드에 투자하지 못한다. 이 펀드들은 헤지 펀드나 창업 투자 펀드 또는 사모 펀드로서 거의 제로 금리로 돈을 빌려서 제로보다는 많지만 아주 크지는 않은 수익률을 안기는 자산에 투자한다. 대형 투자자들은 수익률이 2%에서 5%인 안전한 국채에 재투자한다 해도 수익의 규모를 배가할 수 있다. 그 방법은 레버리지, 즉 상당한 차입을 통해 베팅의 크기 자체를 키우는 것이다.

이 수준에서 운영되는 펀드들은 주로 기관 또는 500만 달러 이상의 자산을 보유한 '고액 자산가'들을 상대한다. 지난 20년 동안 전 세계적으로 부채 기반 사모 시장의 가치는 11배로 늘어났다.[9] 이는 공모 주식 시장의 가치보다 4배나 빠르게 늘어난 것이다. 흔히 사모 투자 펀드에 가입하려면 최소 500만 달러를 넣어야 한다. 그래서 평범한 백만장자는 접근조차 할 수 없다.

세계 최대 헤지 펀드 중 하나인 시타델(Citadel)의 창립자이자 CEO인 켄 그리핀(Ken Griffin)은 2023년에 가진 인터뷰에서 인공지능을 둘러싼 시장의 광풍에 대한 질문을 받았다. 그는 인공지능 분야가 실제로 시타델의 '주요 투자 테마'라고 대답했다. 다만 그가 보기에 인공지능이 개미 투자자들의 주요 투자 테마가 될 수 없다는 것이 문제였다. 20년에 걸친 규제 강화로 인해 너무나 많은 유망한 인공지능 기업들이 공모 시장에서 밀려났기 때문이다. 이 기업들은 개인이 보유한 10억 달러짜리 기업인 유니콘의 영역으로 넘어갔다. 그는 이렇게 말했다. "이는 우리가 미국 투자자들에게 저지르고 있는 비극적인 실수입니다. 일반인은 지금의 애플 같은 기업이 될 스타트업이나 중소기업에 투자할 기회를 갖지 못하니까요".[10]

뉴욕, 런던, 마이애미처럼 돈이 모이는 도시에서는 개인의 부가 폭증했다. 이는 사적 커뮤니티, 회원 전용 휴양 리조트, 제로본드(Zero Bond)와 엔터프라이즈(Enterpise), 카사크루즈(Casa Cruz) 같은 사교 클럽의 호황을 불렀다. 이 클럽들은 자신들을 레스토랑이라 부른다. 그러나 입장하기 위해 연간 25만 달러를 내는 '파트너'에게만 특별한 혜택을 제공한다. 뉴욕대학교 도시학자인 미첼 모스(Mitchell Moss)는 이런 화려한 살롱을 이지 머니 시대의 달갑지 않은 부산물로 본다. 그는 〈파이낸셜타임스〉와 가진 인터뷰에서 이렇게 말했다. "근본적으로 뉴욕시에는 부가 너무 넘쳐납니다. 그래서 부자들은 저녁 시간을 즐기기 위해 별다른 고민 없이 클럽 회원비를 냅니다".[11]

사모 투자 펀드는 대부분 그림자 은행 시스템의 일부다. 규제 당국은 2010년대에 뜻하지 않게 그림자 은행의 부상을 촉진하면서 이 방대하고도 폐쇄적인 부의 세계도 우연히 육성하게 되었다. 2021년에 전미 경제 연구소(National Bureau of Economic Research)에서 발표한 논문은 그림자 은행과 불평등이 상승 작용을 일으키는 양상을 추적했다. 그들의 연구 목표는 미국 가계 부채 및 정부 부채에 대한 채권을 누가, 얼마나 많이 보유하고 있는지 '밝히는' 것이었다.[12] 그 결과 역시 널리 퍼진 신념에 배치되었다. 그 신념은 '글로벌 과잉 저축', 다시 말해 외국인들의 저축, 특히 중국인들의 저축이 미국의 차입을 뒷받침했다는 것이었다.

오히려 논문의 저자들은 1980년대 이후 미국에서 급증한 대출금의 절반은 "외국에서 빌려주었으며, 나머지 절반은 미국 가구 중 최상위 1%가 빌려주었다"라는 사실을 확인했다. 부유층은 나머지 미국인들이 저축을 줄이는 가운데서도 오히려 더 많이 저축했다. 그뿐 아니라

"비부유층 및 정부에 직접 돈을 빌려주었다".[13] 요컨대 심화되는 불평등은 "부유층의 저축 과잉을 초래했으며, 이는 경제를 낮은 금리, 높은 부채 수준, 잠재치를 밑도는 산출량으로 특정되는 부채 함정에 빠트릴 수 있었다".

동시에 연구자들은 심화되는 불평등과 주요 금융 위기 사이의 연결 고리를 추적하기 시작했다. 이 연결 고리가 형성된 한 가지 이유는 부유층의 저축 과잉과 관련이 있을 수 있다. 불평등이 심화되면 부유층은 더 많이 저축하고, 못사는 계층에 더 많은 돈을 빌려준다. 이는 신용 여건을 완화하고 2008년에 문제를 일으킨 위험한 차입을 촉진한다. 샌프란시스코 연준은 2020년에 발표한 논문에서 17개국의 불평등 문제를 1870년대까지 거슬러 올라가 분석했다. 그 결과 최상위 1% 가구의 소득 비중이 커지는 것이야말로 금융 위기를 예측할 수 있는 강력한 지표로 드러났다. 결론적으로 말하자면 심화되는 시스템의 불평등은 심화되는 취약성과 밀접한 관계가 있었다.

세대 간 불평등

정부는 금융 시장을 지속적으로 뒷받침한다. 이는 주로 최상위 1%에 속한 노년층에게 거의 사실상 복지 혜택을 제공하는 것과 같다.

1989년부터 2016년까지 35세 미만 가장이 있는 가구의 순자산은 1만 2,500달러 수준에서 정체되었다. 반면 65세 초과 가장이 있는 가구의 순자산은 거의 2배나 늘어난 40만 달러에 육박했다.[14]

젊은 가장이 있는 가구의 순자산이 늘어나지 않은 한 가지 큰 이유는 학자금 대출 또는 주택 담보 대출이 발목을 잡았기 때문이다. 밀레니얼 세대가 현재 보유한 부는 미국 전체 부의 약 3%에 불과하다. 이는 전후 세대 중에서 기록적인 저점이다. 베이비 붐 세대는 같은 연령이던 1980년대에 5배 정도나 많은 순자산을 보유했다. 40세 미만 성인 4명 중 3명은 저축을 늘리면서 빚더미에서 빠져나오려 애쓰고 있다.[15] 하지만 2010년대를 거쳐 2022년까지 저축 계좌 수익률이 거의 제로 수준에 머물면서 일어설 기반을 잃어버렸다.

이런 사실들을 감안하면 자본주의에 대한 특정 세대의 불만과 부자 증세를 약속하는 사회주의자들에 대한 지지가 예기치 않게 늘어난 것은 놀라운 일이 아니다. 향후 세대 간 갈등이 격화될 가능성이 매우 크다.[16] 밀레니얼 세대 3명 중 1명은 유산을 얼마나 받는지에 따라 은퇴기의 안정성이 좌우된다고 말한다. 한편 부모 세대 중 절반 이상은 은퇴기에 자녀의 도움에 의존한다. 현재 30세 미국인 중에서 부모보다 많이 버는 비율은 절반에 불과하다.[17] 1970년에는 그 비율이 90% 정도였다. 즉 노년의 부모를 도울 형편이 되는 사람들이 갈수록 줄어들고 있다.

정부가 불평등에 기여한 부분은 주택 시장에서 특히 두드러졌다.[18] 1세대 전만 해도 일반적인 신혼부부가 집을 사기 위한 계약금을 저축하는 데 평균 3년 정도 걸렸다. 하지만 2019년 무렵에는 저축에 따른 수익이 없어지는 바람에 19년이나 걸리게 되었다. 또한 밀레니얼 세대는 부모 집에서 계속 살게 될 확률이 이전 세대에 비해 거의 2배나 높다.[19] 20대의 거의 절반은 부모와 같이 산다. 1980년대에는 그 비율이 3분의 1 정도였다. 현재 대다수 미국인은 이 새로운 현실을 청년들이 돈을 벌기 힘든 '망가진 경제 상황' 탓으로 돌린다. 유럽에서도 비슷한 패턴이 나타나고 있다. 가령 영국의 경우 자가 주택을 보유한 청년의 비율이 1990년대에는 약 67%였다가 지금은 45% 정도로 줄었다.

팬데믹 기간에 집값이 폭등한 것과 관련해 많은 분석이 이뤄졌다. 주로 붐비는 도시에서 탈출하려는 추세가 그 원인으로 지목되었다. 하지만 그것은 작은 부분에 불과했다. 집값은 2020년 초에 팬데믹이 닥치기 훨씬 전부터 오르기 시작했다. 또한 도시뿐 아니라 농촌과 교외에서도 집값이 올랐다. 집값 폭등을 이끈 힘은 팬데믹이 아니라 이지 머니였다. 2010년대 내내 이지 머니는 집값보다 주가를 더 빨리 밀어 올렸다. 또한 저렴한 집보다 비싼 집의 가격을 더 빨리 밀어 올렸다. 이 두 가지 힘은 불평등을 심화하는 데 크게 기여했다.

2021년 주택 담보 대출 이율은 미국에서는 연 3% 미만, 유럽에서는 연 2% 미만으로 기록적인 저점에 이르렀다. 그해 여름에는 경기 회복이 한창 진행되는 중인 데다가 많은 자본주의 국가에서는 집값이 두 자릿수로 오르고 있었다.[20] 그런데도 연준은 시장을 뒷받침하기 위해 적극적으로 개입했다. 그들은 주택저당증권을 매달 400억 달러 어치나 사들였다.

이런 매입은 주택 담보 대출 이율을 낮췄다. 그 결과 다수의 신혼부부가 접근할 수 없는 수준으로 집값이 올라버렸다. 대개 주택은 평균 가격이 중위 가구 소득의 3배를 넘어서면 '감당 불가능'으로 간주된다. 조사 기업인 넘베오(Numbeo)는 전 세계 500여 도시의 집값을 추적한다. 그들의 자료에 따르면 감당 가능한 주택의 비중은 오랫동안 꾸준히 줄어들었다. 2021년 기준으로 그 비중은 10%가 채 되지 않았다. 뉴욕과 로스앤젤레스는 집값이 가장 감당 불가능한 도시에 속한다. 이런 도시의 중위 주택 가격은 평균 소득의 10배 이상에 이르렀다.

집값 폭등은 코로나19 팬데믹이 발생하기 전에 시작되었지만, 뒤이은 불경기 동안에도 지속되었다. 이는 대단히 이례적인 일이었다. 적어도 1970년대까지만 해도 불경기에는 집값이 항상 떨어졌다. 미국뿐 아니라 전 세계가 그랬다. 사람들은 일자리를 잃었고 더 큰 집에 대한 꿈을 버렸다. 그러나 1940년 이래로 최악의 불경기가 바닥에 이른 2020년 2분기에 집값은 전 세계적으로 약 4%, 미국에서는 약 15%가 올랐다.

이 부동산 붐은 정부가 중산층 및 저소득층 주택 구매자들을 희생시켜서 만들어낸 것이었다. 이는 자본주의가 어떻게 잘못되었는지를 명확하게 보여주는 또 다른 사례였다. 이지 머니가 진정한 수요만큼, 또는 그 이상으로 가격을 좌우하면 자원 배분이 심각하게 왜곡된다. 많은 투자자가 팬데믹 기간에 주거지가 아니라 주식과 채권의 대안으로써 집을 사들였다. 주식과 채권의 가격이 주택 가격보다 더 비싸졌기 때문이다.

청년 세대는 이미 이전 세대보다 프리랜서 일자리에 머물 가능성이 더 높아졌다. 이런 일자리는 복지 혜택이 제공되지 않는다. 결국 그들은 부모와 같이 살 수밖에 없다. 밀레니얼 세대는 팬데믹 기간에 주택 입찰전에서 계속 패배했다. 구매를 마무리하려고 할 때마다 마지막 순간에 돈 많은 구매자나 투기꾼들이 더 높은 가격을 제시했다. 그러니 그들이 불만을 품는 것도 당연하다. 그들은 누군가가 개입해 이 비틀린 자본주의를 바로잡아주기를 바라고 있다.

신도금 시대에 대한 뜻밖의 문제 제기

2010년대는 마침내 불평등이 정치적 사안으로 폭발한 시기였다.[21] 주 타깃은 최상위 1%도, 심지어 최상위 0.01%도 아니라 억만장자 또는 최상위 0.00003%였다. 1916년 존 D. 록펠러가 최초의 억만장자가 되었다. 이후 미국에서 그만 한 부가 '존재'하도록 허용해야 하는지에 대해 의문이 제기된 적은 한 번도 없었다.[22] 하지만 지금은 '억만장자를 없애자'라는 주장이 진보 좌파 진영에서 터져 나오고 있다. 이 문제는 국가적 토론의 주요 논제가 되었다. 빌 게이츠(Bill Gates)는 2019년에 이렇게 말했다. "제 평생 처음으로 사람들이 '억만장자라는 게 존재해야 해?'라고 따지는 것을 보니 정말 흥미롭습니다."[23]

과거를 돌아보면 그 시점에 억만장자에 대해 문제가 제기된 것이 전적으로 타당하다. 전 세계의 억만장자 인구는 2000년 무렵 약 300명이었으며, 2019년에는 약 2,000명으로 늘어났다. 이후 12개월 동안 그 숫자는 다시 700명이 늘어난 2,700명 정도가 되었다. 이는 정부 구제책과 구제 금융이 주가를 밀어 올린 덕분이었다. 전 세계의 억만장자들이 보유한 부는 약 8조 달러에서 2020년 한 해 동안에만 약 13조 달러로 불어났다.

미국에서 억만장자의 수는 100명이 늘어나 총 700명 정도가 되었다. 이지 머니의 덕을 가장 많이 본 것이 기술 업종, 특히 기술 대기업의 주가다. 거기에 힘입어 최고 부유층의 재산은 수백억 달러에서 수천억 달러로 불어났다. 이는 이전까지는 한평생 벌 수 없다고 생각되던 금액으로, 대다수 국가의 연 수입보다 많았다. 테슬라 창업자인 일론 머스크(Elon Musk)의 재산은 2020년 한 해 동안 약 200억 달러에서 약 1,500억 달러로 불어났다. 아마존 창업자인 제프 베이조스(Jeff Bezos)의 재산은 약 1,140억 달러에서 2,000억 달러 이상의 최고치로 불어났다. 그가 이 12개월 동안 불린 재산은 하위 25%의 미국인이 평생 모은 재산보다 많았다.

하지만 최정점에 선 사람들은 유럽의 주요 재벌들이었다. 그들은 일부 기준, 가령 GDP 대비 비율로 따지면 미국 재벌들보다 더 지배적인 입지를 차지했다. 도금 시대 동안 석유 재벌 록펠러는 현대에 들어 가장 지배적인 재벌이 되었다. 1910년대에 최고치에 이른 그의 재산은 미국 GDP의 약 1.6%에 해당했다. 2021년 기준으로 현대의 록펠러들은 9개국에 걸쳐 최소 17명이나 되었다. 그러나 그중 미국인은 1명뿐이었다. 베이조스는 그해에 세계 최고 부자가 되었다. 그러나 그의 순자산은 여전히 GDP의 1% 미만이었다.

유럽 중앙은행은 적어도 연준만큼 빠른 속도로 이지 머니를 쏟아냈다. 덕분에 유럽은 록펠러 같은 대부호를 많이 만들어냈다. 스웨덴은 사회주의 복지 국가의 모델로 높은 평판을 지녔다. 그럼에도 GDP의 1.6%를 초과하는 재산을 가진 억만장자가 5명이나 되었다. 캐나다에도 1명이 있다. 가장 지배적인 재벌은 패션업계의 제왕 아만시오 오르테가(Amancio Ortega)다. 그의 재산은 스페인 GDP의 거의 6%에 육박한다.

프랑스에는 프랑수아즈 베탕쿠르 메예르스(Françoise Bettencourt Meyers)와 베르나르 아르노(Bernard Arnault)라는 2명의 현대판 록펠러가 있다. 오르테가의 수준에 견줄 만한 이 2명의 재산은 프랑스 GDP의 5% 이상에 해당한다. 2022년 파리에서 은퇴 연령 상향 조정에 반대하는 시위가 벌어졌다. 시위대는 대신 억만장자들에게 매기는 세금을 늘려서 연금의 재원을 대라고 주장했다. 그들은 아르노의 얼굴을 넣은 현상수배 포스터를 들고 다녔다. 이런 제2차 도금 시대의 모습들은 프랑스와 스웨덴처럼 사회주의적 명성을 지닌 나라들에서 19세기에 보였던 양상과 매우 비슷하다.[24]

유럽에서 억만장자들을 정치적 타깃으로 삼는 양상은 미국보다 더 개인적인 성격을 띤다. 그 부분적인 요인은 유럽 재벌들이 부를 쌓은 기반이다. 그들은 신기술이 아니라 17세기 루이 14세 시대의 궁정까지 거슬러 올라가는 명품 산업을 통해 돈을 벌었다. 2023년 여름 기준으로 LVMH(Louis Vuitton, Moët & Chandon, Hennessy)를 위시한 프랑스 명품 기업들은 이전 12개월 동안 유럽 주식 시장 상승분에서 약 30%의 기록적인 비중을 차지했다.[25] LVMH 창업자인 아르노는 한때 머스크를 제치고 세계 최고 부자 자리에 올랐다. 그의 순자산은 2,100억 달러를 넘어섰다. 많은 비판자가 지적하듯이 유럽식 명품 중심 자본주의는 명백히 퇴폐적이지는 않다 해도 어느 정도는 시대에 뒤떨어진 측면이 있다.

미국에서는 거리로 쏟아져 나올 가능성이 낮기는 하지만 여전히 유럽처럼 분노가 쌓여가고 있었다. 2010년 이전에 미국 억만장자들의 재산은 GDP의 약 10%에 해당했다. 이는 다른 선진국의 평균 비중과 비슷한 수준이었다. 그러나 연준이 이지 머니를 쏟아내면서 2014년에는 그 비중이 약 15%로 급증했다. 뒤이어 반발이 시작되었다. 버니 샌더스는 2016년 대선에 출마하면서 '억만장자 계급'에 대한 공격을 유세의 핵심으로 삼은 최초의 대선 후보가 되었다.

온건파 민주당원들조차 곧 그 테마를 받아들였다. 2020년 대선 때 바이든은 트럼프 임기 동안 억만장자들의 재산이 수천억 달러씩 늘어난 것을 맹비난했다. 다만 그는 진보주의자들의 주장처럼 억만장자들을 없애는 것이 아니라, 무거운 세금을 매겨서 억누르겠다고 약속했다.

그해에 민주당원 중 압도적 다수 그리고 공화당원의 다수는 미국이 기대만큼 평등하지 않다는 데 동의했다. 심화되는 불평등은 자칫 자본주의의 본질인 부의 창출 과정에 대한 반발을 촉발할 위험이 있었다.[26] 대다수의 미국인은 부유세를 지지했다.[27] 긴축통화 정책이 재개되면서 주가가 급락하고, 전 세계적으로 현대판 록펠러의 수가 17명에서 12명으로 줄어들었다. 그러던 2022년 말에도 〈뉴욕타임스〉는 여전히 규제와 세금을 통해 억만장자를 '없애야 한다'라고 주장했다.[28]

이지 머니와 소득 불평등

캐런 페트루는 2021년에 펴낸 연준 관련 저서의 제목을 《불평등의 엔진(Engine of Inequality)》이라 붙였다. 연준은 이런 평가를 강하게 부인해왔다. 그들의 반론은 이지 머니의 파급력을 포괄적으로 분석해야 한다는 것이다. 즉 이지 머니가 금융 소득뿐 아니라 일자리와 소득에 미치는 효과까지 감안하면 전체적으로 불평등을 조장하지 않는다는 것이다. 최근 3명의 의장인 파월, 옐런, 버냉키는 모두 이 관점을 따랐다. 그들은 2010년대 내내 실업률이 기록적인 저점까지 떨어지면서 저소득 가구가 혜택을 누렸다고 주장했다. 버냉키는 임기를 끝낸 후

인 2015년에 이지 머니가 불평등에 미친 영향은 '거의 확실히 미미하고 일시적'이라고 일축했다.[29]

영국 중앙은행을 포함한 해외 중앙은행들은 연준보다는 덜 강경했다. 그들은 비판을 일축하기보다는 피해갔다. 가령 중앙은행의 임무는 국민 소득을 꾸준히 늘리는 것일 뿐이라고 말했다. 그 소득을 어떻게 분배할지는 정치적 문제로 의회가 대응하는 것이 최선이었다.

하지만 1980년 이후 소득 불평등이 심화된 시기는 부의 불평등과 마찬가지로 이지 머니 및 쉽게 이뤄지는 정부 구제 금융의 시대와 정확하게 겹친다. 다음에 나오는 수치들 역시 세계 불평등 데이터베이스에서 가져온 것이다. 2023년 말에 이르자 소득 불평등이 심화된다는 주장은 다른 학자들의 반박에 직면했다.[30] 그들은 세금과 복지 혜택 그리고 무엇보다 미신고 소득을 반영하면, 소득 불평등은 사실 1960년대 이후 미국에서 거의 심화되지 않았다고 주장한다. 그에 따라 격렬하고 대단히 정치화된 논쟁이 벌어졌다. 이 논쟁은 대개 양측이 서로 다른 추정치를 제시하는 데서 비롯되었다. 그것은 부유층과 나머지 계층 중에서 누가 사업 소득과 투자 소득을 세무 당국으로부터 더 많이 숨겼는지에 대한 추정치다. 이 논쟁이 언제 끝날지는 모른다. 그때까지는 명백히 눈에 보이는 증거에 기반해 대중적 시각이 형성될 것이다. 그로스 포인트(Gross Pointe)에서 디트로이트로, 어퍼 이스트 사이드(Upper East Side)에서 이스트 할렘(East Harlem)으로, 또는 다른 부자 동네와 가난한 동네의 경계를 넘어가보라. 심화되는 불평등이 통계적 착각이라고 무시하기 힘들 것이다.

광란의 1920년대 동안 최상위 1%에게 돌아간 국민 소득의 비중은 20%를 넘으며 정점을 찍었으며, 뉴딜 정책이 실행되던 대부분의 기간 동안 그 수준에 머물렀다. 뒤이은 수십 년 동안 최상위 1%가 차지하는 비중은 절반인 10%로 떨어졌다. 그 요인을 보면, 먼저 제2차 세계대전 동안 육체노동자의 임금이 올랐다. 뒤이어 1960년대와 1970년대에는 위대한 사회 정책이 중산층의 소득을 늘려주었다. 이후 지속적인 재정 적자, 부채 증가, 이지 머니의 시대가 도래했다. 그러자 최상위 1%의 소득 비중이 꾸준히 증가하기 시작해 2022년에는 다시 20%를 넘는 수준으로 돌아갔다. 2차 도금 시대라는 표현은 더 이상 단순한 비유가 아니었다.

부의 불평등과 관련해 가장 큰 격차는 초부유층과 중산층 사이에 형성되었다. 반면 소득 불평등의 경우 전체 구간에서 격차가 벌어졌다. 최상위 1%는 차상위 9%보다 소득이 많이 증가했고, 차상위 9%는 차차상위 40%보다 소득이 많이 증가했다. 반면 하위 50%는 증가폭이 가장 작았다. 심지어 소득이 중위 소득보다 훨씬 아래로 줄어든 가구가 늘어났다.[31] 해당 가구는 하위 중산층보다 아래로 떨어진 셈이었다. 이 점만 봐도 대중의 분노가 커지는 이유를 상당 부분 설명할 수 있다.

연준의 자기 변명이 지닌 근본적인 문제는 여기에 있다. 소득은 모든 계층에서 증가했지만, 초부유층의 소득이 가장 빨리 증가했다. 최상위 0.01%는 최상위 1%보다 더 잘 풀렸다. 1980년대 초 이후로도 그들이 국민 소득에서 차지하는 비중은 다른 모든 계층을 앞질러 2배 이상으로 늘었다. 거기에 가장 크게 기여한 것은 투자로 얻는 꾸준한 배당과 수익, 즉 자본 소득이었다.

연준이 찍어내는 돈 중에서 갈수록 많은 돈이 금융 시장으로 흘러 들어갔다. 역사학자인 조너선 레비는 "그에 따라 소득 증가의 원천이 노동에서 주식과 채권 그리고 복잡한 파생 상품을 포함한 금융 자산의 보유로 넘어갔다"라고 썼다.[32] 가장 큰 소득 증가분은 금융 산업으로 흘러갔다. 현재 금융 산업은 전체 임금의 거의 10%를 차지한다. 이는 1980년보다 약 2배나 늘어난 수치다. 최상위 1%에 속한 7명 중 1명은 금융 전문가다. 이 비중 역시 1980년보다 약 2배로 늘어났다.[33] 레스토랑이나 가정 의료 같은 서비스 분야에서도 소득이 증가했지만, 금융 산업만큼 그 속도가 빠르지는 않았다.[34] 또한 이런 서비스에 대한 수요는 '부자 동네'에서 특히 빠르게 증가했다. 그에 따라 소득이 빠르게 늘어난 계층과 그렇지 않은 계층 사이에 마찰이 발생할 가능성이 높아졌다.

전 세계 중앙은행들의 중앙은행이라 불리는 국제결제은행은 이 이야기에 관해 흥미로운 평가를 내놓았다. 소속 연구자들은 관련 문헌을 폭넓게 조사했다.[35] 그 결과 연준이 금융 시장에서 자산을 매입할 때 경기 진작 효과는 단기간에 사라지지만, 시장 부양 효과는 오래 남는다는 사실을 확인했다. 즉 시간이 지날수록 주가에 미치는 영향이 산출량에 미치는 영향보다 10배 이상 컸다. 다른 연구 결과들도 이 사실을 확증했다.[36] 연준이 매수자로 시장에 개입하는 경우 실물 경제에 미치는 영향은 일시적이지만, 자산 가격에 미치는 영향은 장기적이다. 그 결과 소득 불평등과 부의 불평등이 모두 심화된다.

이 과정은 팬데믹 동안 불합리성의 극단에 이르렀다. 이지 머니를 무한정 풀겠다는 약속은 주식, 특히 슈퍼스타 기술 대기업 주식의 가격을 계속 밀어 올렸다. 또한 상품 및 서비스 시장에 대한 집중적인 통제는 마찬가지로 문제 있는 쌍둥이 현상인 노동 시장에서의 권력 집중을 촉진했다.

국민 소득에서 임금보다 기업 이익의 비중이 갈수록 늘어나고 있다. 이 점은 폭넓게 알려져 있으며, 사실이기도 하다. 임금에는 초고액 연봉을 받는 기업 임원의 소득도 포함된다. 한편 기업 내부에서도 소득 격차가 빠르게 벌어지고 있다고 믿는 사람들이 많다. 그러나 이는 사실이 아니다. 어느 기업이든 최상위 1%는 대개 하위 90%보다 약 20배 정도를 더 번다. 이 격차는 1980년보다 현재 약간 더 벌어졌을 뿐이다.[37] 그사이 CEO의 연봉은 중위 노동자 연봉의 30배에서 약 375배로 증가했다가 2000년 이후 정체되거나 심지어 약간 감소했다. 그러다가 팬데믹 기간에 스톡 옵션(임직원에게 자사 주식을 일정 가격에 매수할 수 있는 권리를 부여하는 것 – 옮긴이) 덕분에 중위 노동자 연봉의 약 400배로 다시 증가했다.[38]

소득 불균형의 상당 부분은 기업 사이의 격차 때문에 발생한 것으로 설명할 수 있다. 제이슨 퍼먼과 피터 오재그에 따르면 "구글이나 골드만삭스 같은 성공적인 기업에서 일하는 모든 노동자는 그보다 덜 성공적인 기업에서 일하는 모든 노동자보다 더 많은 급여를 받는다".[39] 대기업은 심각한 경쟁에 직면하지 않을 뿐더러 국가 전체가 올리는 이익에서 지배적인 비중을 차지한다. 그래서 다른 기업들보다 더 높은 임금과 급여를 지불할 수 있다. 기업들 사이에서 커져가는 격차는 1980년 이후 심화된 임금 불평등의 요인 중 약 3분의 2를 차지한다.[40] 미국만 그런 것이 아니다. 이는 미국부터 프랑스, 독일, 스웨덴

까지 여러 자본주의 국가에 걸친 많은 연구에서 나온 '가장 확고한 결과 중 하나'다.⁴¹

일부 대기업은 아주 후한 급여를 준다. 대졸자들이 애플, 아마존, 알파벳에 들어가려고 몰려드는 이유가 거기에 있다. 그러나 이 대기업들이 채용할 수 있는 인원은 한정되어 있다. 전체 매출 및 이익에서 그들의 비중이 늘어나는 만큼, GDP에서 노동 소득의 비중은 줄어들고 있다. 기술 대기업과 거기서 높은 연봉을 받으며 일하는 직원들 그리고 나머지 사이의 격차에 대한 우려가 커지고 있다. '기업 불평등'은 이제 부의 불평등, 소득 불평등과 함께 자본주의를 위협하는 문제의 목록에 올랐다.

특정 기업이 개별 도시나 지역의 노동 시장에 지배적인 영향을 미치는 것을 수요 독점(monopsony)이라 부른다. 수요 독점은 공급 독점(monopoly)의 사촌 격이다. 미국에서 단일 고용주 또는 소수 고용주가 지역 노동 시장을 지배하는 군(카운티)이 늘어나고 있다. 이런 현상은 미국 사회에서 인구 이동이 예전보다 줄어든 이유를 설명하는 데 도움이 된다. 최근 몇 년간 긱 이코노미(gig economy, 특정 직장에서 오랜 기간 근무하지 않고, 단기간 내에 여러 직장을 옮겨 다니는 현상 – 옮긴이)를 중심으로 직업을 자주 바꾸는 현상이 언론에 종종 등장한다. 그러나 현실은 다르다. 미국인들은 예전보다 새로운 장소나 산업 또는 직업으로 덜 옮겨가고 있다. 같은 직종에서 고용주를 바꾸는 일조차 줄어들고 있다.

1970년대 초반까지는 지속적인 재정 적자, 거대 정부, 강화되는 기업 권력으로의 고착화가 시작되지 않았다. 그전에는 미국인들이 다른 주로 이주할 가능성이 지금보다 두 배 높았고, 같은 주 내에서 이사할 확률은 약 50% 더 높았으며, 같은 직종에서 고용주를 바꿀 가능성은 약 25% 더 높았다. 그러다가 2010년대 후반이 되자 경기 회복기를 제외하고는 기업들이 일자리를 만드는 속도뿐 아니라 없애는 속도도 1970년대에 기록이 시작된 이래로 가장 느려졌다. 퍼먼과 오재그는 "경제의 어느 부문을 보더라도 역동성, 유동성, 순환율이 줄었다"라고 썼다.[42]

국내 인구 이동은 오랫동안 미국의 역동성에 근본적인 역할을 수행한 핵심 요소였다.[43] 특히 유럽과 일본 같은 정착형 사회와 비교하면 더욱 그랬다. 그러나 통념과 달리 미국의 국내 인구 이동은 크게 줄었다. 1990년대 초에는 미국 인구의 약 3%가 매달 다른 주로 이주했다. 지금은 그 비율이 약 1.5%로 줄었다. 그렇지 않았다면 캘리포니아, 뉴욕, 중서부에서 플로리다와 텍사스로 가는 지속적인 인구 유출이 훨씬 극적으로 나타났을 것이다. 이처럼 인구 이동이 감소한 데는 많은 이유가 있을 수 있다.[44] 다만 갈수록 지역 노동 시장을 하나의 고용주가 지배하는 현실도 그 이유를 설명하는 데 도움이 된다. 취업 기회가 적은 곳으로 이주하기는 어렵다.

읍 지역을 지배하는 기업의 소유주가 고용 시장을 사실상 지배하고 있다면, 군 지역을 지배하는 기업의 소유주는 그 지배력이 훨씬 더 강하다. 이 경우 고용 협상에서 주민들의 선택지와 협상력은 줄어들 수밖에 없다. 또한 대다수 CEO 그리고 전기 엔지니어 같은 많은 고숙련 전문직은 같은 산업에 속한 경쟁 업체로 이직할 자유를 제한하는 계약서에 서명해야 한다. 근래의 조사 결과는 이런 '경쟁 업체 이직 금지' 조항이 '노동 시장 전반에 걸쳐 놀라울 정도로 흔하다'라는 것을 보여준다. 심지어 패스트푸드 레스토랑에서도 적용할 정도다. 이 장애물은 약간 더 높은 급여를 주는 패스트푸드업체로 옮기지 못하도록 막는다. 그래서 계산원이 저임금으로 살아가는 데 어려움을 더한다. 미국 노동자 5명 중 1명은 경쟁 업체 이직 금지 계약에 서명했다. 이는 기업들이 강해지는 시장 지배력을 활용해 이직과 임금 상승을 제한하는 또 다른 수단이다.

미국인들은 부모의 그늘에 가려지는 것을 좋아하지 않는다. 하지만 현실이 그렇다. 미국인의 소득 중 50~60%는 부모의 소득 수준에 영향을 받는다.[45] 이는 선진국 중에서 미국을 상향 이동이 가장 적은 사회로 만든다. 미국보다 뒤처진 나라는 영국이 유일하다.

이러한 정체 현상을 설명하는 주된 요인 중 하나는 '위대한 개츠비 곡선(Great Gatsby Curve)'이다.[46] 이 곡선은 미국처럼 소득 격차가 큰 나라는 대개 소득 구간을 뛰어넘기가 어렵다는 사실을 보여준다. 보수주의자들은 불평등을 경쟁의 자연스러운 결과로 받아들인다. 하지만 그들도 사회가 고정된 소득 계층으로 굳어지는 것을 걱정해야 한다. 그렇게 되면 민주자본주의의 초석인 기회의 평등이 저해되기 때문이다.

기록적인 저금리는 저축을 통해 얻는 수익을 직접적으로 감소시킨다. 그에 따라 일반적인 미국인의 소비력은 더욱 위축된다. 최상위 1%를 제외한 미국인들은 대다수 여유 자금을 그냥 은행에 넣어둔다.[47] 한 추정치에 따르면 2008년 이후 미국 예금자들이 엄청나게 낮은 예금 금리 때문에 손해 본 금액이 4조 달러에 이른다.[48] 이것이 초래하는 한 가지 결과는 훨씬 많은 미국인이 빈곤의 경계에서 살아가게 되었다는 것이다. 그래서 팬데믹이 덮쳤을 때 그들에게 소득 지원이 필요했다.

물론 불평등을 연구하는 학자들은 소득과 부가 갈수록 최상층에 집중되는 다른 많은 이유를 제시한다. 그 이유들은 흔히 기업 권력이 집중되는 요인에 대한 설명과 겹친다. 세계화는 대기업과 그 창립자 그리고 투자자들이 전 세계로 진출할 기회를 열어주었다. 기술도 비슷한 효과를 냈다. 글로벌 인터넷 플랫폼을 통해 얻은 이익과 소득은 실리콘밸리에 집중되었다. 이러한 힘들은 소득 흐름을 노동에서 자본으로 돌려놓았다. 노조 감소 및 협상력 약화는 그 속도를 가속화시켰다.

현재 이런 힘들 중 일부는 방향을 바꾸고 있다. 세계화는 탈세계화에 자리를 내주었다. 이는 대기업들이 누리던 우위 중 하나를 약화시킬 수 있다. 또한 해외로 이전되는 일자리가 줄면서 노조의 협상력이 강화될 수 있다. 노조는 힘을 회복하고 있다. 2023년 미국 자동차 대기업들을 상대로 한 협상에서 노조가 중대한 승리를 거둔 것이 단적인 예다. 전 세계적으로 인구 고령화와 노동 인구 감소가 진행되고 있다. 그에 따라 노조의 협상력이 더욱 강해져서 임금 상승을 초래할 수 있다. 정부가 개입을 줄이면 이런 변화를 뒷받침할 수 있다.[49] 경쟁이 촉진되고 권력과 부가 슈퍼스타 기업으로 집중되는 것을 막을 수 있기 때문이다.

그러나 정부는 그렇게 하지 않을 것이다. 정치인과 중앙은행가들은 자신들이 불평등을 악화시켰다는 사실을 계속 부인하고 있다. 그들은 정부가 규제와 구제책으로 보호받고 부채가 넘치는 사업 환경을 만들었다는 사실을 인정해야 한다. 이런 환경에서 대기업은 나머지 기업들을 희생시키면서 번창한다. 물론 대기업은 대개 글로벌 기업이다. 또한 가장 규모가 큰 기업들은 기술 부문에서 부상하고 있다. 그러나 앞서 살핀 대로 이외에도 여러 산업에 걸쳐서 대기업이 부상하면서 최상위 1% 그리고 특히 최상위 0.1%의 소득과 부를 늘리고 있다. 기업 간 불평등이 초래하는 왜곡은 심화되는 개인 간 불평등에 반영된다.

정부와 중앙은행들은 이지 머니 문화를 유지하기 위해 협력한다. 그들은 이지 머니 문화가 모두의 고통을 제거해주기를 바란다. 그러나 오히려 훨씬 나쁜 불평등 격차가 형성되었을 뿐이다. 이런 맹점은 그들의 자문, 즉 엘리트 경제학자들이 세상을 보는 방식에서 기인한다. 경제학자들은 상아탑 위에 앉아서 추상적 모형에 초점을 맞춰 세상을 본다. 이지 머니의 흐름을 통제하는 관료들은 이지 머니가 부의 불평등과 소득 불평등을 초래했다는 사실을 인정하려 들지 않는다. 심지어 이지 머니의 최대 수혜자인 금융계 거물들이 그 위험성을 소리 높여 경고하는데도 말이다. 이론이 아니라 실제 현실에서 매순간 이지 머니를 쫓아다니는 것은 이 금융계 거물들이다. 페트루는 "돈은 불평등이 어디에 존재하는지를 본능적으로 알며, 이를 무자비하게 이용한다"라고 썼다. 정부는 이런 경고에 귀를 기울이는 것이 현명할 것이다.

현재로서는 정치 지도자들이 지금까지 하던 대로 계속하려는 것 같다. 즉 지출자이자 매수자 그리고 규제자로서 경제 측면에서 더 큰 역할을 하려는 것 같다. 그들은 불평등을 완화하기 위해 규정을 손보겠다고 제안한다. 진보주의자들은 거대 정부와 그 도구에 대한 믿음을 바탕으로 해결책을 제시한다. 부유세 인상이나 노동법 개정, 중산층에 대한 주거 및 교육, 직업 훈련 지원 강화 등이 거기에 포함된다. 그러나 이 중 어느 것도 미국의 기업 및 억만장자 계층이 걸린 거대증(gigantism)의 근본 원인을 제거하지 못한다. 진보주의자들이 정말로 개인 간, 기업 간 불평등을 억제하고 싶다면 이지 머니 문화를 비판하고 경계하는 법부터 배워야 한다.

14장.

생산성 역설에 대한 새로운 해답

너무나 많은 사람이 자본주의에 불만을 품고 있다. 한 가지 요인을 꼽는다면 불평등 심화가 인기 있는 선택지일 것이다. 억만장자들에게 손가락질하기는 쉽다. 그러나 생산성 감소가 더 잠재적이고 설득력 있는 답이다. 각 노동자의 생산성이 증가하면 기업은 가격을 올리지 않고도 임금을 올려줄 수 있다. 또한 경제는 발목을 잡는 인플레이션 없이 성장할 수 있다. 그리고 그만큼 모두가 가질 수 있는 몫이 꾸준히 늘어난다. 하지만 지난 20년 동안 그랬던 것처럼 생산성이 하락하면 남은 몫을 두고 갈수록 많은 사람이 다투게 된다.[1]

생산성 증가율은 자본주의가 제대로 작동하는지 보여주는 핵심 지표다. 지난 50년 동안 빠른 기술적 진보가 이뤄졌는데도 생산성 증가율은 대체로 하락했다. 이 모순된 현상을 노벨상 수상자인 로버트 솔로(Robert Solow)의 이름을 따 '솔로 역설(Solow Paradox)'이라 부른다. 솔로는 1987년에 한 서평에서 이렇게 언급했다. "모든 분야에서 컴퓨터 시대의 영향력을 볼 수 있다. 그러나 생산성 통계에서는 그것을 볼 수 없다".[2] 그가 참고한 증거는 이전 15여 년 동안 서비스 기업들이 제조 기업보다 더 많이 컴퓨터 기술에 투자했지만, 생산성은 더 적게 증가했음을 보여주는 연구 결과들이다.[3] 일부 경제학자는 심지어 컴퓨터 기술 보급이 생산성 증가율을 낮춘다고 주장하기도 했다.[4]

이후 사람들은 솔로 역설에 대한 답을 컴퓨터 자체에서 찾으려 애썼다. 경제학자인 로버트 고든(Robert Gordon)을 위시한 비관론자들은 산업혁명기에 나온 증기력과 전기 같은 물리적인 혁신은 폭넓은 파급력을 지녔다는 점을 지적한다.[5] 덕분에 많은 산업에 걸쳐 노동자 1인당 생산량이 증가했다. 반면 디지털 기술은 그보다 훨씬 덜 포괄적인 파급력을 지닌다. 오히려 도구라기보다 방해 요소가 되기도 한다. 이런 관점에서 보면 노동자 1인당 생산량이 줄어드는 것도 놀라운 일이 아니다.[6] 지금은 노동자들이 근무 시간에 고양이 동영상을 보거나 〈버즈피드(BuzzFeed)〉를 읽을 수 있기 때문이다.

기술 낙관론자들은 두 가지 기본적인 반론을 제시한다. 하나는 생산성 지표가 디지털 기술의 파급력을 포착하지 못한다는 것이다. 가령 온라인 검색은 소비자와 연구자들이 수많은 시간을 아끼도록 해준다. 그럼에도 허비되지 않은 시간은 생산량 지표에 나타나지 않는다. 다른 하나는 디지털 기술이 결국에는 생산성을 증가시킬 것이기 때문에 기다리기만 하면 된다는 것이다. 산업혁명 동안에도 신기술이 생산성을 즉시 증가시킨 것은 아니었다. 충분한 수의 기업들이 증기나 전기 또는 내연기관 같은 최신 혁신을 활용하는 방법을 알아내기까지 어느 정도 시간이 걸렸다.

기업들이 차세대 주요 혁신을 활용하는 방법을 익히면 생산성 붐이 시작된다. 2023년 무렵 많은 논평가가 그 혁신이 도래했다고 말했다. 그것은 최신 형태의 인공지능이었다. 브루킹스 연구소의 연구팀은 이 '지성을 지닌 기계'들이 향후 20년 동안 생산성을 최대 약 60% 증가시킬 수 있다고 예측했다.[7]

솔로가 무심코 한 말은 생산성 정체의 원인을 컴퓨터와 디지털 기술 자체에서 찾으려는 시각을 고착시켰다. 그러나 다른 답에 대한 증거들이 다른 곳에서 쌓이고 있었다. 생산성 감소 시점은 그 답이 무엇인지에 대한 단서를 제공한다. 생산성 감소는 두 차례에 걸쳐 진행되었다. 첫 번째 시기는 1970년대 초반부터 1990년대 중반까지였다. 감소 속도가 더 빨랐던 두 번째 시기는 2005년 무렵에 시작되었다. 이 두 하락기 사이에 주로 미국에 국한된 짧은 반등기가 있었다.

컴퓨터 혁명 말고 1970년대에 일어난 다른 일은 무엇일까? 바로 정부의 개입이 줄기차게 늘어났고 그에 따른 역기능이 발생했다는 것이다. 거기에는 자본을 비생산적인 무수익 기업에 대규모로 배분하는 것도 포함되었다.

지속적인 적자 지출은 1970년대에 시작되었다. 은행 및 기업에 대한 구제 문화는 1980년대에 뿌리를 내렸다. 이지 머니 시대는 2000년 무렵 본격화되어 무분별한 금융 리스크를 보상하고 창조적 파괴를 저해했다. 규모가 크고 비효율적인 기업들이 새롭고 기민한 기업들을 희생시켜서 번창하기 시작했다. 2000년대로 접어드는 바로 이 시점에 오랜 정부 기능 확대의 영향이 부진한 생산성 통계에 뚜렷하게 드러났다.

좀비 기업이 생산성에 미치는 영향

앞서 일본에서 좀비 기업이 확산되는 양상을 2008년에 처음 설명한 경제학자들을 소개했다. 그들은 좀비 기업이 두 가지 측면에서 경제에 피해를 입힌다는 사실을 확인했다. 하나는 그들 자체의 무능력이었고, 다른 하나는 그들의 존재가 동종 업계에 속한 다른 기업들에 미치는 악영향이었다. 연구자들은 전 세계적으로 좀비 기업이 늘어나고 있다는 사실이 분명해지자 일본 바깥에서도 마찬가지로 악영향을 미치는지 확인하는 일에 나섰다. 확인 결과 그런 것으로 드러났다.

기업들은 이자도 내지 못해서 좀비 상태로 전락하기 약 2년 전부터 심각한 부실의 징후를 보이기 시작한다. 그들은 빚이 쌓여가는 가운데 투자를 줄이고 자산을 매각한다.[8] 그들의 투자 증가율을 건실한 기업과 비교해보면 공장 및 기계 같은 경성 자산에 대해서는 2~3%p, 소프트웨어나 브랜드 같은 연성 자산에 대해서는 3~4%p 더 낮다.[9] 또한 일단 좀비로 변신한 후에는 기계나 브랜드 이미지를 포함한 모든 유형의 자산 규모가 평균적으로 정상 기업에 비해 절반 미만으로 줄었다.[10] 이렇게 활용할 자산이 적어질수록 수익과 일자리도 줄어들었다. 좀비 기업의 고용 증가율은 평균적으로 정상 기업에 비해 거의 10%p나 낮다.

이처럼 부진한 기업은 비교적 건실한 기업들에는 거의 아무런 장애물이 되지 않을 것처럼 보인다. 좀비는 죽이기 어려울지는 몰라도 따돌리기는 분명히 쉽다. 적어도 2000년 이전에는 그랬다. 건실한 기업들은 훨씬 낮은 비용으로 자금을 빌릴 수 있었으며, 자산을 매각해야 하는 압박도 적게 받았다. 하지만 지난 20년 동안 정부는 갈수록 우호적인 '관용'을 베풀었다. 그에 따라 건실한 기업이 자연히 누려야 할 우위가 줄어들었다. 정부와 중앙은행들은 부실 기업을 살리기 위한 캠페인을 벌였다. 결국 좀비 기업을 몰아내기가 엄청나게 어려워졌다.

그 결과 이 산업, 저 산업에 좀비 기업들이 넘쳐나게 되었다. 그리고 그에 따른 '혼잡 효과'는 해당 산업에 속한 모든 기업의 건전성을 해쳤다. 경쟁 기업들은 좀비 기업을 죽이는 것이 아니라 비슷한 속성을 나타내기 시작했다. 한 산업의 좀비 기업들이 자금을 빌리고, 인력을 고용하고, 기계를 매입하는 만큼 건실한 경쟁 기업들의 차입 비용, 고용 비용, 매입 비용이 늘어났다. 동시에 좀비 기업은 공급 과잉을 초래해 가격을 떨어뜨렸다. 해당 산업에서는 건실한 기업이 생존하거나 신생 경쟁 기업이 진입하기가 훨씬 어려워졌다.

좀비 기업으로 인한 혼잡은 창조적 파괴의 정상적 역학을 뒤집는 경향이 있다. 혼잡이 심할수록 건실한 기업이 더 많이 망하고 신생 기업이 더 적게 진입한다.[11] 또한 좀비가 득실대는 산업에서 버티는 건실한 기업은 정체의 징후를 드러낸다. 가령 투자 증가율을 보면 좀비화의 피해를 덜 입은 산업에 속한 건실한 기업에 비해 평균적으로 30% 정도 더 낮다.[12] 결론적으로 좀비 기업은 다른 기업보다 생산성이 떨어질 뿐 아니라 동종 업계에 속한 다른 기업의 생산성 증가율까지 감소시킨다.

좀비 기업의 파괴적 영향은 특정한 패턴을 따른다. 2000년 이후 뚜렷해진 이 패턴은 이제 우리에게 익숙해졌다. 구제 금융 문화는 갈수록 많은 기업을 지원했다. 부실 채무자들은 경제 성장률을 감안할 때 예상되는 수준보다 적게 부도를 내기 시작했다. 즉 부실 기업이 문을 닫는 경우가 줄면서 생산성이 줄곧 감소하기 시작했다. 이 패턴을 밝혀낸 것은 도이치은행 연구진이었다. 그들은 자신들의 연구가 상관관계를 증명했을 뿐이지 인과관계를 증명하지는 않았다며 신중한 자세를 취했다. 그러나 다른 한편으로는 정부가 죽어가는 기업을 갈수록 관대하게 지원한 기간에 생산성이 감소한 것은 단순한 우연이 아니라 밀접하게 맞물린 것으로 보인다는 의견을 덧붙였다.[13]

2019년 여름 래리 서머스는 중앙은행가들에게 적어도 초저금리가 현대 자본주의의 수많은 병폐를 초래했을 가능성을 고려해보도록 촉구했다.[14] 거기에는 금융 부문의 취약성, 좀비 기업의 증가, '경제적 역동성의 약화' 등이 포함되었다.

좀비 은행은 좀비 기업처럼 정부 지원으로 연명한다. 그들도 생산성 부진을 심화시키는 데 기여한다. 2021년 뉴욕대학교 교수인 바랄 아차르야가 이끄는 연구팀은 정부가 포괄적 보조금을 통해 모든 은행의 대출을 지원하면, 이른바 '끔찍한 선별(diabolical sorting)'을 조장하게 된다고 주장했다. 즉 사실상 좀비 은행이 부실 기업을 지원하게 되는 것이다. 이지 머니 문화는 이 '좀비 대출 채널'을 만들어낸다. 정부가 이지 머니 문화를 조성하면 "일시적 충격이 빠른 회복으로 이어지지 못하고 지연된 단계별 회복으로 이어지면서 경제의 잠재 성장력 자체가 영구적으로 손실될" 위험이 있다. 그들은 새로운 위기가 닥칠 때마다 정부가 갈수록 극단적인 수준의 보증을 해주면 이런 선별이 더욱 끔찍해질 것이라고 썼다.[15]

국제결제은행이 최근에 간략하게 계산한 바에 따르면, 좀비 기업의 증가는 1980년대 말 이후 선진국에서 생산성이 둔화된 요인 중 약 50%를 차지한다. 또한 앞으로 좀비 기업이 1%p 증가할 때마다 생산성이 추가로 0.1% 감소할 수 있다.[16] 큰 수치가 아닌 것처럼 보이는가? 그렇다면 최근 미국의 생산성이 평균 1%를 겨우 넘기는 수준으로 증가했다는 사실을 기억하라. 이는 유럽과 일본보다도 낮은 수준이다. 각각의 0.1%는 급격한 하락을 나타낸다. 이 추정이 대충이라도 맞다면 이는 심각한 타격이 될 것이다.[17] 생산성 증가율이 한 단계씩 하락하는 것은 경제 성장률이 한 단계씩 하락하는 것과 같기 때문이다. 마찬가지로 OECD 연구진도 좀비 기업이 이전에는 파악되지 않았던 전 세계적 생산성 둔화의 원인이라고 경고했다.[18] 또한 그들은 '현재 세대와 미래 세대에 대한 약속을 지킬 수 있는 우리 사회의 능력'에 의문을 제기했다.

거대하고, 강력하며, 생산성을 저해하는 독점 기업

독점 기업과 과점 기업은 대중 사이에서 하나같이 나쁜 평판을 얻었다. 그러나 경제학자들은 언제나 좀 더 모호한 관점을 취했다. 조지프 슘페터조차 좋은 독점 기업과 나쁜 독점 기업을 구분했다. 나쁜 독점 기업은 정부 인맥과 규제를 악용해 권력을 잡고 유지한다. 그다음에는 거의 투자를 하지 않을 뿐 아니라 생산성을 올리는 그 어떤 일도 하지 않는다. 반면 좋은 독점 기업은 혁신의 힘을 통해 부상하고, 혁신하지 않는 경쟁 기업을 죽이며, 생산성에 긍정적인 영향을 미친다.

1990년대에 월마트는 자영업자들을 몰아내는 사악한 대기업이라는 대중적 이미지를 얻었다. 하지만 많은 전문가의 시각은 달랐다. 월마트 입점을 금지하는 소도시는 문을 닫는 상점이 줄어든다. 또한 시장 권력이 덜 집중되고 경쟁이 더 잘되는 것처럼 보인다. 그러나 월마트는 일반 유통업체보다 훨씬 생산성이 높다. 디지털 기술을 활용해 매장을 관리하기 때문이다. 월마트가 소도시에 입점하면 경쟁력이 떨어지는 지역 유통업체는 망할 것이다. 그래서 일시적으로는 경쟁이 약화되는 것처럼 보일 수 있다. 하지만 생산성은 증가할 것이다.

실제로 맥킨지글로벌연구소(McKinsey Global Institute)와 다른 싱크탱크들이 조사한 바에 따르면 1990년대에 미국에서 생산성을 다시 끌어올린 주역은 유통 부문이었다. 특히 새로운 데이터 기술을 유용한 방식으로 활용할 길을 찾던 월마트와 그 모방 업체들이 큰 역할을 했다. 월마트, 홈디포, 베스트바이(Best Buy) 그리고 다른 창고형 유통 체인들은 매우 실용적인 혁신들을 이뤘다. 거기에는 결제용 스캐너와 신용카드 판독기부터 재고 관리용 디지털 도구까지 많은 것이 포함되었다. 많은 독립 유통업체가 이들을 따라잡지 못하고 망했다. 하지만 유통 산업 및 소수의 다른 산업에서는 전국 평균을 끌어올릴 만큼 생산성이 빠르게 증가했다. 이런 시기에는 과점 체제에 맞서서 자유시장을 지켜야 한다고 주장하기가 어렵다.[19] 생산성 증가가 사회에 대단히 폭넓은 혜택을 제공하기 때문이다.

그러나 이는 1990년대의 일이었다. 이후 대다수 미국 산업에서는 매출이 소수 기업에 집중되었다. 더 큰 문제는 갈수록 나쁜 유형의 과점 기업들에 많이 집중되었다는 것이다.[20] 그들은 새로운 공장이나 설비 그리고 연구 개발에 대한 투자가 아니라 이지 머니와 로비의 힘을 빌려 부상했다. 이런 새로운 환경에서는 과점 기업을 비판하기가 쉽다. 생산성을 떨어트리고, 공공 복리를 저해하며, 자본주의 자체에 대한 대중적 불만을 고조시키기 때문이다.

1990년대에는 시장 권력이 집중되던 산업에서 대체로 생산성이 증가했다. 그러나 지난 20년 동안 이 연결 고리는 끊어졌다. 지금은 대기업이 빠르게 통제력을 강화하는 산업에서 연평균 생산성 증가율이 하락하고 있다. 해당 산업의 경우 생산성 하락이 전반적으로 발생한다.[21] 특히 후발 기업의 생산성이 많이 하락하지만, 선두 기업의 생산성도 하락한다. 거기에는 두 가지 근본적인 이유가 있다. 선두 기업은 뒤에서 가해지는 압박을 받지 않기 때문에 많이 투자할 필요가 없다. 더 많은 또는 더 나은 서비스를 추가해도 '자신의 시장 점유율을 잠식할' 뿐이다.

미안, 류, 수피는 이지 머니가 과점 체제를 만들었다는 사실을 처음으로 지적한 경제학자들이다. 또한 그들은 과점 체제가 생산성 하락의 주된 요인이라고 주장했다. 2000년 이전에는 금리 하락이 더 많은 경쟁을 촉진했다. 이는 닷컴 시대의 생산성 붐으로 이어졌다. 이후 금리는 점차 제로 수준에 가까워졌다. 저금리는 지배적 기업에 경쟁 기업을 죽일 더 큰 인센티브를 부여했다. 그에 따라 산업 집중화가 촉진되었고 생산성 증가율이 둔화되었다. 그들은 이 양상이 "지난 20년 동안 현대 자본주의에 미친 악영향에 대한 새로운 통합적 설명을 제공한다"라고 썼다.[22] 이 기간에 독점 기업이 부상하고 중소기업이 몰락했다. 그 결과 생산성 증가율이 하락했다. 하나의 힘이 이 모든 변화를 이끌었다. 그것은 바로 이지 머니였다.

이 사실은 현재 많은 사람이 '영광의 시대'로 여기는 전후 수십 년의 시기를 회고하게 만든다. 당시 정부는 대기업과 보다 긴밀하게 협력하면서 생산성 증가율과 경제 성장률을 끌어올렸다. 물론 베이비붐과 유럽 및 일본의 재건이라는 더 큰 힘도 작용했다. 그러나 대기업의 역할도 지금과는 많이 달랐다. 그들이 좋은 유형의 과점 기업에 해당할 확률이 훨씬 높았기 때문이다.

1970년 무렵부터 미국의 대기업들 그리고 각 산업의 4대 기업들은 직원 1인당 매출 측면에서 중소기업보다 더 생산적이고 효율적으로 변해갔다.[23] 이런 변화는 2000년 무렵 산업 집중화가 재개되면서 끝났다. 이후 대기업 생산성은 하락하기 시작했다. 생산성 증가는 노동자의 생산량을 늘리는 것이 아니라 최고 인재를 채용함으로써 이뤄졌다. 그 결과 대기업이 생산성 증가율에 기여하던 부분이 갑자기 사라졌다. 2000년대로 접어든 이후 생산성 증가율은 약 40%나 하락했다. 요컨대 좋은 과점 기업은 '투자를 줄이고, 가격을 올리며, 생산성이 낮은' 나쁜 유형의 과점 기업에 자리를 내주었다.

이는 새롭게 등장한 실리콘밸리 대기업이 역사적으로 특이한 '슈퍼스타'들이라는 보편적 시각에 의문을 제기한다. 그 시각에 따르면 그들은 경제에 너무나 귀중한 존재들이므로 독점 규제 기관이 설불리 건드려서는 안 된다. 필리폰과 구티에레스가 지적한 바에 따르면 2020년에 '통념과 달리' 지배적 기업들이 생산성에 기여하는 부분은 지난 20년 동안 3분의 1이나 감소했다. 그래서 앞선 수십 년 동안 지배적 기업들이 기여하던 수준에는 필적하지 못한다. 아마존, 구글, 페이스북, 애플, 마이크로소프트 같은 디지털 경제의 스타들은 우리가 생각하는 만큼 '특별하지' 않다. "오히려 그들은 과거의 시장 선도 기업보다 규모가 작다. 또한 GM이나 IBM 또는 AT&T의 전성기에 비해 전반적인 GDP 증가율에서 지니는 중요성도 덜하다".[24] 이는 또한 여러 산업이 사회에 거의 기여하지 않는 나쁜 방식으로 집중화되고 있음을 보여준다.

따라서 큰 그림을 그려보자면 이렇다. 이지 머니는 서로 전혀 다른 두 가지 경제적 병리 현상을 동시에 키우고 있다. 그것은 강력한 과점 기업과 부실한 좀비 기업이다. 둘 다 시스템의 건강에 비슷한 악영향을 미친다. 그들은 한때 생산성 증가율의 핵심 동인이던 중소기업의 활력을 빼앗아간다.

관료 체제와 생산성

저술가이자 칼럼니스트인 데이비드 브룩스(David Brooks)는 근래에 미국적 삶의 관료화가 심화되는 양상을 "수많은 경미한 출혈에 의한 사망"이라 묘사했다. 긴 줄 뒤에 서고, 통화 대기 상태에서 기다리며, 해마다 사무실 내 기본 행동 수칙을 되풀이해서 배우는 것은 한 편의 희비극에 가깝다. 캘리포니아에서는 이런 교육을 2시간 동안 받아야 한다. 그래서 강사들은 간단한 내용을 길게 늘려서 가르친다. 이 모든 것의 이면에는 '사람들은 나약하고, 연약하고, 취약하며, 약간 멍청하다'라는 전제가 깔려 있다. 따라서 가르치지 않으면 안 되는 것이다. 또한 브룩스는 "트럼프식 포퓰리즘은 여러 측면을 지닌다. 그중 하나는 노동 계층이 행정가들에게 반기를 든다는 것이다"라고 썼다.

이런 양상은 생산성과 경제 성장을 심하게 저해하기도 한다. 하버드대학교 경영대학원의 게리 하멜(Gary Hamel)과 미셸 자니니(Michele

Zanini)는 2016년에 이 점을 지적했다.[25] 거기에 따르면 1980년대 초반 이후 거대 조직에서 실무자보다 관리자나 행정가로 일하는 사람이 늘어났다. 현재 미국에는 거의 노동자 5명당 1명의 관리자가 있다. 최고 경영진은 분석과 디지털부터 협력, 고객, 윤리, 지속 가능성, 학습, 행복을 담당하는 최고 책임자들까지 포함하게 되었다. 그리고 모든 최고 책임자에게는 별도의 행정 조직이 붙는다.

하멜과 자니니는 정부 자체를 요인으로 지목하지는 않았다. 그러나 기업의 관료 체제는 많은 부분 정부의 규제 체제에서 기인한다. 정부가 그어놓은 선을 직원들이 넘지 않게 하려면 인사 담당자와 준법 담당자가 갈수록 많이 필요해진다.

현재 선진 자본주의 국가의 노동자들은 평가, 훈련, 증명, 기타 다른 형태의 요식 행위를 하는 데 많게는 업무 시간의 약 16%를 쓴다. 학계에서 추정한 바에 따르면 그중 적어도 절반의 시간은 아무런 생산적 가치를 지니지 않는다. 그렇게 해서 미국 경제에 발생한 총 손실액은 2016년 기준으로 약 3조 달러, GDP의 약 17%에 이른다. 하멜과 자니니는 "향후 10년 동안 이 부담을 절반으로 줄이면 연간 누적 생산성 증가율이 사실상 2007년 이후 수치의 2배인 1.3%에 이를 것이다"라고 썼다.

이러한 분석을 나머지 선진국으로 확대하면 그 증가분이 약 5.4조 달러나 된다. 이는 일본의 GDP와 대략 비슷한 수치다. 많은 주요 자본주의 국가가 장기적인 생산성 침체에 빠져 있다. 이는 우리 대 그들 구도로 대표되는 '대결적' 포퓰리즘의 부상을 촉진한다. 지도자들은 그냥 앉아서 기술이 구원해주기를 기다릴 여유가 없다. 하멜과 자니니는 "관료 체제가 부상하는 추세를 되돌리기 위한 공동의 노력"을 요청했다.

억만장자와 생산성

부상하는 재벌 계층이 사회를 위태롭게 만드는 이야기는 오랜 역사를 지닌 서사다. 그 뿌리는 자본주의 이전(precapitalist)의 국가 및 개발도상국에서 찾을 수 있다. 제2차 세계대전 이후 쿠바부터 페루, 북한, 방글라데시, 짐바브웨, 잠비아까지 수많은 나라에서 정실주의 기득권층에 맞서 민중 봉기가 일어났다. 그 결과 카리스마 있는 포퓰리스트들이 권력을 잡았다. 그들은 부의 재분배를 약속했지만, 정작 더 심한 부패만을 안겼다. 카스트로(Castro) 정권, 김일성 정권, 무가베(Mugabe) 정권은 모두 부분적으로 IMF가 말한 '그 자체로 성장을 저해하는 결과를 낳는 재분배 시도'를 통해 등장했다.[26] 다시 말하자면 이는 자본주의적 부의 창조 과정 자체에 대한 봉기였다. 미국과 프랑스 같은 자본주의 선진국에서 억만장자 계층에 맞서는 반발과 징벌적 부유세에 대한 요구가 터져 나오는 모습은 과거 무가베 등장 이전의 짐바브웨와 다소 비슷하다.[27]

심화되는 불평등은 민중 봉기에 이르지 않더라도 다양한 방식으로 생산성을 갉아먹는다. 소수의 오래된 대기업이 갈수록 지배력을 높이고 있다. 그들은 투자를 줄이면서도 경영진의 연봉을 늘린다. 투자가 줄면 생산성이 하락한다. 반면 대기업에 이익이 집중되면서 불평등이 심화된다. 이러한 분석에서 불평등과 노동자 1인당 생산량 감소 사이의 연관성은 전반적인 경쟁 감소의 핵심을 차지한다. 노벨상 수상자이자 진보주의의 아이콘인 조지프 스티글리츠(Joseph Stiglitz)는 거대 정부가 원인이라는 모든 지적에 반박할 것이다. 하지만 그는 자신의 저서 《불평등의 대가》에서 비슷한 방식으로 유사한 결론에 도달한다.[28] 거기에 따르면 불평등은 수많은 사람이 더 나은 삶을 사는 데 필요한 자원을 앗아간다. 이는 자본주의가 능력을 보상한다는 이상을 조롱거리로 만들며, 따라서 생산성을 저해하고 성장을 둔화시킨다.

가장 단순하면서도 가장 분명하게 확인된 연관성은 소득 불평등이 심화되면 빈곤층 가정의 교육 투자가 줄어든다는 것이다. 결국 빈곤층 가정의 자녀들은 뒤처지기 시작한다. 그들은 학교를 짧게 다니고, 낮은 성적을 받으며, 부실한 능력을 지닌 채 졸업한다. 그래서 가능한 수준보다 덜 생산적인 노동자가 된 채로 노동 인구에 진입한다. 그들은 계산대 뒤에서 막다른 진로에 갇힐 가능성이 높다. 특히 미국처럼 갈수록 이동성이 줄어드는 사회에서는 더욱 그렇다. 게다가 그들은 부실한 직장 내 교육의 피해도 입게 될 것이다.

이런 효과는 오랫동안 지속되며 어린 세대로 전파된다. 2014년에 OECD 연구진이 발표한 연구 결과에 따르면 빈곤층뿐 아니라 하위 40%의 가족도 타격을 입는다.[29] 연구진은 지난 20년 동안 주요 선진국에서 소득 불평등이 빠르게 심화되었다고 지적한다. 그들은 그 여파로 향후 25년 동안 해마다 경제 성장률이 약 0.3%p만큼 감소할 것으로 추정한다.

거대 정부라는 답

생산성 침체는 측정하기 어려우며, 명확하게 설명하기는 더욱 어렵다. 하나의 원인으로 모든 것을 설명하려는 과도하게 단순화된 이론에 대한 회의론은 충분히 그럴 만한 근거가 있다. 다만 오늘날 우리가 마주한 이 미스터리의 핵심을 단순화해 보면, 2000년대 중반 이후 주요 자본주의 국가들에서 생산성 증가율이 1%p 하락했다는 것이다. 주요 국제 기구는 좀비 기업들이 생산성 증가율을 0.5%p가량 하락시킨 것으로 추정했다. 또한 심화되는 소득 불평등은 추가로 0.3%p가량 하락을 초래했다. 따라서 이 두 결함만으로도 생산성 침체를 상당 부분 설명할 수 있다. 여기에 행정 비용, 과점 체제, 무수익 기업, 비대해진 자본 시장의 자본 오배분이 낳은 기타 폐해 같은 요인들이 있다. 그들이 초래한 작은 하락분까지 감안하면 수수께끼가 풀릴지도 모른다. 내가 주장한 것처럼 거대 정부가 이런 결함을 악화시키면 어떻게 될까? 최소한 정부가 문제의 해답이라기보다 문제의 일부일 가능성이 크다고 의심할 만한 강한 근거가 생긴다.

생산성 침체의 범인으로 거대 정부를 지목하는 설명은 컴퓨터를 지목하는 설명에 비해 몇 가지 장점을 지닌다. 우선 21세기의 혁신을 단순한 디지털 잡음 정도로 폄하하지 않아도 된다. 이런 시각은 우리의 일상적인 경험과도 어긋난다. 도서관을 이용해본 사람은 인터넷 검색이 파일 카드를 뒤적이는 것보다 엄청나게 생산적이라는 사실을 실감한다. 또 다른 장점은 오측정이라는 모호한 해명에 기대지 않는다는 것이다. 이런 해명은 디지털 기술에 따른 생산성 향상이 1995년부터 2005년 사이에는 측정되지만, 그 이전과 이후에는 측정되지 않는 이유를 설명하지 못한다.

반면 거대 정부 범인론은 생산성 침체가 진행된 기간과 전 세계적 파급력에 잘 부합한다. 지난 20년 동안 자본주의 국가의 생산성을 하락시킨 힘은 이지 머니와 행동주의 정부였다.

각국 정부와 중앙은행은 갈수록 폭넓은 부실 기업들에 더 많은 구제책을 제공했다. 정부의 손길은 기술의 긍정적인 효과를 압도할 만큼 생산성을 저해했다. 정부 개입의 누적 효과는 2000년 무렵 미국에서 생산성 증가율이 반등하다가 갑자기 약화되더니 결코 돌아오지 않은 이유를 설명한다. 중앙은행에서 쏟아져 나온 이지 머니는 전 세계의 모든 국가를 휩쓸었다. 전미 경제 연구소 연구진은 2018년에 20개 선진국을 대상으로 과거 25년 동안의 데이터를 분석했다. 그들이 확인한 사실은 이지 머니와 생산성 하락 사이에 매우 분명한 연관성이 있다는 것이었다. "신용 증가율이 높을수록 노동자 1인당 생산량 증가율이 감소했다".[30]

1990년대와 2010년대는 미국에서 장기간의 경기 회복이 이뤄진 시기였다. 이를 이끈 것은 호황을 맞은 기술 부문이었다. 그러나 이 두 기간은 서로 다른 모습으로 끝났다. 1990년대는 갈수록 경쟁이 심화되는 가운데 약 3.8%의 경제 성장률을 기록했다. 또한 후반으로 갈수록 생산성이 급증했다. 반면 2010년대는 여러 산업에 걸쳐 집중화가 이뤄졌다. 또한 생산성과 임금은 하락했으며, 평균 경제 성장률은 2% 수준에 머물렀다. 왜 기술 부문의 호황은 이처럼 다른 결말을 맞았을까? 전 지역 연준 총재이자 내부 반대파이던 토머스 호니그는 2020년에 이 문제와 관련된 논문을 발표했다.[31] 그는 이 논문에서 공짜로 돈을 푸는 연준의 실험이 미치는 왜곡 효과 때문에 미국 자본주의가 침체에 빠졌다고 주장했다.

생산성은 모든 지역과 산업에 걸쳐 하락하고 있었다. 컴퓨터와 디지털 기술의 대규모 사용자이든, 생산자이든 상관이 없었다. 지난 20년 동안 4개 산업 중 3개의 핵심 척도가 하락했다. 총요소생산성이라 불리는 이 척도는 근본적으로 기업들이 기계를 얼마나 잘 활용하는지를 나타낸다. 미국에서 생산성 데이터를 공식 집계하는 곳은 노동통계청(Bureau of Labor Statistic)이다. 이 노동통계청 소속 경제학자인 숀 스프라그(Shawn Sprague)는 "대다수 산업에서 폭넓고 일반적인 하락이 이뤄졌다"라고 밝혔다.[32] 특히 최악의 하락세를 보인 분야는 디지털 기술을 잘 활용할 것으로 생각되던 컴퓨터 산업이었다.

미국의 50개 주 중 49개 주에서는 2005년 이후 생산성 증가율이 전후 추세보다 한 단계 하락했다. 심지어 훨씬 낮은 수준으로 하락한 경우도 있었다. 정도가 다르기는 해도 모두가 디지털 기술을 활용했는데도 말이다. 유일한 예외인 노스다코타주는 셰일 석유 기술의 덕을 보았다.

큰 그림을 보자면 이렇다. 전반적으로 생산성이 둔화된 양상은 새로운 컴퓨터 기술보다 더 포괄적인 힘이 작용했음을 말해준다. 생산성이 침체된 과정을 폭넓게 보면, 1970년대 초반에 시작되어 미국에서는 1990년대 말과 2000년대 초에 잠깐 중단된다. 이런 폭넓은 흐름은 1980년 이후 자본주의 국가 전반에 걸쳐 재정 적자가 지속되고 공공 부채가 증가한 흐름과 궤를 같이한다. 이 흐름이 끊어진 유일한 예외는 1990년대 후반의 미국이다.

새로운 디지털 기술의 한 가지 근본적인 특징은 전 세계적으로 대단히 빨리 수용되었다는 것이다. 그런데도 사실상 모든 주요 국가의 생산성은 둔화되었다. 2010년대에는 미국보다 중국에서 훨씬 빠르게 디지털 혁명이 전개되었다. 중국의 주요 도시에서는 곧 스마트폰 결제 시스템이 현금을 대체했다. 이런 변화는 중국에 뒤처질지 모른다는 서구의 불안을 부채질했다. 하지만 정작 생산성 증가율은 미국보다 중국에서 더 빨리 하락했다. 중국의 생산성 증가율은 1%를 훨씬 밑돌았다.

중국의 경우 생산성 둔화와 좀비 경제에 대한 정부 지원 사이의 연관성이 다른 어떤 나라보다 강했다. 특히 시진핑이 이끈 지난 10년 동안은 더욱 그랬다. IMF는 2021년에 진행한 연구에서 '중국의 국가적 개입이 부실 기업의 수명을 연장하는' 바람에 생산성 증가율이 침체되었다고 분석했다.[33] 미국 정부는 중국 정부만큼 경제에 깊이 관여하지 않는다.[34] 그러나 지금은 비슷한 방향으로 나아가고 있다. 경제를 회복시키려는 모든 나라는 분명히 국가주의로 퇴행하는 중국의 선례를 따르지 말아야 한다.

유럽과 일본이 미국보다 더 극적으로 생산성이 하락한 것도 우연이 아닐 가능성이 높다. 2010년대에 이 모든 나라에서는 생산성 증가율이 하나같이 1% 수준으로 미미했다.[35] 그러나 이후 유럽과 일본에서 훨씬 더 많이, 훨씬 높은 수준에서 하락이 이뤄졌다. 유럽과 일본은 제2차 세계대전 이후 재건 활동에 나섰다. 그 결과 1960년대와 1970년대에 생산성 증가율이 정점을 찍어서 일본에서는 9%를 웃돌았고, 주요 유럽 국가에서는 6% 수준에 이르렀다. 이는 미국이 기록한 정점인 2.5%보다 2배 이상 높은 수치였다. 즉 더 높은 수준에서 더 가파르게 떨어진 유럽과 일본이 미국보다 상대적으로 더 심각한 하락세를 겪고 있다는 이야기다. 이처럼 불균등하게 생산성 증가율이 하락하는 양상은 경제학자들 사이에서 '대서양 양안 생산성 격차(Transatlantic Productivity Gap)'로 잘 알려져 있다.[36] 다만 한 가지 간과된 요인은 적어도 최근까지는 유럽과 일본이 더 적극적으로 정부 구제 및 지원 수단을 동원했다는 것이다.

이 문제와 관련된 변수는 인공지능이다. 인공지능은 흥미로운 잠재력을 지녔다. 그러나 그 파급력에 대해서는 여전히 의문이 남아 있다. 인공지능이 과도한 정부 개입의 항력을 상쇄할 수 있을지는 알 수 없다. 낙관론자들은 너무 멀리 앞서나갔다. 최근 조사에 따르면 인공지능 기술을 도입한 기업은 소수에 그친다. 대다수 기업은 빨라도 2030년대까지 인공지능 기술을 도입하지 않을 것이다. 골드만삭스 연구팀은 2023년 말에 인공지능 관련 보고서를 발표했다.[37] 거기에 따르면 지금으로서는 인공지능이 인간보다 빨리, 자체적으로 혁신을 일으키는 '초지능'으로 부상할 가능성이 낮다. 그보다는 단순 작업을 도맡아서 사람이 보다 생산적인 노동을 하도록 해줌으로써 효율성을 높일 것으로 보인다. 또한 그들은 인공지능이 세상에 안겨줄 상승 효과는 전반적인 생산성 둔화로 인해 상쇄될 것이라고 주장했다. 그들이 보기에 가장 가능성 높은 시나리오는 향후 10년 동안 '소폭의' 증가율 상승 효과를 얻는 것이다. 구체적인 수치는 미국의 경우 연평균 0.2%, 다른 선진국의 경우 그보다 낮다.

'다중 위기'의 역설

근래에 전 세계 논평가들은 '다중 위기(Polycrisis)'라는 유령을 되살렸다.[38] 이 단어는 원래 1970년대에 경제·환경·군사 측면의 복합적 위협이 처음 등장했을 때 만들어진 것이다. 다중 위기의 핵심적인 특성은 각각의 위협이 개별적으로 제기될 때보다 더 복잡하고 감당하기 어려운 형태로 합쳐지는 것이다. 수많은 다중 위기의 요인은 더 커진 문어발식 정부다.

바이든 행정부는 새로운 세계 경제 질서라는 경제 정책을 내세웠다. 그들은 보다 조율된 정부 활동을 통해 경제 성장을 촉진하고 불평등을 완화하겠다고 약속했다. 또한 다른 한편으로는 기후 변화에 맞서기 위해 친환경 기술에 투자하고, 중국과 경쟁하기 위해 반도체 칩 가공 공장에 투자하며, 러시아를 억제하기 위해 무기에 투자하겠다고 약속했다. 이는 부분적인 목록에 불과하다. 각 항목은 수십억 달러, 어쩌면 수조 달러의 추가 지출을 요구한다. 이 모든 사업을 시행하려면 시스템에 더 많은 부채를 쏟아부어야 한다. 그러면 생산성 둔화가 악화될 위험이 커진다. 지도자들이 덜 개입하고 더 선택적으로 지출하는 방향을 선택하면 어떻게 될까? 생산성 증가율이 상승하고 다중 위기의 각 요소와 싸울 자원이 더 많이 생길 것이다.

What Went Wrong with Capitalism

Franklin D. Roosevelt   Richard Nixon

3부.

균형에 이르는 길

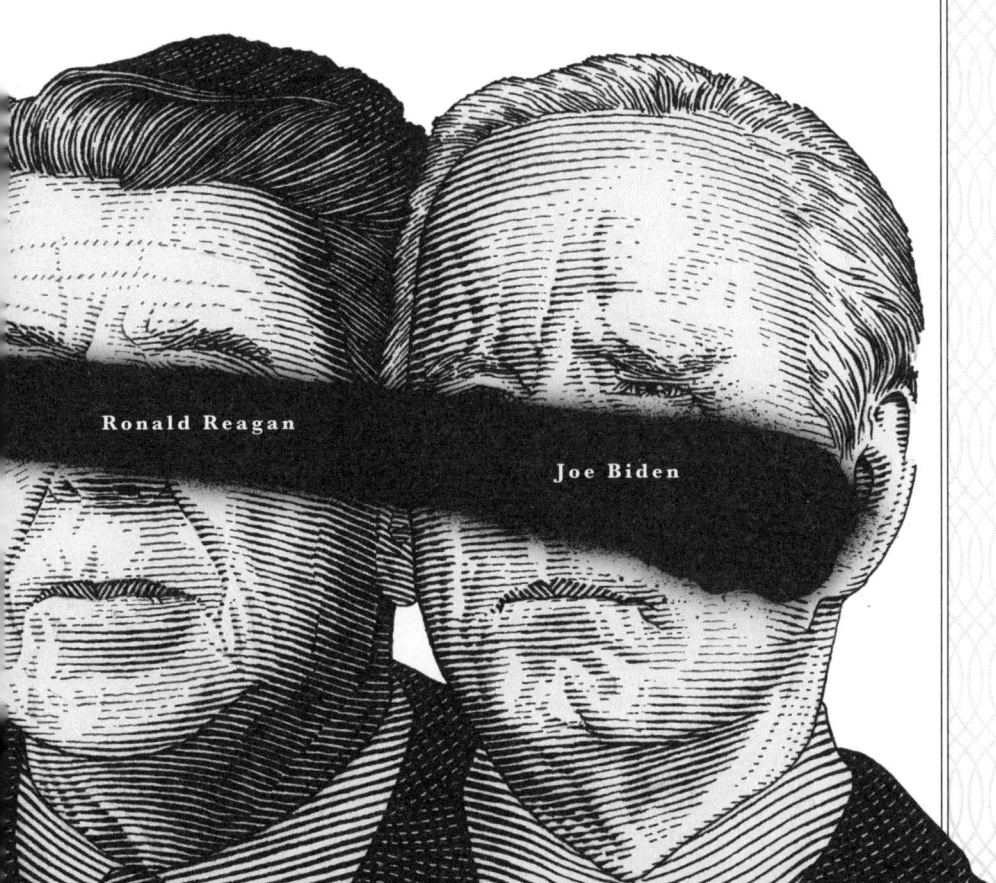

Ronald Reagan

Joe Biden

15장.

자본주의가 여전히 작동하는 분야

2023년 하버드대학교 연구진은 최근 수십 년 동안 자본주의 경제가 침체에 빠져 소득 증가세가 둔화되었다고 주장했다. 그 결과 제로섬 사고방식이 부상했다. 경기가 부진하면 사람들은 "단순한 재분배가 아니라 파이를 키우는 시스템의 능력에 대한 신뢰를 잃는다".[1] 그들은 앞서나가는 일이 불가능하며, 열심히 일해봐야 소용없다고 생각하기 시작한다. 시민들이 어두운 미래 전망 속에서 작은 생존의 발판을 하나라도 더 차지하려고 다투는 가운데 정치 상황은 추하게 변해간다. 이러한 기회 축소의 시대는 독일 사회학자인 막스 베버(Max Weber)가 1930년 영문판 저서에서 언급한 바 있는 낙관적인 "자본주의 정신"의 활력을 앗아가기 시작한다.[2]

당시 산업혁명은 역사상 최초로 인류의 진보에 대한 기대를 낳았다. 그와 함께 제로섬 사고방식이 줄어들었다. 늘어나는 가능성에 대한 인식은 근면, 절약, 소비, 기업가 정신이라는 빅토리아 시대의 가치관에 반영되었다. 경제 발전에 힘입어 처음 형성된 자본주의 정신은 발전 속도가 둔화되면서 약화되었다. 1970년대 이후 전 세계적으로 1인당 평균 소득 증가율이 연간 거의 3%에서 1% 미만으로 하락했다. 이에 비관론과 함께 '의욕을 죽이는' 제로섬 사고방식이 퍼져나갔다.

하버드대학교 연구진은 세계 가치관 조사(World Values Survey)를 통해 이 추세를 추적했다. 세계 가치관 조사는 1970년대부터 시작되었으며, 지금은 22개국에 사는 거의 20만 명을 상대로 조사를 진행한다. 그 결과를 보면 제로섬 사고방식이 급증했음을 알 수 있다. '다른 사람들을 희생시켜야만 부자가 된다'라고 믿거나, '모두가 충분히 누릴 것이 있을 만큼 부가 늘어날 수 있다'라는 희망을 버렸다고 밝히는 응답자가 늘어났다. 다만 1950년대와 1960년대의 고성장기에 자란 세대는 성장이 둔화된 지난 40년 동안 자란 세대보다 제로섬 사고방식에 덜 빠졌다. 응답자의 나이가 어릴수록 미래 전망이 더 암울했다.[3]

자본주의에 대한 믿음도 전 세계에 걸쳐 약화되었다. 이는 대중적 분노가 심해지고 극단적 포퓰리스트에 대한 지지가 늘어난 이유를 설명한다. 이런 추세가 가장 놀라운 양상으로 드러난 나라는 아마도 미국일 것이다.[4] 과거 미국 경제는 다른 선진국보다 더 빠르게 성장했기에 분노를 촉발한 요인을 파악하기가 더 어렵기 때문이다. 그럼에도 미국은 급진적 해결책들을 향한 움직임을 주도하고 있다. 그중 다수는 교역을 줄이고, 시장을 닫고, 쪼들리는 경제에서 자본 흐름을 통제하려는 제로섬 사고방식을 반영한 해결책이다. 특히 지난 10년 동안 미국 청년층 사이에 자본주의를 반대하고 사회주의나 심지어 공산주의를 타당한 대안으로 보는 시각이 급격하게 확산되었다. 또한 신세대 중 다수는 '정부가 문제를 해결하기 위해 더 많은 일을 해야 한다'라고 믿는다.

구세대 보수주의자들은 깜짝 놀라 대응에 나섰다. 그들은 소련을 기억하지 못할 만큼 젊은 사람들은 사회주의가 기업의 국가 소유를 뜻한다는 사실을 모른다고 주장했다. 그것은 경제를 붕괴시키는 역사적 교훈이었다. 미국에서 가장 유명한 밀레니얼 세대 사회주의자인 알렉산드리아 오카시오코르테스(Alexandria Ocasio-Cortez)는 베를린 장벽이 무너지기 몇 주 전에 태어났다. 그녀가 소련식 사회주의에 대해 무엇을 알 수 있을까? 그러나 구세대 보수주의자들이 젊은 세대에게 소련 사회주의의 위험성에 대해 설교하는 것은 젊은 세대의 실제 사회주의 인식과 동떨어진 일종의 패러디에 가까웠다. 실제로 여론조사에서 기업의 국가 소유라는 관점에서 질문하면 사회주의에 대한 밀레니얼 세대의 지지는 급락한다. 밀레니얼 세대가 지지하는 사회주의는 시장의 역할을 존중하는 북유럽식 사회민주주의다.

국가가 강력한 역할을 수행하는 혼합형 자본주의는 앞으로도 지속될 것이다. 순수한 자유방임 이념은 대공황과 함께 죽었다. 이제 문제는 정부의 규제와 개인의 자유, 성장과 재분배 사이에서 올바른 균형을 잡는 방법이다. 미국은 정부가 비교적 제한된 역할을 하는 가운데 수십 년 동안 경쟁국들을 앞질렀다. 사람들은 정부가 발목을 잡는 일이 상대적으로 적은 여러 산업에서 자유롭게 발명하고, 혁신하며, 구축했다. 그러다가 변화가 일어났다. 2000년대로 접어든 이후 제한적 정부 모델이 미국에서 갈수록 빠른 속도로 약화되고 있다.

여전히 자본주의가 쇠퇴하지 않는 나라들이 있다. 스칸디나비아식 사회민주주의부터 동유럽의 구소련 국가들까지 다양한 스타일의 자본주의가 있다. 그들은 중앙 집권식 경제 관리를 피해야 한다는 뼈저린 교훈을 얻었다. 지금부터 스위스, 대만, 베트남의 3개국 사례를 살펴볼 것이다. 이 나라들을 선정한 이유는 각각 균형이 잘 잡힌 고소득, 중소득, 저소득 국가를 대표하기 때문이다. 이 나라들의 정부는 반드시 작은 것은 아니지만, 효율적이다. 또한 이념적이라기보다 실용적이다. 그래서 규제 및 세제 변화의 시점과 규모 측면에서 올바른 방향으로 나아가고 있다. 무엇보다 그들은 공적 자금을 현명하게 지출한다. 즉 성장과 재분배를 동시에 겨냥한다. 그 목적은 억만장자들을 싱가포르나 두바이로 쫓아내지 않고도 빈곤층의 앞날을 밝혀주는 것이다.

스위스: 덜 사회주의적인 유토피아

미국의 진보 진영 지도자들과 그들의 젊은 추종자들은 흔히 사회주의 천국에 대한 이상을 스웨덴, 덴마크, 노르웨이 같은 스칸디나비아 국가들에서 찾는다. 이 나라들은 미국만큼 부유하고 민주적이다.[5] 동시에 부를 보다 평등하게 분배할 뿐 아니라 전 국민에게 저렴한 의료 서비스와 대학교 학자금 무료 혜택을 제공한다.

그러나 이 나라들보다 훨씬 잘살면서 마찬가지로 공정한 유럽 국가가 있다. 이 나라의 GDP는 약 7,000억 달러로 세계 20위에 해당한다. 이는 스칸디나비아 국가들보다 훨씬 큰 규모다. 또한 이 나라의 복지 혜택은 스칸디나비아 국가만큼 포괄적이다.[6] 그러면서도 경제는 보다 개방적이고 안정적이다. 게다가 세금은 더 낮고, 정부는 보다 간소하다. 이 나라의 평균 소득은 약 9만 5,000달러로 세계 최고 수준이며, 스칸디나비아 국가 평균보다 약 2만 3,000달러나 더 많다. 물론 돈은 성공의 궁극적인 척도가 아니다. 하지만 설문 조사 결과에 따르면 이 나라는 세계에서 가장 행복한 5대 국가 중 하나다.[7]

이 덜 사회주의적인 유토피아는 바로 스위스다. 스위스는 최근 수십 년 동안 스칸디나비아 국가와의 소득 격차를 늘리는 동시에, 평등성 척도마저 따라잡고 있다. 즉 부와 소득이 거의 스칸디나비아 국가만큼 평등하게 분배된다.[8] 중산층은 국가 자산의 거의 70%를 보유하고 있다. 다만 큰 차이가 나는 측면도 있다. 전형적인 스위스 가족의 평균 순자산은 약 68만 5,000달러로 세계에서 압도적인 1위를 차지한다.[9] 이는 스칸디나비아보다 2배나 높은 수치다.

스위스 모델은 2010년에 오바마케어가 막 도입되던 시기에 언론의 주목을 아주 잠깐 받았다.[10] 다만 그 초점은 오직 의료 시스템에만 맞춰졌다. 모든 스위스 주민은 민간 보험업체를 통해 보험 상품에 의무적으로 가입해야 한다. 보험료를 감당하기 어려운 저소득층에게는 국가 보조금이 지급된다. 지지자들은 스위스식 의료 시스템이 모두에게 매력을 지닌다고 말했다. 진보주의자에게는 전 국민 대상이라는 점이, 보수주의자에게는 민간 운영과 소비자의 선택권 보장이라는 점이 매력적이었다.

대개 지식인들은 스위스를 모델로 삼는 데 소극적이다. 아마 그 이유는 스위스가 나치의 금괴나 불법 자금이 숨겨진 조세 회피처라는 과장된 이미지로 오랫동안 인식되어 왔기 때문이다. 2015년 스위스는 대외적 압박에 못 이겨서 은행 기록을 외국 세금 당국에 제공하는 데 동의했다.[11] 그럼에도 스위스 경제는 전혀 둔화되지 않았다. 스위스는 언제나 비밀스러운 은행 말고도 더 많은 것을 갖추고 있었다.

스위스는 뼛속까지 자본주의 국가다. 정부는 GDP 대비 부국의 평균보다 훨씬 적게 지출한다. 그에 비하면 스칸디나비아 정부들은 이례적인 수준으로 비대하다. 스위스의 정부 지출은 GDP의 약 3분의 1에 해당하며, 이는 스칸디나비아 국가의 절반에 불과하다.

스위스는 개인, 소비자, 기업에 대해 대다수 스칸디나비아 국가보다 가벼운 세금을 부과한다. 최고 세율이 조금씩 오르고 있기는 하지만 2023년에도 45% 아래에 머물렀다. 반면 스칸디나비아 국가의 평균은 약 50%이며, 덴마크는 최대 약 55%나 된다. 또한 스위스는 교역에 보다 개방적이어서 국제 교역량 대비 국가별 참여 비중 면에서 그 어떤 스칸디나비아 국가보다 2배나 많은 비중을 차지한다.[12]

간소한 정부와 개방된 국경 덕분에 내륙, 산악 국가인 스위스는 의외로 세계적인 경쟁력을 갖춘 기업들을 키워낸다. MIT 산하 경제복잡성 관측소(Observatory of Economic Complexity)는 수출 품목의 복잡성을 기준으로 국가 순위를 매긴다. 복잡성은 얼마나 복잡하고 정교한 제품을 수출하는지를 반영해서 매겨진다. 최근 순위를 보면 스위스가 일본에 이어 2위에 올라 있다.[13] 이는 평균 순위가 24위인 스칸디나비아 국가들보다 훨씬 앞선 순위다.

스위스는 석유를 제외한 거의 모든 주요 산업에서 탁월한 성과를 낸다. 그들은 흔히 전문화된 틈새 시장을 노려서 첨단 기술을 투입한다. 유럽 100대 기업 중 14개가 스위스에 본사를 두고 있다. 이는 스칸디나비아 국가 전체보다 2배 이상 많은 수치다. 또한 대다수 최상위 스위스 기업은 최상위 스칸디나비아 기업보다 규모가 훨씬 크다.[14] 2023년에 약 3,000억 달러의 시가총액을 기록한 네슬레(Nestlé)는 스칸디나비아의 가장 가까운 직접적인 경쟁 기업보다 약 15배나 큰 규모를 자랑한다.

대다수 다국적 기업은 대도시에 집중되어 있다. 하지만 스위스 경제는 정치 체제만큼이나 탈중앙화되어 있다. 나는 취리히부터 제네바까지 스위스 남서부를 여행한 적이 있다.[15] 그때 스위스의 대표 수출품들이 지방에서 나온다는 사실을 알고 놀랐던 기억이 난다. 가령 스위스 아미 나이프는 슈비츠(Schwyz)에서, 시계는 베른(Bern)에서, 세인트버나드 강아지는 발레(Valais)의 산동네에서, 치즈와 초콜릿은 프리부르(Fribourg)에서 나온다. 중소기업은 평균적으로 전체 일자리 3개 중 2개를 담당하면서 국가 경제를 떠받친다.

스위스의 일자리 중에서 공무원의 비중은 6개 중 1개에 불과하다. 이는 스칸디나비아 국가 평균의 약 절반에 해당한다. 또한 스위스 국민들은 일하는 것을 중요하게 여긴다. 그들은 2016년 국민 투표에서 성인 1인당 2,500달러, 아동 1인당 625달러를 매달 지급하는 법안을 압도적인 반대로 부결시켰다. 비판자들은 이 돈을 '불로소득'이라 부르며 비판했다.[16]

다른 어떤 나라의 통화도 스위스 프랑만큼 교역국 통화에 대비해 빠르게 절상된 자국 통화가 없다. 대개 통화 가치가 상승하면 가격이 비싸져서 수출에 불리하다. 실제로 지난 10년 동안 스칸디나비아 국가를 포함한 대다수 부국이 국제 교역 이익에서 차지하는 비중은 줄어들었다. 반면 스위스의 비중은 계속 늘어났다. 스위스 엔지니어와 초콜릿 장인의 명성은 너무나 높다.[17] 그래서 고객들은 그들의 제품에 대해 더 많은 돈을 선뜻 지불한다.

스위스의 제품과 서비스에 대해 전 세계가 프리미엄을 지불하는 것은 스위스 국가의 자본 이탈을 막고 경제를 안정시키는 데 도움이 된다. 스위스는 1970년대 이후 국내 금융 위기에 직면한 적이 없다. 또한 2008년 금융 위기도 대다수 스칸디나비아 국가보다 적은 타격을 입은 채 견뎌냈다. 강한 스위스 프랑은 2022년에 우크라이나 전쟁으로 에너지 가격이 급등했을 때도 도움이 되었다. 당시 스위스의 인플레이션은 겨우 약 3.5%로, 선진국 평균보다 훨씬 낮았다. 심지어 2023년 국제 금융 시스템의 압력으로 인해 스위스 2대 기업인 크레디트스위스(Credit Suisse)가 무너졌을 때도 스위스 프랑은 다른 자본주의 선진국 통화보다 가치를 잘 유지했다.[18]

스위스 모델에 우려스러운 결함이 있다면, 스위스가 프랑의 절상 속도를 늦추려고 유럽 이웃 국가들보다 앞서 기록적인 저점까지 금리를 인하했다는 것이다. 그 결과 대출 붐이 일어나 민간 기업 및 가계의 부채가 GDP 대비 약 280%까지 늘어났다. 이는 위험할 정도로 높은 수준이다. 즉 어떤 천국도 완벽하지 않다.

스위스는 그 모든 지역적 매력을 지니고 있으면서도 극단적으로 세계화되어 있다. 독일어, 프랑스어, 이탈리아어 사용자들이 섞여 있을 뿐 아니라 다국어를 능숙하게 구사하는 사람이 많다. 미국인 관광객들은 흔히 스위스 택시 기사가 정통식 영어를 더 잘 쓴다고 느낀다. 또한 1세기 넘게 외국 출생 인구가 늘어나 전체 인구의 약 25%를 차지하고 있다.[19] 그들 중 약 40%는 유럽연합 바깥에서 왔다.

스위스의 노동력은 실력주의 공립 학교 시스템을 통해 한층 강화된다. 학생들은 일찍이 12세 때부터 자신들이 잘하는 분야로 유도된다. 세계적인 대학교의 학비가 연평균 1,000달러에 불과하다. 덕분에 졸업생들이 갚아야 하는 학자금 대출은 스칸디나비아 국가 또는 같은 맥락에서 미국이나 영국의 대다수 대학교 졸업생보다 수천 달러나 적다.

진보주의자들은 최근 수십 년 동안 총 산출량과 소득만으로 한 나라의 경제를 평가할 수 없다고 주장했다. 거기에 더해 의료, 교육, 복지를 총체적으로 살펴야 한다는 것이다. 2015년 이후 OECD는 '더 나은 삶(Better Life)' 순위를 통해 그 일을 하고 있다.[20] 이 순위는 살인 사건 발생률부터 독해력, 1인당 방 수까지 폭넓은 요소를 고려한다. 최근 순위를 보면 스웨덴과 스위스가 상위 5위 안에서 경쟁하고 있다.

그러나 스위스는 GDP 대비 약 35%의 공공 지출로 이 순위를 달성했다. 반면 스웨덴은 그 비중이 약 55%다. 또한 스위스 정부는 효율성 부문에서 꾸준히 세계 3위 안에 들어간다.[21] 반면 스웨덴 정부는 15위권에 속한다. 게다가 스위스는 스웨덴뿐 아니라 전체 산업국에 비해 정부 규모 측면에서 절호점을 차지한 것으로 보인다. 즉 공공 지출이 스위스보다 많은 나라는 대개 의료, 교육, 행복 등 국민이 중시하는 요소에서 더 나은 결과를 내지 못한다.

그렇다고 해서 GDP 대비 30%에서 35%의 공공 지출이 마법의 해법이라는 말은 아니다. 튀르키예의 공공 지출 비중은 스위스와 비슷하다. 하지만 폭넓은 사회적 척도에서 올린 성적은 산업국 중 최악이다. 요점은 좋은 정부가 되려면 더 많은 금액을 지출하는 것이 아니라 올바른 금액을 합리적으로 지출해야 한다는 것이다.

스칸디나비아식 사회주의를 열렬하게 지지하는 사람들이 있다. 그들은 스칸디나비아 국가들의 체제가 스웨덴부터 시작해 자본주의적 전환을 거친 체제라는 역사적 흐름을 간과한다. 스웨덴의 재정은 1990년대 동안 부채 위기와 은행 위기를 겪으며 무너졌다. 이후 보수당 정권에서 정부 축소 작업이 시작되었다. 이 개혁은 대단히 성공적이어서 뒤를 이은 진보 정권에서도 계속되었다. 지난 30년 동안 정부 지출은 GDP의 약 70%에서 약 50%로 줄어들었다.²² 최고 세율이 약 90% 수준에서 약 50%로 낮아지는 와중에 공공 부채는 절반이나 줄었다. 개혁 조치는 조기 은퇴 규정을 강화해 연금 지급액을 누적 임금과 연계했다. 또한 정부 고용 서비스를 부분적으로 민영화하기도 했다. 스웨덴은 현재 지난 30년 동안 복지 지출이 약간 줄어든 소수의 부유한 선진국 중 하나다.²³

가장 놀라운 점은 스웨덴이 예산 목표를 설정했다는 것이다. 그에 따라 정부는 경기 회복기에 최소 GDP의 평균 1%에 해당하는 재정 흑자를 내야 한다. 스웨덴 정부는 이 목표를 달성했다. 2008년 글로벌 금융 위기 직전, 스웨덴은 GDP의 약 3.6%에 해당하는 재정 흑자를 냈다.²⁴ 덕분에 다른 자본주의 국가보다 부양책에 쓸 자원이 늘어났다. 스웨덴은 '경기 회복의 록스타'로 부상했고, 다른 나라들이 뒤를 따랐다.

그중 하나가 덴마크였다. 덴마크는 2008년 금융 위기와 뒤이어 유럽 전역을 덮친 여파에 큰 타격을 입었다. 그래서 2010년대 초반에 스웨덴처럼 복지 체제를 축소하기 시작했다. 과도한 복지를 비판하는 사람들은 어떻게 덴마크 국민 10명 중 거의 1명이 평생 장애 등급을 받을 자격을 갖추고 있는지에 대해 의문을 제기했다. 그들은 졸업을 미루는 대학생들과 조기 은퇴자들을 복지 대상자에서 제외할 것을 제안했다. 라르스 뢰케 라스무센(Lars Løkke Rasmussen) 덴마크 총리는 2015년에 미국을 방문했을 때 '북유럽 모델을 일종의 사회주의로 오해하는' 미국인들을 부드럽게 훈계했다. 그는 "한 가지 분명히 해두고 싶은 게 있습니다. 덴마크는 사회주의 계획 경제와 거리가 멉니다. 덴마크는 시장 경제 국가입니다"라고 말했다.[25]

2023년 무렵 스웨덴과 덴마크는 부유세 폐지 운동의 선두에 서 있었다.[26] 1960년대 이후 13개 선진국이 부유세를 도입했다. 그중 9개 국가에서 부유세가 폐지되었다. 부유세는 효과가 없을 뿐더러 인기도 없는 것으로 드러났다. 중산층과 부유층에 타격을 입힐 뿐, 정작 대부호들은 해외로 도망쳤기 때문이다. 테니스 스타 비외른 보리(Bjorn Borg)는 모나코로 주거지를 옮겼다. 전설적인 록 밴드 아바(ABBA)의 멤버들은 스위스로 이주하겠다고 위협했다. 이케아 창립자로서 스웨덴 최고 부자인 잉바르 캄프라드(Ingvar Kamprad)는 결국 로잔(Lausanne) 외곽의 작은 산골에 자리 잡았다.[27] 스웨덴 정부가 2007년에 제시한 추정치에 따르면 부유세 때문에 국외로 유출된 부가 약 700억 달러에 이른다. 이는 '스웨덴에서 일자리와 복지에 투자될 수도 있었던' 돈이었다. 부유세 폐지 이후 스웨덴 부자들의 해외 이주가 급격하게 줄어들었다. 또한 스칸디나비아 국가 중에서 경제 규모가 가장 큰 스웨덴이 스위스와 비슷하게 바뀌면서 경제 성장도 재개되었다.[28] 정부가 간소화됨에 따라 기업이 성장할 공간이 더 많이 생겼다.

스위스의 성공이 제공하는 진정한 교훈이 있다. 많은 정치인이 제시하는 이분법적 구도, 즉 민간의 경제 활동과 사회 복지 사이의 선택은 잘못된 구도다. 실용적인 나라는 적절한 균형하에 사회 평등과 더불어 기업 친화적 환경까지 갖출 수 있다. 스위스는 대다수 국가보다 균형을 잘 잡음으로써 세계에서 가장 부유한 국가가 되었다. 그들의 자본주의 모델은 효과적으로 작동하고 있으며 쉽게 참고할 수 있다.

대만: 꼭 필요한 나라

전후 아시아 국가들은 장기간 견조한 성장을 이루는 기적적인 경제 발전을 통해 부국의 대열에 올라섰다. 일본, 한국, 대만은 신흥 경쟁국들보다 더 많이 연구 개발에 투자해 산업 발전의 사다리를 올라갔다. 이제 그들은 선진국 중에서도 연구 개발을 선도하고 있다. 그중에서 가장 흥미로운 모델은 대만이다.

최근에 대만은 첨단 반도체 칩 제조 부문에서 한국과 미국을 따돌리고 기술 및 시장 점유율 리더 자리를 차지했다. 인구가 겨우 약 2,400만 명에 불과한 이 섬나라는 글로벌 기술 우위를 획득하기 위한 경쟁의 중심지가 되었다. 대만산 반도체 칩은 미국과 중국 사이에 벌어진 신냉전에서 가장 귀중한 자산으로 손꼽힌다. 인공지능, 클라우드 컴퓨팅, 사물인터넷, 기타 미래 디지털 산업의 필수 구성 요소이기 때문이다.

유능한 정부는 아시아가 이룬 경제 기적에서 중요한 역할을 수행했다. 한국은 삼성과 현대 같은 대기업 재벌을 키워냈다.[29] 그들은 자체 브랜드로 소비재를 수출했다. 대만은 해외 브랜드를 위해 부품을 제조하거나 완제품을 조립하는 중소기업을 육성했다.[30] 거기서 얻은 기민함은 대만이 선두로 부상한 이유를 설명하는 데 도움을 준다.

대만은 다른 여러 비슷한 나라들처럼 서방 국가의 기술을 모방하거나 빌리는 데서 출발했다.³¹ 일찍이 1970년대부터 전자 산업은 직물 산업을 대체해 대만의 주력 산업이 되었다. 대만의 공장들은 PC부터 모바일 인터넷까지 컴퓨터 혁명의 모든 단계에서 신속한 재조정을 통해 중요한 글로벌 공급업체로 남았다.

대만 정부는 실리콘밸리가 거둔 성과에서 영감을 얻었다. 그들은 1980년에 초기 과학 단지들을 건설했다. 각 과학 단지에는 자체 기술대학교가 있었다. 또한 해외에서 귀국하는 대만 출신 엔지니어들에게는 보너스가 제공되었다. 해외에서 들어온 경력자와 현지 졸업생들을 모아놓은 과학 단지는 스타트업의 온상이 되었다. 또한 북부, 중부, 남부에 하나씩 자리하고 있어서 지역 균형 발전을 이끌었다.

현재 많은 서방 국가가 이런 산업 정책을 지지한다. 하지만 대만의 경우 확고하게 간소화를 추구하는 정부가 산업 정책을 관리한다. 현재 대만의 정부 지출은 GDP의 20% 미만이다. 이는 선진국 평균의 절반도 안 되는 수치다. 또한 공무원 비율은 30명 중 1명으로, 미국, 일본, 독일, 영국의 일반적인 수준에 비해 극히 낮다.

대만은 자본주의가 부채에 발목이 잡힌 시대에서 예외적인 국가다.³² 대만의 민간 부채는 비교적 적으며, 공공 부채도 GDP의 약 34%에 그친다. 이는 선진국 평균의 4분의 1 수준이다.

대만 지도자들은 팬데믹이 발생했을 때도 절제된 방식으로 대응했다. 2020년에 대만의 총 재정 및 통화 부양책 규모는 GDP의 7%도 되지 않았다. 반면 G4라 불리는 미국, 유럽, 영국, 일본의 평균은 34%

정도나 되었다. 다른 한편 대만의 법인 및 개인 세율은 선진국의 일반적인 수준이다. 매우 이례적인 것은 정부가 세수를 지출하는 방식으로, 복지 및 의료 지출은 상대적으로 매우 적은 반면 교육 및 연구 개발 지출은 상대적으로 매우 크다.

그 결과 대단히 활발하고 꾸준한 경제 성장이 이뤄졌다.[33] 대만이 처음 선진국으로 인정받은 때는 1990년대 말이다. 이후 대만의 평균 경제 성장률은 약 4%에 육박한다. 이는 다른 선진국 평균보다 2배 이상 높은 수치다. 대만은 빠르게 인구 고령화가 진행되고 있음에도 이 우위를 유지하고 있다. 그 이유는 지난 40년 동안 해마다 G4보다 더 높은 생산성 증가율을 달성했기 때문이다.

2020년부터 2023년까지 대만의 노동 생산성은 연간 거의 4%씩 증가했다.[34] 반면 G4는 약 0.5% 상승하는 데 그쳤다. 그 한 가지 이유는 생산성 증가와 가장 밀접한 산업인 제조업이 대만 GDP의 30% 이상을 차지하기 때문이다. 이는 선진국 여부와 상관없이 놀라울 정도로 높은 비중이다.

부국이 되려면 비싼 물건을 만들어야 한다는 말이 있다. 대만은 이 부분에서 특히 뛰어나다. 경제복잡성 관측소는 수출품의 정교성 측면에서 대만을 3위로 평가한다. 이는 빠른 반도체 칩을 제조하는 데 필요한 탁월한 기술력을 입증한다. 미국과 중국은 대만에 필적하는 반도체 칩 제조 역량을 갖추기 위해 노력하고 있다. 그러나 두 나라의 순위는 각각 10위와 25위에 그친다.[35]

대만 정부의 가벼운 수준의 개입은 기술 스타트업들이 세계적인 규모로 성장하는 데 전혀 지장을 초래하지 않았다. 가령 2010년대에 폭스콘(Foxconn)은 전 세계 소비자용 전자 제품의 약 40%를 조립했다. 1970년대에 설립된 이 회사는 아시아, 유럽, 남미에 공장을 두고 있다. 또한 현재 대만은 스마트폰 렌즈, 전자 종이(e-paper) 디스플레이, 기타 다른 많은 컴퓨터 부품의 주요 공급처이자 반도체 칩의 핵심 공급처다.

대만은 전 세계와 경쟁하는 반도체 산업을 구축하기 위해 모리스 창(Morris Chang)을 영입했다. MIT를 졸업하고 텍사스인스트루먼트(Texas Instruments)에서 오래 일한 창은 대만의 장단점을 분석했다. 그는 인텔 같은 글로벌 브랜드와 정면 대결을 벌이는 구상을 거부했다. 대신 글로벌 브랜드를 위해 묵묵히 칩을 만들어내는 하청 공급업체, 즉 '전담 파운드리(pure foundry)'를 만들었다. 이는 대만이 과거 서구 브랜드를 위해 플라스틱 장난감을 만들던 것과 비슷했다.

파운드리는 약 5,730억 달러에 이르는 전 세계 칩 시장에서 작은 부분에 불과하다.[36] 하지만 (10nm 이하) 고속 소형 칩을 전담해서 생산한다. 파운드리 칩의 약 3분의 2는 대만산이며, 그중 대다수는 창이 만든 TSMC에서 제조된다. 그는 최첨단 칩 가공 공장에 수십억 달러를 투자하면서 크게 베팅했다.[37] 이는 TSMC에 경쟁 기업이 따라잡기 힘든 우위를 제공한다.

현재 TSMC는 시장 가치 측면에서 세계 최대 기술 기업 중 하나에 속한다. 하지만 정작 대만 내에서는 최고 인재를 모조리 쓸어간다는 비판을 받고 있다. 그 결과 빠르게 늘어나는 부를 나누는 데 오랫동안 자긍심을 품었던 대만에서 불평등이 심화되고 있다. 그래도 지금까지 사회적 갈등은 억제된 상태를 유지하고 있다. 그 부분적인 이유는 흔히 다른 나라에서 사회적 반발의 표적이 되는 억만장자의 수가 비교적 적은 데다가, 대단히 생산적이고 인기 있는 기술 부문에 집중되어 있기 때문이다.

대만 경제는 여전히 중소기업이 지배하고 있다. 그래서 억만장자의 수와 그들이 쌓은 부가 비교적 적다. 창의 재산은 20억 달러를 조금 넘기는 수준으로, 미국 기술 부문 재벌들의 재산에 비하면 약소하다.[38] 한편 대만 성인의 중위 자산은 약 9만 5,000달러다. 이는 미국 성인의 중위 자산인 약 8만 달러보다 훨씬 많은 수치다.

대만 경제는 수출에 크게 의존하는 개방 경제다. 그래서 대만은 중립적인 공급처로 자리매김하려고 노력했다. 말하자면 칩 시장의 '스위스'가 되려 했으나 미중 경쟁 관계의 한복판에 끼이고 말았다. 대만 기업들은 전 세계에 공장을 갖고 있다. 그러나 칩 가공 공장은 중국 본토에서 겨우 160㎞가량 떨어진 대만에 집중되어 있다. 미국 분석가들은 군사적 충돌이 벌어질 경우 반도체 칩 공급이 미사일 공격 위협이나 해상 봉쇄에 막힐 수 있다고 경고했다.

작은 섬나라인 대만이 이런 긴박한 상황을 감당하기는 쉽지 않다. 하지만 다른 한편으로 이는 대만식 모델이 거둔 이례적인 성공의 방증이기도 하다. 대만은 글로벌 기술 공급 사슬의 필수적인 연결 고리가 되었다. 그렇게 되기까지는 올바른 균형을 잡아준 정부가 적지 않은 역할을 했다. 덕분에 대기업과 스타트업을 같이 육성하고, 비교적 잘 분배된 부를 창출하는 기업 환경이 조성되었다. 다만 안타깝게도 대만은 중국의 그늘 속에 살고 있다. 중국은 대만이 국제적으로 인정받지 못하도록 열심히 노력하고 있다. 그런 일만 없다면 대만의 성공적인 민주자본주의 모델은 더욱 폭넓게 연구되고 모방될 것이다.

베트남: 기능적 공산주의

자본주의의 큰 문제점 중 하나는 폭넓은 오해에 있다. 그 오해는 중국이 아시아의 최신 '경제 기적'으로 부상한 양상에 대한 오해다. 중국은 50년 동안 강력한 성장세를 달성했다. 많은 전문가는 이를 국가 관리 경제가 얼마나 잘 통하는지 보여주는 증거로 제시한다. 그에 따라 '국가자본주의'에 대한 유행이 생겨났다.

중국의 경제 기적은 국가 통제의 가치를 증명하지 못한다. 오히려 그 반대다. 중국은 청 왕조인 1820년에 최전성기를 맞았다. 당시 중국 경제는 글로벌 GDP의 약 33%를 차지하면서 역사적으로 가장 지배적인 지위를 누렸다. 그러나 청 왕조가 쇠퇴하고 몰락하면서 중국 경제의 위상도 약화되었다. 마오쩌둥이 집권한 1949년에 중국 경제가 글로벌 GDP에서 차지하는 비중은 5% 정도에 불과했다. 뒤이어 중국 경제는 공산당의 통치 아래 정체되었다. 1970년대 말 최후의 마오주의 정권이 몰락했다. 이후 중국은 현재의 고통과 과거의 영광에 대한 기억에 이끌려 빠른 변화에 나섰다. 그에 따라 경제적 자유가 빠르게 확장되었다. 2010년대에 글로벌 GDP 대비 중국 경제의 비중은 15% 이상으로 반등했다. 이는 100년 만의 최고 수준이었다.

중국의 경제 규모가 커진 것은 정부가 경제에 대한 통제를 완화했기 때문이다. 농민과 기업인들에게 독자적인 활동의 자유가 주어지면서 경제 발전이 본격화되었다.[39] 정부가 비워둔 민간 산업 부문에서 성장 속도가 빨라졌다. 그 와중에도 정부가 상당한 지원을 제공하는 낙후 산업의 성장세는 여전히 부진했다. 2021년 무렵에 이르자 과거에는 존재하지 않던 민간 부문이 40년 만에 세수의 약 50%, GDP의 약 60%, 기술 혁신의 약 70%, 도시 일자리의 약 80%를 담당하게 되었다.[40] 그런데도 시진핑은 마오주의를 되살려 정부 통제를 다시 강화했다. 그 결과 경제 성장이 급격하게 둔화되었다. 민간 기업인과 사업가들에게 허용된 공간을 압박한 것은 역사적인 과오이자 중국이 이룬 경제 기적에 대한 위협이었다.

자본주의가 여전히 행진을 계속하고 있는 공산주의 국가가 있다.[41] 하지만 그 나라는 중국이 아니다. 베트남은 유능한 경제적 능력을 갖춘 정부가 이끌고 있다. 그들의 주된 목표는 제조업 중심의 수출 강국을 건설하는 것이다. 현재 베트남은 20년 전 중국과 많이 비슷하지만, 그보다 규모가 작다. 인구 역시 약 1억 명으로 중국보다 훨씬 적다. 베트남은 중국만큼 세계 경제를 변화시킬 정도의 강한 영향을 미치지 못할 것이다. 그럼에도 베트남이 드러내는 교훈은 비슷하다. 사업 기회를 열어주고 가벼운 정부 개입을 통해 경제를 관리하면 자본주의는 놀라운 결과를 만들어낸다. 설령 독재 정부의 통치를 받는다고 해도 말이다.

베트남은 중국처럼 총체적으로 경제가 몰락하는 시기를 겪은 후 개혁을 시작했다. 재앙 같은 통일 전쟁이 끝난 지 10년도 더 지난 1980년대 후반의 베트남은 소련의 지원으로 연명하는 신세였다.[42] 경제 성장은 정체되었고 인플레이션은 약 700%에 이르렀다.

베트남 정부가 제시한 해결책은 '도이 머이(doi moi)'였다.[43] 도이 머이는 국영 경제를 해외 투자자와 민간 기업에 개방하는 일련의 개혁 정책이었다. 당시 베트남 인구의 약 70%는 농장에서 일했다. 중국이 그랬던 것처럼 개혁은 농업 부문에서 시작되었다. 집단 농장은 폐지되었고 개인에게 토지가 임대되었다. 농민들은 처음으로 국내외에 농작물을 팔아서 이익을 얻을 수 있었다. 산출량이 빠르게 늘었다. 곧 베트남은 기아를 물리치기 위해 줄곧 쌀을 수입하던 나라에서 쌀을 수출하는 나라로 바뀌었다.

도이 머이의 핵심은 국가 계획 경제 체제를 해체해 중앙 관료 체제를 간소화하고, 국영 독점 기업을 축소하거나 매각하는 것이었다. 연이은 매각에 따라 1989년에 1만 2,000개 정도였던 국영 기업의 수는 2016년에 600개 정도로 줄었다. 베트남이 추진한 민영화는 다른 어떤 자본주의 선진국보다 훨씬 빠르고 광범위했다. 이는 민간 부문의 주도로 급격한 경제 성장이 이뤄질 여건을 조성했다.

베트남이 중국의 뒤를 이으려면 제조업 강국이 되어야 했다. 이 목표를 향해 모든 자원이 동원되었다. 베트남 정부는 통화의 안정성과 경쟁력을 높이기 위해 재정 적자와 인플레이션을 통제하려 노력했다. 또한 수출 산업의 개발을 지원하기 위해 상품을 시장에 보낼 교통망과 노동자를 교육시킬 학교에 상당한 투자를 했다. 현재 베트남은 세계은행의 국가 인프라 평가에서 소득 수준이 비슷한 다른 어떤 나라보다 높은 점수를 받는다.

베트남은 자유 무역의 선도적인 수호자가 되어 2007년에 WTO에 가입한 이후, 동남아시아의 이웃 국가뿐 아니라 미국, 일본과도 협정을 맺었다.[44] 2010년대에 수많은 나라가 자국 중심적 보호 무역으로 돌아섰다. 그들은 외국인들에게 불이익을 안기는 국내 규제 같은

'은밀한 장벽'을 세웠다. 그래도 베트남은 자유 무역 기조를 유지해 2020년 여름에 유럽연합과 획기적인 협정을 체결했다. 은밀한 무역 장벽을 감시하는 글로벌트레이드얼러트(Global Trade Alert)에 따르면 베트남은 보호 무역을 하지 않는 소수의 주요 수출국 중 하나다.[45]

팬데믹이 닥쳤을 때 많은 나라는 더욱 폐쇄적인 태도를 취했다. 하지만 베트남은 경제 기적을 달성한 다음 아시아 국가가 되는 과정을 착실히 밟아나갔다. 이 길은 일본, 한국, 대만에 이어 중국이 개척한 것이었다. 베트남은 그들의 뒤를 이어 제조업 중심의 수출 강국으로 부상했다.

호황기에 이 아시아 국가들의 경제 기적을 이끈 것은 연 20%에 육박하는 수출 증가율이었다. 이는 당시 신흥국 평균의 거의 2배에 해당하는 수치였다. 2010년대에 국제 교역이 침체되는 와중에도 베트남의 수출은 연 평균 16%가량 증가했다.[46] 이는 세계에서 가장 높은 증가율이자 신흥국 평균의 약 3배에 해당하는 수치였다.

아시아의 경제 기적이 얼마나 이례적인 성공담인지는 아무리 과장해도 지나치지 않다. 일본, 한국, 대만은 50년 동안 연 5% 이상의 성장률을 유지함으로써 세계은행 기준으로 '고소득' 범주로 올라섰다. 이는 매우 드문 성취다. 베트남은 지금까지 30년 연속으로 5% 이상의 성장률을 기록했다. 덕분에 오랜 내전으로 인해 세계 최빈국 중 하나였다가 지금은 하위 중소득 국가에 속하게 되었다. 1980년대 말 이후 베트남의 평균 소득은 3,000달러에 이르며 약 5배나 늘어났다.[47]

베트남은 앞서 경제 기적을 달성한 다른 아시아 국가들처럼 소득 평등과 빠른 빈곤 퇴치로 폭발적인 성장의 균형을 잡는 데 성공했다.

2013년에는 베트남에서 최초의 억만장자가 탄생했다. 그는 현재 사세를 확장 중인 재벌 기업 빈그룹(Vingroup)의 창업자인 팜 녓 브엉(Pham Nhat Vuong)이다. 러시아에서 대학교를 졸업한 브엉은 우크라이나에 작은 레스토랑을 열었다. 거기서 그는 처음으로 커다란 사업 기회를 발견했다. 바로 당시에는 우크라이나인들에게 잘 알려지지 않은 라면을 판매하는 것이었다. 현재 그는 부동산부터 스마트폰까지 다양한 사업을 벌이고 있다. 2023년에는 전기차 회사인 빈패스트(VinFast)의 대규모 상장에 성공하면서 아시아 최고 부자 반열에 올랐다.[48]

브엉은 자수성가한 사업가로서 악당보다는 영웅이 될 가능성이 더 높다. 특히 대다수 국민이 꾸준한 발전을 겪은 나라에서는 더욱 그렇다. 베트남의 경제 발전이 시작된 이래 (지니계수로 측정한) 불평등은 심화되지 않았다. 하루 2달러 미만으로 살아가는 인구의 비중은 약 60%에서 5% 미만으로 줄었다. 그 결과 베트남은 빈곤과의 전쟁을 선도하는 나라가 되었다. 세계은행 데이터에 따르면 베트남과 소득 수준이 비슷한 다른 나라들의 빈곤율은 평균 약 6배나 더 높다.

지금까지 베트남은 균형을 잘 잡아왔다.[49] 기본적인 인프라를 구축하는 한편, 복지 서비스를 개선하기 위해 이르지만 감당할 만한 단계를 밟았다. 정부는 해마다 GDP의 6% 이상을 신규 인프라에 투자한다. 이는 동남아시아 평균보다 2배 이상 높은 수치다. 동시에 베트남은 국민의 거의 90%에게 의료 보험을 제공했으며, 문맹을 대부분 퇴치했다.

정부가 교통망, 통신망, 전력망에 투자하면 기업뿐 아니라 국민도 혜택을 누린다. 경제 발전 초기만 해도 농촌 지역에는 대부분 전기가

들어오지 않았다. 하지만 지금은 전기 없이 사는 사람의 비율이 1%도 되지 않는다. IMF의 표현대로 베트남은 처음부터 '누구도 내버려두지 않는 데' 초점을 맞췄다.[50]

고등 교육에 대한 넉넉한 지원 덕분에 베트남 고등학생들의 국제시험 점수는 세계 10위 안에 들어간다. 심지어 미국이나 영국 같은 선진국보다 점수가 높을 때도 있어서 일부 전문가들이 타당성을 의심할 정도다. 하지만 베트남이 최소한 하위 중소득 국가 중에서 가장 높은 성과를 내는 이례적인 나라라는 데는 누구도 이의를 제기하지 않는다.

숙련된 노동력은 베트남이 다른 경쟁국들보다 더 빨리 정교한 상품을 제조하는 수준까지 오르는 데 도움을 주었다. 전자 제품은 2015년에 의류 및 직물을 넘어 베트남의 대표 수출품이 되었다. 또한 2020년 무렵에는 기록적인 무역 흑자 중 대다수 비중을 차지하게 되었다. 한국 대기업인 삼성은 스마트폰 제조 공장을 아시아 전역의 경쟁 지역으로부터 베트남으로 옮겼다. 구글과 애플도 같은 행보에 나섰다. 특히 애플은 맥북 제조 공장을 베트남으로 옮겼다.

중국의 디지털 경제는 2010년대에 과중한 검열과 가벼운 규제가 뒤섞인 여건에서 빠르게 성장했다.[51] 베트남의 디지털 경제 역시 같은 역설을 안고 있다. 베트남의 인터넷 자유도는 끔찍할 정도로 낮다. 하지만 디지털 상거래는 연평균 약 30%씩 세계에서 가장 빠른 속도로 성장하고 있다. 세계경제포럼(World Economic Forum, WEF)은 최근에 디지털 발전도를 기준으로 국가별 순위를 매겼다. 베트남은 '생태계'와 '태도' 부문에서 아시아 1위를 기록했다. 해당 부문은 기업 설립 비용 및 용이성부터 디지털 기술 수준, 사업 리스크 감수에 대한 대중적 태도까지 다양한 요소를 포괄한다.

하지만 일반적으로 권위주의적인 정부가 운용하는 자본주의 체제는 오랫동안 작동하는 경우가 드물다. 즉 경제 발전 초기에만 통한다. 중국은 대표적인 예외 사례에 속한다. 적어도 근래에 중앙정부가 성장을 저해하기 전까지는 그랬다. 경제 기적을 이룬 다른 모든 아시아 국가는 번영을 향해 나아가는 오랜 기간에 걸쳐서 정치적 통제를 점차 완화했으며, 결국에는 민주주의 국가가 되었다. 다만 민주주의 국가로의 전환은 지금의 베트남보다 소득 수준이 훨씬 높을 때(약 1만 달러) 이뤄졌다.

여전히 경제 발전 초기 단계에 있는 베트남이 직면한 문제는 '전제주의 통치 아래에서 얼마나 오래 성장을 이어갈 수 있는가'라는 것이다. 역사는 모든 소득 수준에서 전제주의는 민주주의보다 훨씬 덜 안정된 성장을 이룬다는 것을 보여준다. 전제주의 국가는 내부 견제가 없기 때문에 정책을 갑작스럽게 바꾸거나 비합리적인 극단까지 밀어붙일 수 있다. 이런 전환은 경제를 발전 경로의 출발점으로 거듭해서 되돌리는 붕괴를 촉발한다. 이는 현재 모든 주요 선진국이 완전한 민주주의 국가이며, 싱가포르만이 부분적인 예외인 이유를 설명한다.

베트남 공산당은 거의 50년 동안 집권했으며 개방된 경제와 달리 폐쇄적으로 국정을 운영한다.[52] 베트남은 나름의 동요를 겪었으나 경제 기적의 길에서 멀어질 만큼 큰 동요는 없었다. 또한 위기가 임박했음을 알릴 정도로 재정 적자나 정부 부채가 급증하지도 않았다. 가장 눈에 띄는 리스크는 개혁 이전 공산주의 시절의 문제로부터 기인한다. 중국도 같은 리스크를 안고 있다. 베트남 정부는 국영 기업 중 대다수를 민간에 매각했다. 그런데도 덩치 큰 국영 기업들은 살아남아서 여전히 GDP의 3분의 1 정도를 차지한다. 이는 10년 전과 같은 비중이다. 또한 그들은 은행 시스템의 부실 대출 중 다수를 안고 있다. 만약 문제가 생긴다면 비대해진 국영 기업들에서 시작될 가능성이 높다.

늘어나는 부채는 결국 일본과 한국 그리고 경제 기적을 이룬 다른 아시아 나라들의 고속 성장을 끝낸 금융 위기를 촉발했다. 이 문제가 현재 중국의 발목도 잡고 있다는 사실을 언급할 필요가 있다. 어떤 호황도 영원히 지속되지 않는다. 현재 베트남은 수출을 통해 번영을 누리고 있다. 또한 공산당 정부도 국가 통제를 완화하는 한 자본주의를 성공적으로 운용할 수 있음을 증명하고 있다.

사람을 따라가라

신자유주의 비판자들도 지난 40년 동안 진행된 국경 및 시장 개방이 전 세계에서 번영을 촉진하고 빈곤을 완화했다는 사실을 인정할 것이다. 다만 그들은 '최저 임금을 향한 경주'에서 뒤처진 많은 지역 사회를 우려한다. 기업들은 임금이 가장 싼 나라에 공장을 짓기 위해 몰려갔다. 그 결과 2000년대에 많은 공장과 생산직 일자리가 미국 중서부에서 중국으로 옮겨갔다. 미시간주와 오하이오주의 산업 공동화는 신자유주의를 비판하는 첫 번째 근거가 된다. 또한 시장이 스스로 문제를 바로잡지 못하며, 정부의 개입이 해답임을 말해주는 증거가 되기도 한다.

중국은 근래에 국가주의로 회귀했다. 그 결과 개방 정책이 신규 투자자를 끌어들이던 속도만큼 빠르게 그들을 다시 몰아내고 있다. 누구도 더 이상 중국 관료들을 찬양하지 않는다. 그들이 능숙한 재조정을 통해 늘어나는 국가 부채를 마술처럼 사라지게 만든다는 이야기도 들리지 않는다. 현재 중국의 지역 정부가 안고 있는 '숨겨진 부채'는 약 10조 달러로 추정된다.[53] 중국과 관련된 논의의 초점은 예측할 수 없는 정권하에서 중국에 계속 머무르는 데 따른 리스크로 옮겨졌다. 미국 제조 기업이 여전히 중국 평균보다 거의 8배나 높은 임금에도 불구하고 제조 공장을 미국으로 다시 옮기는 사례도 나왔다.[54]

자본주의가 잘 작동하는 곳이 어디인지 파악하는 한 가지 방법은 돈과 사람이 어디로 가는지 살피는 것이다. 러시아 과학자들은 소련 붕괴 후 마침내 나라를 떠날 자유를 얻었다. 그들은 최고 소득세율이 낮은 나라, 특히 미국으로 많이 이주했다. 미국의 50개 주 내에서도 수십 년 동안 인구가 이동했다. 사람들이 몰려간 곳은 더 적은 세금과 더 가벼운 규제 그리고 그에 따라 (저렴한 임금만이 아니라) 인건비의 전반적인 감소를 약속하는 곳이었다. 국내 이주와 국제 이주를 직접 비교하기는 어렵다. 그러나 1980년 이후 미국은 중국에 약 350만 개의 제조업 일자리를 빼앗긴 것으로 추정된다. 또한 북동부와 중서부에서 남부와 남서부로 이주한 인구만 해도 약 1,300만 명 이상이다. 거기에는 약 900만 명의 노동 인구도 포함된다.

바이든 행정부는 반도체 칩과 친환경 기술에 대한 투자를 촉진하기 위해 새로운 유인책을 도입했다.[55] 남부는 중서부보다 해당 부문에 대한 투자를 2배나 더 끌어들이면서 '산업 중심지'로 변모했다. 덕분에 적어도 40년 만에 처음으로 중서부만큼 많은 산업 부문의 일자리를 갖게 되었다. 인구 증가율 및 총인구수라는 양 측면에서 가장 빠르게 성장하는 15개 도시는 모두 오래된 중부 산업 지대 바깥, 즉 주로 남부에 자리 잡고 있다.[56] 마이애미는 남부의 맨해튼이 되어가고 있다. 미국인들은 이를 제로섬 게임으로 보는 경향이 있다. 즉 한 주가 다른 주를 잡아먹는 것으로 본다. 이런 관점은 주들 사이에 경쟁의 여지를 만드는 탈중앙화 시스템의 본질적 이점을 인식하지 못한다. 뛰어난 경쟁력을 갖춘 주는 전 세계의 투자를 끌어들이면서 나름의 모델 역할을 하고 있다.

자본주의는 새로운 사람과 기업을 허용하고 환영하는 곳으로 그들을 끌어들이면서 돌아간다. 2010년대에 중국 정부가 통제를 다시 강화하자 많은 중국인은 위험 회피 수단으로 싱가포르에 집을 사뒀다.[57] 자본가들은 베트남을 포함해 보다 호의적인 나라에 공장을 짓는 '차이나 플러스 원(China plus one)' 전략을 통해 선택지를 열어뒀다. 물론 값싼 노동력도 부분적인 요인으로 작용했다. 그러나 폭넓게 보면 이는 자유를 향한 경주였다. 그들은 사업을 하는 것이 타당한 나라로 몰려갔다. 이런 나라들에서는 정부 개입 없이 자본주의가 제대로 작동했기 때문이다.

16장.

유일한 출구는 끝까지 견디는 것

미국은 수많은 결함을 지녔다. 그럼에도 여전히 언덕 위의 빛나는 도시에 가장 가까운 나라이자 전 세계 이민자들이 선택하는 나라다.[1] 많은 외국 비판자들도 미국에 무작정 완전히 반감을 품기는 어렵다. 나는 2차 이라크 전쟁 시기에 바르샤바에서 벌어진 미군 주둔 반대 시위를 목격한 적이 있다. 그때 내가 본 한 플래카드는 미국을 향한 양가적 감정을 반영하는 것이었다. 거기에는 "미군은 물러나라. 그리고 나도 데려가라(Yankee go home, but take me with you)"라고 적혀 있었다. 이 구호는 1960년대에 만들어진 것으로, 멕시코부터 인도까지 여러 나라에서 사용되었다.[2] 나는 아메리칸 드림을 찾아 미국에 왔고, 그것을 이룬 수많은 사람 중 하나다. 지금도 미국의 지속적인 활력은 나의 감탄을 불러일으킨다. 학자, 기업인, 금융인, 엔지니어들로 구성된 역동적인 집단은 미국을 기술 부문의 글로벌 리더로 만든다. 〈포천(Fortune)〉 500대 기업 CEO 10명 중 1명, 실리콘밸리 엔지니어 10명 중 3명이 인도 출신이다.³ 이는 덜 개방적인 사회에서는 일어날 수 없는 획기적인 일이다.

그럼에도 불구하고 나는 미국이 현재 세계를 이끄는 방향에 대해 깊이 우려한다. 자본주의의 일상적 위기는 대중의 실망으로 표현된다. 글로벌 커뮤니케이션 기업 에델먼 트러스트 바로미터(Edelman Trust Barometer)가 14개 선진국 국민을 대상으로 조사한 바에 따르면, '5년 후에는 사정이 나아질 것'이라고 기대한 사람의 수가 2023년에 가장 적은 수를 기록했다.⁴ 모든 나라에서 낙관론자는 소수파다. 이탈리아와 프랑스처럼 정부 규모가 크고 성장이 느린 나라에서는 그 수가 5명 중 1명도 채 되지 않았다. 미국의 경우 퓨리서치센터 설문 조사에서 1950년 이래로 정부 신뢰도가 가장 낮은 수준을 기록했다. 또 다른 설문 조사에서도 응답자 5명 중 거의 4명이 '우리 자녀 세대는 우리보다 나은 삶을 살 것'이라는 데 동의하지 않았다.⁵ 이는 1990년에 처음 해당 질문을 제시한 이래 가장 많은 수치였다.

자본주의가 어떤 세대를 위해서도 제대로 작동하지 않는 이유는 심하게 왜곡되었기 때문이다. 전 세계에서 한도를 모르는 정부가 경제적 자유와 개인적 기회를 제한하고 있다.⁶ 여전히 미국 이민에 대한 의지와 바람을 지닌 사람들이 많다. 그러나 그들에게는 등대와도 같은 미국이 가장 극심한 쇠퇴를 겪고 있다. 인도의 주요 기업인들은 사적 대화에서 미국에 대한 실망감을 드러낸다. 그 이유는 미국이 국수주의적 산업 정책으로 선회하고 있기 때문이다. 그들은 거기서 인도가 1960년대와 1970년대에 사회주의와 어색한 밀회를 나누던 모습을 떠올린다.

헤리티지 재단(Heritage Foundation)이 매기는 경제적 자유 순위에서 미국의 순위는 25위로 떨어졌다. 미국은 2000년대만 해도 4위 자리를 지켰다. 하락 요인으로는 늘어나는 규제와 폭증하는 부채 등이 있다. 이런 요인은 미국 청년들이 미래에 원하는 방향으로 돈을 쓸 자유를 제한할 것이다.

자본주의 정신은 위기에 처했다. 나는 2022년에 뉴욕에 있는 대기업을 그만두고 사업을 시작했다. 당시 업계 베테랑들은 금융 기업을 새로 세우는 데 드는 규제 비용이 지난 20년 동안 10배는 늘었을 것이라고 경고했다. 나는 25년 동안 금융업계에서 일했기 때문에 필요한 자원을 간신히 확보할 수 있었다. 하지만 비슷한 사업을 시도했던 여러 동료는 결국 학계에서 말하는 '자유 진입 실패'의 사례가 되고 말았다. 그들은 애초에 동정을 기대하지 않았으며, 분명 뉴욕에서 동정을 얻지도 못했을 것이다. 나는 여전히 이 위대한 도시의 주민으로서 소득의 절반 이상을 세금으로 낸다. 하지만 나 역시 겨울에는 활기찬 분위기에 이끌려 마이애미로 가서 지낸다. 한 저자 모임에서 "마이애미로 이주하는 돈 많은 멍청이들은 뉴욕에 없는 게 낫다"라고 내게 말한 대학 교수는 이 사실을 몰랐을 것이다.

현재 반자본주의 정서가 빠르게 확산되고 있다. 그 이면에는 힘없는 정부 때문에 부유한 금융인들이 득세한다는 통념이 자리 잡고 있다. 민주당 소속 에릭 애덤스(Eric Adams) 뉴욕 시장은 2%의 부유층이 뉴욕 세수의 약 50%를 부담한다는 말로 민주당 진보파들의 환심을 사려 했지만 별 효과가 없었다. 이런 수학적 설명으로는 부유층 엘리트들에 대한 문화적 반감을 억제하지 못할 것이다. 그들은 새로운 회원 전용 클럽에 틀어박혀 있다. 그 결과 다문화적이고 민주적인 대도시인 뉴욕은 계급적으로 분리되어 간다. 하지만 이런 과잉을 초래한 토양을 만든 것은 비대해진 정부였다.

거대 정부를 향해 나아가는 역사

현재 이지 머니의 시대는 끝났으며 그에 따라 변화가 강제될 것이라는 인식이 널리 퍼져 있다. 연준은 인플레이션이 재개되면서 금리를 급격하게 인상할 뿐 아니라 금리가 '더 높이, 더 오래' 유지될 것이라는 신호를 내보낼 수밖에 없었다. 과거 그들은 거의 15년 동안 금리를 제로 수준으로 유지하면서 금리가 '더 낮게, 더 오래' 유지될 것이라는 신호를 내보냈다. 그들의 태도 변화는 그동안 문제를 일으켜온 잘못된 흐름이나 과열된 움직임에 제동을 걸게 만들 잠재력을 지니고 있다. 이제 돈은 더 이상 공짜가 아니다. 사람들은 보다 귀하게 돈을 대하고, 보다 신중하게 투자 결정을 내리며, '멍청한 짓'을 덜 한다.[7]

돈에 가격이 붙으면 좀비 기업, 과점 기업, 과점 억만장자의 부상을 촉진한 잘못된 인센티브와 금융 시장의 전반적인 왜곡이 확실히 크게 줄어든다. 이지 머니 시대에 일조한 정치 엘리트들조차 늘어나는 재정 적자가 미국을 '끔찍한 곳'으로 만들 것이라고 소리 높여 경고하기 시작했다.[8] 이는 긍정적인 변화이지만, 아직은 시작에 불과하다.

이 시대의 특징은 저금리나 지속적인 재정 적자만이 아니다. 또한 2008년 금융 위기 이후에 이 시대가 시작된 것도 아니다. 이 시대는 지난 세기 동안 꾸준히 축적된 정부의 습관을 포괄한다. 거기에는 지출, 차입, 구제, 규제, 과도한 경기 순환 관리가 포함된다. 이른바 '건설을 중시하는 멘털리티'로 고취된 바이드노믹스는 이전 정책들의 결정체로 한계 없는 정부에 대한 지속적인 헌신을 시사한다.

미국은 전 세계의 분위기를 조성하고 반영한다. 제2차 세계대전 이후 국가 안보 체제는 방대하고 은밀하게 확대되었다. 해당 기관들은 꾸준히 덩치를 키우다가 2001년 9·11 테러 이후 폭발적으로 성장했다. 규제 체제는 1930년대에 급격하게 확대되면서 규정을 축적하고 관리하기 시작했다. 또한 최근 수십 년 동안에도 연간 3,000건 정도의 신규 규정을 만들면서 꾸준히 성장했다. 뉴딜 정책을 통해 구축된 복지 체제는 1960년대에 확대되면서 중산층에 대한 의료 및 연금 혜택을 포함시켰다. 그 결과 지금은 재원도 마련되지 않은 약속 때문에 파산하는 길로 나아가고 있다. 지속적으로 재정 적자를 내는 습관은 1970년대에 자리 잡았다. 차입을 통해 재정 적자를 메꾸는 습관은 1980년대에 자리 잡았다. 그 이후로 연방정부 부채는 4배 정도 꾸준히 늘어나 지금은 GDP의 120%를 넘는다.

차입 문화는 구제 문화와 함께 부상했다. 1970년대만 해도 새로운 것이었던 구제 문화는 철도 회사와 중소 은행들을 도우면서 처음에는 논쟁을 불러일으켰다. 그러나 그 이후로는 표준적이고도 보편적인 것이 되었고, 2008년에는 1,000여 건에 달하는 정점에 이르렀다. 또한 2020년에는 수조 달러 규모의 구제 금융을 통해 파산한 악성 기업조차 도움을 받았다.

이제 구제 금융은 더 이상 개별 기업이나 은행에만 제공되는 것이 아니라 산업 단위로 확대되었다. 심지어 전체 경제를 영구적으로 성장시킨다는 목표에도 동원되었다. 린든 존슨은 1964년에 경기 회복 속도를 높이기 위해 처음으로 정부 부양책을 실시했다. 그러다가 2년 후에는 과열된 경기를 진정시키기 위해 처음이자 마지막 지출 삭감을 단행했다. 이로써 본연의 케인스주의는 끝장났고, 근본적인 불균형이 형성되었다. 지출은 대개 거의 억제되지 않는 과잉으로 치달았다. 이제 긴축 재정은 지출 삭감이 아니라 더 많은 성장을 위한 수요를 충족시키기에 너무 적은 적자를 의미하게 되었다.

어디에나 정부의 영향력이 미치도록 만드는 것은 초당적 프로젝트였다. 레이건이 지명한 연준 의장 앨런 그린스펀은 1987년에 무너지는 시장을 뒷받침하겠다는 최초의 약속을 내걸었다. 이 안전망은 이후로 한 번도 걷힌 적이 없었다. 그린스펀은 경기 회복 속도를 높이기 위해, 그다음에는 금융 시장의 불균형이 심화되는 와중에도 경기 회복 기간을 늘리기 위해 수차례 금리 인하를 실시했다. 이렇게 풀린 수많은 이지 머니는 2008년에 주택 시장의 버블이 붕괴되면서 날아가 버렸다. 이제는 금리를 더 낮추기도 어려워졌다. 이에 연준은 일본의 수법을 모방했다. 즉 수십억 달러 규모로 채권을 매입해 금리를 끌어내렸다. 그러다가 팬데믹 기간에는 매입 규모를 충격적인 수준까지 늘렸다. 결국 자본주의가 제대로 작동하게 만드는 가격 신호가 망가지고 말았다.

뉴딜 시대에 빈곤층을 위한 안전망으로 시작된 것이 지금은 대부호를 위해 리스크를 사회화하는 시스템이 되었다. 정부는 시장이 오로지 상승하기만 할 것이라고 보증했다. 대공황 이전에 정책 결정자들은 줄곧 '청산, 청산, 청산'을 추구했다. 그러던 것이 지금은 정반대로 바뀌어 '유동성 공급, 유동성 공급, 유동성 공급'이 되었다. 바이드노믹스는 흔히 과거와 과감하게 결별하고 새로운 방향을 설정했다는 평가를 받는다. 그러나 실은 이미 존재하는 정책 기조, 즉 지출, 규제, 미국 기업 및 전 세계에 대한 구제 금융, 심지어 중국을 이기기 위한 산업 정책 등을 더 많이 추구할 뿐이다.

이러한 확대는 예상치 못한 것이 아니다. 프리드리히 하이에크는 정부 정책 기획자들이 노예의 길을 닦을 것이라고 경고했다. 그들은 경제학의 힘을 과신한다. 시민 및 소비자들은 '확실성이 주는 안락함을 위해 선택의 책임을 기꺼이 포기하면서' 그들을 전적으로 뒷받침한다. 일부는 이런 문화적 변화를 간파하고 경종을 울린다. 그러나 대개 주류는 확실성을 추구하기 위해 더 많은 지출에 매달린다. 진보 경제학자이자 칼럼니스트인 노아 스미스(Noah Smith)는 2023년 초에 지적 활력의 정체와 '지출주의(checkism)'로의 퇴행을 경고했다. 지출주의란 "지출을 더 늘리겠다는 정치적 의지만 있으면 된다는 진보적 신념"을 말한다.[9]

우파 진영에서도 정부를 같은 방향으로 밀어붙이는 움직임이 거세지고 있다. 이는 좌파와 마찬가지로 역사를 오독한 데서 비롯된다. 프린스턴대학교의 역사학자인 제러미 애덜먼(Jeremy Adelman)은 "공화당이 과거에 휘날리던 깃발을 불태우고 있다"라고 말한다.[10] 공화당 대선 후보였던 밋 롬니(Mitt Romney)의 전 자문이자 일자리 및 빈곤 문제의 우파 진영 전문가인 40세의 오렌 캐스(Oren Cass)는 40년에 걸친 맹목적인 '시장 근본주의'가 '보수주의 경제학'을 오염시켰다고 주장한다.[11] 그의 말에 따르면 보수주의 경제학은 "국익을 위해 확신을 갖고 시장을 움직여야" 한다. 가령 글로벌 공급 사슬이 '중국산 공급 사슬'이 되지 않도록 정부가 나서야 한다는 것이다. 기독교 기반 정치철학자이자 《왜 자유주의는 실패했는가》의 저자인 패트릭 J. 드닌(Patrick J. Deneen)은 자본주의가 '시장 가격 신호'라는 신에게 사로잡혔으며, 이제는 더 높은 가치관을 지닌 기독교 공동체로 권력을 되돌려줘야 한다고 말한다.[12] 그는 정부 주도의 산업 정책과 안식일 노동 금지를 지지한다. 플로리다주 공화당 지도자인 마코 루비오(Marco Rubio)는 레이건 팬을 자처하면서도 레이건 이후 시대에 대한 책의 제목을 《타락의 시대(The Decades of Decadence)》라고 붙였다. 루비오 역시 좌파 진영의 많은 인사들처럼 미국 노동자들의 고난을 과도하게 자유로운 글로벌 시장 탓으로 돌린다.

정부 기능 축소가 통제할 수 없는 시장 권력을 초래했다는 속설을 믿기는 쉽다. 세계화와 금융화라는 사실에 부합하는 것처럼 보이기 때문이다. 상품과 자본의 자유로운 이동을 막는 장벽은 무너졌다. 한편 금융 시장은 빠르게 성장했다. 이런 변화는 자유 시장주의의 승리처럼 보였다. 그러나 이는 기껏해야 불완전하고 오해를 낳는 관점에 불과하다. 글로벌 금융 시장의 규모가 커진 것은 맞다. 그러나 동시에 정부와 중앙은행의 지원도 늘어났다. 금융 당국은 자유 시장 이데올로기보다는 은밀하게 확산되는 이지 머니와 구제 금융 문화에 더 헌신했다.

진보주의자든, 보수주의자든 대다수 정치인과 사상가는 개별 관료가 아니라 개별 시장 참가자가 가격을 설정해야 한다는 데 동의한다. 그러나 거대 정부가 이미 시장의 가격 설정 메커니즘을 방해하고 있다는 사실은 인식하지 못한 것처럼 보인다.

반혁명은 어떻게 시작될까

정부가 거의 1세기 동안 걸어온 지난 경로를 갑자기 바꿀 것이라고 생각하기는 어렵다. 안타깝게도 이런 변화는 정부에 돈이 떨어졌을 때, 즉 비용이 너무 높아서 더 이상 차입이 불가능할 때만 일어난다. 이런 위기는 시간이 지남에 따라 드물어지기는 했지만, 여전히 일어날 수 있는 현실적인 위험이다.

민주주의 발상지인 그리스는 10년 전까지만 해도 무책임한 재정 운용의 표본으로 여겨졌다. 그러다가 파국적인 부채 사태로 인한 수치를 겪은 후 획기적인 변화에 나설 수밖에 없었다. 미국의 재정 적자가 사상 최고치에 이른 2023년, 그리스의 재정 적자는 여전히 감소해 미국의 4분의 1도 되지 않았다. 스웨덴은 1990년대 초반에 여러 차례 위기를 겪은 후 확고한 사회주의 국가도 예산을 줄일 수 있다는 사실을 보여주었다. 재정 흑자는 2008년 이후 스웨덴을 '경기 회복의 록스타'로 만들었다. 스웨덴은 모범으로 삼을 만하다. 그러나 그 이유는 미국 진보주의자들이 상상하는 것과 다르다. 스웨덴은 정부 축소가 더 나은 경제적 성과를 낳을 수 있음을 보여주었다.[13]

물론 미국은 평범한 나라가 아니다. 미국은 지배적인 금융 강국으로서 다른 나라들보다 느슨한 규제를 누릴 수 있다. 지도자들은 늘어나는 공공 부채를 걱정하지 않아도 된다. 하지만 이런 안일한 태도는 과거에 이미 여러 제국을 무너뜨렸다.

15세기 포르투갈부터 시작해 세계를 주름잡은 모든 제국은 상업의 중심이라는 지위를 활용해 다른 나라들이 보유하고 싶어 하는 통화를 발행했다.[14] 이런 내재적 수요 덕분에 '기축 통화'는 발행국에 해외에서 저렴하게 차입하고, 돈을 찍어내서 부채를 갚을 수 있는 특권을 부여해주었다.

포르투갈 그리고 뒤이어 20세기 초반까지 등장한 네덜란드, 스페인, 프랑스, 영국 같은 후계국들은 기축 통화국이라는 지위와 그에 따른 특권을 누렸다. 그러나 다른 나라들이 의문을 품기 시작했다. 그들이 보기에 기축 통화국은 너무나 오랫동안 형편에 맞지 않게 살았다. 그래서 앞으로 부채를 더 이상 갚지 못할 것처럼 보였다. 그에 따라 전 세계의 신뢰는 다음 제국 그리고 새로운 통화로 넘어가기 시작했다.

제1차 세계대전 이후 영국의 스털링은 미국 달러로 대체되었다. 현재 미국이 앞선 기축 통화국들과 같은 길을 걷지 않을 것이라는 주장이 제기되고 있다. 그 근거는 미국의 강점이 아니라 경쟁국들의 약점이다. 기축 통화가 되는 데 필요한 경제적 규모를 확보한 통화는 2개뿐이며, 이들은 신뢰성이 부족하다. 첫 번째 통화인 유로는 생긴 지 겨우 20여 년이 지났다. 유럽연합의 기관들은 미숙하고 느리다. 거의 30개에 이르는 회원국의 심의를 거치는 일이 쉽지 않기 때문이다. 또한 공공 지출을 통제할 중앙 행정 기구도 없다. 두 번째 통화인 중국 인민폐는 유로보다 신뢰성이 더 떨어질 뿐 아니라 마음대로 자본을 통제하는 일당제 국가가 관리한다.

그래서 미국은 달러가 앞으로도 아무런 도전을 받지 않을 것이라고 자신한다. 달러 말고 어느 통화를 보유할 것인가? 하지만 달러의 하락세는 이미 진행되고 있을지도 모른다. 전 세계 중앙은행 지급 준비금에서 달러의 비중은 꾸준히 감소하고 있다. 달러를 '기준 통화', 즉 자국 통화의 가치를 측정하는 기준으로 삼는 나라의 비중도 2010년대

말에는 약 62%였지만, 지금은 약 45%로 줄어들었다.[15]

한 나라의 취약성을 드러내는 가장 중요한 지표는 아마도 순대외금융자산(Net International Investment Position, NIIP)일 것이다. 이는 실질적으로 갚아야 할 돈에서 받을 돈을 뺀 것을 말한다. 2000년대 초반 이후 미국의 순대외금융자산은 적자 폭을 키워가고 있다. 구체적으로는 적자가 GDP의 약 20%에서 약 66%로 3배나 늘었다. 평균 적자가 GDP의 약 20%인 비슷한 상황에서 출발한 다른 선진국들은 같은 기간에 흑자로 돌아섰다. 대다수는 채무국에서 채권국으로 도약했다.[16] 미국보다 더 대외 부채를 많이 진 유일한 선진국은 포르투갈이다. 이는 과거의 제국이 얼마나 크게 몰락할 수 있는지 말해준다.

다른 나라들은 달러를 대체할 단일 대안이 아니라 여러 대안을 물색하고 있다. 중앙은행들은 달러 외에도 다른 통화를 보유하기 시작했다. 특정 통화가 단독으로 큰 비중을 차지한 것은 아니다. 그러나 유로, 인민폐, 캐나다 달러, 호주 달러는 모두 비중을 약간씩 늘렸다. 미국은 그동안 달러를 외교적 무기로 활용했다. 가령 이란, 러시아 그리고 다른 경쟁 국가가 달러로만 결제되는 글로벌 금융 시스템에 접근하지 못하도록 만들었다.

이런 조치는 많은 국가에 제국주의를 연상시키도록 만들었다. 중국, 브라질, 남아프리카공화국은 러시아와 함께 새로운 통화를 만드는 방안을 논의 중이다. 그 목적은 달러 그리고 국제 금융을 통제하는 달러의 역할에 맞서는 것이다. 그들은 중앙은행 외환 보유액에서 달러의 비중을 점차 줄여나가기를 바란다. 또한 단기적으로는 상호 교역에서 달러로 환전하지 않고 자국 통화를 쓰려고 한다. 루이스이나시우 '룰라' 다시우바(Luiz Inácio 'Lula' da Silva) 브라질 대통령은 2023년 4월 중국을 방문했을 때 "왜 모든 나라가 달러로 교역해야 하는지 매일 밤 의문을 가진다"라고 말했다. 그는 "다른 대안 통화가 전 세계의 지정학적 균형을 맞추는 데 도움이 될 것"이라고 주장했다.[17]

이와 같은 동기에서 전 세계적으로 비슷한 반발이 일어나고 있다. 남미 공통 통화를 만들자거나, 상호 교역에서 자국 통화를 쓰자거나, 가장 중요한 국제 원자재인 석유 거래에서 달러 외 다른 통화를 쓰자는 논의가 오가고 있다.

전통적인 화폐를 전혀 쓰지 않고 저축 및 거래를 하는 방법을 찾는 또 다른 움직임도 시작되었다. 과거 금과 달러는 안전 자산으로 간주되었으며 위기 시 가치가 같이 오르는 경향을 보였다. 그러나 2023년 초에 은행 위기가 발생했을 때와 그 이후에 이스라엘 가자 전쟁이 터졌을 때 금값은 급등했지만, 달러 가치는 오르지 않았다. 주요 금 매수자들은 인플레이션에 대비하려고 안전 자산을 찾는 민간 투자자들이 아니었다. 바로 달러의 대안을 찾는 중앙은행들이었다.

중앙은행들은 2023년에 금에 대한 전 세계 수요의 약 3분의 1을 차지했다. 이는 최근 수십 년 동안의 일반적인 수준보다 3배나 늘어난 비중이며, 1950년에 기록이 시작된 이래 최고치였다. 금을 가장 많이 사들인 10개국 중 9개가 러시아, 중국, 인도를 포함한 신흥국이었다.[18] 이들은 모두 달러 지배에 맞선 반발에 깊이 참여한 나라들이다.

금은 아주 오래된 가치 저장 수단이다. 중앙은행들은 신기술도 하나의 선택지로 살폈다. 2021년부터 2023년까지 자체 디지털 화폐 발행을 검토하는 국가의 수가 약 130개국으로 3배 이상 늘었다. 이는 사실상 전체 세계 경제를 포괄하는 수치다. 이런 노력 중 다수는 상당히 성과를 거둔 상태다.[19] 거기에는 해외 교역에서 디지털 화폐를 활용하기 위한 시험도 포함되어 있다.

일부 경제학자는 달러의 세계적 위상이 지니는 중요성을 부정한다. 그들은 스위스 프랑이나 일본 엔화 같은 비제국적 통화를 예로 든다. 스위스와 일본은 조화롭고 비교적 행복한 사회를 이루고 있으며, 상당히 과도한 부채를 지고도 심각한 문제의 징후를 드러내지 않는다. 다만 이 나라들은 해외 대부자가 아니라 국내 대부자들에게 빚을 지고 있다. 그래서 외국의 관용에 기댈 필요가 없다. 반면 미국은 해외 투자자들의 신뢰에 의존한다. 강한 달러가 차입 측면에서 제공하는 특혜를 실질적으로 누리고 있다. 추정치에 따라 다르지만, 달러의 기축 통화 지위는 미국이 국채에 대해 지불해야 할 이자를 약 0.2~1.8%p 낮춰준다.[20] 참고로 이 국채의 수익률이 불과 얼마 전까지만 해도 약 2% 수준이었다는 점을 생각해보면, 그 차이는 결코 무시할 수 없을 만큼 큰 혜택이다.

제국은 통화를 통해 종말이 다가오고 있음을 알 수 있다. 제국의 통화가 더 이상 안전하게 여겨지지 않으면 투자자들은 신뢰를 잃는다. 그러면 제국은 사실상 자금이 바닥난다. 국채를 팔려고 경매를 열어도 구매자들이 나타나지 않는다. 설령 나타난다 해도 부실 채권을 보유하는 대가로 엄청나게 높은 수익률을 요구한다. 이런 변화가 하룻밤 사이에 일어나지는 않는다. 그래도 그 속도는 아주 빠를 수 있다. 이 경우 제국은 예산을 줄여서 갖고 있지도 않은 돈을 쓰는 일을 중단하는 수밖에 없다.

사실 최근에 정부 기능을 축소해야 했던 선진국은 제국이 아니라 스웨덴이나 그리스 같은 소국이었다. 그럼에도 재정적 쇠퇴와 깨달음의 과정은 상당히 비슷하게 진행되었다. 위기에 처했음을 깨달은 후 다른 해결책을 시도한 나라도 있다. 이 나라는 부채를 갚기 위해 더 많은 돈을 찍어냈다. 그 결과 경제적 어려움이 심화되었고, 초인플레이션(hyperinflation)이 발생했다. 이 나라는 바로 아르헨티나다. 다른 나라들은 정신을 차리고 경로를 바꾸는 쪽을 선택했다. 역사가 주는 한 가지 교훈은 영원히 지속될 수 없는 것은 결국 멈추게 된다는 것이다. 금융 강국을 포함한 어떤 나라도 자신의 지위를 당연하게 여겨서는 안 된다.

어니스트 헤밍웨이(Ernest Hemingway)가 쓴 《태양은 다시 떠오른다》는 1920년대의 '잃어버린 세대'에 대한 이야기를 담고 있다. 이 소설에 등장하는 타락한 인물들 중 하나는 자신이 어떻게 파산했는지 이렇게 설명한다. "천천히, 그러다가 갑자기 진행되는 두 가지 방식으로"라고. 경제학자인 루디거 돈부시(Rudiger Dornbusch)는 나중에 이 말을 금융 위기에 대한 지혜로운 격언으로 해석했다. 그는 1990년대 초반에 멕시코를 위시한 여러 나라에서 부채로 인한 금융 위기가 진행되는 모습을 지켜본 후 이렇게 말했다. "위기는 생각보다 훨씬 늦게 찾아오며, 생각보다 훨씬 빨리 진행된다".[21] 수세기 동안 위기는 이런 양상으로 전개되었으며 앞으로도 그럴 것이다.

21세기 자본주의

언젠가는 개혁을 강제할 만큼 크고 갑작스러운 충격이 가해질 것이다. 그 개혁은 자본주의의 일상적 위기를 전면적으로 완화하거나 되돌릴 수 있을 만큼 강제적일지도 모른다. 현재 시스템을 바로잡는 방법에 대한 논의는 새롭거나 개정된 규정, 규제, 법규에 초점을 맞춘다. 그중 다수는 타당하다. 그러나 전체적으로 보면 문제의 핵심, 즉 과도하게 시장을 보호하는 정부와 그에 따른 구제 금융 문화에 여러 겹의 구절, 단락, 페이지를 덧붙이는 것에 불과하다. 그럼에도 불구하고 현재 유행 중인 숙명적인 비관론을 거부하고자 한다면, 새롭게 활력을 되찾은 21세기 자본주의 모델이 어떤 모습일지 생각해볼 가치가 있다.

우선 알아둬야 할 점이 있다. 모든 고통을 이겨내는 국민의 역량을 믿던 미국 정부의 신뢰는 이제 약간만 어려워져도 공적 자금을 동원하려는 충동으로 바뀌었다. 이런 문화적 반사 작용은 의료 분야에서도 나타난다. 미국의 '통증 관리 혁명'은 가벼운 부상조차 강력한 마약성 진통제로 치료하도록 권한다. 이는 미국에서 발생하는 상해 사망의 주된 요인이 되었다. 이런 문화적 반사 작용은 좋은 의도에도 불구하고 자본주의가 빚에 중독되도록 만들고 있다. 보건 당국은 진통제 남용이라는 구렁텅이에서 벗어날 길을 찾기 시작했다.[22] 금융 당국도 그 뒤를 따라야 한다. 그러기 위해서는 시인 로버트 프로스트(Robert Frost)의 시가 전하는 조언에서 시작하는 것이 바람직하다. "삶에서 어느 정도의 고통은 불가피하며, 유일한 출구는 끝까지 견디는 것"이다.

갈수록 비대해지는 정부가 경제에 미치는 영향을 분석한 수많은 문헌이 있다.[23] 전부는 아니지만, 그중 다수는 장기적으로 악영향을 미친다는 사실을 확인시켜준다. 경제학자인 리비오 디 마테오(Livio Di Matteo)는 《21세기의 정부 평가(Measuring Government in the Twenty-First Century)》에서 '두어 가지' 사례를 제시하겠다더니, 결국에는 20개의 연구 결과를 인용한다. 이 연구 결과들은 정부의 영향이 하나의 곡선을 그린다는 것을 보여준다. 즉 덩치를 키워가는 정부는 대개 초기에는 도로와 다른 기본적인 요소에 돈을 쓰면서 성장을 촉진한다. 그러다가 특정 시점 이후에는 추가 지출이 덜 생산적인 분야로 향하게 되며, 점차 한계효과가 줄어든다. 반면 경제적 자유는 수익이 증가하는 경향을 보인다. 경제적 자유도 순위에서 최상위 사분위에 속한 나라들은 평균 소득이 약 4만 5,000달러에 이른다. 이는 최하위 사분위에 속한 나라들보다 거의 8배나 많은 수치다.

정부 지출이 자기 파괴적 수준을 넘었다는 것을 알려주는 명확한 기준은 없다. 그러나 상식은 약간의 기준을 제공한다. 지도자들은 자신의 나라가 어느 수준에 있고, 어디로 가고 있는지 알아야 한다. 다른 나라들보다 더 많은 재정 적자와 부채 부담을 안고 있다면 경쟁력이 약화될 위험이 있다. 따라서 규모를 줄이는 것을 고려해야 한다. 2023년 미국의 상황이 그랬다. 당시 미국의 재정 적자 폭은 선진국 중에서 가장 컸으며, 공공 부채는 일본과 이탈리아에 이어 세 번째로 많았다.

정부가 국가 전체 지출의 절반 이상을 차지하거나 개인 소득의 절반 이상을 세금으로 가져가는 나라는 경제적 자유도가 낮다. 이는 직관적으로, 심지어 도덕적으로도 타당한 평가다. 이 경우 국민은 스스로의 선택이라기보다는 관성에 따라 사실상 국가를 위해 일하는 셈이 된다. 그러면 일종의 조용한 세금 저항이 시작된다. 역사를 보면 1960년대와 1970년대에는 50% 이상의 최고 세율을 적용받는 미국인이 드물었다. 그렇다고 해서 부자들이 세금을 내지 않은 것은 아니었다. 1980년 이후 최고 세율은 50% 미만으로 낮아졌다. 대신 소득 상위 1%에 속한 사람들이 차지하는 비중은 약 2배로 늘었다.[24] 게다가 지금은 연방 세수의 40% 이상을 그들이 감당하고 있다.

다시 말하지만 문제는 균형이다. 18세기의 민주주의 혁명도 세금에 대한 저항, 즉 세금 반란에서 시작되었다. 심지어 공동체적 성격이 강한 프랑스에서도 자유는 평등, 박애와 동등한 지위를 부여받았다. 이제 정부들은 개인적 자유의 영역을 너무 심하게 축소시킨 것은 아닌지 살펴야 한다. 일부 정책 결정자들은 자신이 정부 역량을 동원하는 혁신적인 사상가라 생각한다. 그러나 그들은 사실 전형적인 현상 유지자들이다. 그래서 새로운 위기가 닥칠 때마다 보다 강하게 개입하면 어떻게든 더 나은 결과가 나올 것이라 기대한다. 하지만 그들의 전임자들도 같은 접근법을 수십 년 동안 추구했다.

지도자들은 또한 경제가 이전처럼 빠르게 성장할 수 없다는 사실을 인식해야 한다. 이제 제2차 세계대전 이후의 베이비 붐은 끝났다. 노동 연령 인구가 줄어드는 국가의 수가 1980년에는 2개였지만, 지금은 50개나 된다. 게다가 2040년까지 77개로 늘어날 전망이다. 미국은 2050년 이후 이 집단에 속하게 될 것이다. 노동자가 줄면 성장이 둔화된다. 이는 명백한 사실이다. 정치 지도자들은 부채를 엔진에 쏟아부어서 성장 속도를 억지로 높이려 든다. 하지만 그래봤자 더 많은 부작용만 초래할 뿐이다.

이미 둔화가 진행되고 있다. 세계 경제 평균 성장률을 보면 전후에는 거의 4%에 육박했지만, 2008년 이후에는 3% 미만으로 떨어졌다.²⁵ 뒤이은 10년 동안 어떤 주요 선진국도 이전의 50년만큼 빠른 경제 성장을 이루지 못했다. 인구 감소의 영향을 줄이기 위해 정부가 취할 수 있는 조치들이 있다. 가령 충분한 일자리를 얻지 못한 남성, 여성, 은퇴자, 경제적 이민자들이 노동 인구로 진입 및 재진입하도록 문을 열어줄 수 있다. 그러나 진짜 문제는 출산율 하락은 전 세계적인 현상이며 어떤 나라도 거기서 벗어날 수 없다는 점이다.

선진 자본주의 국가가 달성할 수 있는 최대 성장률은 1%에서 2%를 넘지 못한다. 이는 제2차 세계대전 이후로 경제 기적을 이루던 시기의 절반에 불과하다. 노동 인구 증가율이 제로로 떨어지는 가운데, 그나마 2%에 가까운 성장률을 올리려면 생산성 혁명이 필요하다. 미국과 다른 자본주의 국가의 지도자들은 생산성 증가율을 2배인 2% 수준으로 끌어올리려고 노력해야 한다. 이는 야심 차지만 달성 가능한 목표다. 실제로 경제적 식견을 갖춘 지도자들은 생산성 향상이 인구 감소를 극복하는 유일한 길임을 잘 안다.

재닛 옐런 재무부 장관은 바이드노믹스를 홍보하는 자리에서 바이든 행정부의 계획을 '현대적 공급 중시 경제학'으로 소개했다.²⁶ 그 목표는 '우리 경제가 생산할 수 있는 가치의 한계를 높이기 위해' 투자를 늘리는 것이었다. 이는 원래의 공급 중시 경제학을 대중화시킨 레이건에 대한 간접적인 찬양이었다. 하지만 옐런은 민간 부문의 생산력을 높이는 데 초점을 맞춘 레이건의 접근법이 실패했다고 주장했다. 바이든 행정부의 관점에서 정부의 적절한 역할은 자본의 흐름을 유도하는 것이었다. 거기에 따르면 생산성을 높이기 위해 연구 개발에, 불평등을 종식시키기 위해 저소득 지역에, 불완전 고용을 종식시키기 위해 지역 전문대학에, 지구 온난화를 늦추기 위해 배터리와 친환경 기술에 자본을 투입해야 했다.

바이든 행정부의 계획은 전체 비용을 고려치 않고 (경제적·사회적·환경적·지리적) 결과를 만들어내려는 의도를 반영한다. 그들은 비용 편익 분석에 따른 전통적인 균형을 사실상 포기했다. 대신 규제 기관에 특정 목표나 공동체에 도움이 되는 규정을 만들 좋은 '기회'를 찾도록 지시했다. 관료들은 사실상 정부가 지원하는 사업가가 되었다. 그들은 최대한의 사회적 파급력을 불러일으키며 시스템을 뒤흔들었다.

중앙은행가들은 경제 현실을 더 가까이에서 접한다. 그들은 부국이 2% 이상의 성장을 달성하는 것은 불가능하다는 사실을 잘 안다. 그럼에도 그들 역시 전 연준 이사인 케빈 워시가 말한 '완벽한 수준에 이른 통화 정책에 대한 믿음'을 드러냈다.[27] 이는 통화 정책을 통해 경기의 등락을 세밀하게 조절할 수 있다는 믿음이다. 그들 중 다수는 거의 현실을 부인하는 것처럼 보인다. 즉 이지 머니가 불평등을 심화시키고 생산성을 저해한다는 증거를 고려하지 않으려 한다. 그 이유는 현재 경로에서 벗어나는 것이 두렵기 때문이다. 그들은 1930년대의 유령에 사로잡혀 있다. 그래서 경제가 어려워지는 일말의 조짐만 보여도 개입하고 싶어 한다.

19세기식 자유방임 자본주의로 돌아갈 수 있는 길은 없다. 불경기가 닥치면 정부는 빈곤층과 실업자들에게 구제책을 제공해야 한다. 또한 금융 시장이 공포로 얼어붙을 때는 자본과 신용이 계속 흐르도록 조치를 취해야 한다. 하지만 최근 수십 년 동안 고통 없고 끝없는 성장을 추구한 실험은 너무 비현실적이고, 비생산적이다. 자본주의의 핵심 전제

중 하나는 개인의 자유와 기회를 보장하기 위한 필요 조건으로 정부의 개입이 제한되어야 한다는 것이다. 이 전제는 아직 현대적 환경에서 검증된 적이 없다.

21세기를 위한 진정한 자본주의는 지도자들이 최소한 지난 수십 년 동안의 주요 과잉을 인정하고, 약간의 균형 감각을 회복할 것을 요구한다. 그들은 다시 겸손해져야 한다. 그래서 '우리' 경제 당국이 경기 순환을 통제하는 법을 익혔다고 반복해왔던 주장을 부인해야 한다. 트럼프와 바이든은 끝없는 성장을 창출하려는 캠페인을 새로운 극단까지 밀어붙였다. 그들은 평시 경기 회복 국면에서조차 대규모 부양 조치를 단행해 위험한 선례를 만들었다.

재정 적자는 중요하다. 다만 특정 연도의 재정 적자보다는 장기적으로 공공 부채가 늘어나는 방식이 문제다. 그만큼 사회의 부채 중독이 심화되고, 생산성이 저해된다. 사실 '현대' 경제에서도 불황기에만 상당한 재정 적자를 내고, 회복기에는 다음 위기에 대비해 재정 흑자를 내는 일은 가능하다. 스웨덴은 1990년대에 위기를 겪은 후 그 일이 가능하다는 것을 보여주었다. 최근 위기가 닥칠 때마다 정부 관료들은 너무 적은 지출보다는 너무 많은 지출이 낫다는 주문을 읊어댔다. 앞으로는 이러한 태도를 버리고 균형을 잡아나가야 한다. 또한 구제책은 도움을 요청하는 모든 은행, 기업, 산업, 시, 주, 우방을 만족시키기 위해서가 아니라 최후의 수단으로 마련되어야 한다.

중앙은행들은 인플레이션이 단지 물가 상승 문제를 넘어선 중요한 의미를 지닌다는 사실을 이미 알고 있다. 인플레이션이 자산 가격을 밀어 올리면 경제 전체에 위협이 가해진다. 앞으로는 이러한 지식을 토대로 행동에 나서야 한다. 버블 붕괴 후 사후 수습만 하는 것이 아니라, 가격이 위험한 버블 수준에 이르기 전에 선제적으로 과열된 시장을 진정시켜야 한다. 버블을 심각한 부작용 없이 억제하는 것은 고사하고, 미리 감지하기도 어렵다는 평계는 이제 버려야 한다.

2008년 금융 위기 이후 많은 연구자가 다음 금융 위기를 예상하는 데 도움이 되는 경고 신호들을 살폈다. 그들이 찾아낸 것은 빠른 가격 상승, 정신없이 이뤄지는 과열된 매매, 아마추어 투자자들의 대거 시장 진입 등이었다. 하버드대학교 경영대학원 연구진은 〈예측 가능한 금융 위기(Predictable Financial Crises)〉라는 논문에서 금융 위기가 '하늘에서 떨어진 날벼락'과 같다는 주장에 반박했다. 그들은 버블을 정확하게 감지할 확률을 80% 이상으로 높여주는 요소들을 찾아냈다.[28]

대규모 금융 위기를 가장 꾸준하게 알려주는 조짐은 부채 규모가 아니라 부채의 증가 속도다. 부채 광풍은 분명하게 드러난다.[29] 나는 1960년까지 거슬러 올라가 150개국의 데이터를 살폈다. 그 결과 민간 부채가 5년 이상 빠르게 늘어나면 경기가 대개 이후의 5년 동안 둔화된다는 사실을 확인했다. 부채가 많이 쌓일수록 경기 둔화폭이 커졌다. 가령 부채가 GDP에서 차지하는 비중이 연간 5%p 늘어나면, 뒤이은 기간 동안 경제 성장률은 3분의 1만큼 낮아졌다. 이 사실은 2008년을 기점으로 미국에서 일어난 변화를 적절하게 설명한다.[30] 민간 부채 버블이 터지면 대개 정부가 개입해 사태를 수습한다. 그에 따라 대출 조건이 완화되면서 공공 부채가 급증한다.

버블이 포착되면 '억제책'이라는 일반적인 범주로 묶이는 여러 대응 방법을 동원할 수 있다. 이를 실제로 실행했다면 대개 지난 20년 동안 우리가 봤던 것보다 더 높은 금리로 이어졌을 것이다. 중앙은행은 앞으로 이러한 기조를 최대한 빨리 실행에 옮겨야 한다.[31] 그래야 오늘날의 세계가 직면한 가장 큰 위험에 대응할 수 있다. 1930년대의 위험은 과거에 남겨둬야 한다. 당시의 금융 시장은 GDP에서 차지하는 비중이 작았다. 반면 지금의 금융 시장은 실물 경제보다 더 큰 규모를 자랑한다.

2008년 이후 취해진 가장 급진적인 조치는 일본의 경로를 따라간 것이었다. 자본주의 진영의 여러 중앙은행은 채권 시장에서 채권 및 기타 자산을 사들이는 대형(흔히 최대) 매수자가 되었다. 미국의 경우 2007년에서 2009년까지 이어진 대침체 때 1차 매입이 이뤄졌다. 문제는 뒤이은 경기 회복기에도 매입이 이뤄졌다는 것이다. 2010년대 말까지 연준이 10년 동안 매입한 규모는 17세기까지 거슬러 올라가는 이전의 총 매입 규모를 넘어섰다. 이만한 규모의 매입은 금융 시장에서 가격 상승을 초래하고, 가격 신호를 심하게 왜곡하기 마련이다. 실제로도 그런 일이 일어났다. 21세기를 위한 자본주의는 이처럼 특히 경기 회복기에 과도하게 실험적인 매입을 자제해야 할 것이다.

정책 결정자들은 특정한 통념에 지나치게 매몰되는 일을 피해야 한다. 그것은 자본주의가 지닌 모든 문제의 해결책을 규칙 개정에서 찾을 수 있다는 통념이다. 물론 세법, 대출 규정, 중앙은행의 의무, 복지 혜택 제공 조건, 240권에 달하는 전체 규정은 모든 세부 사항까지 중요한 의미를 지닌다. 이런저런 규칙을 합리화하는 방안에 대해 수천 개의 실용적인 제안이 제기된다. 하지만 이런 제안들은 해결책이 되지 못한다. 일련의 규칙 및 세부 규칙을 조정하는 것만으로는 쇠퇴가 확산되는 속도를 늦추지 못한다. 지금처럼 정부가 경제 시스템에 합리적인 수준보다 더 많은 돈을 쏟아붓는 한은 그렇다.

여러 나라 정부들은 반세기 동안 과도하게 쌓은 토대를 더욱 키워 나갔다. 그 이유는 모두를 만족시키려 들었기 때문이다. 하지만 연이은 설문 조사 결과를 보면 갈수록 그들의 인기와 신뢰도가 떨어지고 있다. 그들은 자기 무덤을 점점 더 깊이 파고 있다. 즉 지속적인 개입을 통해 생산성 급감에 크게 기여함으로써 글로벌 경기 둔화를 심화시키고 있다. 확고하게 시장에 개입한 나라일수록 생산성 증가율이 심하게 둔화되었다. 전후 최대치를 기준으로 생산성 증가율 하락 폭을 보면 일본의 경우 9%에서 0% 수준으로, 유럽 주요국의 경우 6%에서 0.5%로 하락했다. 제한적 정부의 원조 국가이던 미국의 하락 폭은 비교적 작아서 2.5%에서 1% 수준으로 하락했다. 하지만 지금은 더 크고 덜 효율적인 정부를 향해 자본주의 진영을 이끌고 있다. 안타깝게도 진정으로 되돌려야 할 흐름을 거스르지는 못할 것이다.

경제에 대한 과거의 인식을 바꿔야 한다. 자본주의 진영의 지도자들은 시장 경제를 하나의 기계로 생각하고 표현하는 경향이 있다. 그들이 보기에 이 기계를 조작하는 엔지니어들은 '성장 엔진을 세밀하게 조정하는' 능력을 갖추고 있다. 그러나 경제는 기계보다는 숲이나 바다 같은 자연 생태계, 엔진보다는 복잡한 유기체에 가깝다. 모든 개인의 건강과 번영은 셀 수 없이 많은 자유로운 상호작용에 의존한다. 인간이 이런 환경에 개입하는 것은 시스템과 자신들에게 커다란 위험을 초래한다.

대단히 아이러니한 점이 하나 있다. 현대의 유권자들, 특히 청년들은 지도자들에게 자연 생태계의 취약성을 존중할 것을 요구한다. 그들은 정치인들이 번영을 위해 숲을 없애거나, 강을 막거나, 산을 깎으려 하면 가만있지 않을 것이다. 인류가 부작용 없이 자연을 재구성하도록 해주는 도구로써 과학에 대한 믿음은 거의 사라졌다.

동시에 지도자들은 대중적 인기에 편승해 시장 경제에 개입하겠다는 제안을 낸다. 시장 경제는 80억 명이 참가하는 전 세계적 생태계다. 정치 지도자들은 사업 환경을 되살리고 재구성하기 위해, 이런저런 목적으로 갈수록 극단적인 실험을 단행한다. 그러면 대개 기득권층은 박수를 친다. 그에 따라 경제학의 자만심은 계속 커져만 간다. 하지만 경제학은 스스로 생각하는 것만큼 확고한 '과학'과는 거리가 멀다. 현재 정부와 중앙은행은 별로 반발에 직면하지 않고 있다. 오히려 여론 주도층은 그들에게 시장에 개입하라고 부추긴다. 경제 시스템에 돈을 쏟아부어서 성장을 촉진하라고, 확고한 규제망을 통해 자본 흐름을 유도하라고, 구제 금융으로 좀비와 다른 침입종까지 육성하라고 부추긴다.

자연과학은 삶이란 재에서 재로 끊임없이 변신하는 하나의 주기라고 가르친다. 정치 지도자들은 이 교훈을 간과한다. 그들은 죽지도 않고, 재로 돌아가지도 않으면서 끊임없이 성장하는 비결을 안다고 주장하는 경제 자문들의 말을 듣는다. 이는 불가능한 일이다. 그런데도 그들은 삶의 주기를 통제할 수 있다고 주장한다. 더 많은 피해를 입히기 전에 그들의 오만함을 인식하고 억눌러야 한다. 자본주의는 여전히 경제적·사회적 진보를 이루기 위해 인류가 품을 수 있는 최고의 희망이다. 다만 그러기 위해서는 자유롭게 작동할 수 있어야 한다.

감사의 말

이 책은 팬데믹의 산물이다. 나는 전 세계적으로 봉쇄령이 절정에 달해 모두가 집에 갇혀 있던 2020년 여름에 이 책을 기획했다. 그 어둡고 외롭던 시기는 많은 사람에게 삶을 바꾸는 수많은 결정을 내리는 촉매제로 작용했다. 거기에는 내가 25년 동안 일하던 회사를 떠나 가장 야심 찬 집필 프로젝트를 시작하겠다는 결정도 있었다.

그러나 여전히 바뀌지 않은 채 남은 것도 있다. 내 삶의 중요한 사람들이다. 그들은 오랫동안 글쓰기에 대한 나의 열정을 북돋아주었다. 그런 측면에서 누구보다 중요한 사람은 토니 에머슨(Tony Emerson)이다. 우리는 20년 전에 서로를 알게 되었다. 당시 나는 〈뉴스위크〉에 칼럼을 기고하기 시작했고, 그는 나의 칼럼을 편집해주었다. 우리는 2011년에 집필을 위한 협력을 시작했다. 이후로 우리가 서로 소통하지 않은 날이 드물었다. 그는 지속적으로 나의 생각을 다듬어주었고, 나의 의견을 걸러주었으며, 나의 수많은 아이디어를 글로 옮겨주었다. 이 책은 본질적으로 그가 기울인 노력의 결실이다.

심란 바르가바(Simran Bhargava)는 25년 가까이 가장 친한 친구 중 한 명이자 내 인생의 멘토다. 그녀는 내가 아는 최고의 저술가다. 나는 지속해서 그녀의 놀라운 재능을 빌려서 생각을 다듬었다. 또한 가장 효과적인 제안들도 얻을 수 있었다. 그녀는 경제학을 거의 모른다고 말한다. 하지만 이 책에 담긴 많은 내용에 대해 끊임없이 의견을 제시해주었다.

나의 여동생인 슈미타 데베슈와르(Shumita Deveshwar)는 누구보다 나의 글을 많이 읽었다. 그녀는 오랫동안 나의 칼럼을 사전에 편집해주었다. 또한 놀라울 정도로 디테일에 강해서 나의 모든 책을 꼼꼼히 검토해주었다. 그녀는 경제학자이자 매우 헌신적인 엄마로서 할 일이 넘쳐난다. 그럼에도 이 책까지 편집해주겠다고 고집했다. 에머슨은 그녀의 편집이 이번에도 훌륭했다는 사실을 인정했다.

나는 25년 동안 모건스탠리에서 일했다. 덕분에 여러 사람과 매우 끈끈한 관계를 맺게 되었다. 하지만 시릴 무예-베르토(Cyril Moulé-Berteaux)보다 끈끈한 관계를 맺은 사람은 없다. 그는 내가 아는 한 최고의 분석력을 지녔다. 나는 새로운 아이디어가 떠오를 때마다 항상 그에게 먼저 검증을 받는다. 그는 이 책을 자세히 살펴보고 대단히 날카로운 제안을 해주었다. 우리는 그의 제안을 중심으로 여러 주요 부분을 재구성했다. 나로서는 참으로 운이 좋았다.

또한 나는 모건스탠리에서 비크람 팬디트(Vikram Pandit), 그레그 플레밍(Greg Fleming)과도 아주 좋은 인연을 맺었다. 이 두 사람은 우리 업계의 전설적인 인물들로서 나의 멘토이기도 했다. 팬디트는 초고를 읽고 귀중한 의견을 제시했을 뿐 아니라 최대한 빨리 출판하라고 종용했다. 플레밍의 거시 경제적 안목은 오랫동안 높은 평가를 받아왔다. 그는 다른 리더들이 지지하지 않을 때조차 굳건하게 나를 지켜주었다. 가령 나의 의견이 회사 내에서 너무 도발적이라고 비판받을 때 나를 변호해주었다. 그의 아낌없는 지지에 감사드린다.

나는 플레밍과 상의한 후 새로운 사업을 위한 팀을 구성했다. 우리의 팀은 안정적이고 친숙한 핵심 멤버들과 새로운 인재들이 혼합되어 있다. 나로서는 더없이 만족스러운 구성이다. 로힛 고엘(Rohit Goel)이 이끄는 우리의 새로운 거시 경제 연구팀은 아푸르브 바르가바(Apoorv Bhargava), 재커리 아포이언(Zachary Apoian)과 함께 이 프로젝트를 위한 두뇌 집단을 구성했다. 우리 업계는 원래 장시간 근무로 유명하다. 거기서 오랜 경력을 쌓은 나도 그들보다 더 열심히 일하는 사람을 보지 못했다. 고엘, 바르가바, 아포이언의 야근이 아니었다면 이 프로젝트를 제때 끝내지 못했을 것이다.

비랄 아차르야는 나와 새롭게 인연을 맺은 또 다른 사람으로서 이 책의 논지를 강화하는 데 중요한 역할을 했다. 그는 금융학계에서 가장 두드러지는 스타이자 학자 중 한 명이다. 그런 그가 아주 오랫동안 이 책의 원고를 읽어주었다. 나로서는 참으로 운이 좋은 일이었다. 그는 자세한 참고 사항을 적어주었고 금융 자본주의의 역학 관계와 부작용에 대한 통찰을 제공해주었다. 이는 그와 같은 수준의 역량과 전문성을 갖춘 사람만이 제공할 수 있는 것이었다.

내가 팬데믹 기간에 내린 또 다른 중대 결정은 출판사를 바꾸는 것이었다. 그 이유는 사이먼앤슈스터(Simon&Schuster)의 로버트 메신저

(Robert Messenger)가 이 책의 출간 제안에 엄청난 열의를 보였기 때문이다. 요즘 동료 저술가들 중에는 출판사의 편집 품질이 나쁘다고 불평하는 사람이 아주 많다. 그런 시절에 메신저는 저술가의 꿈과도 같은 존재다. 그는 유능하고 꼼꼼한 편집자일 뿐 아니라 처음부터 끝까지 주인의식을 갖고 열성적으로 일했다.

나의 오랜 출판 에이전트 앤드류 와일리(Andrew Wylie)가 없었다면 이 모든 일은 불가능했을 것이다. 그는 폭넓은 지식과 능력을 갖췄고, 항상 저자의 이익을 우선시하며, 번개처럼 빠르게 응답하는 것으로 업계의 전설이 되었다. 또한 그는 새 출판사로 옮기는 것의 장점을 즉시 파악하고 전체 과정을 세심하게 이끌어주었다.

나는 운 좋게도 펭귄랜덤하우스(Penguin Random House)를 통해 해외 시장에 책을 출간하게 되었다. 그 주된 이유는 유명 편집자인 스튜어트 프로핏(Stuart Proffitt)이 거기서 일하기 때문이었다. 프로핏이 이 프로젝트를 맡게 되었다는 사실을 알고 매우 기뻤다. 과거에 같이 일하면서 아주 좋은 경험을 했기 때문이다. 그는 세부와 전체를 아울러 보고, 200페이지를 읽을 때도 2페이지에 나온 내용을 기억하며 문제점을 지적하는 유형의 편집자다. 저술가는 이런 편집자를 원한다. 다행히 런던의 펭귄랜덤하우스 편집팀은 나의 모국인 인도에 있는 정예 편집팀과 같이 작업한다. 거기에는 고라브 슈리가네시(Gaurav Shriganesh) 같은 고참 편집자도 포함되어 있다. 나는 그의 조언을 대단히 중시한다.

나는 최대한 폭넓은 독자층을 염두에 두고 이 책을 쓰려고 노력했다. 그러기 위해서 내가 존중하는 지성과 신뢰하는 의견을 가진 사람들에게 조언을 구했다. 그중 한 명이 프랭크 위즈너(Frank Wisner)다. 나는 거의 30년 전에 그가 주인도 대사였을 때 그를 처음 만났다. 그는 내가 아는 사람 중에서 가장 많이 여행했고, 가장 많은 책을 읽었다. 최종 원고가 초고에 대한 그의 예리한 지적대로 크게 개선되었기를 바란다.

나의 변호사인 프라카시 메타(Prakash Mehta)는 국제 정세에 밝다. 그는 초고를 여러 번 읽고 중요한 제안을 해주었다. 같은 일을 해준 내 친구 로히니 말카니(Rohini Malkani)에게도 감사드린다. 거의 30년 동안 경제학 교수였던 말카니 같은 사람이 내 글에 깊은 열의를 보이는 것은 매우 기쁜 일이다.

나는 스티븐 쿼트리(Steven Quattry)의 의견을 구하지 않고 이 책을 마무리하고 싶지 않았다. 그는 모건스탠리에서 우리 팀의 일원으로 함께 일했던 동료로서, 내가 아는 사람 중에 최고이자 가장 왕성한 독자다. 그도 이 책에 대해, 특히 독자들이 여러 부분을 어떻게 받아들일지에 대해 아주 유용한 논평을 해주었다.

이처럼 많은 뛰어난 사람들이 이 책을 완성하는 데 도움을 주었다. 그들과 함께 내가 저술가가 되는 데 도움을 준 사람들에 대한 감사 인사도 빠트릴 수 없다. 파리드 자카리아(Fareed Zakaria)는 내게 친한 친구 이상의 존재다. 그는 시사 분야의 거물이지만, 자신의 성공을 내세우지 않으며 다른 사람들의 경력에 진정으로 관심을 기울인다. 이 책이 나오게 된 한 가지 이유는 내가 기본적인 아이디어를 처음 들려주었을 때 그가 책으로 펴낼 만하다고 말했기 때문이다. 도움이 필요할 때 항상 전화를 받아준 난단 닐레카니(Nandan Nilekani)와 수케투 메타(Suketu Mehta)에게도 감사드린다.

브릿 해리스(Britt Harris)는 투자업계에서 가장 존경받는 인물 중 한 명이자 장기적인 관계의 중요성을 믿는 사람이다. 그는 텍사스 A&M 대학교의 교수로서 학생들에게 독서를 권장한다. 나는 이 프로젝트의 초반에 그의 자발적인 도움을 받았다. 그는 대학원 수업을 통해 이 프로젝트와 관련된 배경을 제공하는 책들을 요약해주었다. 대학원생들의 뛰어난 작업물은 대단히 유용한 자료가 되어주었다. 해리스에게 감사드린다.

나의 친한 친구인 라디카 로이(Radhika Roy)와 프라노이 로이(Prannoy Roy)에게도 감사의 마음을 전한다. 그들은 이 책의 내용과 관련된 많은 사안에 대해 관심을 보이고 조언해주었다. 유세 현장 취재 여행과 휴가 동안 지적 자극을 주는 대화를 나눈 여행 동료들에게도 감사드린다. 많은 경우 그들과의 대화는 이 책의 일부가 된 새로운 통찰로 이어졌다.

이들 모두는 내 삶의 바퀴를 계속 돌아가게 해주는 단 한 사람이 있다는 것을 안다. 그 사람은 바로 폴 와이너(Paul Weiner)다. 그가 없었다면 내 삶의 바퀴는 멈추고 말았을 것이다. 그는 크리스틴 드수자(Christine Dsouza)의 유능한 지원을 받아 모든 일을 수월하게 처리한다. 내가 편하고 안정된 직장인 모건스탠리를 떠난다고 말했을 때, 그들은 어디든 나와 함께하겠다고 말해주었다. 너무나 감동적이었다.

이 탁월한 사람들이 모두 든든한 지지 기반이 되어주었다. 그리고 내 삶의 토대는 부모님이다. 두 분은 아무 조건 없는 사랑을 베풀어

주시며 항상 최고의 응원단이 되어주신다. 이 책이 어떤 평가를 받든, 너무나 뛰어난 지원자들과 굳건한 가족들을 내 편으로 둔 것은 집필(그리고 삶의) 프로젝트를 아주 특별하게 만들어주었다. 모두에게 진심으로 감사드린다.

참고 자료

요약 설명 및 계산 방식

지표	기간	출처(국가/지역)	계산 방식/참고 사항
GDP 대비 중앙정부 세수 비중	1980~2021년	일본 내각부 및 세계은행(일본), 국립통계청 및 세계은행(스페인), 세계 개발 지표, 나머지 주요 자본주의 국가에 대해서는 세계은행	
GDP 대비 중앙정부 부채 비중	1954~2022년	IMF(독일, 프랑스, 이탈리아, 스페인, 영국), 일본은행(일본), 백악관 예산관리국(미국)	
GDP 대비 재정 적자 비중	1954~2022년	재정경제부(프랑스), 독일연방은행(독일), 이탈리아은행(이탈리아), 스페인은행(스페인), 일본 내각부(일본), 국립통계청(영국), 백악관 예산관리국(미국)	일본과 독일을 제외한 모든 국가는 중앙/연방정부 기준
GDP 대비 정부 지출 비중	1954~2022년	재무부, 경제분석국(미국), 세계은행(프랑스), 독일연방은행, 연방통계청(독일), 이탈리아은행, 국립통계청(이탈리아), 국가 행정 총감사국/스페인은행, 국립통계청(스페인), 재무성, 내각부(일본), 국립통계청(영국)	일본을 제외한 모든 국가는 중앙/연방정부 기준
GDP 대비 총부채 비중	1960~2022년	IMF, 국제결제은행, 일본은행, 백악관 예산관리국(미국)	정부, 가계, 비금융 부문 부채의 총합
GDP 대비 금융 시장 규모	1975~2021년	세계은행, IMF, 국제결제은행, 일본은행, 백악관 예산관리국(미국)	국내 상장사 시가총액(GDP 대비 %)+위 수치(총부채) 총합
부양책 규모*	1980, 1981, 1990, 2001, 2008, 2020년	▶ 통화 부양책-국가별 출처: 연준, 경제분석국(미국), 영국 중앙은행(영국), 일본은행(일본), 유럽 중앙은행, 유럽연합통계청(유럽연합). ▶ 재정 부양책-국가별 출처: 백악관 예산관리국(미국), 국립통계청(영국), 내각부(일본), IMF(유럽연합). ▶ 대차대조표 외 부양책: UBS * 부양책 규모가 정점에 달한 시기가 불경기 발생 연도와 달라서 일부 데이터는 직접 확인해 선별함	▶ 통화 부양책: 중앙은행 자산 변동(GDP 대비 %). ▶ 재정 부양책: 일반 정부 기초 재정 수지의 전년 대비 변동(데이터가 없는 경우 연방 기초 재정 수지 활용). ▶ 대차대조표 외 부양책은 활용된 대출 보증 규모를 반영함

장기 노동 생산성 증가율	1870~1998년	앵거스 매디슨(Angus Maddison)의 《세계 경제: 1,000년의 관점(The World Economy: A Millennial Perspective)》, 표 E-8	노동 시간당 GDP 증가율
최근 노동 생산성 증가율	1950~2023년	콘퍼런스 보드(Conference Board)의 총 경제 데이터베이스(Total Economy Database)(2023년 4월) 중 산출량, 노동, 노동 생산성 관련 데이터 세트	노동 시간당 노동 생산성 증가율
최근 총요소생산성 증가율	1955~2019년	펜 월드 테이블(Penn World Table 10.01)(2023년 1월)	변수: g_rtfpna(국가별 불변 가격 기준 총요소생산성 증가율 [2017=1])

주

'브레이크아웃캐피털(Breakout Capital) 산정'이라는 표현은 우리의 자체 연구 결과 및 관련 데이터베이스를 참고했다는 뜻이다. 거기에는 헤이버애널리틱스(Haver Analytics)부터 세계은행, IMF까지 여러 주요 기관의 자료가 포함된다. '마스터 데이터(Master Data)'는 내가 별도로 만든 데이터 세트를 뜻한다. 그 목적은 미국과 다른 주요 자본주의 국가들을 최대한 멀리 거슬러 올라가 오랜 시계열에 걸쳐 일관되게 비교하는 것이다. 마스터 데이터는 정부 지출, 재정 적자, 세수, 부채, 금융 시장 규모, 경기 침체기의 부양책 규모, 생산성 증가율을 포괄하며, 가장 신뢰할 수 있는 자료를 활용한다. 우리가 LCE라 부르는 7대 주요 자본주의 국가(미국, 일본, 영국 그리고 유럽 연합 4대 회원국인 독일, 프랑스, 이탈리아, 스페인)를 선정한 기준은 경제 규모와 비교 가능한 역사적 데이터의 가용성이다. 구체적인 자료 출처와 계산 방식에 대한 설명은 앞 페이지의 표에 기재되어 있다.

프롤로그

1 Manmohan Singh, "Budget 1991 – 92," 1991년 7월 24일 뉴델리에서 한 연설 내용, https://www.indiabudget.gov.in/doc/bspeech/bs199192.pdf.
2 중국 증시는 약 40배 상승한 12,500달러를 기록함. IMF 데이터에 기반한 브레이크아웃캐피털 산정.
3 "The American Left and Right Loathe Each Other and Agree on a Lot," *The Economist*, 2023. 7. 13.

서문

1 Ronald Reagan, "Farewell Address to the Nation," Washington, DC, 1989. 1. 11, https://www.reaganlibrary.gov/archives/speech/farewell-address-nation.
2 Lindsay Maizland and Eleanor Albert, "The Chinese Communist Party," Council on Foreign Relations Backgrounder, 2022. 10. 6.
3 Ray Dalio, Bloomberg TV, 2020. 7. 2, https://www.bloomberg.com/news/videos/2020-07-02/dalio-says-capital-markets-are-no-longer-free-markets-video (at 3:47).
4 Orion Rummler, "Sanders Defends Socialism: 'We Are Living, in Many Ways, in a Socialist Society Right Now,'" *Axios*, 2020. 2. 19.
5 Stef W. Kight, "70% of Millennials Say They'd Vote For a Socialist," *Axios*, 2019. 10. 28.
6 Stef W. Kight, "Exclusive Poll: Young Americans Are Embracing Socialism," *Axios*, 2019. 3. 10; "Americans' Views of Government: Low Trust, but Some Positive Performance Ratings," Pew Research Center, 2020. 9. 14, https://www.pewresearch.org/politics/2020/09/14/americans-views-of-government-low-trustbut-some-positive-performance-ratings/.
7 Jamelle Bouie, "The Era of Small Government Is Over," *New York Times*, 2020. 3. 18; Gary Gerstle, "The Age of Neoliberalism Is Ending in America," *The Guardian*, 2021. 6. 28; Justin Lahart, "The Era

of Big Government Is Back," *Wall Street Journal*, 2021. 6. 25.
8   Gary Gerstle, *The Rise and Fall of the Neoliberal Order: America and the World in the Free Market Era* (Oxford: Oxford University Press, 2022), 121.
9   Jonathan Levy, *Ages of American Capitalism: A History of the United States* (New York: Random House, 2021), 590.
10 J. Bradford DeLong, *Slouching Towards Utopia: An Economic History of the Twentieth Century* (New York: Basic Books, 2022), 14.
11 Louis Menand, "The Rise and Fall of Neoliberalism," *New Yorker*, 2023. 7. 24.
12 15개 부서 중 7개는 아직 만들어지지 않았다. 참고 자료: "The President's Cabinet," InfoUSA, U.S. Department of State, https://usinfo.org/enus/government/branches/ben_cabinet.html.
13 U.S. Census Bureau, "Historical Statistics of the United States: Colonial Times to 1970, Series Y 308-317, Paid Civilian Employment of the Federal Government: 1816 to 1970," https://ia600407.us.archive.org/4/items/HistoricalStatisticsOfTheUnitedStatesColonialTimesTo1970/us_historical_statistics_colonial_times_to_1970.pdf; "Federal Government—Employment:1901 to 2002," https://www2.census.gov/library/publications/2004/compendia/statab/123ed/hist/hs-50.pdf.
14 "Bicentennial Edition: Historical Statistics of the United States, Colonial Times to 1970," U.S. Census Bureau, 1975. 9; Michael Schuyler, "A Short History of Government Taxing and Spending in the United States," Tax Foundation, 2014. 2. 19, https://taxfoundation.org/research/all/federal/short-history-government-taxing-and-spending-united-states/.
15 전체 정부(주정부 및 시정부 포함)의 역사적 지출 및 세수 데이터는 IMF의 〈현대사의 공공 재정(Public Finances in Modern History)〉에서 가져왔다. 해당 데이터는 다음 자료에 기반한다. Paulo Mauro, Rafael Romeu, Ariel Binder and Asad Zaman, "A Modern History of Fiscal Prudence and Profligacy," *Journal of Monetary Economics*, 2015, vol. 76, 5-70.
16 브레이크아웃캐피털 산정, 세계은행, Indicator Code: GC.TAX.TOTL.GD.ZS.
17 마스터 데이터 기반 브레이크아웃캐피털 산정.
18 IMF, 일본은행, 백악관 예산관리국 데이터 기반 브레이크아웃캐피털 산정.
19 Jeanna Smialek, *Limitless: The Federal Reserve Takes on a New Age of Crisis* (New York: Alfred A. Knopf, 2023), 139, 201, 218-34, 277, 282.
20 상동, 139, 202, 282.
21 Vanda Felbab-Brown et al., "The Opioid Crisis in America," Brookings Institution, 2020. 6. 22, https://www.brookings.edu/articles/overview-the-opioid-crisis-in-america/.
22 마스터 데이터 기반 브레이크아웃캐피털 산정.
23 국제금융협회(Institute of International Finance), 세계은행, IMF 데이터 기반 브레이크아웃캐피털 산정.
24 마스터 데이터 기반 브레이크아웃캐피털 산정.
25 Shuli Ren, "Who's to Blame for Fallen Angels and Sinking Demons?," *Bloomberg*, 2020. 4. 6, https://www.bloomberg.com/view/articles/2020-04-06/coronavirus-fed-rescue-could-exacerbate-unhealthy-credit-market#xj4y7vzkg.
26 유엔, 헤이버애널리틱스 데이터 기반 브레이크아웃캐피털 산정.
27 Anu Bradford, *The Brussels Effect: How the European Union Rules the World* (New York: Oxford University Press, 2020), 16.
28 Richard J. Caballero and Mohamad L. Hammour, "The Cleansing Effect of Recessions," *American Economic Review* (1994. 12).
29 Stephanie Krikorian, "'Tax the Rich' Protesters Descend on the Hamptons," *Vanity Fair*, 2022. 7. 18; Leila Abboud, "Blame the Billionaires? French Left Protests Against Emmanuel Macron's Pension Reform," *Financial Times*, 2023. 2. 1.
30 Josh Bivens and Jori Kandra, "CEO Pay Has Skyrocketed 1,460% Since 1978," Economic Policy Institute, 2022. 10. 4, https://www.epi.org/publication/ceo-pay-in-2021/.
31 David Brooks, "The Power of American Capitalism," *New York Times*, 2022. 10. 4.

32 "The Lessons from America's Astonishing Economic Record," and "America's Economic Outperformance Is a Marvel to Behold," *The Economist*, 2023. 4. 13.
33 Andrew Daniller, "Americans Take a Dim View of the Nation's Future, Look More Positively at the Past," Pew Research Center, 2023. 4. 24, https://www.pewresearch.org/short-reads/2023/04/24/americans-take-a-dim-view-of-thenations-future-look-more-positively-at-the-past/.
34 Jake Sullivan, "Renewing American Economic Leadership," 브루킹스 연구소 강연 내용, Washington, DC, 2034. 4. 27, https://www.whitehouse.gov/briefing-room/speeches-remarks/2023/04/27/remarks-by-national-security-advisor-jake-sullivan-on-renewing-american-economic-leadership-at-the-brookings-institution/.
35 David Wallace-Wells, "America's 'Neoliberal' Consensus Might Finally Be Dead," *New York Times*, 2034. 5. 25.
36 "Green Protectionism Comes with Big Risks," *The Economist*, 2023. 10. 2.
37 Guy Chazan, Laura Pitel and Patricia Nilsson, "Germany Warns Companies to Reduce Dependence on China," *Financial Times*, 2023. 7. 13.
38 Editorial Board, "Biden's Cradle-to-Grave Government," *Wall Street Journal*, 2021. 4. 28; Brian Deese, "Modern American Industrial Strategy," 뉴욕 경제 클럽(Economic Club of New York) 강연 내용, 2022. 4. 20. https://www.whitehouse.gov/briefing-room/speeches-remarks/2022/04/20/remarks-on-a-modern-american-industrial-strategy-by-nec-director-brian-deese/.
39 David E. Sanger, "40 Years After Reagan, a Bet Big Government Can Get Something Done," *New York Times*, 2021. 3. 31.
40 헤이버애널리틱스, 내셔널 소스(National Sources) 데이터 기반 브레이크아웃캐피털 산정.
41 Robert B. Zoellick, "Welcome to Biden's Tale of WOE," *Wall Street Journal*, 2023. 6. 7.
42 바이든 행정부 시기의 주요 지출 법안에 대한 브레이크아웃캐피털의 조사에 기반함. 관련 자료는 언론 보도, 의회예산처, 의회 사이트(Congress.gov) 및 기타 정부 데이터임.
43 Ruchir Sharma, "The Trouble with American Exceptionalism," *Financial Times*, 2023. 7. 16.
44 Scott Remer, "Biden Is Turning Out to Be More Like Obama Than FDR," *In These Times*, 2023. 6. 7, https://inthesetimes.com/article/biden-obama-fdr-debt-ceiling-neoliberal-manchin-berniesanders.
45 "The 2023 Long-Term Budget Outlook," Congressional Budget Office, 2023. 7. 27, https://www.cbo.gov/publication/59014.
46 마스터 데이터, 헤이버애널리틱스, IMF 예측치 기반 브레이크아웃캐피털 산정.
47 Sharma, "The Trouble with American Exceptionalism".
48 Sharma, "The Trouble with American Exceptionalism". 20 Already third highest in the developed world: 여기 및 이 책 전체에 나오는 공공 부채 수치는 (순액이 아닌) 총액 기준임. 이는 IMF 같은 다자 간 기구들이 국가 간 비교 시 활용하는 접근법을 따른 것임.

1장

1 "From Alexander Hamilton to Robert Morris, [1781. 4. 30]," *Founders Online*, National Archives, https://founders.archives.gov/documents/Hamilton/01-02-02-1167; *The Papers of Alexander Hamilton*, vol. 2, 1779–1781, ed. Harold C. Syrett(New York: Columbia University Press, 1961), 604–35.
2 Anthony Howe, "From 'Old Corruption' to 'New Probity'; The Bank of England and Its Directors in the Age of Reform," *Financial History Review* 1, no. 1 (1994. 4): 23–41; Philip Harling, "Rethinking 'Old Corruption,'" *Past & Present* 147, no. 1 (1995. 5): 127–58.
3 Rose Eveleth, "Before the Civil War, There Were 8,000 Different Kinds of Money in the U.S.," *Smithsonian Magazine*, 2012. 12. 12.
4 Levy, *Ages of American Capitalism*, 159.
5 상동, 180.
6 Eric Foner, "The Hidden Story of the North's Victory in the Civil War," *New York Times*, 2022. 3. 8.

7 Levy, *Ages of American Capitalism*, 201.
8 Michael D. Bordo, "A Brief History of Central Banks," Federal Reserve Bank of Cleveland, Economic Commentary, 2007. 12. 1, https://www.clevelandfed.org/publications/economic-commentary/2007/ec-20071201-a-brief-history-of-central-banks; see also Edward Chancellor, *The Price of Time: The Real Story of Interest* (New York: Atlantic Monthly Press, 2022), 76, 82.
9 Levy, *Ages of American Capitalism*, 266; Patrick J. Kiger, "10 Major Labor Strikes Throughout US History," History.com, 2023. 5. 3, https://www.history.com/news/strikes-labor-movement.
10 "The Founding of the Fed," Federal Reserve Bank of New York, https://www.newyorkfed.org/aboutthefed/history_article.html.
11 Tom Clark, "The UK Is Facing Two Lost Decades on Living Standards," *Financial Times*, 2022. 2. 5.
12 Joerg Baten and Matthias Blum, "Why Are You Tall While Others Are Short? Agricultural Production and Other Proximate Determinants of Global Heights," European Review of Economic History 18, no. 2 (2014. 5): 144–65; John Komlos, "Shrinking in a Growing Economy? The Mystery of Physical Stature During the Industrial Revolution," *Journal of Economic History* 58, no. 3 (1998. 9): 779–85.
13 "Striding Tall: US v. USSR," The Globalist, 2017. 10. 7, https://www.theglobalist.com/stridingtall-us-vs-ussr/; "A Great Leap Upward?," The Globalist, 2017. 10. 7, https://www.theglobalist.com/a-great-leap-upward/; "Denmark: A Head and Shoulders Above," The Globalist, 2017. 10. 7, https://www.theglobalist.com /denmark-a-head-and-shoulders-above/.
14 Kevin H. O'Rourke, "Tarrifs and Growth in the Late 19th Century," *Economic Journal* 110, no. 463 (2000. 4): 456–83.
15 Edward L. Glaeser and Andrei Shleifer, "Legal Origins," *Quarterly Journal of Economics* 117, no. 4 (2002. 11), 1193–229, https://doi.org/10.1162/003355302320935016.
16 Oscar Jászi, *The Dissolution of the Habsburg Monarchy* (Burke, VA: Borodino Books, 2018), 이북, 80.
17 James Hamblin, "A Mapped History of Taking a Train Across the United States," *The Atlantic*, 2013. 2. 21.
18 O'Rourke, "Tariffs and Growth in the Late 19th Century," 460–64.
19 Alexander Klein, Max-Stephan Schulze and Tamás Vonyó, "How Peripheral Was the Periphery? Industrialization in East Central Europe Since 1870," 출처: *The Spread of Modern Industry to the Periphery Since 1871*, Kevin H. O'Rourke and Jeffrey G. Williamson 편집 (Oxford: Oxford University Press/Oxford Academic, 2017), 이북, 64–65, https://doi.org/10.1093/acprof:oso/9780198753643.001.0001.
20 Charles Sheeler, *River Rouge Plant*, 1932, Whitney Museum of American Art, New York, oil and pencil on canvas, https://whitney.org/collection/works/1480.
21 Marvin Goodfriend, book review of Allan H. Meltzer, *A History of the Federal Reserve*, Volume 1: 1913–1951 (Chicago: University of Chicago Press, 2003), minneapolisfed.org, 2003년 12월 1일 게시.
22 Matt Stoller, *Goliath: The 100-Year War Between Monopoly Power and Democracy* (New York: Simon & Schuster, 2020), 31; Michael Bordo and Andrew Filardo, "Deflation in Historical Perspective" (Bank for International Settlements Working Paper No. 186, 2005), https://www.bis.org/publ/work186.pdf.
23 Charles Rappleye, *Herbert Hoover in the White House: The Ordeal of the Presidency* (New York: Simon & Schuster, 2016), 28.
24 Chancellor, *The Price of Time*, 89.
25 Robert Shackleton, "Total Factor Productivity Growth in Historical Perspective" (Congressional Budget Office Working Paper 2013–01, 2013), https://www.cbo.gov/sites/default/files/113th-congress-2013-2014/workingpaper/44002_TFP_Growth_03-18-2013_1.pdf.
26 Martha Olney, "Credit as a Production-Smoothing Device: The Case of Automobiles, 1913–1938," *Journal of Economic History* 49, no. 2 (1989): 377–91, https://EconPapers.repec.org/RePEc:cup:jechis:v:49:y:1989:i:02:p:377-391_00.
27 Levy, *Ages of American Capitalism*, 361.

2장

1. Rexford G. Tugwell, *The Democratic Roosevelt: A Biography of Franklin D. Roosevelt* (Garden City, NY: Doubleday, 1957), 350.
2. David C. Wheelock, "The Great Depression: An Overview," Federal Reserve Bank of St. Louis, xi – xiv, https://www.stlouisfed.org/-/media/project/frbstl/stlouisfed/files/pdfs/great-depression/the-great-depression-wheelock-overview.pdf.
3. Smialek, *Limitless*, 160 – 61.
4. Ben S. Bernanke, *21st Century Monetary Policy* (New York: W. W. Norton 2022), 123, 263, 312.
5. Greg Zyla, "Cars We Remember: From 2,000 to 4; A Short History of American Car Companies," *Gainesville Sun*, 2016. 11. 28.
6. "Packard Automobile Plant," Detroiturbex.com, 2013, http://www.detroiturbex.com/content/industry/packard/index.html.
7. Chancellor, *The Price of Time*, 142.
8. Peter Coy, "Here's the Secret Ingredient in Economic Growth," *New York Times*, 2022. 4. 17.
9. Shackleton, "Total Factor Productivity Growth in Historical Perspective".
10. Chancellor, *The Price of Time*, 142 (챈슬러가 필드의 책 제목을 약간 틀리게 씀); Alexander J. Field, *A Great Leap Forward: 1930s Depression and U.S. Economic Growth* (New Haven, CT: Yale University Press, 2012).
11. Liaquat Ahamed, *Lords of Finance: The Bankers Who Broke the World* (New York: Penguin Press, 2009), 339.
12. Chancellor, *The Price of Time*, 88.
13. 상동, 100.
14. Ben S. Bernanke, "Asset-Price 'Bubbles' and Monetary Policy," 전미경영경제학회(National Association for Business Economics) 강연 내용, New York, 2002. 10. 15, https://www.federalreserve.gov/boarddocs/speeches/2002/20021015/default.htm.
15. Bernanke, *21st Century Monetary Policy*, 136; Christopher Klein, "1929 Stock Market Crash: Did Panicked Investors Really Jump from Windows?," History.com, 2019. 3. 7, https://www.history.com/news/stock-market-crash-suicides-wall-street-1929-great-depression.
16. Jason Giordano, "Federal Reserve Becomes Buyer of Last Resort," S&P Dow Jones Indices, 2020. 3. 27, https://www.spglobal.com/en/research-insights/articles/federal-reserve-becomes-buyer-of-last-resort.
17. Claudio Borio, Magdalena Erdem, Andrew Filardo and Boris Hofmann, "The Cost of Deflations: A Historical Perspective," *BIS Quarterly Review*, 2015. 3, 31 – 54, https://www.bis.org/publ/qtrpdf/r_qt1503e.htm.
18. Gerstle, *The Rise and Fall of the Neoliberal Order*, 259; 하버드대학교 경영대학원 행동금융학 및 금융안정성(Behavioral Finance & Financial Stability), 데이터 기반 브레이크아웃캐피털 산정.
19. Christopher Leonard, *The Lords of Easy Money* (New York: Simon & Schuster, 2022), 285 – 86.
20. 상동, 277 – 96.
21. James A. Dorn, "Fiscal Dominance and Fed Complacency," 〈Cato at Liberty〉(블로그), 2021. 4. 8, https://www.cato.org/blog/fiscal-dominance-fed-complacency. cency.
22. "Understanding Taxes—Theme 2: Taxes in U.S. History—Lesson 5: The Wealth Tax of 1935 and the Victory Tax of 1942," 국세청, https://apps.irs.gov/app/understandingTaxes/teacher/whys_thm02_les05.jsp#:~:text=Additional%20taxes%20were%20put%20in,with%20new%20income%20tax%20revenue.
23. Stoller, *Goliath*, 147; Gerald T. White, "Financing Industrial Expansion for War: The Origin of the Defense Plant Corporation Leases," *Journal of Economic History* 9, no. 2 (1949): 156 – 83, http://www.jstor.org/stable/2113638.
24. White, "Financing Industrial Expansion for War," 156 – 83; Stoller, *Goliath*, 147, 150.
25. R. J. Overy, *War and Economy in the Third Reich* (Oxford: Oxford University Press, 1994), 36 – 37; Michiya Kato, "Hidden from View? The Measurement of Japanese Interwar Unemployment," *Annu-*

al Research Bulletin of Osaka Sangyo University, (2009), 94 – 95.

26　Franklin Delano Roosevelt, "Fireside Chat on the 'Great Arsenal of Democracy,'" 1940. 12. 29, https://web.mit.edu/21h.102/www/Primary%20source%20collections/World%20War%20II/FDR,%20Arsenal%20of%20Democracy.html.

27　Franklin D. Roosevelt, 1941 State of the Union Address, "The Four Freedoms," 1941. 1. 6, Voices of Democracy/The U.S. Oratory Project, https://voicesofdemocracy.umd.edu/fdr-the-four-freedoms-speech-text/.

28　Jim Reid, Henry Allen, Luke Templeman and Adrian Cox, "Long-Term Asset Return Study 2022: How We Got Here and Where We're Going," Deutsche Bank Research, 2022. 9. 28.

29　"Government Spending Multiyear Download for United States 1900 – 2028," usgovernmentspending.com, https://www.usgovernmentrevenue.com/download?show=n; Tejvan Pettinger, "UK Public spending as % of GDP," 〈Economicshelp.org〉 (블로그), 2023. 6. 11, https://www.economicshelp.org/blog/5326/economics/government-spending/.

30　Thomas Piketty, *A Brief History of Equality*, 번역: Steven Rendall (Cambridge, MA: Belknap Press, 2022), 124.

31　"United States: 2023 Article IV Consultation—Press Release; Staff Report; and Statement by the Executive Director for the United States," International Monetary Fund, 2023. 6. 15, https://www.imf.org/en/Publications/CR/Issues/2023/06/14/United-States-2023-Article-IV-Consultation-Press-Release-Staff-Report-and-Statement-by-the-534755.

32　"Why Long-Term Rates Must Continue to Fall?" Macquarie Research, "What Caught My Eye?" v. 153, 2021. 9. 21.

33　IMF 연례협의 Article IV 보고서 기반 브레이크아웃캐피털 산정.

34　Franklin D. Roosevelt, "FDR's First Inaugural Address Declaring 'War' on the Great Depression," 1933. 3. 4, National Archives, https://www.archives.gov/education/lessons/fdr-inaugural.

35　Gerstle, *The Rise and Fall of the Neoliberal Order*, 41, 43.

36　Levy, *Ages of American Capitalism*, 522.

37　Dwight D. Eisenhower, "Radio and TelevisionBroadcast: 'The Women Ask the President,'" 1956. 10. 24, https://www.presidency.ucsb.edu/documents/radio-and-television-broadcast-the-women-ask-the-president.

38　Gerstle, *The Rise and Fall of the Neoliberal Order*, 46.

39　Farewell Address by President Dwight D. Eisenhower, 1961. 1. 17; Final TV Talk January 17, 1961 (1), Box 38, Speech Series, Papers of Dwight D. Eisenhower as President, 1953 – 61, Eisenhower Library; National Archives and Records Administration, https://www.archives.gov/milestone-documents/president-dwight-d-eisenhowers-farewell-address.

40　Alan S. Blinder, *A Monetary and Fiscal History of the United States*, 1961 – 2021 – 222 – (Princeton, NJ: Princeton University Press, 2022), 13.

41　상동, 12, 17 – 18, 20, 28.

42　상동, 11.

43　상동, 21.

44　상동, 27.

45　상동, 22.

46　상동, 22, 360, 372.

47　상동, 21.

48　Richard Nixon, "Inaugural Address," 워싱턴DC 연설 내용, 1969. 1. 20, American Presidency Project, https://www.presidency.ucsb.edu/node/239549; Stoller, Goliath, 212.

49　Wyatt C. Wells, *Economist in an Uncertain World: Arthur F. Burns and the Federal Reserve*, 1970 – 1978 (New York: Columbia University Press, 1994), 61.

50　Burton A. Abrams and James L. Butkiewicz, "The Political Economy of Wage and Price Controls: Evidence from the Nixon Tapes," *Public Choice* 170 (2016. 10. 13): 63 – 78, https://link.springer.com/article/10.1007/s11127-016-0381-0#citeas.

51 Blinder, *A Monetary and Fiscal History*, 65–66, 68, 70, 106.
52 상동, 112–13.
53 "Destruction and Reconstruction (1945–1958)," International Monetary Fund, https://www.imf.org/external/np/exr/center/mm/eng/mm_dr_01.htm; M. G. O'Callaghan, *The Structure and Operation of the World Gold Market*, IMF eLibrary, 1991. 12. 1, https://www.elibrary.imf.org/view/journals/001/1991/120/article-A001-en.xml.
54 Levy, *Ages of American Capitalism*, 470.
55 상동, 553.
56 Blinder, *A Monetary and Fiscal History*, 69.
57 Reid et al., "Long-Term Asset Return Study 2022," 20, 26, 27, 112.
58 Gerstle, *The Rise and Fall of the Neoliberal Order*, 64–69; Jimmy Carter, "The State of the Union Address Delivered Before a Joint Session of the Congress," 1978. 1. 19, https://www.presidency.ucsb.edu/documents/the-state-the-union-address-delivered-before-joint-session-the-congress-1.
59 Jimmy Carter, "Inaugural Address of Jimmy Carter," 1977. 1. 20, Yale Law Library, https://avalon.law.yale.edu/20th_century/carter.asp.

3장

1 Blinder, *A Monetary and Fiscal History*, 106.
2 Smialek, *Limitless*, 245.
3 Leonard, *The Lords of Easy Money*, 56, 81.
4 Leonard Silk, "Volcker on the Crash," *New York Times*, 1987. 11. 8.
5 Chancellor, *The Price of Time*, 109; Yuki Noguchi, "Former Fed Chair Paul Volcker Diesat 92," NPR, 2019. 12. 9.
6 Levy, *Ages of American Capitalism*, 587.
7 Robert D. Hershey Jr., "Volcker Out After 8 Years as Federal Reserve Chief; Reagan Chooses Greenspan," *New York Times*, 1987. 6. 3.
8 Paul Krugman, "What Was Going on Between the White House and the Federal Reserve in the Early 1980s?: Daily Focus," Washington Center for Equitable Growth, 2015. 1. 12, https://equitablegrowth.org/going-white-house-federal-reserve-early-1980s-daily-focus/.
9 David Wessel, *What We Learned from Reagan's Tax Cuts*, Brookings Institution, 2017. 12. 8, https://www.brookings.edu/articles/what-we-learned-from-reagans-tax-cuts/; Justin Fox, "The Mostly Forgotten Tax Increases of 1982–1993," Bloomberg, 2017. 12. 15.
10 Piketty, *A Brief History of Equality*, 123.
11 "Federal Budget Deficit Totals $1.4 Trillion in Fiscal Year 2009," Congressional Budget Office, 2009. 11. 6.
12 Blinder, *A Monetary and Fiscal History*, 138.
13 Philipp Carlsson-Szlezak, "U.S. Economics: Pushing on Growth—the Future and Limits of the 'Compulsive Stimulus Model,'" Bernstein Research, 2019. 5. 22, 3.
14 "Historical Debt Outstanding," Fiscal Data, 2023. 10. 10, Treasury.gov, https://api.fiscaldata.treasury.gov/services/api/fiscal_service/v2/accounting/od/debt_outstanding.
15 Blinder, *A Monetary and Fiscal History*, 174–80, 304.
16 상동, 190–92.
17 Ceci Connolly, "Gore Outlines Several Uses for Surplus," *Washington Post*, 2000. 6. 14.
18 백악관 예산관리국, 헤이버애널리틱스, 블룸버그, BNER 불경기 데이터 기반 브레이크아웃캐피털 산정.
19 내셔널 소스, 헤이버애널리틱스 데이터 기반 브레이크아웃캐피털 산정.
20 M. J. Stephey, "A Brief History of the Times Square Debt Clock," *Time*, 2008. 10. 14.
21 Brian I. Baker, "Fiscal Impetus and the Great Recession," *Beyond BLS*, 2015. 1, Bureau of Labor Statistics, https://www.bls.gov/opub/mlr/2015/beyond-bls/fiscal_impetus_and_the_great_recession.

22 htm; Alan S. Blinder, After the Music Stopped (New York: Penguin Press, 2013), 393.
22 J. Bradford DeLong, "Was the Great Recession More Damaging Than the Great Depression?," *Milken Institute Review*, 2018. 10. 29, https://www.milkenreview.org/articles/was-the-great-recession-more-damaging-than-the-great-depression.
23 상동.
24 Blinder, *A Monetary and Fiscal History*, 303.
25 Bernanke, "Asset-Price 'Bubbles' and Monetary Policy," 49.
26 Leonard, *The Lords of Easy Money*, 73 – 74.
27 상동, 75.
28 Blinder, *A Monetary and Fiscal History*, 432.

4장

1 Mark Carlson, *A Brief History of the 1987 Stock Market Crash with a Discussion of the Federal Reserve Response*, Board of Governors of the Federal Reserve, 2006. 11, 10, https://www.federalreserve.gov/pubs/feds/2007/200713/200713pap.pdf.
2 Connie Bruck, *The Predators' Ball: The Inside Story of Drexel Burnham and the Rise of the Junk Bond Traders* (New York: Penguin Books, 1989), 10.
3 K. Osugi, "Japan's Experience of Financial Deregulation Since 1984 in an International Perspective" (Bank for International Settlements Paper No. 26, 1990. 1), 19, Table 5, https://www.bis.org/publ/econ26.pdf; Tord S. H. Krogh, "Credit Regulations in Norway, 1970 – 2008" (Report 37-2010), Statistics Norway, 2010. 8, 3 – 39, https://www.uio.no/studier/emner/sv/oekonomi/ECON4335/h14/rapp_201037_en.pdf.
4 Leonard, *The Lords of Easy Money*, 75.
5 연준 경제 데이터(FRED) 기반 브레이크아웃캐피털 산정.
6 "Key ECB Interest Rates," European Central Bank, https://www.ecb.europa.eu/stats/policy_and_exchange_rates/key_ecb_interest_rates/html/index.en.html; Reid et al., "Long-Term Asset Return Study 2022".
7 앞서 1999년에 일본은행은 시중 은행에 부과하는 기준 금리를 제로로 낮춘 세계 최초의 중앙은행이 되었다.
8 Patrick Collinson, "Danish Bank Launches World's First Negative Interest Rate Mortgage," *The Guardian*, 2019. 8. 13.
9 David Shulman biography, UCLA Anderson School of Management, https://www.anderson.ucla.edu/about/centers/ucla-anderson-forecast/about-us/david-shulman.
10 Chancellor, *The Price of Time*, 111; Leonard, *The Lords of Easy Money*, 81.
11 Alan Greenspan, speech to the American Enterprise Institute, 1996. 12. 5, https://www.c-span.org/video/?c4673470/user-clip-alan-greenspan-irrational-exuberance.
12 Leonard, *The Lords of Easy Money*, 85.
13 Ann Saphir and Jason Lange, "With Fed's 'Insurance' Cut, Powell Takes Cue from Greenspan," Reuters, 2019. 8. 1; Leonard, *The Lords of Easy Money*, 85, 143.
14 Leonard, *The Lords of Easy Money*, 88.
15 Bernanke, *21st Century Monetary Policy*, 75 – 79; Leonard, *The Lords of Easy Money*, 93.
16 Bernanke, *21st Century Monetary Policy*, 94.
17 상동, 95.
18 Borio, Erdem, Filardo and Hofmann, "The Costs of Deflations".
19 "Establishment and Abolishment of Principal Terms and Conditions in Accordance with the Introduction of the 'Quantitative and Qualitative Monetary Easing,'" Bank of Japan, 2013. 4. 4, https://www.boj.or.jp/en/mopo/mpmdeci/mpr_2013/rel130404a.pdf; Inigo Fraser-Jenkins, "Portfolio Strategy: Has the Fed Gone Too Far?," Bernstein Research, 2020. 6. 23; Inigo FraserJenkins, "Global Quantitative Strategy: Why Is Volatility So Low and What It Means," Bernstein Research, 2020. 6.

23.
20 Bernanke, *21st Century Monetary Policy*, 170.
21 Leonard, *The Lords of Easy Money*, 26, 113.
22 상동, 6.
23 마스터 데이터 기반 브레이크아웃캐피털 산정.
24 상동.
25 Carola Binder, "Federal Reserve Communication and the Media," *Journal of Media Economics* 30, no. 4 (2017): 191 – 214, https://www.tandfonline.com/doi/abs/10.1080/08997764.2018.1515767.
26 Leonard, *The Lords of Easy Money*, 30; Ben S. Bernanke, "Aiding the Economy: What the Fed Did and Why," FederalReserve.gov, 2010. 11. 5, https://www.federalreserve.gov/newsevents/other/o_bernanke20101105a.htm.
27 Leonard, *The Lords of Easy Money*, 121.
28 Federal Open Market Committee meeting transcript, 2012. 12. 11 – 12, 105, https://www.federalreserve.gov/monetarypolicy/files/fomc20121212meeting.pdf.
29 Leonard, *The Lords of Easy Money*, 30, 31.
30 상동, 32.
31 "Quantitative Easing: A Dangerous Addiction?," House of Lords, Economic Affairs Committee 1st Report of Session 2021 – 22, HL Paper 42, 2021. 7. 16, https://committees.parliament.uk/publications/6725/documents/71894/default/; Reid et al., "Long-Term Asset Return Study 2022".
32 Bernanke, *21st Century Monetary Policy*, 89 – 94.
33 John M. Roberts, "An Estimate of the Long-Term Neutral Rate of Interest," FederalReserve.gov, 2018. 9. 5, https://www.federalreserve.gov/econres/notes/feds-notes/estimate-of-the-long-term-neutral-rate-of-interest-20180905.html.

5장

1 Stoller, *Goliath*, 298 – 99, 304.
2 John Kenneth Galbraith, "Richard Nixon and the Great Socialist Revival," *New York*, 1970. 9.
3 George Drury, "Penn Central History Remembered," *Classic Trains*, 2023. 5. 1. 이 장에 나오는 모든 구제 금융 수치는 비교를 위해 2020년 통화 가치로 환산되었음.
4 Sam Frizell, "Could a 40-Year-Old Bank Collapse Have Saved the U.S. Economy?," *Time*, 2014. 10. 8.
5 George C. Nurisso and Edward S. Prescott, "The 1970s Origins of Too Big to Fail," Federal Reserve Bank of Cleveland, https://www.clevelandfed.org/publications/economic-commentary/2017/ec-201717-origins-of-too-big-to-fail#D2; William Safire, "Too Big to Fail or to Bail Out?," *New York Times*, 2008. 4. 6.
6 *New York Daily News*, 1975. 10. 30, https://www.nydailynews.com/2015/10/29/ford-to-city-drop-dead-in-1975/.
7 Levy, *Ages of American Capitalism*, 606.
8 Leonard, *The Lords of Easy Money*, 63.
9 상동.
10 상동, 65.
11 상동.
12 Levy, *Ages of American Capitalism*, 606.
13 상동.
14 Leonard, *The Lords of Easy Money*, 66.
15 Kenneth J. Robinson, "Savings and Loan Crisis 1980 – 1989," Federal Reserve History, https://www.federalreservehistory.org/essays/savings-and-loan-crisis#:~:text=The%20RTC%20closed%20747%20S%26Ls,as%20high%20as%20%24124%20billion.
16 John Cassidy, "Time Bomb," *New Yorker*, 1999. 6. 27; Michael Fleming and Weiling Liu, "Near Fail-

17   Levy, *Ages of American Capitalism*, 665 – 66; Bernanke, *21st Century Monetary Policy*, 75.
18   Reid et al., "Long-Term Asset Return Study 2022".
19   David Koenig, "Hit by Virus, US Airlines Seek Aid Far Exceeding Post-9/11," Associated Press, 2020. 3. 16; Frank Swoboda and Martha McNeil Hamilton, "Congress Passes $15 Billion Airline Bailout," *Washington Post*, 2001. 9. 22; Jaime Holguin, "9/11 Airline Bailout: So, Who Got What?," CBS Evening News, 2002. 12. 9; Kate Snow, Dana Bash and Ted Barrett, "Congress Approves $15 Billion Airline Bailout," CNN, 2001. 9. 22.
20   Levy, *Ages of American Capitalism*, 692.
21   상동, 695.
22   상동, 696.
23   상동.
24   Jo Becker, Sheryl Gay Stolberg and Stephen Labaton, "Bush Drive for Home Ownership Fueled Housing Bubble," *New York Times*, 2008. 12. 21.
25   Levy, *Ages of American Capitalism*, 709; Timothy F. Geithner, *Stress Test: Reflections on Financial Crises* (New York: Crown, 2014), 205.
26   Levy, *Ages of American Capitalism*, 83.
27   James Narron and David Skeie, "Crisis Chronicles: Central Bank Crisis Management During Wall Street's First Crash (1792)," Liberty Street Economics, Federal Reserve Bank of New York, 2014. 5. 9, https://libertystreeteconomics.newyorkfed.org/2014/05/crisis-chronicles-central-bank-crisisman-agement-during-wall-streets-first-crash-1792/; "The Slumps That Shaped Modern Finance," *The Economist*, 2014. 4. 12.
28   Sheila Bair, foreword to Yalman Onaran, *Zombie Banks: How Broken Banks and Debtor Nations Are Crippling the Global Economy* (New York: Bloomberg Press, 2011), ix.
29   Bernanke, *21st Century Monetary Policy*, 72; Alan Greenspan, transcript of "Remarks by Chairman Alan Greenspan at the Haas Annual Business Faculty Research Dialogue," UC 버클리 강연, 1998. 9. 4, https://www.federalreserve.gov/boarddocs/speeches/1998/19980904.htm.
30   Bernanke, *21st Century Monetary Policy*, 124.
31   Karen Petrou, *Engine of Inequality: The Fed and the Future of Wealth in America* (Hoboken, NJ: Wiley, 2021), 62, 76.
32   Leonard, *The Lords of Easy Money*, 241.
33   Petrou, *Engine of Inequality*, 198; Leonard, *The Lords of Easy Money*, 236, 238.
34   Bernanke, *21st Century Monetary Policy*, 58 – 59.
35   Cynthia Kroet, "A Timeline of the Eurozone's Growth," *Politico*, 2014. 12. 26, https://www.politico.eu/article/a-timeline-of-the-eurozones-growth/. 그리스는 약간 뒤인 2001년 1월에 합류했다.
36   Reid et al., "Long-Term Asset Return Study 2022," 28.
37   상동, 26.
38   Onaran, *Zombie Banks*, 25.
39   David Beers, Obiageri Ndukwe, Karim McDaniels and Alex Charron, "BoC-BoE Sovereign Default Database: What's New in 2023?," Bank of Canada, 2023. 7, 2023년 8월 갱신, https://www.bankofcanada.ca/2023/07/staff-analytical-note-2023-10/.
40   대기업 중심 자본주의가 정부의 반복적인 개입 속에서 더욱 강화되고 있다는 분석이 있다. 대기업의 성장은 시장 경쟁의 결과라기보다 정부의 정책 환경이 만들어낸 구조라는 것이다. Ruchir Sharma, "Why America's Big Companies Keep Getting Bigger," *Financial Times*, April 10, 2023.
41   John Micklethwait and Adrian Wooldridge, "A New Chapter of Capitalism Emerges from the Banking Crisis," *Bloomberg*, 2023. 3. 22.
42   2008년 금융 위기 이후 미국 연방정부는 페니메이, 프레디맥 등을 통해 전체 주택 담보 대출의 거의 절반을 보유하게 되었다. 이는 시장의 상당 부분이 이미 사실상 정부 통제하에 있다는 점을 보여준다. Daniel Goldstein, "Why the Federal Government Now Holds Nearly 50 Percent of All Residential Mortgages," *Market-Watch*, October 16, 2015.

43 Mark Dittli, "[Russell Napier:] 'We Will See the Return of Capital Investment on a Massive Scale,'" The Market NZZ, 2022. 10. 14, https://themarket.ch/interview/russell-napier-the-world-will-experience-a-capex-boom-ld.7606.
44 상동.
45 "CBO Outlines Negative Implications of High and Rising National Debt," 〈Committee for a Responsible Federal Budget〉 (블로그), 2023. 8. 17, https://www.crfb.org/blogs/cbo-outlines-negative-implications-high-rising-national-debt.

6장

1 Brian Riedl, "Trump's Fiscal Legacy: A Comprehensive Overview of Spending, Taxes and Deficits," Manhattan Institute, 2022. 5. 12.
2 Smialek, *Limitless*, 106.
3 Christopher Condon, "Key Trump Quotes on Powell as Fed Remains in the Firing Line," *Bloomberg*, 2019. 8. 22.
4 Dorn, "Fiscal Dominance and Fed Complacency".
5 National Bureau of Economic Research, https://www.nber.org/sites/default/files/2023-03/BCDC_printed_spreadsheet.pdf.
6 Amanda Moreland et al., "Timing of State and Territorial COVID-19 Stay-at-Home Orders and Changes in Population Movement," Centers for Disease Control and Prevention, *Morbidity and Mortality Weekly Report* 69, no. 35 (2020. 9. 4): 1198–203, http://dx.doi.org/10.15585/mmwr.mm6935a2.
7 Smialek, *Limitless*, 187.
8 Tami Luhby, Vanessa Yurkevich and Christopher Hickey, "In Some Reopening States, Unemployment Can Pay More Than Lost Jobs," CNN, 2020. 4. 30, https://www.cnn.com/2020/04/30/politics/unemployment-benefits-higher-than-work-wages/index.html.
9 Main Street Lending Program, Board of Governors of the Federal Reserve System, https://www.federalreserve.gov/monetarypolicy/mainstreetlending.htm.
10 Ren, "Who's to Blame for Fallen Angels and Sinking Demons?"
11 Adam Slater, "Low Global Bankruptcies Mask Underlying Malaise," Oxford Economics Research Briefing, 2021. 2. 2.
12 Jeanna Smialek, "The Federal Reserve's Economic Policy Powers Might Be Limitless, but Should They?," *Marketplace*, 2023. 2. 27, https://www.marketplace.org/2023/02/27/federal-reserves-economic-policy-powers-mightbe-limitless-but-should-they/.
13 "Covid-19 Has Transformed the Welfare State. Which Changes Will Endure?," *The Economist*, 2021. 3. 6.
14 Kristian Hernández, "Evictions Rise to PrePandemic Levels," *Stateline*, https://stateline.org/2022/02/01/evictions-rise-to-pre-pandemic-levels/.
15 "Robust COVID Relief Achieved Historic Gains Against Poverty and Hardship, Bolstered Economy," Center on Budget and Policy Priorities, 2022. 6. 14, https://www.cbpp.org/research/poverty-and-inequality/robust-covid-relief-achieved-historic-gains-against-poverty-and-0.
16 Lorie Konish, "How Effective Were Those Stimulus Checks? Some Argue the Money May Have Fueled Inflation," CNBC, 2022. 6. 11, https://www.cnbc.com/2022/06/11/the-pandemic-stimulus-checks-were-a-big-experimentdid-it-work.html.
17 Andrew Castro, Michele Cavallo and Rebecca Zarutskie, "Understanding Bank Deposit Growth During the COVID-19 Pandemic," FEDS Notes, 2022. 6. 3, https://www.federalreserve.gov/econres/notes/feds-notes/understanding-bank-deposit-growth-during-the-covid-19-pandemic-20220603.html; Center for Microeconomic Data, NewYork Fed, "Quarterly Report on Household Debt and Credit," 2022. 11, https://www.newyorkfed.org/medialibrary/interactives/householdcredit/data/pdf/HHDC_2022Q3.

18 "Credit Card Holders and Their Credit Scores: New Insights from the Research Division of the St. Louis Fed," *The FRED Blog*, 2023. 10. 16, https://fredblog.stlouisfed.org/2023/10/credit-card-holders-and-their-credit-scores/.
19 2023년 BCA리서치(BCA Research)가 의뢰한 브레이크아웃캐피털의 보고서.
20 Katherine Greifeld, Claire Ballentine and Vildana Hajric, "Stock Froth Boiled After $600 Checks. Now $1,400 May Be Coming," *Bloomberg*, 2021. 1. 16, https://www.bloomberg.com/news/articles/2021-01-16/stock-froth-boiled-after-600-checks-now-1-400-may-be-coming#xj4y7vz-kg.
21 Leonard, *The Lords of Easy Money*, 290.
22 상동, 282.
23 "Recent Developments," Board of Governors of the Federal Reserve System, https://www.federalreserve.gov/releases/z1/20230608/html/recent_developments.htm.
24 Te-Ping Chen, "These Tech Workers Say They Were Hired to Do Nothing," *Wall Street Journal*, 2023. 4. 7.
25 Brian Cheung, "Powell Compares Fed Actions to Dunkirk: 'Just Get in the Boats and Go,'" Yahoo! Finance, 2021. 3. 25; Brian Chappatta, "Wall Street Economists Channel Powell's Fiscal Vision," *Bloomberg*, 2020. 9. 14.
26 Bill Fay, "Timeline of U.S. Federal Debt Since Independence Day 1776," Debt.org, 2021. 10. 12, https://www.debt.org/faqs/united-states-federal-debt-timeline/.
27 "Letter from Chair Powell to Secretary Mnuchin Regarding Emergency Lending Facilities," Reports to Congress Pursuant to Section 13(3)of the Federal Reserve Act in Response to COVID-19, Funding, Credit, Liquidity and Loan Facilities, 2020. 11. 20, https://www.federalreserve.gov/funding-credit-liquidity-and-loan-facilities.htm.
28 마스터 데이터 기반 브레이크아웃캐피털 산정.
29 Martin Wolf, "Inflation's Return Changes the World," *Financial Times*, 2023. 7. 4.
30 Smialek, *Limitless*, 132–33.
31 Jerome H. Powell, "New Economic Challenges and the Fed's Monetary Policy Review," 와이오밍주 잭슨홀에서의 인터넷 연설 내용, 2020. 8. 27, https://www.federalreserve.gov/newsevents/speech/powell20200827a.htm.
32 Smialek, *Limitless*, 242.
33 Merryn Somerset Webb, "Central Banks Need to Stop Mission Creep," *Financial Times*, 2021. 8. 27; Greg Ip, "Mission Creep at the Fed," *Wall Street Journal*, 2020. 8. 26.
34 Leonard, *The Lords of Easy Money*, 279.
35 Gee Hee Hong and Todd Schneider, "Shrinkonomics: Lessons from Japan; Japan Is the World's Laboratory for Drawing Policy Lessons on Aging, Dwindling Populations," International Monetary Fund, 2020. 3, https://www.imf.org/en/Publications/fandd/issues/2020/03/shrinkanomics-policy-lessons-from-japan-on-population-aging-schneider.
36 Michael D. Bordo and Mickey D. Levy, "Do Enlarged Fiscal Deficits Cause Inflation: The Historical Record" (National Bureau of Economic Research Working Paper 28195, 2020), DOI 10.3386/w28195.
37 Chris Hughes, "Why Americans Need a Guaranteed Income," New York Times, 2020. 5. 1.
38 Farhad Manjoo, "Biden Has Helped the Quiet Revolution of Giving People Money," *New York Times*, 2022. 9. 23.
39 Lauren Weber, "Burned Out, More Americans Are Turning to Part-Time Jobs," *Wall Street Journal*, 2023. 2. 25.
40 Robert Zaretsky, "Are French People Just Lazy?," *New York Times*, 2023. 1. 29.
41 Alissa Quart, "Can We Put an End to America's Most Dangerous Myth?," *New York Times*, 2023. 3. 9.
42 Ezra Klein, "Let's Launch a Moonshot for Meatless Meat," *New York Times*, 2021. 4. 24.
43 Wolf, "Inflation's Return Changes the World".
44 Jordan Williams, "Larry Summers Blasts $1.9T Stimulus as 'Least Responsible' Economic Policy in

40 Years," *The Hill*, 2021. 3. 20.
45 Lawrence H. Summers, "On Inflation, We Can Learn from the Mistakes of the Past—or Repeat Them," *Washington Post*, 2022. 2. 3.
46 Gerstle, *The Rise and Fall of the Neoliberal Order*, 98 – 99.

7장

1 "The Evolution of the U.S. Intelligence Community—An Historical Overview," https://www.govinfo.gov/content/pkg/GPO-INTELLIGENCE/html/int022.html.
2 "The U.S. Intelligence Community Is Composed of the Following 18 Organizations," Office of the Director of National Intelligence, https://www.dni.gov/index.php/what-we-do/members-of-the-ic.
3 "Leadership and Organization," Transportation Security Administration, https://www.tsa.gov/.
4 U.S. Citizenship and Immigration Services History Office and Library, "Overview of INS History," 11, https://www.uscis.gov/sites/default/files/document/fact-sheets/INSHistory.pdf.
5 Lindsay M. Chervinsky, "FDR Is the Easy Comparison, but Biden Is Taking a Page from Eisenhower's Playbook," *The Hill*, 2021. 6. 8.
6 Gerstle, *The Rise and Fall of the Neoliberal Order*, 96.
7 세인트루이스 연준 2023년 9월 데이터 기반 브레이크아웃캐피털 산정.
8 상동.
9 Phil Gramm, Robert Ekelund and John Early, *The Myth of American Inequality: How Government Biases Policy Debate* (Lanham, MD: Rowman & Littlefield, 2022), 2.
10 Matthew Desmond, "America Is in a Disgraced Class of Its Own," *New York Times*, 2023. 3. 16.
11 Matthew Desmond, "Why Poverty Exists in America," *New York Times*, 2023. 3. 9.
12 Livio Di Matteo, *Measuring Government in the 21st Century* (Vancouver, Canada: Fraser Institute, 2013), 3, 8.
13 Piketty, *A Brief History of Equality*, 122.
14 상동, 54.
15 상동, 123.
16 상동, 131.
17 상동, 139.
18 David Dollar and Aart Kraay, "Trade, Growth and Poverty," *Finance and Development* 38, no. 3 (2001. 9).
19 Gerald Auten and David Splinter, "Income Inequality in the United States: Using Tax Data to Measure Long-Term Trends," 2023. 9. 29, https://davidsplinter.com/AutenSplinter-Tax_Data_and_Inequality.pdf.
20 Niels Johannesen et al., "Taxing Hidden Wealth: The Consequences of U.S. Enforcement Initiatives on Evasive Foreign Accounts," *American Economic Journal: Economic Policy* 12, no. 3 (2020. 8): 312 – 46.
21 "The Public Finances: A Historical Overview," House of Commons Library Briefing Paper Number 8265, 2018. 3. 22, 4.
22 Reid et al., "Long Term Asset Return Study 2022".
23 Nick Timothy, "Capitalism as We Know It Has Failed. Not Even the Tories Can Defend It," *The Telegraph*, 2023. 7. 2.
24 James Capretta, "Federal Unfunded Liabilities Are Growing More Rapidly Than Public Debt," RealClearPolicy, 2022. 11. 17, https://www.realclearpolicy.com/articles/2022/11/17/federal_unfunded_liabilities_are_growing_more_rapidly_than_public_debt_865384.html.
25 Jake Sullivan, "Remarks by National Security Advisor Jake Sullivan on Renewing American Economic Leadership at the Brookings Institution," 2023. 4. 27.
26 Joe Biden, "Remarks by President Biden in Address to a Joint Session of Congress," 2021. 4. 28,

https://www.whitehouse.gov/briefing-room/speeches-remarks/2021/04/29/remarks-by-president-biden-in-address-to-a-joint-session-of-congress/.
27 Steven Rattner, "Biden's Big Government Should Be Handled with Care," *New York Times*, 2021. 4. 9.
28 "All Employees, Government (USGOVT)," U.S. Bureau of Labor Statistics, retrieved from FRED, Federal Reserve Bank of St. Louis, 2023. 10. 6, https://fred.stlouisfed.org/series/USGOVT.
29 Paul C. Light, "The True Size of Government Is Nearing a Record High," Brookings Institution, 2020. 10. 7, https://www.brookings.edu/articles/the-true-size-of-government-is-nearing-a-record-high/.
30 Chris Edwards, "Margaret Thatcher's Privatization Legacy," *Cato Journal* 37, no.1 (2017 겨울호): 91, https://www.cato.org/sites/cato.org/files/serials/files/cato-journal/2017/2/cj-v37n1-7.pdf.
31 William L. Megginson, "Privatization and Finance," *Annual Review of Financial Economics* 2 (2010): 145–74, https://papers.ssrn.com/sol3/papers.cfm?abstract_id=1707918.
32 "Privatisation in the 21st Century: Summary of Recent Experiences," Organization for Economic Cooperation and Development, 2010. 3. 30, https://www.oecd.org/daf/ca/corporategovernanceofstate-ownedenterprises/43449100.pdf.
33 Ruchir Sharma, "India Has a Policy of Privatisation by 'Malign Neglect,'" *Economic Times*, 2016. 6. 23.
34 Chris Edwards, "Options for Federal Privatization and Reform Lesson from Abroad," CATO Institute, 2016. 6. 28, Policy Analysis No. 794.
35 Gerstle, *The Rise and Fall of the Neoliberal Order*, 185.
36 Robert C. Clark, "Why So Many Lawyers? Are They Good or Bad?," *Fordham Law Review* 61, no. 275 (1992), https://ir.lawnet.fordham.edu/flr/vol61/iss2/1/.
37 Ken Hughes, "Richard Nixon: Domestic Affairs," Miller Center, https://millercenter.org/president/nixon/domestic-affairs.
38 Gerstle, *The Rise and Fall of the Neoliberal Order*, 66–67.
39 George Lardner Jr., "The Numbers Game: Wiped Out Agencies May Not Stay Dead," *Washington Post*, 1977. 4. 11.
40 "Demographics," Profile of the Legal Profession 2022, American Bar Association, https://www.abalegalprofile.com/demographics.php.
41 Susan E. Dudley, "Perpetuating Puffery: An Analysis of the Composition of OMB's Reported Benefits of Regulation," *Business Economics* 47, no. 3 (2012. 8).
42 Bill Prochnau and Valarie Thomas, "The Watt Controversy," *Washington Post*, 1981. 6. 30.
43 Walter Isaacson, "Thunderers on the Right," *Time*, 1981. 3. 16.
44 Clyde Wayne Crews Jr., "Ten Thousand Commandments 2023," Competitive Enterprise Institute, https://cei.org/wp-content/uploads/2023/11/10K_Commandments.pdf. For a summary of the project: https://cei.org/studies/ten-thousand-commandments-2023/.
45 Adam J. White, "Regulatory Reforms and Counter-Reformations," *Regulatory Review*, 2019. 3. 12.
46 Clyde Wayne Crews Jr., "Ten Thousand Commandments, An Annual Snapshot of the Federal Regulatory State, 2022," 41, 47, Competitive Enterprise Institute, https://cei.org/wp-content/uploads/2022/10/10000_Commandments_2022.pdf.
47 "The Clinton Presidency: Eight Years of Peace, Progress and Prosperity," 2001. 1, https://clintonwhitehouse5.archives.gov/WH/Accomplishments/eightyears-index.html.
48 Daniel Bunn and Lisa Hogreve, *International Tax Competitiveness Index* 2022, Tax Foundation, 2022. 10. 17, https://taxfoundation.org/research/all/global/2022-international-tax-competitiveness-index/.
49 "Title 33," Code of Federal Regulations, Appendix C to Part 325, National Archives, 2023. 10. 12, https://www.ecfr.gov/current/title-33/chapter-II/part-325/appendix-Appendix%20C%20to%20Part%20325.
50 Thomas Philippon, "Causes, Consequences and Policy Responses to Market Concentration," Economic Strategy Group, Aspen Institute. 2019. 11. 21, https://www.economicstrategygroup.org/

publication/causes-consequences-and-policy-responses-to-market-concentration/.

51　다음 자료 기반 브레이크아웃캐피털 산정. Clyde Wayne Crews Jr., "Ten Thousand Commandments 2022," Competitive Enterprise Institute, 93, "Part B: Number of Documents in the Federal Register 1976 – 2021," https://cei.org/wp-content/uploads/2022/10/10000_Commandments_2022.pdf.

52　Crews, "Ten Thousand Commandments 2022," 45.

53　Clyde Wayne Crews Jr., "Ten Thousand Commandments 2021," Competitive Enterprise Institute, 56, https://cei.org/wp-content/uploads/2021/06/Ten_Thousand_Commandments_2021.pdf.

54　아메리칸 액션 포럼(American Action Forum)이 만든 데이터베이스, 렉 로데오(Reg Rodeo) 기반 브레이크아웃캐피털 산정.

55　Steven K. Vogel, *Freer Markets, More Rules: Regulatory Reform in Advanced Industrial Countries* (Ithaca, NY: Cornell University Press, 1996), 3.

56　Bradford, *The Brussels Effect*, 32 – 40.

57　Gerstle, *The Rise and Fall of the Neoliberal Order*, 177.

58　Sneha Gubbala, "People Broadly View the EU Favorably, Both in Member States and Elsewhere," Pew Research Center, 2023. 10. 24.

59　Bradford, *The Brussels Effect*, 34.

60　Dominic Green, "Amid Strikes and Scandal, Britain Is Grappling with 'Bregret,'" *Wall Street Journal*, 2023. 2. 1.

61　Wilfried Eckl-Dorna, "Quarter of Smaller German Companies Consider Giving Up, DPA Says," Bloomberg.com, 2023. 7. 16.

62　Antonin Bergeaud, John Van Reenen, Philippe Aghion, "Regulation Chills Minor (But Not Radical) Innovations," VoxEU column, Centre for Economic Policy Research, 2021. 2. 1.

63　Bradford, *The Brussels Effect*, 32 – 40.

8장

1　Chancellor, *The Price of Time*, 24.

2　Norman Strunk and Frederick E. Case, "Where Deregulation Went Wrong: A Look at the Causes Behind Savings and Loans Failures in the 1980s," US League of Savings Associations, 1988.

3　"The Savings and Loan Crisis and Its Relationship to Banking," in *History of the Eighties—Lessons for the Future: An Examination of the Banking Crises of the 1980s and Early 1990s*, Federal Deposit Insurance Corporation Annual Report, vol. 1, 172, https://www.fdic.gov/bank/historical/history/167_188.pdf.

4　Stoller, *Goliath*, 268.

5　"Origins and Causes of the S&L Debacle: A Blueprint for Reform," National Commission on Financial Institution Reform, Recovery and Enforcement, 1993, 2, 3, HathiTrust Digital Library, http://catalog.hathitrust.org/Record/011334544.

6　Onaran, *Zombie Banks*, 2.

7　Apoorv Bhargava, Lucyna Gornicka and Peichu Xie, "Leakages from Macroprudential Regulations: The Case of Household-Specific Tools and Corporate Credit" (International Monetary Fund Working Paper, 2021. 4. 29).

8　Norbert Michel, "The Myth of Financial Market Deregulation," Heritage Foundation, 2016. 4. 28.

9　Bhargava, Gornicka and Xie, "Leakages from Macroprudential Regulations," 5.

10　Bernanke, *21st Century Monetary Policy*, 113.

11　"The Global OTC Derivatives Market at End-December 1999," 보도자료, Bank for International Settlements, 2000. 5. 18, https://www.bis.org/publ/otc_hy0005.pdf.

12　IMF, 헤이버애널리틱스 자료 기반 브레이크아웃캐피털 산정.

13　Onaran, *Zombie Banks*, 128.

14　Philip Coggan, *More: The 10,000-Year Rise of the World Economy* (London: Profile Books, 2020), chapter 18.

15 "Shadow Banking in America: Back in the Spotlight," TD Economics, 2014. 5. 20. https://www.tdbank.com/investments/exc/pdfs/ShadowBankingInAmerica_U.pdf.
16 Franklin Allen, Itay Goldstein and Julapa Jagtiani, "The Interplay Among Financial Regulation, Resilience and Growth," *Journal of Financial Services Research* 53 (2018): 157.
17 "Private Markets Rally to New Heights," McKinsey Global Private Markets Review 2022, https://ccl.yale.edu/sites/default/files/files/McKinsey%20-%20Private%20Markets%20Annual%20Review%202022%20(Chapter%206).pdf. 여기서 "이익"은 에비타(EBITDA), 즉 이자, 세금, 유형 자산 감가상각, 무형 자산 감가상각 반영 이전 이익을 말한다. 이는 채무 상환을 어렵게 만드는 비용을 감안함으로써 채무 부담을 보다 명확하게 알려준다.
18 Leonard, *The Lords of Easy Money*, 187.
19 Michael Howell, "The Federal Reserve Is the Cause of the Bubble in Everything," *Financial Times*, 2020. 1. 15.
20 Petrou, *Engine of Inequality*, 69. 추가 자료: Andrew Filardo and Pierre Siklos, "The Cross-Border Credit Channel and Lending Standards Surveys" (Bank for International Settlements Working Paper No. 723, 2018. 5), https://www.bis.org/publ/work723.pdf.
21 Leonard, *The Lords of Easy Money*, 216.
22 Ruchir Sharma, "How Private Markets Became an Escape from Reality," *Financial Times*, 2022. 12. 19.
23 Leonard, *The Lords of Easy Money*, 181.
24 Bernanke, *21st Century Monetary Policy*, 115.
25 Petrou, *Engine of Inequality*, 70.
26 Ruchir Sharma, "How Shadow Banks Threaten the Global Economy," *Financial Times*, 2022. 5. 22.
27 Blinder, *A Monetary and Fiscal History*, 243.
28 Robin Greenwood, Andrei Shleifer and Yang You, "Bubbles for Fama," *Journal of Financial Economics* (2018. 9. 14).
29 Gerstle, *The Rise and Fall of the Neoliberal Order*, 88, 89.

9장

1 Tony Blair, 전체 연설문, Brighton, United Kingdom, 2005, http://news.bbc.co.uk/2/hi/uk_news/politics/4287370.stm.
2 Bill Clinton, 전체 연설문, March 9, 2000, Johns Hopkins University, Baltimore, MD, https://www.iatp.org/sites/default/files/Full_Text_of_Clintons_Speech_on_China_Trade_Bi.htm.
3 Richard D'Aveni, "The U.S. Must Learn from China's State Capitalism to Beat It," *The Atlantic*, 2012. 11.
4 Nicholas Kristof, "Looking for a Jump-Start in China," *New York Times*, 2013. 1. 5.
5 Andrei Kolesnikov, "How Russians Learned to Stop Worrying and Love the War," *Foreign Affairs*, 2023. 2. 1; David Remnick, "The Weakness of the Despot," *The New Yorker*, 2022. 3. 11.
6 Gerstle, *The Rise and Fall of the Neoliberal Order*, 170.
7 James Griffiths, *The Great Firewall of China: How to Build and Control an Alternative Version of the Internet* (London: Zed Books, 2019).
8 Gerstle, *The Rise and Fall of the Neoliberal Order*, 230.
9 Livio Di Matteo, "Measuring Government in the 21st Century: An International Overview of the Size and Efficiency of Government Spending," Fraser Institute, 2013, https://www.fraserinstitute.org/sites/default/files/measuring-government-in-the-21st-century.pdf.
10 DeLong, "Was the Great Recession More Damaging Than the Great Depression?," 269.
11 Reid et al., "Long-Term Asset Return Study 2022".
12 Andrew G. Haldane and Piergiorgio Alessandri, "Banking on the State," "국제 금융 위기: 금융의 규칙이 바뀌었는가(The International Financial Crisis: Have the Rules of FinanceChanged)?,"를 주제로 한 시카고 연준 12회 연례 국제 뱅킹 콘퍼런스 프레젠테이션 참고, Chicago, 2009. 9. 25, 2.

13 "Nixon's Revolutionary Vision for American Governance," Richard Nixon Foundation, 2017. 1. 24, https://www.nixonfoundation.org/2017/01/nixons-vision-for-american-governance/.

14 Mark Febrizio and Melinda Warren, "Regulators' Budget: Overall Spending and Staffing Remain Stable: An Analysis of the U.S. Budget for Fiscal Years 1960 to 2021," Regulatory Studies Center/ George Washington University and Weidenbaum Center on the Economy, Government and Public Policy/Washington University in St. Louis, 2020. 7, https://regulatorystudies.columbian.gwu.edu/regulators-budget.

15 Michael G. Krukones, "The Campaign Promises of Jimmy Carter: Accomplishments and Failures," *Presidential Studies Quarterly* 15, no. 1 (Winter 1985): 136–44, https://www.jstor.org/stable/27550171.

16 Livia Gershon, "Why Ronald Reagan Became the Great Deregulator," *JSTOR Daily*, 2017. 2. 9, https://daily.jstor.org/why-reagan-became-the-great-deregulator/.

17 Claire Cain Miller and Alicia Parlapiano, "The U.S. Built a European-Style Welfare State. It's Largely Over," *New York Times*, 2023. 5. 11.

18 "Monthly Budget Review: July 2023," Congressional Budget Office, 2023. 8. 8, https://www.cbo.gov/system/files/2023-08/59377-MBR.pdf.

19 Don Schneider, "New Developments in Tax Refunds and Student Loans," Piper Sandler Macro Research, 2023. 9. 19, https://research.cornerstonemacro.com/ResearchPortal/LatestResearch#.

20 Jonathan V. Last, "Make Boomsa for the Motherland!," *Slate*, 2013. 4. 25; John O'Callaghan, "Tiny Singapore Risks Economic Gloom Without Big Baby Boom," Reuters, 2012. 8. 30; Vanessa Brown Calder and Chelsea Follett, "Freeing American Families: Reforms to Make Family Life Easier and More Affordable," Cato Institute, 2023. 8. 10.

21 Robert E. Lucas Jr., "The Industrial Revolution: Past and Future," Federal Reserve Bank of Minneapolis, 2004. 5. 1, https://www.minneapolisfed.org/article/2004/the-industrial-revolution-past-and-future.

22 상동.

23 유엔 인구 통계, 헤이버애널리틱스 자료 기반 브레이크아웃캐피털 산정.

24 헤이버애널리틱스, 국제금융협회, IMF, 내셔널 소스 자료 기반 브레이크아웃캐피털 산정.

25 국제금융협회, IMF, 헤이버애널리틱스 자료 기반 브레이크아웃캐피털 산정.

26 Philipp Carlsson-Szlezak, "U.S. Economics Weekend Blast: Thrift and Profligacy in America," Bernstein Research, 2018. 9. 14.

27 John F. Kennedy, transcript of news conference, State Department Auditorium, Washington, DC, 1961. 6. 28, https://www.jfklibrary.org/archives/other-resources/john-f-kennedy-press-conferences/news-conference-13.

28 Bernanke, *21st Century Monetary Policy*, 28; Timothy Noah, "Jeb's 4 Percent Solution," *Politico*, 2015. 6. 15.

29 세계은행 데이터 기반 2013~2022년 1인당 GDP 평균 증가율에 대한 브레이크아웃캐피털 산정.

30 Diane Coyle, "Adam Smith at 300," Project Syndicate, 2023. 6. 23, https://www.project-syndicate.org/commentary/revisiting-adam-smith-theory-of-economic-growth-by-diane-coyle-2023-06.

10장

1 Edward I. Altman, Rui Dai and Wei Wang, "Global Zombies," Turnaround.org, 2021. 11. 23, 수정: 2023. 1. 6, https://ssrn.com/abstract=3970332.

2 Takeo Hoshi, "Naze Nihon wa Ryūdōsei no Wana kara Nogarerareainoka? (Why is the Japanese Economy Unable to Get Out of a Liquidity Trap?)," in Mitsuhiro Fukao and Hiroshi Yoshikawa, eds., *Zero Kinri to Nihon Keizai* (Zero Interest Rate and the Japanese Economy)(Tokyo: Nihon Keizai Shimbunsha, 2000), 233–66. 추가 자료: Ricardo J. Caballero, Takeo Hoshi and Anil K. Kashyap, "Zombie Lending and Depressed Restructuring in Japan" (National Bureau of Economic Research Working Paper 12129, 2006. 4), http://www.nber.org/papers/w12129.

3 James Brooke, "They're Alive! They're Alive! Not!; Japan Hesitates to Put an End to Its 'Zombie'

Businesses," *New York Times*, 2002. 10. 29.
4   Joe Peek and Eric S. Rosengren, "Unnatural Selection: Perverse Incentives and the Misallocation of Credit in Japan," *American Economic Review* 95, no. 4 (2005. 9): 1444‒66, https://www.aeaweb.org/articles?id=10.1257/0002828054825691.
5   Caballero, Hoshi and Kashyap, "Zombie Lending and Depressed Restructuring in Japan".
6   Fabiano Schivardi, Enrico Sette and Guido Tabellini, "Credit Misallocation During the European Financial Crisis" (Bank for International Settlements Working Paper No. 669, 2017. 11), 2, https://www.bis.org/publ/work669.pdf.
7   Viral V. Acharya, Tim Eisert, Christian Eufinger and Christian W. Hirsch, "Whatever It Takes: The Real Effects of Unconventional Monetary Policy" (SAFE Working Paper No. 152, 2017. 4. 11), https://papers.ssrn.com/sol3/papers.cfm?abstract_id=2858147.
8   상동.
9   Schivardi et al., "Credit Misallocation".
10 Müge Adalet McGowan, Dan Andrews and Valentine Millot, "Insolvency Regimes, Zombie Firms and Capital Reallocation" (Organization for Economic Cooperation and Development Working Paper No. 1399, 2017. 6. 28), 11, https://www.oecd-ilibrary.org/economics/insolvency-regimes-zombie-firms-and-capital-reallocation_5a16beda-en.
11 Sid Verma, "Zombie Companies Littering Europe May Tie the ECB's Hands for Years," *Bloomberg*, 2017. 7. 24.
12 Ryan Banerjee and Boris Hofmann, "The Rise of Zombie Firms: Causes and Consequences," *BIS Quarterly Review*, 2018. 9, https://www.bis.org/publ/qtrpdf/r_qt1809g.pdf.
13 Ryan Banerjee and Boris Hofmann, "Corporate Zombies: Anatomy and Life Cycle" (Band for International Settlements Working Paper No. 882, 2022. 1), https://www.bis.org/publ/work882.pdf.
14 상동.
15 Jim Reid, John Tierney, Luke Templeman and Sahil Mahtani, "The Persistence of Zombie Firms in a Low Yield World," Deutsche Bank, 2018. 3. 1.
16 Banerjee and Hofmann, "Corporate Zombies: Anatomy and Life Cycle".
17 유럽에서는 좀비 기업들에 대한 사냥이 그렇게 심하지 않았다. 그러나 3년 동안 이자 지급액보다 적은 이익을 올린 기업이라는 폭넓은 좀비 기업의 정의를 적용하면, 마찬가지로 유명 기업들의 명단이 나왔을 것이다. 거기에는 스포티파이(Spotify), 딜리버리 히어로(Delivery Hero), 이지젯(easyJet), 톰톰(TomTom), 애스턴 마틴(Aston Martin)이 포함된다.
18 Banerjee and Hofmann, "Corporate Zombies: Anatomy and Life Cycle".
19 대다수 연구자는 기업의 시장 가치를 미래 수익성의 지표로 삼는 척도를 활용한다. 가령 BIS가 활용하는 척도인 토빈의 Q(Tobin's Q)는 기업의 시장 가치를 자산 대체 비용과 비교한다. 2022년에 연준 연구자들은 매출 증가율 둔화 수준이라는 다른 척도를 활용해 대다수 새로운 연구 결과와 대치되는 결론에 이르렀다. 그들은 좀비 기업들이 전체 기업의 10% 미만에 불과하지만 규모가 작으며, 장기적으로 경제에서 차지하는 비중을 늘리지 않았다고 결론지었다. 불경기의 '청산 효과'는 잘 발휘되고 있었다.
20 Altman, Dai and Wang, "Global Zombies".
21 Bruno Albuquerque and Roshan Iyer, "The Rise of the Walking Dead: Zombie Firms Around the World" (International Monetary Fund Working Paper, 2023. 6. 16).
22 Simone Lenzu, Olivier Wang and Viral Acharya, "Zombie Lending and Policy Traps," VoxEU, 2021. 10. 29, https://cepr.org/voxeu/columns/zombie-lending-and-policy-traps.
23 Banerjee and Hofmann, "The Rise of Zombie Firms: Causes and Consequences".
24 Altman, Dai and Wang, "Global Zombies".
25 상동.
26 상동, 2.
27 Scott Mendelson, "AMC Entertainment Stock Tumbles 34% as CEO Announces End of APE," *The Wrap*, 2023. 8. 14, https://www.yahoo.com/entertainment/amc-entertainment-stock-tumbles-34-175854284.html#:~:text=With%20a%20revised%20settlement%20approved,trading%20

Monday%20following%20the%20announcement; Lawrence Scotti, "GameStop Rolling Back Crypto & NFTs After Losing Millions," Dexerto, 2022. 12. 8, https://www.dexerto.com/gaming/gamestop-rolling-back-crypto-nfts-after-losing-millions-2006389/.

28 Albuquerque and Iyer, "The Rise of the Walking Dead".
29 아직까지 개인 기업들 중에서 좀비 기업을 찾아내는 작업은 확실한 결과를 내지 못했다. 거기에는 단순한 이유가 있다. 개인 기업은 흔히 좀비 기업을 파악하는 데 필요한 채무 및 이익 관련 세부 내역을 보고할 필요가 없다.
30 Banerjee and Hofmann, "Corporate Zombies: Anatomy and Life Cycle".
31 상동.
32 상동.
33 이 모든 우려스러운 결론에도 불구하고 연준 내부에서 흥미로운 반론이 제기되었다. 2021년 연준 연구팀은 미국에 좀비 기업이 많고 '중대한' 영향을 미치는지 따졌으며, 둘 다 아니라는 사실을 확인했다. 그들은 좀비 기업이 비교적 적고, 소수 산업에 집중되어 있으며, 사실 장기적으로 경제에서 차지하는 비중을 늘리지 않았다고 결론지었다. 또한 미국 기업 중 좀비 기업의 비중이 2000년부터 10% 미만에 머물렀다고 추정했다. 중요한 사실은 그들이 불경기 때 망하는 경향이 있다는 것이었다. 다시 말해 불경기의 '청산 효과'가 잘 발휘되었다. 좀비 기업의 부상은 연준 탓이 크다는 비난이 상당히 거셌다. 이를 감안할 때 좀비 기업이 미국 경제의 '두드러진 속성'이 아니라고 연준 연구팀이 결론지은 것은 예상 가능한 일이다. 참고 자료: Giovanni Favara, Camelia Minoiu and Ander Perez-Orive, "U.S. Zombie Firms: How Many and How Consequential?," FEDS Notes, 2021. 7. 30, https://www.federalreserve.gov/econres/notes/feds-notes/us-zombie-firms-how-many-and-how-consequential-20210730.html.

11장

1 Neil Irwin, "What if All the World's Economic Woes Are Part of the Same Problem?," *New York Times*, 2019. 3. 5.
2 Ernest Liu, Atif Mian and Amir Sufi, "Low Interest Rates, Market Power and Productivity Growth" (National Bureau of Economic Research Working Paper 25505, 2019. 1, 수정: 2019. 8), 2, https://www.nber.org/system/files/working_papers/w25505/revisions/w25505_rev2.pdf.
3 Sharma, "Why America's Big Companies Keep Getting Bigger".
4 Jan Eeckhout, *The Profit Paradox: How Thriving Firms Threaten the Future of Work* (Princeton, NJ: Princeton University Press, 2021), 29-31.
5 Mike Konczal and Niko Lusiani, "Prices, Profits and Power: An Analysis of 2021 Firm-Level Markups," Roosevelt Institute, 2022. 6, https://rooseveltinstitute.org/wp-content/uploads/2022/06/RI_PricesProfitsPower_202206.pdf.
6 Eeckhout, *The Profit Paradox*, 275.
7 Sharma, "Why America's Big Companies Keep Getting Bigger".
8 Jason Furman and Peter Orszag, "Slower Productivity and Higher Inequality: Are They Related?" (Peterson Institute for International Economics Working Paper 18-4, 2018. 6), https://www.piie.com/publications/working-papers/slower-productivity-and-higher-inequality-are-they-related.
9 미국 인구 조사 데이터 기반 브레이크아웃캐피털 산정; Robert E. Litan and Ian Hathaway, "The Other Aging of America," Brookings Institution, 2014. 6. 31, https://www.brookings.edu/articles/the-other-aging-of-america-the-increasing-dominance-233-of-older-firms/.
10 조지 맥클레런(George McClellan)이 유튜브에 올린 스티브 잡스 인터뷰, 2014. 8. 12, https://shorturl.at/vLY12.
11 Adam Mossoff, "Google's Loss to Sonos Settles It: Big Tech Has an IP Privacy Problem," *TechCrunch*, 2022. 1. 13, https://techcrunch.com/2022/01/13/googles-loss-to-sonos-settles-it-big-tech-has-an-ip-piracy-problem/.
12 Peter Coy, "The Patent Fight That Could Take Apple Watches Off the Market," *New York Times*, 2023. 10. 30.

13 David Autor et al., "The Fall of the Labor Share and the Rise of Superstar Firms," *Quarterly Journal of Economics* 135, no. 2 (2019. 10): 645-709.
14 "Robots and Artificial Intelligence: Margin Amplifiers," Empirical Research Partners, 2022. 10, https://www.empirical-research.com/.
15 Germán Gutiérrez and Thomas Philippon, "The Failure of Free Entry" (National Bureau of Economic Research Working Paper 26001, 2019. 6), https://www.nber.org/papers/w26001.
16 Gutiérrez and Philippon, "The Failure of Free Entry," 16.
17 Richard Waters and Arjun Neil Alim, "How Brad Smith Used Microsoft's $1bn Law and Lobbying Machine to Win Activision Battle," *Financial Times*, 2023. 10. 14.
18 Max Bank, Felix Duffy, Verena Leyendecker and Margarida Silva, "The Lobby Network: Big Tech's Web of Influence in the EU," Corporate Europe Observatory and LobbyControl eV, 2021. 8. 31, https://corporateeurope.org/en/2021/08/lobby-network-big-techs-web-influence-eu; Clothilde Goujard, "Big Tech Accused of Shady Lobbying in EU Parliament," *Politico*, 2022. 10. 14.
19 Ruchir Sharma, "When Dead Companies Don't Die," *New York Times*, 2019. 6. 15.
20 소상공인진흥청(Office of the Advocate for Small Business Capital Formation) 데이터 기반 브레이크아웃캐피털 산정.
21 세인트루이스 연준/경제분석국 데이터 기반 브레이크아웃캐피털 산정.
22 2017년 12월 31일 기준 뱅크오브아메리카/메릴린치 데이터 기반 브레이크아웃캐피털 산정.
23 Germán Gutiérrez and Thomas Philippon, "Declining Competition and Investment in the U.S". (National Bureau of Economic Research Working Paper 23583, 2017. 7), 7, https://www.nber.org/system/files/working_papers/w23583/w23583.pdf.
24 소상공인진흥청 데이터 기반 브레이크아웃캐피털 산정.
25 Grullon, Larkin and Michaely, "Are US Industries Becoming More Concentrated?"
26 Jason Furman and Peter Orszag, "Slower Productivity and Higher Inequality: Are They Related?"
27 Eric Levitz, "The 'Greedflation' Debate Is Deeply Confused," *New York*, 2023. 7. 8.
28 Lucian A. Bebchuk and Scott Hirst, "Big Three Power & Why It Matters" (Discussion Paper No. 1087, Harvard University, John M. Olin Center for Law, Economics and Business, 2022. 12).
29 John C. Bogle, "Bogle Sounds a Warning on Index Funds," *Wall Street Journal*, 2018. 11. 29.
30 Rachel Louise Ensign and Coulter Jones, "The Problem for Small-Town Banks: People Want High-Tech Services," *Wall Street Journal*, 2019. 3. 2; Dan Alamariu, "If the Levee Breaks: Political Fallout from the Banking Crisis," Alpine Macro GeopoliticalStrategy Report, 2023. 3. 30.
31 James E. Bessen, "Accounting for Rising Corporate Profits: Intangibles or Regulatory Rents?" (Boston University School of Law, Law and Economics Research Paper No. 16-18, 2016. 11. 9), 51, https://papers.ssrn.com/sol3/papers.cfm?abstract_id=2778641.
32 Bessen, "Accounting for Rising Corporate Profits," 29-30.
33 Louis D. Brandeis, "The New England Transportation Monopoly," 뉴잉글랜드직물협회(New England Dry Goods Association 연설 내용, Boston, 1908. 2. 11, 출처: Louis D. Brandeis, *Business—A Profession*, ed. and with a foreword by Ernest Poole (Boston: Small, Maynard & Co., 1914), 255-78, https://louisville.edu/law/library/special-collections/the-louis-d.-brandeis-collection/business-a-profession-chapter-16.
34 스쿨 오브 위(The School of We)가 유튜브에 올린 E. O. Wilson 인터뷰, https://www.youtube.com/watch?v=1DLW4TUb6Fg.
35 Adam Satariano, "In a First, Uber Agrees to Classify British Drivers as 'Workers,'" *New York Times*, 2021. 3. 16; "New EU Gig Worker Rules Will Sort Out Who Should Get the Benefits of Full-Time Employees," Associated Press, 2023. 12. 13.
36 Catherine Thorbecke, "How Uber Left Lyft in the Dust," CNN, 2023. 3. 29.
37 Eeckhout, *The Profit Paradox*, 27.
38 상동, 250.
39 상동, 35-37.
40 John Haltiwanger, Ron S. Jarmin and Javier Miranda, "Who Creates Jobs? Small vs. Large vs. Young"

41 Ryan A. Decker, John Haltiwanger, Ron S. Jarmin and Javier Miranda, "Where Has All the Skewness Gone? The Decline in High-Growth (Young) Firms in the U.S". (National Bureau of Economic Research Working Paper 21776, 2015. 12), http://www.nber.org/papers/w21776.

(U.S. Census Bureau Center for Economic Studies Paper No. CESWP-10-17, 2010. 8. 28), https://papers.ssrn.com/sol3/papers.cfm?abstract_id=1666157.

42 Thomas Philippon, *The Great Reversal: How America Gave Up on Free Markets* (Cambridge: Harvard University Press, 2019), 82.
43 Grullon, Larkin and Michaely, "Are U.S. Industries Becoming More Concentrated?"
44 Stoller, *Goliath*, 175.
45 상동, 186.
46 상동, 183.
47 John Kenneth Galbraith, *American Capitalism: The Concept of Countervailing Power* (Eastford, CT: Martino Fine Books, 9th printing, Sentry Edition C, 2012. 7), 142.
48 Galbraith, *American Capitalism*,113.
49 Stoller, *Goliath*, 352.
50 Leonard Silk, "The Peril Behind the Takeover Boom," *New York Times*, 1985. 12. 29.
51 "Modern Antitrust Enforcement," Thurman Arnold Project, Yale School of Management, https://som.yale.edu/centers/thurman-arnold-project-at-yale/modern-antitrust-enforcement.
52 Alex Verkhivker, "Corporate Competition Is Healthier in the EU Than the US," *Chicago Booth Review*, 2019. 1. 28.
53 Grullon, Larkin and Michaely, "Are US Industries Becoming More Concentrated?"
54 "Modern Antitrust Enforcement," Thurman Arnold Project, Yale School of Management.
55 Thomas Philippon, "The Economics and Politics of Market Concentration," *The Reporter*, no. 4, National Bureau of Economic Research, 2019. 12, https://www.nber.org/reporter/2019number4/economics-and-politics-market-concentration.
56 Germán Gutiérrez and Thomas Philippon, "How EU Markets Became More Competitive Than U.S. Markets: A Study of Institutional Drift" (National Bureau of Economic Research Working Paper 24700, 2018. 6), https://www.nber.org/system/files/working_papers/w24700/revisions/w24700.rev0.pdf.
57 Lina M. Khan, "Amazon's Antitrust Paradox," *Yale Law Journal* 126, no. 3 (2017. 1): 710 – 805.

12장

1 "US Business Cycle Expansions and Contractions," National Bureau of Economic Research, 2023. 3. 14, https://www.nber.org/research/data/us-business-cycle-expansions-and-contractions.
2 Blinder, *A Monetary and Fiscal History*, 153.
3 Yun Li, "This Is Now the Longest US Economic Expansion in History," CNBC, 2019. 7. 2.
4 Blinder, *A Monetary and Fiscal History*, 271 –72, 276 –77.
5 상동, 269.
6 Jim Bianco, "The Fed's Cure Risks Being Worse Than the Disease," *Bloomberg*, 2020. 3. 27.
7 Henry Kaufman, "US Capitalism Has Been Shattered," *Financial Times*, 2020. 6. 25.
8 Smialek, *Limitless*, 278.
9 상동, 286.
10 Rochester Cahan, "Ballooning Borrowing Costs and Bloated Inventories: How Bad?," Stock Selection Research and Results, Empirical Research Partners, 2022. 6. 30; "Robots and Artificial Intelligence: Margin Amplifiers," Empirical Research Partners, 2022. 12.
11 Òscar Jordà, Moritz Schularick and Alan Taylor, "Leveraged Bubbles" (National Bureau of Economic Research Working Paper 21486, 2015. 8), https://www.nber.org/papers/w21486.
12 Ruchir Sharma, *The Rise and Fall of Nations: Forces of Change in the Post-Crisis World* (New York: W. W. Norton, 2016), 259 –61.

13 Smialek, *Limitless*, 174.
14 모건스탠리 리서치, 블룸버그, S&P LCD 데이터 기반 브레이크아웃캐피털 산정.
15 Smialek, *Limitless*, 173.
16 Alamariu, "If the Levee Breaks: Political Fallout from the Banking Crisis," 1.
17 Bhargava, Gornicka and Xie, "Leakages from Macroprudential Regulations".
18 Jim Reid and Karthik Nagalingam, "2022: The End of the Ultra-Low Default World?," Deutsche Bank Research, 2022. 6. 8.
19 Cale Tilford et al., "Repo: How the Financial Markets' Plumbing Got Blocked," *Financial Times*, 2019. 11. 26.
20 Joshua M. Brown, "When Everything That Counts Can't Be Counted," *The Reformed Broker*, podcast audio, 2019. 6 13, https://thereformedbroker.com/2019/08/09/when-everything-that-counts-cant-be-counted-2/.
21 상동.
22 Sarah Ponczek, "Epic S&P 500 Rally Is Powered by Assets You Can't See or Touch," *Bloomberg*, 2020. 10. 21.
23 Brown, "When Everything That Counts Can't Be Counted".
24 Erik Schatzker, "Grantham Warns of Biden Stimulus Further Inflating Epic Bubble," *Bloomberg*, 2021. 1. 22.
25 모건스탠리 리서치 데이터 기반 브레이크아웃캐피털 산정.
26 Chris Isidore and Nathaniel Meyersohn, "JCPenney Files for Bankruptcy," CNN Business, 2020. 5. 15.
27 Sonali Basak, "Best of Bloomberg Invest 2023 Video," 2023. 6. 23, https://www.bloomberg.com/news/videos/2023-06-23/best-of-bloomberg-invest-2023?sref=VpNSse6l.
28 Brian Cheung, "Warren Buffett: Zero Interest Rates Have Created a 'Sea Change' in Finance," Yahoo! Finance, 2021. 5. 2.
29 Editorial Board, "Warren Buffett on Wall Street 'Gambling,'" *Wall Street Journal*, 2022. 5. 1.
30 Dan Su, "Rise of Firms with Negative Net Earnings," 2022. 4. 6, 수정: 2022. 11. 17, https://ssrn.com/abstract=4065772.
31 팩트셋(FactSet)과 블룸버그 데이터 기반 브레이크아웃캐피털 산정.
32 Sophia Kunthara, "These Are the Tech Companies That Went Public in a Blockbuster 2020," *Crunchbase News*, 2020. 12. 23.
33 Steven Pearlstein, "Socialism for Investors, Capitalism for Everyone Else," *Washington Post*, 2020. 4. 30.
34 Michael L. Goldstein et al, "Reshoring: A Paradigm Shift?" Empirical Research Partners, Portfolio Strategy, 2024. 2. 9.

13장

1 Savita Subramanian, "The Bull Case for US Equities, China's Bumpy Recovery and More," 〈Global Research Unlocked〉(팟캐스트), Bank of America, 2023. 5. 25.
2 Eamon Javers, "Inside Obama's Bank CEOs Meeting," Politico, 2009. 4. 3; Ray Dalio, "Tackle Inequality or Face a Violent Revolution," *Financial Times*, 2019. 11. 5.
3 Petrou, *Engine of Inequality*, 24.
4 fred.stlouisfed.org 데이터 기반 브레이크아웃캐피털 산정; 최상위 1%가 보유한 금융 자산 비중; 최상위 1%가 보유한 기업 및 뮤추얼 펀드 지분 비중; 최상위 10%(1% 제외)가 보유한 기업 및 뮤추얼 펀드 지분 비중.
5 "Distribution of Household Wealth in the U.S. Since 1989," Distributional Financial Accounts, Federal Reserve, https://www.federalreserve.gov/releases/z1/dataviz/dfa/distribute/chart/; Moritz Kuhn, Moritz Schularick and Ulrike I. Steins, "Income and Wealth Inequality in America, 1949-2016," Federal Reserve Bank of Minneapolis, 2018. 6. 33.

6	Philip Bump, "On Trump's Once-Favorite Metric—Stock Market Growth—He Trails Barack Obama," *Washington Post*, 2018. 12. 5.
7	Federal Reserve Survey of Consumer Finances, 2022.
8	Leonard, *The Lords of Easy Money*, 182.
9	"McKinsey Global Private Markets Review 2022: Understanding ESG," 2022. 11 22, https://www.liscstrategicinvestments.org/post/mckinsey-global-private-markets-review-2022-understanding-esg.
10	Squawk on the Street, "Citadel Founder & CEO Ken Griffin Speaks with CNBC's Sara Eisen," CNBC, 2023년 9월 14일 방송, https://www.cnbc.com/2023/09/14/cnbc-exclusive-cnbc-transcript-citadel-founder-ceo-ken-griffin-speaks-with-cnbcs-sara-eisen-on-squawk-on-the-street-today.html.
11	Joshua Chaffin, "Manhattan's Private Clubs Thrive in a New Gilded Age," *Financial Times*, 2023. 9. 7.
12	Pascal Paul and Joseph H. Pedtke, "Historical Patterns Around Financial Crises," Federal Reserve Bank of San Francisco Economic Letter, 2020. 5. 4, https://www.frbsf.org/research-and-insights/publications/economic-letter/2020/05/his torical-patterns-around-financial-crises/.
13	Atif Mian, Ludwig Straub and Amir Sufi, "The Saving Glut of the Rich," 2021. 2, 44, https://scholar.harvard.edu/files/straub/files/mss_richsavingglut.pdf.
14	"Distribution of Household Wealth in the U.S. Since 1989," Distributional Financial Accounts, Federal Reserve.
15	Petrou, *Engine of Inequality*, 81 and note 28 (Bank of America, "Millennial Report Winter 2020").
16	Petrou, *Engine of Inequality*, 21; Adrianne Pasquarelli, "Don't Count on the Kids for Your Retirement, Mass Mutual Says in New Ad Campaign," *Ad Age*, 2021. 7. 27.
17	Ray Dalio, "Why and How Capitalism Needs to Be Reformed (Parts 1 & 2)," LinkedIn, 2019. 4. 5.
18	David Willets, "Intergenerational Warfare: Who Stole the Millennials' Future?," *Financial Times*, 2019. 7. 2.
19	"Millennial Life: How Young Adulthood Today Compares with Prior Generations," Pew Research Center, 2019. 2. 14, https://www.pewresearch.org/social-trends/2019/02/14/millennial-life-how-young-adulthood-today-compares-with-prior-generations-2/.
20	Eric Milstein, Tyler Powell and David Wessel, "What Does the Federal Reserve Mean When It Talks About Tapering?," Brookings Institution, 2021. 7. 15, 갱신, https://www.brookings.edu/articles/what-does-the-federal-reserve-mean-when-it-talks-about-tapering/.
21	Ruchir Sharma, *The 10 Rules of Successful Nations* (New York: W. W. Norton, 2020), 55.
22	Annie Lowrey, "How the 0.00003 Percent Lives," *New York*, 2014. 9. 16.
23	Catherine Clifford, "Bill Gates: For the First Time in My Life, People Are Saying, Okay, Should You Have Billionaires?," CNBC, 2019. 3. 5, 갱신: 2019. 3. 6.
24	Ruchir Sharma, "The Billionaire Boom: How the Super-Rich Soaked Up Covid," *Financial Times*, 2021. 5. 14.
25	Ruchir Sharma, "Europe's New Success Stories Are Built on High Luxury, Not High Tech," *Financial Times*, 2023. 6. 4.
26	Juliana Menasce Horowitz, Ruth Igielnik and Rakesh Kochhar, "Most Americans Say There Is Too Much Economic Inequality in the U.S., but Fewer Than Half Call It a Top Priority," Pew Research Center, 2020. 1. 9, https://www.pewresearch.org/social-trends/2020/01/09/trends-in-income-and-wealth-inequality/.
27	Howard Schneider and Chris Kahn, "Majority of Americans Favor Wealth Tax on Very Rich: Reuters/Ipsos Poll," Reuters, 2020. 1. 10.
28	Anand Giridharadas, "This Week, Billionaires Made a Strong Case for Abolishing Themselves," *New York Times*, 2022. 11. 19.
29	Ben S. Bernanke, "Monetary Policy and Inequality," Brookings Institution, 2015. 6. 1.
30	참고 자료: Dylan Matthews, "Do We Really Live In an 'Age of Inequality'?," Vox, 2024. 1. 11, https://www.vox.com/future-perfect/2024/1/11/23984135/inequality-auten-splinter-piketty-

31 Alan B. Krueger, "The Rise and Consequences of Inequality in the United States," 2012. 1. 12, 5, https://obamawhitehouse.archives.gov/sites/default/files/krueger_cap_speech_final_remarks.pdf.
32 Levy, *Ages of American Capitalism*, 589.
33 경제분석국 국가 데이터, 국민 소득 및 생산 계정 표 6.2B, 6.2D 기반 브레이크아웃캐피털 산정. "Compensation of Employees by Industry": https://apps.bea.gov/iTable/.
34 Levy, *Ages of American Capitalism*, 571.
35 Henning Hesse, Boris Hofmann and James Weber, "The Macroeconomic Effects of Asset Purchases Revisited" (Bank for International Settlements Working Paper No. 680, 2017. 12), https://www.bis.org/publ/work680.pdf.
36 Petrou, *Engine of Inequality*, 79.
37 Jae Song et al., "Firming Up Inequality," *Quarterly Journal of Economics* 134, no. 1 (2019. 2): 1-50, https://econpapers.repec.org/article/oupqjecon/v_3a134_3ay_3a2019_3ai_3a1_3ap_3a1-50..htm.
38 Bivens and Kandra, "CEO Pay Has Skyrocketed 1,460% Since 1978".
39 Furman and Orszag, "Slower Productivity and Higher Inequality: Are They Related?"
40 Jae et al., "Firming Up Inequality".
41 Eeckhout, *The Profit Paradox*, 131.
42 Furman and Orszag, "Slower Productivity and Higher Inequality: Are They Related?"
43 Grullon, Larkin and Michaely, "Are US Industries Becoming More Concentrated?"
44 Greg Kaplan and Sam SchulhoferWohl, "Understanding the Long-Run Decline in Interstate Migration," *International Economic Review* 58, no. 1 (2017. 2): 57-94, https://www.jstor.org/stable/44280166.
45 Ryan Nunn, "Non-Compete Contracts: Potential Justifications and the Relevant Evidence," Brookings Institution, 2020. 2. 4, https://www.brookings.edu/articles/non-compete-contracts-potential-justifications-and-the-relevant-evidence/; Evan Starr, "The Use, Abuse and Enforceability of Non-Compete and No-Poach Agreements: A Brief Review of the Theory, Evidence and Recent Reform Efforts," Economic Innovation Group, Robert H. Smith School of Business, University of Maryland, 2019. 2, https://eig.org/the-use-abuse-and-enforceability-of-non-compete-and-no-poach-agreements-a-brief-review-of-the-theory-evidence-and-recent-reform-efforts/.
46 Timothy Noah, "The Mobility Myth," New Republic, 2012. 2. 7; Bhash Mazumder, "Intergenerational Economic Mobility in the United States," Federal Reserve Bank of Chicago Economic Mobility Project, 2022. 4; Robert B. Reich, "Income Inequality in the United States," testimony before the Joint Economic Committee, United States Congress, 2014. 1. 16, https://www.jec.senate.gov/public/_cache/files/121e5a80-61e2-4c65-aa25-a06a1c0887d5/reich-testimony.pdf.
47 "Economists are rethinking the numbers on inequality". *The Economist*, 2019. 11. 29, https://www.economist.com/briefing/2019/11/29/economists-are-rethinking-the-numbers-on-inequality.
48 Alex J. Pollock, "Since 2008, Monetary Policy Has Cost American Savers about $4Trillion," Wolf Street, 2021. 11. 17, https://wolfstreet.com/2021/11/17/since-2008-monetary-policy-has-cost-american-saversabout-4-trillion/.
49 이 주제에 관한 보다 복잡한 질문이 흔히 여기서 제기된다. 1970년대 이후 생산성 증가율은 급격히 둔화되었다. 그럼에도 이 기간에 중위 임금 상승률을 앞질렀다. 그렇다면 생산성 향상에 초점을 맞추는 정부 정책이 어떻게 소득 불평등을 심화하는 것이 아니라 완화할 수 있을까? 한 가지 답은 임금 상승분이 얼마나 되는 생산성 향상의 결과라는 것이다. 따라서 생산성 향상은 더 많은 임금 상승을 이끌어낸다. 설령 그 상승분을 보다 공정하게 분배하지는 못하더라도 말이다. 이는 이상적인 결과는 아니지만 나쁜 결과도 아니다. 또 다른 답은 생산성 저하와 소득 불균형 심화 사이에 밀접한 관계가 있다는 것이다. 탈세계화는 대기업에 개방된 문호를 줄일 것이다. 그에 따라 그들이 자신의 생산성 향상에 활용하던 방대한 자본 풀이 축소될 것이다. 한편 경쟁 기업들이 활용할 자원은 고갈될 것이다. 이 부분에서 제한적 정부의 개입이 도움을 줄 수 있다. 가령 폭넓은 기업 간 경쟁을 촉진하고 생산성을 증대할 수 있다. 그러면 소득 불평등의 주된 동인인 기업 불평등이 감소한다.

14장

1. 근대 자본주의의 역사를 다룬 많은 책은 '생산성-임금 격차'를 담은 유명한 차트를 인용한다. 이 차트는 생산성이 제2차 세계대전 이후 꾸준히 '향상'되었으나, 임금 증가율은 1970년대 이후 정체된 것을 보여주는 듯하다. 그러나 실제로는 생산성 증가율의 수준을 보여줄 뿐이다. 생산성은 1970년대 이후에도 꾸준히 증가하지만 그 속도가 훨씬 느려진다. 이 차트는 정확하지만 약간의 혼란을 초래한다. 경제에 가장 중요한 의미를 지니는 것은 생산성 증가율의 (수준이 아닌) 둔화이기 때문이다.
2. Robert M. Solow, "We'd Better Watch Out," *New York Times Book Review*, 1987. 7. 12.
3. Erik Brynjolfsson, "The Productivity Paradox of Information Technology," *Communications of the ACM* 36, no. 12 (1993. 12): 66 – 77, https://dl.acm.org/doi/10.1145/163298.163309.
4. Linn Slettum Bjerke-Busch and Sebastian Thorp, "Overcoming the Productivity Paradox in the Public Sector by Managing Deliberate Learning," *Public Management Review*, 2023. 6, 1 – 27, https://www.tandfonline.com/doi/full/10.1080/14719037.2023.2225510.
5. Robert Gordon, "Is US Economic Growth Over? Faltering Innovation Confronts the Six Headwinds" (National Bureau of Economic Research Working Paper 18315, 2012. 8), https://www.nber.org/papers/w18315.
6. 상동.
7. Martin Neil Baily, Erik Brynjolfsson and Anton Korinek, "Machines of Mind: The Case for an AI-Powered Productivity Boom," Brookings Institution, 2023. 5. 10, https://www.brookings.edu/articles/machines-of-mind-the-case-for-an-ai-powered-productivity-boom/.
8. Banerjee and Hofmann, "Corporate Zombies: Anatomy and Life Cycle," 22 – 23.
9. 상동, 4, 5.
10. Albuquerque and Iyer, "The Rise of the Walking Dead," 19.
11. Banerjee and Hofmann, "Corporate Zombies: Anatomy and Life Cycle," 31.
12. Viral V. Acharya, Matteo Crosignani, Tim Eisert and Christian Eufinger, "Zombie Credit (Dis-Inflation: Evidence from Europe" (National Bureau of Economic Research Working Paper 27158, 2020. 5), https://www.nber.org/system/files/working_papers/w27158/w27158.pdf.
13. Jim Reid, Craig Nicol, Apurv Chaudhari, "2021: Back to the Low Default, Low Productivity, Zombie World?" Deutsche Bank Research, Credit Strategy Default Study, 2021. 4. 27.
14. Chancellor, *The Price of Time*, 235.
15. Viral V. Acharya, Simone Lenzu and Olivier Wang, "Zombie Lending and Policy Traps," 2021. 9, https://papers.ssrn.com/sol3/papers.cfm?abstract_id=3936064.
16. Banerjee and Hofmann, "Corporate Zombies".
17. 상동.
18. Dan Andrews and Filippos Petroulakis, "Breaking the Shackles: Zombie Firms, Weak Banks and Depressed Economic Growth in Europe" (Organization for Economic Cooperation and Development Working Paper No. 1433, 2017. 11. 16), 7, https://www.oecd-ilibrary.org/economics/breaking-the-shackles_0815ce0c-en.
19. John Springer, "The Walmart Paradox," *Supermarket News*, 2010. 6. 10.
20. Philippon, "Causes, Consequences and Policy Responses to Market Concentration".
21. Furman and Orszag, "Slower Productivity and Higher Inequality: Are They Related?"
22. Ernest Liu, Atif Mian and Amir Sufi, "Low Interest Rates, Market Power and Productivity Growth" (National Bureau of Economic Research Working Paper 25505, 2020. 8), 3, 39 – 40, https://www.nber.org/papers/w25505.
23. Matias Covarrubias, Germán Gutiérrez and Thomas Philippon, "From Good to Bad Concentration? U.S. Industries Over the Past 30 Years" (National Bureau of Economic Research Working Paper 25983, 2019. 9), https://www.nber.org/system/files/working_papers/w25983/w25983.pdf.
24. Germán Gutiérrez and Thomas Philippon, "Some Facts About Dominant Firms" (National Bureau of Economic Research Working Paper 27985, 2020. 10), https://www.nber.org/system/files/working_papers/w27985/w27985.pdf; Philippon, "Causes, Consequences and Policy Responses to Market Concentration".

25 Gary Hamel and Michele Zanini, "Excess Management Is Costing the U.S. $3 Trillion Per Year," *Harvard Business Review*, 2016. 9. 5, https://hbr.org/2016/09/excess-management-is-costing-the-us-3-trillion-per-year.
26 Sharma, *The Rise and Fall of Nations*, 86, 98, 125 – 26.
27 Jonathan D. Ostry, Andrew G. Berg and Charalambos G. Tsangarides, "Inequality and Unsustainable Growth: Two Sides of the Same Coin?," International Monetary Fund Research Department, 2014. 4, 4.
28 Joseph Stiglitz, *The Price of Inequality* (New York: W. W. Norton, 2012).
29 "Focus on Inequality and Growth," OECD Directorate for Employment Labour and Social Affairs, 2014. 12. 추가 참고 자료: Orsetta Causa et al., "Growth and Inequality: A Close Relationship?," OECD Forum, 2014. 10. 1.
30 Stephen G. Cecchetti and Enisse Kharroubi, "Why Does Credit Growth Crowd Out Real Economic Growth?" (National Bureau of Economic Research Working Paper 25079, 2018. 9), https://www.nber.org/system/files/working_papers/w25079/w25079.pdf.
31 Leonard, *The Lords of Easy Money*, 302.
32 "The U.S. Productivity Slowdown: An Economy-Wide and Industry-Level Analysis," U.S. Bureau of Labor Statistics, 2021. 4, https://www.bls.gov/opub/mlr/2021/article/the-us-productivity-slowdown-the-economy-wide-and-industry-level-analysis.htm.
33 Lingling Wei, "China's Economic Recovery Belies a Lingering Productivity Challenge," *Wall Street Journal*, 2021. 1. 17.
34 Ho-Fung Hung, "Zombie Economy," *New Left Review*, 2023. 8. 4, https://newleftreview.org/sidecar/posts/zombie-economy.
35 Roberta Capello, Camilla Lenzi and Giovanni Perucca, "The Modern Solow Paradox: In Search for Explanation," *Structural Change and Economic Dynamics* 63 (2022. 12): 166 – 80, https://www.sciencedirect.com/science/article/pii/S0954349X22001394.
36 상동.
37 Joseph Briggs and Devesh Kodnani, "Upgrading Our Longer-Run Global Growth Forecasts to Reflect the Impact of Generative AI," Goldman Sachs, Global Economics Analyst, 2023. 10. 29.
38 Adam Tooze, "Welcome to the World of the Polycrisis," *Financial Times*, 2022. 10. 28; 추가 참고 자료: Edgar Morin and Anne Brigitte Kern, Homeland Earth: A Manifesto for the New Millennium (Cresskill, NJ: Hampton Press, 1999).

15장

1 John Burn-Murdoch, "Are We Destined for a Zero-Sum Future?," *Financial Times*, 2023. 9. 21, 인용: Sahil Chinoy, Nathan Nunn, Sandra Sequeira and Stefanie Stantcheva, "Zero-Sum Thinking and the Roots of U.S. Political Divides," 2023. 9. 7. https://scholar.harvard.edu/files/stantcheva/files/zero_sum_political_divides.pdf.
2 Max Weber, *The Protestant Ethic and the Spirit of Capitalism* (New York: Scribner, 1930).
3 Burn-Murdoch, "Are We Destined for a Zero-Sum Future?"
4 상동.
5 Chris Moody, "Bernie Sanders' American Dream Is in Denmark," CNN, 2016. 2. 17.
6 Nelson D. Schwartz, "Swiss Health Care Thrives Without Public Option," *New York Times*, 2009. 9. 30.
7 "World GDP per Capita Ranking 2022: Data and Charts," KNOEMA, https://knoema.com/sijweyg/world-gdp-per-capita-ranking-2022-data-and-charts.
8 세계은행, 헤이버애널리틱스 데이터에 따른 지니계수 기반 브레이크아웃캐피털 산정.
9 "Global Wealth Report 2023," UBS, 16, https://www.ubs.com/global/en/family-office-uhnw/reports/global-wealth-report-2023.html.
10 Avik Roy, "Why Switzerland Has the World's Best Health Care System," *Forbes*, 2011. 4. 29.
11 "Swiss Say Goodbye to Banking Secrecy," SwissInfoCH, SWI, 2017. 1. 1, https://www.swissinfo.ch/

eng/tax-evasion_swiss-say-goodbye-to-banking-secrecy-/42799134; David Reid, "Swiss Banking Secrecy Nears End Following New Tax Rules," CNBC, 2017. 1. 2.

12 Cristina Enache, "Top Personal Income Tax Rates in Europe," Tax Foundation, 2023. 2. 28, https://taxfoundation.org/data/all/eu/top-personal-income-tax-rates-europe-2023/.
13 Observatory of Economic Complexity, https://oec.world/en.
14 2023년 10월 7일 기준 팩트셋 데이터 기반 브레이크아웃캐피털 산정.
15 Ruchir Sharma, "The Happy, Healthy Capitalists of Switzerland," *New York Times*, 2019. 11. 2.
16 Swaha Pattanaik, "Money-for-Nothing Idea Will Survive Swiss Rebuff," Reuters, 2016. 6. 6.
17 IMF, 헤이버애널리틱스 데이터 기반 브레이크아웃캐피털 산정.
18 Karen Gilchrist, "The Small European Nation of Switzerland Beat Sky-High Inflation. Here's How," CNBC, 2023. 2. 27.
19 "Switzerland's History as an ImmigrationDestination," https://interactive.swissinfo.ch/2017_02_01_evolutionForeigners/streamgraph_foreignersEvolution_EN.html; Julie Schindall, "Switzerland's Non-EU Immigrants: Their Integration and Swiss Attitudes," Migration Policy Institute, 2009. 6. 9, https://www.migrationpolicy.org/article/switzerlands-non-eu-immigrants-their-integrationand-swiss-attitudes.
20 OECD Better Life Index: 홈페이지 상단 차트의 하단 우측 구석에 있는 '순위 기준'을 클릭하라. www.oecdbetterlifeindex.org.
21 "World Competitiveness Rankings," IMD World Competitiveness Center, 2023. 6. 20, https://www.imd.org/centers/wcc/world-competitiveness-center/rankings/world-competitiveness-ranking/.
22 Alastair Levy and Nick Lovegrove, "Reforming the Public Sector in a Crisis: An Interview with Sweden's Former Prime Minister," *McKinsey Quarterly*, 2009. 6. 1, https://www.mckinsey.com/industries/public-sector/our-insights/reforming-the-public-sector-in-a-crisis-an-interview-with-swedens-former-prime-minister.
23 Susanne Alm, Kenneth Nelson and Rense Nieuwenhuis, "The Diminishing Power of One? Welfare State Retrenchment and Rising Poverty of Single-Adult Householdsin Sweden 1988 – 2011," *European Sociological Review* 36, no. 2 (2020. 4): 198 – 217, https://academic.oup.com/esr/article/36/2/198/5601460.
24 Neil Irwin, "Five Economic Lessons from Sweden, the Rock Star of the Recovery," *Washington Post*, 2011. 6. 24.
25 Suzanne Daley, "Danes Rethink a Welfare State Ample to a Fault," *New York Times*, 2013. 4. 20; Matthew Yglesias, "Denmark's Prime Minister Says Bernie Sanders Is Wrong to Call His Country Socialist," Vox, 2015. 10. 31.
26 Sarah Perret, "Why Were Most Wealth Taxes Abandoned and Is This Time Different?," *Fiscal Studies* 42, nos. 3 – 4 (2021. 10. 25), https://onlinelibrary.wiley.com/doi/full/10.1111/1475-5890.12278.
27 Daniel J. Mitchell, "Sweden Repeals Wealth Tax," 〈Cato Institute〉 (블로그), 2007. 3. 31, https://www.cato.org/blog/sweden-repeals-wealth-tax.
28 OECD's "Society at a Glance 2019 Report" looks at twenty-five social indicators, for thirty-six OECD member countries. Details available at https://www.oecd-ilibrary.org/social-issues-migration-health/society-at-a-glance-2019_soc_glance-2019-en.
29 Eleanor Albert, "South Korea's Chaebol Challenge," Council on Foreign Relations, 2018. 5. 4. https://www.cfr.org/backgrounder/south-koreas-chaebol-challenge.
30 Ruchir Sharma, "World's Most Important Place: How Tiny Taiwan Came to Be the Epicenter of the Global Battle for Tech Supremacy," *Times of India*, 2020. 12. 15.
31 Cheng Tun-jen, "Transforming Taiwan's Economic Structure in the 20th Century," *China Quarterly*, 2020. 12 15, 31 – 34, https://library.fes.de/libalt/journals/swetsfulltext/11241653.pdf.
32 헤이버애널리틱스, 내셔널 소스 데이터 기반 브레이크아웃캐피털 산정.
33 "Statistical Appendix," World Economic Outlook—1997, 118, https://www.imf.org/external/pubs/weomay/part1.pdf.
34 콘퍼런스 보드의 총 경제 데이터베이스 기반 브레이크아웃캐피털 산정.

35 Observatory of Economic Complexity, https://oec.world/en.
36 Robert Casanova, "Despite Short-Term Cyclical Downturn, Global Semiconductor Market's Long-Term Outlook Is Strong," 〈Semiconductor Industry Association〉 (블로그), 2023. 2. 8, https://www.semiconductors.org/despite-short-term-cyclical-downturn-global-semiconduct or-markets-long-term-outlook-is-strong/.
37 "Taiwan's Dominance of the Chip Industry Makes It More Important," *The Economist*, 2023. 3. 6.
38 Statista, "Leading Tech Companies Worldwide 2023, by Market Capitalization," https://www.statista.com/statistics/1350976/leading-tech-companies-worldwide-by-marketcap/; CompaniesMarketcap.com, "Largest Tech Companies by Market Cap," 2023, https://companiesmarketcap.com/tech/largest-tech-companies-by-market-cap/.
39 Yasheng Huang, "How Did China Take Off?," Journal of Economic Perspectives 26, no. 4(2012. 11): 147–70, https://dspace.mit.edu/bitstream/handle/1721.1/121058/jep.26.4.147.pdf?sequence=1.
40 Jennifer Conrad, "China Cracks Down on Its Tech Giants. Sound Familiar?," *Wired*, 2021. 7. 29; "China's Liu He Assures Business of Support, Amid Regulatory Crackdown," Reuters, 2021. 9. 6.
41 Matthieu Francois, Thomas Hansmann, Bo Huang and Zoey Nguyen, "Boosting Vietnam's Manufacturing Sector: From Low Cost to High Productivity," McKinsey & Company, 2023. 9. 25, https://www.mckinsey.com/featured-insights/asia-pacific/boosting-vietnams-manufacturing-sector-from-low-cost-to-high-productivity.
42 U.S. Department of State, "Background Notes: Vietnam, 1998. 10," Washington, DC, Bureau of East Asian and Pacific Affairs, https://1997-2001.state.gov/background_notes/vietnam_1098_bgn.html.
43 Anja Baum, "Vietnam's Development Success Story and the Unfinished SDG Agenda" (International Monetary Fund Working Paper, Asia Pacific Department, 2020. 2), https://www.elibrary.imf.org/view/journals/001/2020/031/article-A001-en.xml.
44 "Viet Nam Joins WTO with Director-General's Tribute for True Grit," World Trade Organization, 2007. 1. 11, https://www.wto.org/english/news_e/news07_e/acc_vietnam_11jan07_e.htm.
45 "Number of New Interventions Per Year," Global Trade Alert, https://www.globaltradealert.org/country/228.
46 Ruchir Sharma, "Is Vietnam the Next 'Asian Miracle'?," *New York Times*, 2020. 10. 13.
47 Ruchir Sharma, "The Next 'Asian Miracle': Vietnam Is Exporting Its Way to Prosperity, While Leaving No One Behind at Home," 〈TOI Edit Page〉 (블로그), 2020. 10. 15, https://timesofindia.indiatimes.com/blogs/toi-edit-page/the-next-asian-miracle-vietnam-isexporting-its-way-to-prosperity-while-leaving-no-one-behind-at-home/?source=app&frmapp=yes.
48 "Pham Nhat Vuong $4.4B," *Forbes* Profile, 2023. 11. 3, https://www.forbes.com/profile/pham-nhat-vuong/?sh=75628c05382e.
49 Celina Pham, "Why Vietnam's Infrastructure Is Crucial for Economic Growth," Vietnam Briefing from Dezan Shira and Associates, 2022. 9. 9, https://www.vietnam-briefing.com/news/why-vietnams-infrastructure-crucial-for-economic-growth.html.
50 Era Dabla-Norris and Yuanyan Sophia Zhang, "Vietnam: Successfully Navigating the Pandemic," International Monetary Fund, 2021. 3. 10, https://www.imf.org/en/News/Articles/2021/03/09/na031021-vietnam-successfully-navigating-the-pandemic#:~:text=Structural%20transformation%20from%20agriculture%20to,accoun%20surpluses%20strengthened%20external%20resilience.
51 "Vietnam 22 Overview," Freedom House, https://freedomhouse.org/country/vietnam/freedom-net/2022.
52 Richard C. Paddock, "Term Limits Not for Vietnam's Hard-Line Communist Leader," *New York Times*, 2021. 6. 11.
53 Laura He, "Chinese Cities Are Struggling to Pay Their Bills as 'Hidden Debts' Soar," CNN, 2023. 2. 1.
54 "Survey on Business Conditions of Japanese Companies in Asia and Oceania," Japan External Trade Organisation, 2022. 12. 15, [보도자료 영역본, 2023. 2], https://www.jetro.go.jp/ext_images/en/

reports/survey/pdf/2022/EN_Asia_and_Oceania_2022.pdf.
55 "The South Is Fast Becoming America's Industrial Heartland," *The Economist*, 2023. 6. 12.
56 Migration Policy Institute Data Hub, "Top 25 Destinations of International Migrants," 2020, Migration Policy Institute, https://www.migrationpolicy.org/programs/data-hub/charts/top-25-destinations-internatio nal-migrants.
57 Jonathan Burgos, "Wealthy Chinese Lead Home Purchases in Singapore, Sending Prices Soaring," *Forbes*, 2022. 11. 9.

16장

1   Migration Policy Institute Data Hub, "Top 25 Destinations of International Migrants".
2   Edwin Kiester Jr. and Sally Valente Kiester, "Yankee Go Home—and Take Me with You!," *Smithsonian Magazine*, 1999. 5.
3   "10% of Fortune 500 Companies CEOs Are of Indian Ancestries, Says U.S. Envoy to India," *Business Today*, btTV, https://www.businesstoday.in/bt-tv/short-video/10-of-fortune-500-companies-ceos-are-ofindian-ancestries-says-us-envoy-to-india-387567-2023-06-29.
4   "Economic Optimism Collapses," 2023 Edelman Trust Barometer Report, Edelman.com, 2023. 1. 18, https://www.edelman.com/trust/2023/trust-barometer.
5   Janet Adamy, "Most Americans Doubt Their Children Will Be Better Off, WSJ-NORC PollFinds," *Wall Street Journal*, 2023. 3. 24.
6   Richard M. Salsman, "The Multiyear Decline in US Economic Freedom," American Institute for Economic Research, 2023. 9. 25, https://www.aier.org/article/the-multiyear-decline-in-us-economic-freedom/.
7   Basak, "Best of Bloomberg Invest 2023 Video," 2023. 6. 23.
8   Viktoria Dendrinou, "Rubin Says US In a 'Terrible Place' on Deficit, Urges Tax Hikes," Bloomberg News, 2024. 1. 24, https://www.bloomberg.com/news/articles/2024-01-24/rubin-warns-of-enormous-risks-fro m-america-s-fiscal-trajectory.
9   Noah Smith, "Progressives Need to Embrace Progress: Stasis Won't Lead to a Prosperous or Equitable Society," 〈Noahpinion〉(블로그), 2023. 3. 22, https://www.noahpinion.blog/p/progressives-need-to-embrace-progress.
10 Jeremy Adelman, "The Two Faces of Neoliberalism," Project Syndicate, 2023. 10. 6, https://www.project-syndicate.org/onpoint/neoliberalism-friedrich-von-hayek-milton-fried man-by-jeremy-adelman-2023-10?barrier=accesspaylog.
11 Oren Cass, foreword to American Compass, *Rebuilding American Capitalism: A Handbook for Conservative Policymakers*, https://americancompass.org/rebuilding-american-capitalism/foreword/.
12 Patrick J. Deneen, *Regime Change: Toward a Postliberal Failure* (New York: Penguin Random House, 2023).
13 Irwin, "Five Economic Lessons from Sweden, the Rock Star of the Recovery".
14 Ruchir Sharma, "The Comeback Nation," *Foreign Affairs*, 2020. 3. 31.
15 Daniel Fried, "The U.S. Dollar as an International Currency and Its Economic Effects" (Congressional Budget Office Working Paper 2023-04, 2023. 4. 17), https://www.cbo.gov/publication/58764.
16 내셔널 소스, 헤이버애널리틱스 데이터 기반 브레이크아웃캐피털 산정.
17 "Brazil's Lula Calls for End to Dollar Trade Dominance," *Financial Times*, 2023. 4. 13.
18 Ruchir Sharma, "What Strong Gold Says About the Weak Dollar," *Financial Times*, 2023. 4. 23.
19 "Central Bank Digital Currency Tracker," https://www.atlanticcouncil.org/cbdctracker/.
20 Fried, "The U.S. Dollar as an International Currency," 18.
21 Rudi Dornbusch, 인터뷰 전문, *Frontline*, 1997. 4. 8, https://www.pbs.org/wgbh/pages/frontline/shows/mexico/interviews/dornbusch.html.
22 National Academies of Sciences, Engineering and Medicine, *Pain Management and the Opioid Epidemic: Balancing Societal and Individual Benefits and Risks of Prescription Opioid Use*, 이북 (Washing-

ton, DC: National Academies Press, 2017), https://doi.org/10.17226/24781.
23 Livio Di Matteo, "Measuring Government in the 21st Century," 11 – 17, Fraser Institute, 2013. 12. https://www.fraserinstitute.org/sites/default/files/measuring-government-in-the-21st-century.pdf.
24 Erica York, "Summary of the Latest Federal Income Tax Data, 2023 Update," Tax Foundation, 2023. 1. 26, https://taxfoundation.org/data/all/federal/summary-latest-federal-income-tax-data-2023-update; Andrew Lundeen, "The Top 1 Percent Pays More in Taxes Than the Bottom 90 Percent," Tax Foundation, 2014. 1. 7, https://taxfoundation.org/blog/top-1-percent-pays-more-taxes-bottom-90-percent/.
25 세계은행 데이터 기반 브레이크아웃캐피털 산정.
26 Janet L. Yellen, "U.S.-China Economic Relationship," Department of the Treasury, transcript of remarks at the Johns Hopkins School of Advanced International Studies, Baltimore, MD, 2023. 4, https://home.treasury.gov/news/press-releases/jy1425.
27 Kevin Warsh, "Challenging the Groupthink of the Guild," *Business Economics* 51 (2016. 8): 142 – 46, https://doi.org/10.1057/s11369-016-0002-4.
28 Robin Greenwood, Samuel G. Hanson, Andrei Shleifer and Jakob Ahm Sørensen, "Predictable Financial Crises," *Journal of Finance* 77, no. 2 (2022. 1. 27): 863 – 921.
29 "Global Waves of Debt: Causes and Consequences,"보도자료, World Bank, 2019. 12. 19, https://www.worldbank.org/en/research/publication/waves-of-debt; Goldman Sachs Markets Institute, "Harnessing Global Capital to Drive the Next Phase of China's Growth, 2015. 1, https://www.goldmansachs.com/intelligence/pages/us-china-bilateral-investment-dialogue/multimedia/papers/gir-chinas-growth.pdf.
30 Sharma, *The 10 Rules of Successful Nations*, 160 – 164.
31 Bernanke, *21st Century Monetary Policy*, 393 – 400.

What Went Wrong with Capitalism

월가 최고 투자가가 밝혀낸 자본주의의 결함과 해법
무엇이 자본주의를 망가뜨렸나

제1판 1쇄 인쇄 | 2025년 5월 1일
제1판 1쇄 발행 | 2025년 5월 15일

지은이 | 루치르 샤르마
옮긴이 | 김태훈
펴낸이 | 하영춘
펴낸곳 | 한국경제신문 한경BP
출판본부장 | 이선정
편집주간 | 김동욱
책임편집 | 최승헌
교정교열 | 이근일
저작권 | 박정현
홍　보 | 서은실·이여진
마케팅 | 김규형·박도현
디자인 | 이승욱·권석중

주　소 | 서울특별시 중구 청파로 463
기획출판팀 | 02-3604-556, 584
영업마케팅팀 | 02-3604-595, 562　FAX | 02-3604-599
H | http://bp.hankyung.com　E | bp@hankyung.com
F | www.facebook.com/hankyungbp
등　록 | 제 2-315(1967. 5. 15)

ISBN 978-89-475-0159-0　03320

책값은 뒤표지에 있습니다.
잘못 만들어진 책은 구입처에서 바꿔드립니다.